# Magersucht –
# ein Erziehungsproblem

## Der Therapieweg eines magersüchtigen Jungen

von

## Gerald Liebe
Physiotherapeut und Heilpraktiker

Originalausgabe

Alle Rechte liegen beim Autor.
Satz und Layout: Stefan Mayr, München
Herstellung: Libri Books on Demand
© September 2000

ISBN 3-925547-99-1

# Vorwort

Die zunehmende Zahl von Publikationen über die Magersucht – Anorexia nervosa – hat mich lange zögern lassen, meine Erfahrungen mit dieser Krankheit und ihrer Heilung zu veröffentlichen – zumal ich kein klassischer Schulmediziner bin. Meine ‚medizinischen' Erfahrungen sammelte ich nach Buchhändlerlehre und einem Jahrzehnt Tätigkeit in diesem Beruf in über 40 Jahren als Masseur, Heilpraktiker und Physiotherapeut sowohl in angestellter, überwiegend aber selbständiger Tätigkeit.

Nach langem Gärungsprozeß – die Aufzeichnungen liegen über ein Jahrzehnt zurück – komme ich zu dem Schluß, doch noch etwas beitragen zu können und zu sollen zur Heilung der nach wie vor nicht beherrschten Krankheit. Diese Aufzeichnung will nicht, wie andere Bücher über Magersucht, Vorgeschichte und Folgen der Krankheit darstellen, sondern aufzeigen, wie der Patient aus seiner Sucht hinausgeführt und geheilt wurde. Dazu kommt, daß alle bekannten Fallgeschichten von Mädchen handeln, während eine Arbeit über einen Jungen fehlt. Das reklamiert auch *Mester* in seinem großen Buch über die „Anorexia nervosa". Auf Seite 281 schreibt er, daß die „spärlichen Erfahrungen, die bis jetzt mit männlichen Patienten gesammelt wurden, viele Fragen offen lassen".

Mester hat Hervorragendes erarbeitet, doch gehören viele der Verhaltensweisen des Anorektikers gleichzeitig zum normalen Pubertätsverhalten (was man im Gesundheitsbrockhaus nachlesen kann).

„Der Widerstand gegen das geschlechtliche Reifen" (*Viktor von Weizsäcker*) ist das Grundproblem, und ich halte alle anderen analytischen Erarbeitungen für aufgesetzt, da der Anorektiker (nach *Palazzoli*) stets Entschuldigungen für sein Eßverhalten parat hat.

Zwar will die derzeitige Literatur über Magersucht das nicht (oder nur bedingt) zugeben, aber eben aus dem Grund, aus dem der Anorektiker sich verweigert, nämlich der Angst vor der Sexualität. Davon spricht schon *Simone de Beauvoir* in ihrem Buch „Das andere Geschlecht": „Aber nie werde ich den Schock vergessen, den ich darüber empfand, als ich mich nackt sah." Das kleine Mädchen fühlt, daß sein Körper ihm entgleitet, es ist nicht mehr der klare Ausdruck seiner Individualität. Er wird ihr fremd. Und im gleichen Augenblick wird sie von dem Anderen als ein Ding erfaßt. Auf der Straße folgt man ihr mit den Augen, es fallen Bemerkungen über ihren Körperbau. Sie möchte sich unsichtbar machen, Sie fürchtet, zu Fleisch zu werden, und scheut sich, dieses zu zeigen. Ein solcher Widerwille macht sich bei vielen Mädchen durch die Sucht abzumagern geltend. Sie wollen nicht mehr essen. Wenn sie dazu genötigt werden, bekommen sie Erbrechen. Dauernd überwachen sie ihr Gewicht. Andere werden krankhaft schüchtern. Einen Salon zu betreten oder auch nur auf die Straße zu gehen, wird ihnen zur Qual. Hieraus entwickeln sich manchmal Psychosen.

Ein typisches Beispiel ist das der Kranken, die *Janet* in „Les Obsessions et la Psychasthénie" beschreibt. Der Grund für die große Zahl weiblicher Patienten scheint darin zu liegen, daß es Mädchen schwer haben, ihre Sexualität positiv zu erleben.

Das Gleichheitsdenken provoziert hier Verhaltensweisen, die der Pubertierende nicht verarbeiten kann. „Frauenbildung" im weitesten Sinne sollte angestrebt werden. Wenn *Sheila MacLeod* schreibt: „(...) ich habe überhaupt niemals an Sex gedacht und nicht einmal masturbiert. (...) nie hat jemand mit mir über die möglichen Freuden der Sexualität gesprochen." Oder *Louise Roche* einen Liebesakt, zu dem sie sich überreden ließ, kommentiert: „Ich wünschte bloß, daß endlich alles vorbei wäre", dann zeigt sich das, daß in diesen Fällen die Erziehung versagt hat.

# Der Schlankheitswahn

„Wer in Italien war, kann getrost alle anderen
Gegenden vergessen." *(Gogol)*

(1)
Es begann ganz harmlos.
In meine Naturheilpraxis, die ich in der Villa Elisa in
Bordighera an der italienischen Blumenriviera
betreibe, kam am 13. Februar 1978 mein Patient Leo
Gieser, dem ich auch freundschaftlich verbunden
bin. Er begann wieder mit einer Serie von Behand-
lungen. Von Beruf Gärtner, strapaziert er seinen
Rücken im Winter mehr als im Sommer, denn im
Winter ist an der Riviera Hochsaison für Blumen und
Blattgrün. Abends nach der Arbeit kommt er gegen
19 Uhr. Ich spanne ihn dann in ein Programm aus
Gymnastik und Massagen. Nach der Behandlung
kramte er einen Brief aus seiner Jackentasche,
reichte ihn mir und sagte: „Lies mal! Er ist von einem
16-jährigen Jungen aus Deutschland." Ich las.
Der Briefschreiber fragte an, ob er wohl auf einen
längeren Besuch zu ihm kommen könne und
erwähnte im Brief das deutsche Wohlstandsproblem
Dicksein, gegen das er wetterte. „Er schreibt Onkel
Leo, weil er mit seinen Brüdern als Kind bei mir zu
Besuch war, doch ich bin nicht der Onkel, sondern
ein Schulfreund seines Vaters", erklärte Leo. „Ich bin
unschlüssig was ich tun soll. Was rätst Du mir?"
„Ich finde den Brief recht vernünftig, also warum
nicht. Den Jungen zurückschicken kannst Du ja
jederzeit, falls er Probleme machen sollte.
Komisch finde ich allerdings, was er da von den
dicken Deutschen schreibt. Was soll das?

Ich verstehe nicht, warum sich ein junger Mensch für solche Probleme interessiert. Naja, laß ihn kommen."

(2)
Am 27. Februar, 14 Tage später, hat Freund Leo wieder einen Behandlungstermin. Ich beendete die Therapie, indem ich mit meinen nackten Füßen seine Wirbelsäule lockerte und das Becken vibrierte. Danach ergab sich ein längeres Gespräch. Der Junge war gekommen, und Leo sowie auch seine Frau Maura, eine Italienerin, fand ihn in seinem Verhalten seltsam.
Nach ihrer Ansicht stand er viel zu lange unter der Dusche, aß Unmengen von Zitronen und trank ungesüßten Kaffee. „Seine Mutter ist im November gestorben und da er die mittlere Reife hat, will er nun nicht mehr zur Schule. Wahrscheinlich fühlt er sich ohne Mutter zuhause nicht wohl. Ich habe ihn mit in den Gartenbaubetrieb genommen, doch dort ist er mir nach einem halben Tag weggelaufen. Er sagt, die Arbeit sei zu schwer. Was mache ich jetzt? Ich kann ihn doch nicht bei uns zuhause herumlungern lassen, während wir beide arbeiten. Jetzt sofort zurückschicken mag ich ihn aber auch nicht." „Ich kann das so nicht beantworten, ich muß den Jungen sehen und sprechen." „Ja schon, aber er scheint mir empfindlich und leicht eingeschnappt. Ich will ihn nicht kopfscheu machen." „Gut, übermorgen abend habe ich Zeit. Ich lade euch für den 1. März zum Abendessen ein und Du bringst ihn mit. Vielleicht kann ich mir dann ein Bild machen."

(3)
Selbst im März gibt es an der Riviera kühle Abende, die man gerne im geheiztem Raum verbringt. Maura, Leos Frau, legte viel Wert auf eine stilvolle Atmosphäre und glaubte fest, den einzig gültigen Maßstab zu besitzen. Ihre Kommentare nach Einladungen sahen daher immer so aus: „Ich hätte...“, „Ich würde...“ oder „warum hat man nicht...“, „weshalb hat man...“. Die Konsequenz für mich war, daß ich nicht wie üblich in der Küche den Tisch deckte, sondern im Salon. Dieser Salon hatte wie in vielen, alten Rivieravillen eine Tapete mit Goldstreifen auf pompejanischem Rot. Das Rot schluckt am Tag das oft gleißende Licht der Mittelmeersonne und wirft am Abend, wenn das Feuer im offenen Kamin brennt, das Licht der Flammen besonders anheimelnd zurück. Der Kerzenleuchter auf dem runden Tisch war so hoch, daß die Flammen über den Augen waren, also nicht blendeten. Mit einem Damasttischtuch meiner Großmutter und rotem Landwein aus Soldano ,einem kleinen Ort in der Nähe, hoffte ich, Mauras Kommentaren zuvorzukommen. Das Essen war einfach: Kartoffelsalat mit Netzsteaks. So würden wir mehr Zeit für die Gespräche haben.

(4)
Wie stets kamen Giesers mit Verspätung.
Sie stellten mir den Jungen vor. Arno war ein überschlanker, magerer Jüngling, dessen Länge durch enggemachte verwaschene Jeans betont wurde, die aber weder Muskeln noch ein Gesäß abzeichneten. Er war etwa 1,80 m groß. Das Gesicht weich, fast sensibel, die Haare blond und lang, wie das damals Mode war, so daß er sich öfters durch den Haar-

schopf fuhr. Diese Bewegung wirkte bei ihm weib-
lich, oder doch androgyn (doppelgeschlechtlich).

Während des Essens beobachtete ich Arno.
Er verschlang große Mengen und sprach auch dem
Landwein sehr zu. Plötzlich entschuldigte er sich,
stand auf und ließ sich das Badezimmer zeigen. Wir
plauderten weiter und als er nicht zurückkam, dachte
ich, er fände das richtige Zimmer nicht mehr.
Ich erhob mich um nachzuschauen. An der Tür zum
Bad hörte ich, wie er würgte. War es ihm schlecht?
Er kam zurück und wir fragten, was los sei. Mit einer
Ungeniertheit, als sei es die selbstverständlichste
Sache der Welt, sagte er: „Ich habe Anorexia
nervosa!" Freund Leo schaute mich an, verständnis-
los, fragend. Ich holte den „Gesundheitsbrockhaus"
aus dem Bücherschrank, schlug unter Anorexia nach
und bat Arno den Abschnitt laut vorzulesen sowie
den folgenden Hinweis auf die Pubertätsmagersucht.

Wir hörten: Die Anorexia nervosa ist eine seelisch
bedingte Magersucht, die vorzugsweise bei jungen
Mädchen vorkommt, eine schwere Krankheit, deren
Behandlung auf große Schwierigkeiten stoßen kann,
daher viel Kenntnis und Geduld erfordert.
Es ist typisch, daß nahezu stets ein Essenskonflikt
vorliegt. Die Betroffenen sind nicht fähig in Gemeinschaft Nahrung aufzunehmen. Heimlich verschlingen
sie jedoch oft große Portionen. Sie müssen deshalb
auch nicht unbedingt abmagern. Vielfach erbrechen
sie diese Nahrung wieder, nahezu stets heimlich.
Dies ist ein weiteres Zeichen ihres Konflikts mit sich
und der Umgebung. Die von der Umgebung bedauerte Magersucht ruft beim Kranken einen inneren
Triumph hervor. Hinzu kommt die Sucht, stets im

Mittelpunkt von Pflege und Umsorgung zu stehen. Diese Krankheit könnte in den Bereich echt hysterischen Verhaltens eingeordnet werden. Depressionen, Aussetzen der Menstruation, anhaltende Verstopfung sind weitere Zeichen. Dauer und Heilungschancen sind unterschiedlich zu beurteilen. Für die Behandlung sind Tiefenanalyse und Psychotherapie ebenso wichtig wie Umgebungswechsel, Maßnahmen der Umstimmung u.dgl.

Pubertätsmagersucht, Anorexia mentalis, eine seltene psychosomatische Erkrankung, die als chronische jeder Behandlung zu trotzen scheint. Psychotherapie hilft bei neurotischer Pubertätsmagersucht. Die Pubertätsmagersucht geht manchmal in Schizophrenie über oder endet tödlich."

Maura Gieser, eine praktische Frau, die mit beiden Beinen im Leben stand, konnten diese Zeilen nicht imponieren, wahrscheinlich aber wurde ihr der Inhalt des Textes trotz guter Deutschkenntnisse nicht klar. „Ach was", wehrte sie ab, „wenn er zu mager ist, muß er nur den Willen zum Essen haben. Wieviel wiegst Du jetzt?" fragte sie Arno leicht aufgebracht. „43 kg". „Und wieviel solltest du wiegen?" „Die Ärzte meinen, wenigstens 48 kg". Maura war aufgestanden, stellte sich energisch hinter den Stuhl, packte die zarte Jugendstillehne mit beiden Händen und während sie den Stuhl leicht anhob und dann kräftig aufschlug, sagte sie: „Da mußt Du einfach jede Woche ½ kg zunehmen, dann bist Du in drei Monaten ok!" Das zarte Rankenwerk des Stuhles blieb in ihren Händen. Ich sah es mit Kummer. Tante Maura schenkte diesem Bruch keine Beachtung und fuhr fort:

„Du wirst von jetzt an die Portionen essen, die ich Dir hinstelle. Und die vielen Zitronen, die Du ißt, werde ich Deinem Vater in Rechnung stellen." „Maura", sagte ich begütigend, „so einfach wird es nicht gehen. Ich habe nämlich zufällig gerade einen anderen jungen Mann aus Imperia wegen der gleichen Krankheit und kann Dir versichern, daß das Lexikon nicht übertreibt, wenn es „quasi" von unheilbar spricht. Immerhin, mein Italiener hat Fortschritte gemacht, seit er zu mir kommt. Die Voraussetzung ist, daß der Patient geheilt werden will und mitarbeitet." „Warum soll es nicht wollen?"

Ich verzichtete auf eine Fortsetzung dieser Auseinandersetzung und fragte Arno, ob ich ihn einmal nackt anschauen könne, um mir ein Bild seines Zustandes zu machen.

(5)
Ohne jede Hemmung ging Arno mit mir ins Sprechzimmer, zog sich aus und ließ sich betrachten. Diese Knochigkeit war zwar nun wirklich jämmerlich, doch hatte ich solche Gestalten in der Zeit meiner Kriegsgefangenschaft und später auf einer ausgedehnten Afrikareise während der Hungerzeit in Äthiopien oft gesehen. Wahrscheinlich wog er weniger als er angegeben hatte. Er war eine Spur dünner als mein italienischer Magersüchtiger, aber er war auch größer. Am Rücken entdeckte ich einen verschobenen Wirbel, Ansatz für eine Skoliose, die wahrscheinlich durch die Magerheit begünstigt wurde, denn die Muskeln fehlten. „Ihr Rücken ist nicht in Ordnung, Arno!" „Das hat mir noch niemand gesagt!" „Ich werde Ihnen Übungen zeigen!"
„Sie können ruhig Du zu mir sagen!"

(6)

Vor mir stand diese Junge mit schöner, weißer Haut, während sie bei meinem Italiener Oswald schon grau und welk schien, obwohl er nur wenige Jahre älter war. Die langjährige, fettlose Unterernährung. Arno hatte lange, gerade Beine und war dabei, sich selbst zu zerstören. Dabei deuteten alle Anlagen darauf hin, daß hier mit den richtigen Übungen eine vollkommene Figur entwickelt werden konnte. „Haben Sie sich je für Body Building interessiert?" fragte ich, und vermied es, ihn sofort zu duzen. „Ich verabscheue diese Muskelpakete", antwortete er. „Und doch zeigen ihre Anhänger, daß Figur nicht schicksalshaft ist, sondern man durch richtiges Training Schwachstellen beseitigen kann." Während Arno sich wieder anzog, ging ich zu meinen Freunden. „Nun?" „Warten wir etwas zu", sagte ich. „Er ist von daheim weg in einem anderen Land, anderem Klima und einer anderen Sprache. Vielleicht genügt dies, um ihn zu normalisieren." „Aber was machen wir mit ihm? Er will doch in der Gärtnerei nicht arbeiten?" „Wir fragen ihn, was er tun möchte."

Arbeitssuche

(7)

> „Der Gedanke, keinen freien Zugang zu Nahrungsmittel zu haben, erschreckt Mgersüchtige, selbst wenn sie nicht die geringste Absicht haben, sie zu verspeisen."                                    *(Palazzoli)*

Arnos Antwort auf die Frage nach seinem Berufswunsch kam ohne Zögern: „Ich will Koch werden!"

Er glaubte sogar, es begründen zu müssen und erzählte, daß er schon in der Familie der Mutter beim Kochen und Backen geholfen hatte. Damit schien die Situation geklärt. Freund Leo wollte am nächsten Tag mit einigen Telefonanrufen feststellen, wo er Arno unterbringen könnte. Bis die Kochstelle gefunden wäre, würde er bummeln dürfen und sollte sich akklimatisieren.

Das Essen hatte am Mittwoch stattgefunden. Am Sonntag tauchten alle drei unangemeldet bei mir auf, um erneut das Problem anzugehen. Arno aß weiterhin Unmengen von Zitronen und Tante Maura sorgte sich um die Strom- und Wasserrechnung. Inzwischen vermißten auch beide ihre frühere Ruhe, Arno störte durch sein bloßes Verhalten. Eine Kochlehrstelle hatte Leo nicht gefunden und bat nun um meine Hilfe. Wir redeten zwei Stunden und ich sagte, sie sollten morgen abend wiederkommen.

(8)
Am Montag abend fuhren wir auf der Via Romana bis unterhalb der Altstadt und parkten bei der höchsten Kiefer Europas. Um Arno zu beeindruckten, zeigte ich ihm diese, machte auch ein bißchen Reklame für das Klima und fragte, ob er den Duft der Zitronen- und Orangenbäume riechen würde. Ohne auf eine Antwort zu warten erklärte ich weiter, von diesem Duft sei schon in einem Roman die Rede, der in Bordighera spiele. Es würde dort erklärt, daß die Orangen wie alle stark riechenden Blumen einige Stunden nach Sonnenuntergang und gegen Ende des Tages einen besonders starken Duft ausströmen.

Inzwischen liefen wir die Treppen zur Altstadt aufwärts und gingen durch die Porta Sottana in den Ort. Gleich neben der Kirche der Sünderin Maria Magdalena war das Ristorante Romano. Dort war ich mit meinen Freunden Stammgast und fragte also den Wirt nach Arbeitsmöglichkeiten für Arno. Nein, keine Möglichkeit, ihn momentan einzustellen. Wir trinken etwas, ich zeige noch den Kirchturm, der abseits der Kirche steht und der ursprünglich ein Wachturm war, um die Sarazenen, plündernde arabische Seeräuber, rechtzeitig zu sehen. Ein Barockaufbau machte ihn zum Kirchturm. Als wir dann wieder bei der Kiefer sind, ist unser Auto nicht mehr da.

(9)
Das Auto gestohlen. Also müssen wir zur Polizei. Das wird Zeit kosten, wie ärgerlich. Ich habe das im Laufe der Jahre oft gemacht und mag meine Zeit dort nicht verlieren. Also verabschiede ich mich und gehe in die untere Stadt in ein anderes Ristorante, in dem ich morgens meinen zweiten Kaffee trinke. Mehr testweise frage ich nach einer Kochlehrstelle und siehe, der Besitzer sagt ja. Herr Stella ist selbst Koch und führt das Lokal als Familienbetrieb. Er hat einmal in der Schweiz gearbeitet und ist deshalb sicher, ein deutscher Lehrling wird nicht frech oder aufmüpfig, sondern willig, zuverlässig, anständig und lernbegierig sein. Darin sollte er sich nicht täuschen. Noch bevor ich diese Nachricht Leo Gieser mitteilen kann, taucht Arno selbst bei mir auf. Die Carabinieri hatten Gieser geraten, das Auto in Ventimiglia zu suchen. Ungeduldige Jugendliche, die den Bus nicht erwarten können, würden öfters mit irgendeinem Wagen dorthin fahren und ihn dann einfach stehenlassen.

So hatte man Arno beauftragt, dies zu tun, denn Giesers waren ja ganztags in ihrem Gartenbaubetrieb. Wirklich hatte Arno schon nach 15 Minuten den Wagen entdeckt. Alles war unberührt, selbst die Einkäufe Mauras lagen noch alle auf den Hintersitzen.

(10)
Arno war sichtlich stolz auf sein Erfolgserlebnis. Ich lobte ihn und da ich merkte, daß er nicht wußte, was er nun machen sollte, ich selbst mit meiner Morgenpraxis eben zu Ende war, setzte ich ihn hinten auf meine Lambretta und fuhr mit ihm zum Meer.
Ich hatte eine Stamm-Bar an der südlichsten Spitze des Caps. Dort verbrachte ich oft meine Mittagspause, aß Spaghetti, trank den Espresso und las.
An diesem Tag war die Brandung hoch, das Meer rauschte unter einem azurblauen Himmel, die Sonne war so warm, daß man im Freien sitzen konnte. Arno bestellte sich Kaffee, aber ohne Milch und Zucker.
Ich fragte Arno, ob er wisse, daß Bordighera zu den fünf schönsten Orten Italiens zählt (schreibt der italienische Journalist Barzini in seinem Buch „Die Italiener") und daß Bordighera auch in einem Buch eines deutschen Schriftstellers vorkäme, den er demnächst kennenlernen könne, da dieser hier eine Wohnung habe und viermal im Jahr käme. Ich hatte wegen der Werbung dort ein Buch deponiert und las Arno daraus einen Satz vor:
„Aber da vorn, am Cap Ampelio, dem südlichsten Zipfel der italienischen Riviera, stand die kleine Kapelle im hellsten Sonnenlicht. Das breiteste aller Caps, ein ins Meer stechendes Dreieck, ist zu einer Stadt geworden. Der einzigen, die nicht in einer

Bucht liegt. Das milde Wasser zu beiden Seiten beschert Bordighera die warmen Winter."
(aus: Hans Breinlinger, Spielzeit, L. Staackmann-Verlag, München).
Dann zeigte ich auf die Kapelle, merkte aber, daß er nicht sehr interessiert war, und so bat ich ihn, von seiner Magersucht zu erzählen.

## Vorgeschichte

(11)
Der Bericht, der nun folgt, ist nicht ganz authentisch. Ich machte damals keine Notizen, ließ mir aber später von Arno die Geschichte wiederholen und auch aufschreiben. Aber ungefähr so war die Unterhaltung. „Begonnen hat die Magersucht, als ich zwölf oder dreizehn Jahre alt war. Damals 1973, kam auf dem Albertus-Magnus-Gymnasium in Beckum, das ich seit 1971 besuchte, zur englischen noch die lateinische Sprache hinzu. 1974 wurde dann noch die französische Sprache gelehrt. Da mir das zuviel zu lernen gab, tauschte ich die französische Sprache gegen einen Kurs in Ernährungswissenschaften aus. Dieser galt als leicht und sollte mich entlasten (Obertertia). Das Einteilen der Lebensmittel nach Kalorien und nicht nach Ernährungswert begann mich zu irritieren. Ich rechnete mir nach den Mahlzeiten daheim aus, daß ich nach den Tabellen der Ernährungslehre, die ich im Kurs bekam, eigentlich zuviel gegessen hatte.
Die häufigen Hinweise auf die meist überernährten Deutschen machte mir plötzlich Angst. Sollte ich schon zu ihnen gehören? So begann ich weniger zu essen und achtete auf kalorienarme Speisen.

Gleichzeitig isolierte ich mich von meinen Kamera-
den und konzentrierte mich auf schulische Leistun-
gen, denn die Freizeitaktivitäten meiner Mitschüler,
die aus Mofa, Pop und Rauchen bestanden, fand ich
dumm und langweilig."
Ich fragte: „Aber diese Mofaclique, von der Du
sprichst - warst Du denn schon 15 Jahre?"
„Nein, aber meine älterer Bruder Franz gab mir sein
Mofa, so daß ich zu dieser Clique konnte."
„Und wie ging es weiter?"
„Unser Hausarzt, Dr. Schöner, wurde gerufen, da ich
immer mehr abnahm."
„Wieviel?"
„Ich hatte zehn Kilogramm abgenommen bei einer
Größe von 1,83 m. Wog also wie jetzt etwa 43 kg."
„Was machte der Hausarzt?"
„Er verschrieb mehrmals Vitaminpräparate, Kräfti-
gungsmittel und gab mir Ratschläge, die ich jedoch
nicht befolgte. Im Dezember 1976 wurde ich in der
medizinischen „Barbara-Klinik" auf mögliche organi-
sche Ursachen meiner Magerkeit untersucht. Man
fand nichts. Der Stationsarzt sagte meinem Vater,
daß durch Strenge und Härte mein Eßverhalten und
damit die Krankheit geheilt werden könne, denn meine Magerkeit beruhe nur auf meinem Willen der
Essensverweigerung.
Mein Vater befolgte diesen Rat, jedoch nicht konse-
quent, und nach 14 Tagen Weihnachtsferien hatte
ich wieder das vorherige Verhalten der Essensverweigerung angenommen. Daraufhin wurde ich von
Arzt zu Arzt gereicht, bis ich im Mai 1977 bei einem
Psychosomatiker landete. Es war Josef Dunkelschlag von der Westfälischen Wilhelms-Universität
Münster." Als ich später hörte, daß dieser Psychosomatiker von Arno eine Kassettenaufnahme mit

Schilderung seiner bisherigen Jugend sowie ebenfalls einen Werdegang hatte schreiben lassen, bat ich, über die Familie, zwecks Vergleich um Einsichtnahme. Antwort: Alles dem Reißwolf übergeben.

Ist das seriöse, verantwortungsvolle Arbeit am Menschen? Weshalb wurden beide Unterlagen (da von Arno besprochen und geschrieben) nicht zurückgereicht?

„Die Therapie mit diesem Arzt, der das Medikament „Haloperidol" von Janssen einsetzte, brachte nur vorübergehend Erleichterung. So wurde ich am 23.12.77 in die Universitätsklinik Münster, Abteilung Psychologie, eingeliefert. Dort lernte ich stricken und machte Handarbeiten.

Nach zwei Wochen kam ich in die geschlossene Station. Ich war mit einem jungen Mann auf dem Zimmer, der sich selbst kastriert hatte. Voller Ängste in dieser Umwelt, verließ ich unter dem Vorwand einzukaufen die Station und fuhr mit dem Bus nach Hause. Nun brachte mich mein Vater in ein Internat, hoffend, daß dort eine Normalisierung möglich sei. Ich fühlte mich dort aber dort so fremd, daß ich nach einigen Tagen einen Selbstmordversuch machte, indem ich versuchte, die linke Pulsader aufzuschneiden. Ich nahm dazu das kleine Messer meines Bleistiftspitzers. Ich hatte dabei furchtbare Schmerzen, stöhnte und weinte.

Dadurch wurde man auf mich aufmerksam und brachte mich mit dem Krankenwangen ins Krankenhaus. Von dort wurde ich nach drei Tagen wieder in die geschlossene Station von Münster gebracht. Wieder nach einiger Zeit kam ich in die offen Station, und dort kam mir der Gedanke, nach Italien an Onkel Leo zu schreiben. Da das Verlassen der Station davon abhängig gemacht wurde, daß ich eine bestimmte Menge aß, kam ich auf die Idee zu essen und danach zu erbrechen. Seit dieser Zeit habe ich diese Gewohnheit beibehalten. In diesem Krankenhaus lernte ich auch das Rauchen."

Ich sah, daß er die Technik, eine Zigarette an der anderen anzuzünden mit großer Fertigkeit beherrschte. Ich schaute ihn an und dachte an all die Helfer, von denen doch keiner wirklich geholfen hatte, im Gegenteil. Und nun sollte ich auf den Wunsch sei-nes Onkels Leo helfen. Was tun?

Zunächst setzte ich ihn wieder auf meine Lambretta und fuhr ihn zurück zu seinem Onkel und seiner Tante.

Überlegungen

(12)
Die Entscheidung, eine Behandlung wie die Anorexia Nervosa zu übernehmen, ist nicht leicht. Ich bin „nur" Heilpraktiker, und wenn bei einer Behandlung kein Erfolg eintritt, kann man mit Vorwürfen von allen Seiten rechnen. Ich hörte in meiner Vorstellung schon die Reden der Kapazitäten: Wenn wir versagen, wie können Sie glauben, das Sie das in den Griff bekommen? und ähnliches.
Das Gegenargument war, er hatte in Deutschland von jeder Möglichkeit, gesund zu werden, Gebrauch gemacht, jedoch ohne Erfolg. Seine Flucht nach hier zeigte, daß er gesund werden wollte, aber niemand gefunden hatte, der sich wirklich um ihn kümmerte und dem er Vertrauen entgegenbringen konnte.

Diese Leidensgeschichte eines Knaben war schlimm anzuhören und zeigte klar, daß die heutige Einstellung der Erwachsenen, die Jugend unter sich zu lassen genauso falsch war wie in meiner Jugend der Schirach-Ausspruch: „Jugend muß von Jugend geführt werden." Wie soll ein Blinder dem anderen den Weg zeigen? Man mußte Arno eine Chance geben.

Würde ich aus Angst vor Versagen die Behandlung ablehnen, war das genauso verantwortungslos wie Fahrerflucht oder verweigerte Hilfeleistung. Ich musste es wenigstens versuchen.

(13)
*Viktor von Weizsäcker* stellt in seinem Buch „Klinische Vorstellungen" von 1941 die Magersucht unter Fall XXVII unter dem Titel „Willenswandlung" vor.
Es heißt dort: „Widerstand gegen das geschlechtliche Reifen. Weltschmerz der Pubertät."
War diese Willenswandlung zu erreichen – und wie?

Als Mitarbeiter von Erhard Freitag (u.a. Verfasser des Buches „Kraftzentrale Unterbewußtsein") in München hatte ich einst wahre Wunderheilungen durch Hypnose erlebt.
In meiner Ausbildung auf der Heilpraktikerfachschule in München war ich durch *Hubert H. Scharl* in die Hypnosetechnik eingeführt worden. Ich suchte Scharls Buch „Die Organsprache" heraus und las über die Magersucht. Es heißt dort: „Der Konflikt (Essenskonflikt) wird vom genitalen in den oralen Bereich zurückverschoben."

Ich dachte an meinen derzeitigen Magersüchtigen Oswald. Im September 1976 war er eine Woche bei mir gewesen. Ich hatte ihn mit zum Schwimmen ans Meer genommen und beim Ausziehen gesehen, daß er ein Bruchband trug. „Haben Sie einen Bruch?" fragte ich. „Nein!" „Warum tragen Sie dann ein Bruchband?" „Ach, halt so." Aber das Anziehen seines Bruchbandes schien Oswald, wenn er den Penis durch das dafür bestimmte Loch schob, eine gewisse Genugtuung zu verschaffen. Bei den Gesprächen mit ihm hatte sich gezeigt, daß seine sexuellen Erfahrungen gleich Null waren, und er seit der Krankheit auch zu keiner Erektion fähig war. Als Kind hatte ihn sein Vater einmal bei Berührungsspielen mit einem Kameraden in der Scheune überrascht, seitdem hatte er sich vor solchen Erfahrungen gehütet.

Wie war das mit Arno? Welche sexuellen Kenntnisse lagen da vor? Heute, jetzt im Jahre 1978 lief die Aufklärungswelle auf Hochtouren und wer wollte, konnte in fast jeder Zeitschrift die einfachsten und kompliziertesten Dinge über die Sexualität erfahren. Nun, das könnte man eruieren, wenn sich nicht von selbst eine Besserung anbahnte.
Giesers, die selbst keine Kinder hatten, sich aber einmal informiert hatten, was man tun könne, um welche zu bekommen, sagten nun plötzlich, sie seien froh, keine zu haben, wollten aber doch, daß ich Arno helfe. Ich selbst fühlte mich durch seine Geschichte in die Pflicht genommen und dachte an das Gleichnis vom barmherzigen Samariter. So rief ich nach diesen und anderen Überlegungen Arno an und bat ihn, am nächsten Tag um 16 Uhr zu mir in die Praxis zu kommen.

## Praxisarbeit

(14)

Dreimal wöchentlich behandelte ich zu dieser Zeit einen Zwilling. Die Buben, zehn Jahre alt, waren durch die embryonale Situation körperlich benachteiligt, Der eine hatte eine starke, der andere eine schwache Skoliose, also Verbiegung der Wirbelsäule, die ich mit der Methode Lehnert-Schroth zu korrigieren versuchte. Die verantwortungsbewußte Mutter brachte ihre Buben acht Jahre lang aus San Remo zu mir. Ich hörte gegen Ende der Behandlungszeit, daß sie bei einer Reihenuntersuchung in der Schule die einzigen waren, die in ihrer Klassen keinen Haltungsschaden hatten und gerade jetzt, zehn Jahre später haben sie mich in den Universiätitsferien besucht, weil bei einer neuen Kontrolle der dortige Professor wissen wollte, wer sie behandelt hat.

Bei den Korrektur-Übungen bat ich die Mutter immer um Hilfestellung, so daß beide Knaben ohne große Pausen ihr Gymnastikprogramm schafften. Zugleich bekam die Mutter einen Blick für die Fehlhaltung, der Eltern, aber auch Partnern, oft fehlt.

Ich hatte Arno also bestellt, damit er die Übungen sehen konnten, denn trotz allem, was Arno erzählt hatte, glaubte er natürlich, daß er gesünder als die anderen sei. Die körperliche Trägheit, das Essen der anderen, die warme Kleidung ekelten ihn an. Ihm von daher beizukommen, war unmöglich. Als ich aber in ernstem Ton von seinem Rückendefekt sprach, den ich ihm im Spiegel und auch auf einer Fotografie zeigen konnte, war er sofort bereit, etwas dagegen zu tun. Arno kam mit 30 Minuten Verspätung, als ich nach den Übungen dabei war, die dazugehörige Atemtherapie zu machen.

(15)

Nachdem die Mutter mit den Zwillingen gegangen war, sagte ich Arno, daß man in Italien sehr darauf achtet, wann man pünktlich sein muß und wann nicht. Bei allen Arzt- oder Therapieterminen sind die Italiener auf die Minute pünktlich. Ich zeigte ihm trotzdem noch eine Übung, nämlich wie man sich am Trapez aushängt und bat ihn dann, abends mit Onkel und Tante ins Ristorante „Stella" zu kommen, damit er seinen zukünftigen Arbeitsplatz anschauen könne, und umgekehrt, der Besitzer seinen neuen Kochlehrling. Wir aßen an diesem Abend hervorragend. Selbstgemachte Ravioli mit einer Gemüsefüllung aus dem eigenen Garten Herrn Stellas im Hinterland. Dann einen Fisch, frisch aus dem Meer. Dazu ein Weißwein, der hier an der Küste wächst und Vermentino heißt. Er erinnerte mich immer an den trockenen Frankenwein meiner Heimat. Zum Schluß Ziegenkäse, ebenfalls ganz frisch, locker und duftig wie geschlagene Sahne. Bedient wurden wir von einem jungen Kellner, dessen Eltern aus Kalabrien kamen. Er war gleichaltrig wie Arno, und der Unterschied zwischen den beiden erschien mir symbolhaft wie bei den Gestalten Italia und Germania auf einem Gemälde von Oberbeck.

Danach kam Herr Stella an unseren Tisch. Er offerierte, wie in Italien bei guten Gästen üblich, einen Grappa und fragte dies und das. Arno schien ihm zu gefallen und so sagte er endlich, daß er italienisch lernen und morgen früh um 8 Uhr 30 da sein müsse. „Das Frühstück kann er hier einnehmen, bevor die Küchenarbeit beginnt."

(16)

Am nächsten Tag stört mich Arno in meiner Siesta. Er weiß nicht wohin, denn Geisers sind ja in ihrem Gartenbaubetrieb, außerdem will er die Übung machen, die ich ihm gezeigt habe. Ich zeige auf das Trapez, dann auf ein Sofa im Nebenzimmer und sage, er sollte dort abliegen, damit er abends wieder in Form sei. Abends ging ich dann wieder an seinem Ristorante vorbei, trank etwas und nahm ihn auf meinem spätabendlichen Spaziergang mit. Sollte er hier bleiben, würde es gut sein, wenn man ihm hilft, ein Gefühl für die Schönheit dieser Küstenlandschaft zu entwickeln. Durch eine Seitengasse und Unterführung waren wir in zwei Minuten auf der Meerpromenade. Ich erklärte, es sei die längste Fußgängerpromenade ganz Italiens. Kein Auto stört. Ich zeigte auf das Lichtermeer von Mentone und Monte Carlo und sagte, daß man Nizza nicht sehen könne, da es in einer Bucht, der Engelsbucht, läge. Dann bummelte ich in Richtung der Cap-Spitze, an der ich mit ihm das erste Gespräch geführt hatte.

Doch nun, da ich mit meinen Erklärungen fertig war, begann Arno von seiner Figur und seinen Eltern zu sprechen. Er sehe selbst deutlich, daß sein Bauch noch vorstehe, also müsse er noch abnehmen. Wir hatten beim Cap die Straße überquert und stiegen nun durch einen kleinen Pinienhain aufwärts zur Altstadt. Ich machte mir die Mühe, Arnos Argumenten meine vernünftigen entgegenzusetzen, sprach von Körperbau und Physiologie, doch war meine Logik vergeblich. Inzwischen waren wir durch das Südtor 'La Porta del Capo' in die Altstadt gekommen und so konnte ich ihm drei Lokale zeigen und ihm jedesmal einen Drink offerieren. Der gute einheimische Rotwein sollte ihn auflockern, außerdem hoffte ich, daß er ihn kräftigen würde. Wir standen jeweils nur an der Bar und ich war besorgt, daß er schnell austrank, wozu er sich wohl gerne sehr viel Zeit genommen hätte. Doch drängte ich, denn er müsse ja morgen früh zur Arbeit. Als ich ihn in der Via Romana verabschiedete und nach einem Schritt durchs Gartentor nochmals zurückging, sah ich, wie er mit langen Schritten heimwärts rannte.

## Der Schwindel

(17)
Was in einem Magersüchtigen vorgeht, kann ein Gesunder nicht verstehen. Die Schwierigkeit des Verstehens wird verstärkt durch den Eindruck, daß man es mit einem intelligenten Menschen zu tun hat, der doch einsehen muß, daß ein Auto Benzin braucht, wenn es fahren soll.
Vielleicht kann es derjenige nachempfinden, der nicht schwindelfrei ist. Soll ein Mensch mit Höhenangst auf das Ulmer oder Straßburger Münster steigen, so wird er meist dann, wenn die Treppen den Blick in die Tiefe freigeben, nicht mehr weiter können. Machen sie ihm klar, daß er nicht abstürzen kann, da ja ein eisernes Geländer da sei, so wird ihm das nichts nützen. Er kann nicht mehr weiter.
Goethe, der diesen Höhenschwindel kannte, stieg auf dem Straßburger Münster täglich eine Stufe höher und bezwang so seinen „inneren Schweinehund".
Vielleicht ist auch noch der Vergleich mit einem Nichtschwimmer verständlich. Zeigen sie ihm, wie er sich über Wasser halten kann und versichern sie

ihm, daß sie ihn sofort halten, wenn er trotzdem sinken sollte, so wird er doch nicht den Mut haben, ins tiefe Wasser zu gehen. Die Angst ist größer.

Ein drittes Beispiel wären jene Menschen, die Angst vorm Fliegen haben, und die man auch mit den besten Argumenten nicht ins Flugzeug bekommt.

Der Magersüchtige hat aber nicht nur Angst; hier: vor dem Essen. Er hat auch ein schlechtes Gewissen, wenn er gegessen hat.

Ein schlechtes Gewissen, wie es ein junger Mensch hat, der zu Keuschheit erzogen wurde, und der nun trotzdem Selbstbefriedigung treibt, mit dem Bewußtsein, daß dies eine Sünde ist, die er begeht. Auch diese Gewissensnöte sind wohl nicht für jedermann nachvollziehbar und deshalb bringe ich hier einen Abschnitt aus den Erinnerungen des Theologen *Helmut Thielicke*: „Mein Vater warnte mich vor den Versuchungen der Masturbation. Dabei blähte er die Schrecken der möglichen Folgen so phantastisch auf, daß die sich ergebenden Angstvisionen mich noch lange belasteten: Der Same sei edelster Gehirn- und Rückenmarkstoff, dessen Verlust nicht nur die geistigen Fähigkeiten eines jungen Mannes mindere, sondern ihn zur Ruine machen, ja dem Wahnsinn verfallen lassen könne. Ich erinnere mich noch mit Entsetzen an den ersten Sperma-Erguß, bei dem ich zu spüren meinte, daß ein Stück meines Gehirns mit ausgestoßen worden sei. Das trieb mich fast in eine Panik. Mein Vater war offenbar der naiven Ansicht, daß die Schrecken dieser Drohung die Widerstandskraft festigen würden. Der Gedanke, daß die psychische Belastunng unvergleichlich schlimmer war als selbst die stärkste onanistische Ausschweifung, lag ihm, bedingt durch die Verklemmtheit der eigenen Erziehung, die hier mit der Neigung zum balladenhaften Überhitzen einen verhängnisvollen Bund einging, wohl fern. Knabenhafte Sexualspiele, zu denen ein etwas älterer, sonst sehr erfreulicher Spielkamerad, der schon im Stimmbruch war, mich „verführte", setzten mich somit einem schweren psychischen Druck aus, vor allem weil das vermeintliche furchtbare Geheimnis vor den Eltern geheimzuhalten war. Gerade wenn ich Liebe und Vertrauen der Mutter spürte, quälte mich der Gedanke: „Wenn du wüßtest..." (Helmut Thielicke: „Zu Gast auf einem schönen Stern" – Bastei Lübbe Verlag)

(18)
Wir haben ein Gewissen, das für das Leben in der Gemeinschaft programmiert ist. Es soll uns vor Mord, Diebstahl oder Betrug schützen. Erkennen von Un-recht nützt dem Leben in Familie und Stammesver-band. Wir leben aus der Gemeinschaft und sind auf sie angewiesen. Im Falle der Magersucht scheint das Gewissen pervertiert. Man versteht nicht, wieso Essen, die natürlichste Sache der Welt, mit einem schlechten Gewissen verbunden sein soll. Da ich später, im Laufe der Therapie, auf das Thielicke-Problem kommen mußte und kommen werde, lasse ich jetzt die weiteren Bezüge zu diesem Thema.

Bei Arnos Magersucht war das schlechte Gewissen stärker als die Vernunft – wie beim Höhenschwindel. Dazu kamen die weiteren Begleiterscheinungen: Die durch den Gewichtsverlust bedingte Nervosität. Die durch die Zwangsvorstellung des Dünnseins hervorgerufenen pausenlosen Aktionen körperlicher Betätigung. Das Frieren durch Tragen ungenügender

Kleidung und selbst Schlafverweigerung, da man dann ja Kalorien ansetzen könnte.

Aber noch etwas stimmt bedenklich und könnte einem den Anorektiker verleiden. Daß dieses Gewissen auch nicht mehr bei Fragen der Ehrlichkeit funktioniert. So belügt oder betrügt er oft die eigene Familie oder den Therapeuten bei Fragen nach seinem Ergehen und seinen Tätigkeiten.

Doch nicht nur die anderen, auch sich selbst betrügt er ständig, indem er sich einredet, daß er all dies aus einem vernünftigen Grund tue. Seine Dialektik erreicht dabei eine Spitzfindigkeit, die ihm als Juristen alle Ehre machen würde – wenn sie vernünftig wäre. Mit tausend 'wenn' und 'aber' versucht er die anderen ins Unrecht und sich ins Recht zu setzen. Vieles erinnert an den Trotz eines Kindes, und man fragt sich manchmal, ob die „Alten" vielleicht doch Recht hatten, wenn sie davon sprachen, daß der Trotz des Kindes gebrochen werden müsse.

Alltag

(19)
Zwei Tage später gehe ich nach den morgendlichen Behandlungen in meiner Praxis zum Mittagessen ins Ristorante Stella. Ich will wissen, wie es mit Arno steht.

Der Chef, Herr Stella, ist zufrieden. Der Junge zeigt sich fleißig, putzt alles gründlich, wenn auch mit viel Zeitaufwand. Er fragt, ob Arno nicht etwas früher aufstehen könne, denn er käme immer rennend an.

Etwas für ihn Unverständliches sei da noch. Zufällig habe er gestern zehn Päckchen Vanillepulver im Abfalleimer gefunden, die sich Arno mit Milch angerührt

hatte. Die ganze Küche hätte nach Vanille gerochen – das hätte er ja sofort gemerkt – aber gleich zehn Päckchen!
Ich sagte: „Wenn er erst die gute italienische Küche kennengelernt hat, wird er so etwas sicher nicht mehr mögen. In deutschen Familien gäbe es schon mal private Geschmackseigenheiten."

## Organisation

(20)
Ich hoffte weiterhin, daß dies neue Leben für Arno hilfreich sein würde und die Therapie dann nicht mehr nötig wäre. Vielleicht kleine Korrekturen im Verhalten. Allen hing aber dann davon ab, daß er die Arbeitsstelle behielt. Signore Stella konnte ich nicht wegen seiner Krankheit ins Vertrauen ziehen, denn der würde Arno dann nicht mehr halten und fördern können. Wen also dann?
Der gleichaltrige Kellner kam als einziger in Frage. So bat ich ihn, doch mal mit Arno zu mir zu kommen. Er kam schon am nächsten Tag. Ich bereitete das Gespräch auf italienische Art vor. Ich wußte, das er Renato hieß und sagte ihm zunächst, mit Arno habe er eine gute Gelegenheit, die deutsche Sprache zu erlernen. Das würde ihm später viel nützen. Dazu könne er täglich mit Arno zu mir kommen.
Er könne dann auch mit Arno am Trapez Übungen machen. Sofort hing sich Renato übermütig ans Trapez, benutzte dann die Ringe und benahm sich wie närrisch. Man merkte, er war ein Bewegungsnaturell, wenn auch von ganz anderer Art als Arno.
Es dauerte einige Zeit, bis er sich ausgetobt hatte, dann konnte ich mit ihm reden. Arno verstand da-

mals noch kein Italienisch, und so versuchte ich Renato insoweit zu informieren, daß er ein Auge auf Arno haben solle und mir auch berichten solle, was Arno so treibe. Ich sprach vom Verwöhnungssyndrom der deutschen Jugendlichen und was Arno nicht schmecke, das würde er wieder erbrechen – aber das solle er nicht. Er müsse sich an die italienische Kost gewöhnen. Deshalb solle er aufpassen, wenn Arno das WC aufsuche.

Wenn er interessiert sei, daß Arno in der Küche bliebe, müsse er mir diesen Gefallen tun. Renato freute dieses Angebot sichtlich. Ja, er würde aufpassen und er würde dann auch täglich seine Mittagspause hier verbringen und mir jeweils Bericht erstatten.

(21)
Das klingt alles sehr einfach, und ich kann mir vorstellen, daß eine 17-jähriger Deutscher gesagt hätte: „Das ist nicht mein Bier!" Dazu muß man die Lebensgeschichte Renatos kennen. Eine Geschichte, wie sie Gavino Ledda in „Padre Padrone" (auf dieses Buch werde ich später noch einmal zurückkommen) beschreibt, wohl ganz anders, aber auch mit jenem materiellen Druck, der den jungen Menschen die kleinste Freiheit und Annehmlichkeit voll Freude und Dankbarkeit genießen läßt.

Renatos Vater war wegen einer Falschaussage bei einer Entführung, mit der er nichts zu tun hatte, aber wo er glaubte, etwas bemerkt zu haben, schon lange in Untersuchungshaft. Die Mutter ernährte die vier Kinder, indem sie ganztägig für eine Familien den Haushalt führte. Die vier Söhne schliefen mit der Großmutter in einem Zimmer, und zwar zwei Jungen in einem Bett. Dann gab es noch eine Küche ohne

Fenster und über einen öffentlichen Flur, den andere Hausbewohner benutzten, ein Zimmer für die Eltern. Wenn Renato mit der Arbeit fertig war, gab es also kein ruhiges Zimmer daheim und auch keinerlei Platz für private Liebhabereien. Schon mit sieben Jahren hatte er auf den Blumenfeldern gearbeitet - neben der Schule, später in Geschäften als Ausläufer, und nun war er seit dem 14. Lebensjahr Kellnerjunge. In all diesen Jahren hatte er niemals Ferien gehabt, denn wenn keine Schule war, arbeitete er ganztägig. Daß sich die Familie auch keinen Fernseher leisten konnte, erwähne ich für jene Leser, für die das Fernsehen zum Alltag gehört. Da er durch seine Arbeit zum Lebensunterhalt der Familie beitragen mußte, hätte er auch beim besten Willen keine Zeit gehabt, zu lernen und mehr für seine Ausbildung zu tun. Dies also erklärt die Bereitwilligkeit, mit der er auf meinen Vorschlag einging. In der Folgezeit kam er täglich mit Arno zu mir.

(22)
Schon am darauf folgenden Sonntag machte ich wegen Arno wieder eine Ausnahme und aß erneut im „Stella" zu Mittag. Renato kam an den Tisch und berichtete mit leiser Stimme, vorhin nach dem Essen hätte er gemerkt, daß Arno im WC versucht habe zu brechen. Daraufhin sei er nach draußen gegangen, wo der Abfall hinkäme und habe von dort mit einem Besenstiel heftig ans Fenster geklopft. Darauf sei Arno sehr verschüchtert herausgekommen.

Jahre später sagte Arno, daß ihn diese Kontrolle in der Tat so verstört habe, daß er nicht mehr wagte, am Arbeitsplatz zu erbrechen.

Arnos Onkel Gieser hatte inzwischen mehrmals telefonisch bei mir angefragt, wie es im Ristorante gehe.
Am 16. März, zwei Wochen nach Arnos Ankunft, ruft
er morgens um neun Uhr wieder an. Er hat Antwort
von Arnos Vater; dieser ist mit dem Versuch einer
Hypnosetherapie einverstanden.
Ostern steht vor der Tür, mein Terminkalender ist
voll. Auch Arno ist gefordert.
So halte ich in der ersten Aprilwoche einen Termin
für die erste Sitzung fest.

(23)
Renato, der wach und immer lustig das Leben annahm, war bemüht, Arno zu seinem Kumpel zu machen. Eine Woche vor Karfreitag mußte er nach San
Remo und wollte Arno mitnehmen. San Remo, eine
Perle der Riviera, voller Leben und voller gepflegter
Atmosphäre und eleganter Menschen mußte imponieren und unterhalten. Aber Arno weigerte sich mit-
zufahren. Einen Grund gab er nicht an. Mein Zureden half nichts. Ich teilte dies seinem Onkel Gieser
sofort telefonisch mit. Wir durften die Zügel nicht
schon am Anfang schleifen lassen, wenn wir etwas
erreichen wollten. Jetzt konnte man ihn noch führen,
denn in die Universitätsklinik in Münster wollte er
nicht zurück.
Der San-Remo-Besuch war von Renato in der
Mittagspause geplant. Arno müßte also nach dem
Essen und Kochen sofort mit ihm los. Wenn er nicht
mitwollte, konnte das nur heißen, daß er heimlich
brechen oder seinem Bewegungszwang nachkommen wollte. Arno setzte sich durch.
Giesers diskutierten deshalb am Samstag abend
erneut mit mir, bis Arno vom „Stella" kam. Er hatte
an diesem Samstag Geburtstag, wurde 17 Jahre alt.

Als er kommt, feiern wir ihn, wünschen Glück und um ihm das Gefühl zu geben, daß wir ein echtes Interesse an ihm haben und um ihn in der Kocharbeit zu motivieren, essen wir am nächsten Tag mittags alle im „Stella", um ihn in seinem neuen Lebensjahr in Italien zu ehren.

Helfer

(24)
Außer Giesers nimmt am Essen auch meine Freundin Bijuti teil, die zum Osterfest aus München angereist ist. Aus dem Osten ausgesiedelt, vom Schicksal hart getroffen, gibt sie der Welt eine Antwort aus Bescheidenheit, Verständnis, Verzeihung und Liebe. Ihre Güte wird von einer Woge des Mitleids getragen, und als sie Arno sieht, denkt sie an Helfen, findet ihn liebenswert und möchte glauben, daß uns „Gott einen Engel zur Erde geschickt hat."
Sofort lädt sie ihn ein, mit ihr übermorgen, wenn er seinen freien Tag hat, nach Cap Ferrat zu fahren. Arno willigt ein, will die Fahrt sogar morgen in seiner Mittagspause mit ihr besprechen.

(25)
Cap Ferrat, laut Touristen-Führer „einer der klimatisch am meisten begünstigten Punkte Europas" mit dem herrlichen spanischen Garten der Rothschild-Foundation, sollte Arno positiv beeinflussen.
Doch bei der Rückkehr der beiden hatte ich den Eindruck, daß Arno unzufrieden war, und auch Bijuti schien der Tag mißlungen. Es wäre sinnlos gewesen, Bijuti mit ihrer Gutwilligkeit im nachhinein ins Unrecht zu setzen, indem man die Schwierigkeit des

Falles erklärte. Doch bat ich sie später, mir darüber brieflich Auskunft zu geben.

Sie schrieb:

„Lieber Gerhard!

Am Tag nach dem gemeinsamen Sonntagsessen verbrachte ich mit Arno die Mittagspause am Strand. Oft springt er ins Wasser, ist blau vor Kälte, und ich sehe mit Entsetzen, daß sein Körper nur aus Knochen und Haut besteht. Er ist rührend anhänglich, hält meine Hand, aber raucht sehr, sehr viel.

Von selbst erzählt er nichts. Durch Fragen erfahre ich aber, daß er die dicken Menschen ekelerregend findet und deswegen nichts mehr essen wolle. Gleichzeitig hat er aber Gewissensbisse, weil er seine Mutter mit der Essensverweigerung gequält hat. Aber die Angst zuzunehmen ist stärker und er brauche nur auf seinen Magen zu drücken, damit das Essen wieder herauskomme. Damit sei dann auch die Angst vor dem Zunehmen wieder vorbei.

Das Gymnasium habe er verlassen, weil ihm sein älterer Bruder gesagt habe, was ihm da alles noch bevorstehe. Es hätte ihn sowieso schon genug geschlaucht.

Am folgenden Tag fuhren wir dann zum Cap Ferrat. Wir fuhren mit dem Bus bis Ventimiglia und nahmen dann den Zug ab Grenze. In Ventimiglia hatten wir bis zur Zugabfahrt Zeit und besichtigten die Grünanlagen am Meer, den schönen Palmenhain. Dabei erzählte er, wie er immer von seiner Mutter mitgenommen wurde, wenn sie sich Kleider kaufen wollte. Er, nicht seine Brüder.

Dann bestiegen wir den Zug bis Cap Ferrat. Wir waren nach der Ankunft dort noch gar nicht weit gelaufen; bis dort, wo die Küste einen großen Bogen macht, als er einkehren wollte. Natürlich freute mich

das, und so ging ich auch sofort auf seinen Vorschlag ein und bestellte eine kalte Platte mit Wurst,
Käse und Salat. Zunächst aß er zögernd. Ich sagte:
„Iß langsam und versprich mir, daß Du es behältst."
Er versprach es. Dann ganz plötzlich aß er immer
hastiger, bis die Platte leer war. Wir liefen weiter bis
eine Bar kam, in der er Kaffee trinken wollte. Wir
gingen hinein, tranken einen Espresso und er geht
zur Toilette. Ich sagte: „Bitte, nicht kotzen!" Er tat es
doch, wie er mir auf meine Frage danach sagte.
Nun fuhren wir weiter nach Nizza. Dort liefen wir
planlos herum. Aus einem Automaten zog er dann
eine Unmenge verschiedenes süßes Zeug und aß es
dann im Zug. Dabei fragte ich weiter nach seinem
Leben. Von seinem Psychologen erzählte er, daß
dieser nicht mehr weiter wußte. In der Nervenklinik
hätte er Wollmützen für seine Brüder gestrickt."

(26)
Vor Erhalt dieses Briefes hatte ich Bijuti schon gebeten, mir das weiterzugeben, was Arno ihr aus seinem
Leben erzählt hatte.
Es ist ja eine bekannte Sache, daß der Mensch nicht
nach allen Seiten gleich offen ist. Dem einen erzählt
er dies, dem anderen das, dem dritten verschweigt
er beides.
Ich erinnerte mich gut, wie ein Schweizer Mädchen,
mit dem ich einige Zeit liiert war, mir stets das berichtete, was sie ihrem Analytiker nicht erzählt hatte.
Jetzt, nachdem Arnos Vater den Behandlungsauf-
trag bestätigt hatte, versucht ich vor Beginn der
Hypnosesitzungen Material zu bekommen, das ich
bei den Suggestionen einbauen konnte. Ich mußte
den aus dem Unterbewußtsein und Trotz kommen-

den Widerstand gegen die Heilung möglichst unterlaufen.

(27)
Arno ist nun vier Wochen hier und scheint uns alle zu beherrschen. Den ganzen Abend spricht man von ihm, und als er vom Ristorante kommt, um mit den Giesers heimzufahren, fordert die Tante erneut energisch eine Gewichtszunahme.

Sie geht so weit, daß sie einen Vertrag aufsetzt und sich durch seine Unterschrift die Gewichtszunahme garantieren lassen will. Sie schreibt:

„Ich, Arno, verspreche hiermit mein jetziges Gewicht zu erhöhen. Wenn mein Eßverhalten sich nicht normalisiert und das Gewicht nicht gemäß Tante Mauras Wunsch ist, Rieviera Express steht zur Verfügung!"

Als die Tante das „Dokument" zum Unterzeichnen vorlegt, beginnt Arno zu weinen. Ich bemerke, daß er bei all dem Ärger, den er auslöst, nicht wirklich boshaft ist, und daß er gerne gesund werden möchte. Aber er weiß nicht von alleine weiter, er braucht Hilfe.

(28)
Wenn ich heute, wo Arno ein lebensfroher Mensch voller Sinnenfreude ist, diese Entwicklung so genau beschreibe, dann um Menschen, die Magersüchtigen helfen wollen, zu zeigen, daß ein Therapeut eigentlich nur einen Magersüchtigen betreuen kann, wenn dieser ernsthaft krank ist und die Therapie gelingen soll. Ich meine die Pubertätsmagersucht, nicht die sekundäre, denn der Jugendliche duldet keinen Nebenbuhler, wenn er bereit ist, den Therapeuten als Mentor anzuerkennen.

Umgekehrt kommt der Therapeut nicht darum herum, viele Seiten seines Lebens in das des Süchtigen zu integrieren, wie der Leser noch sehen wird.

Eine wichtige Erkenntnis, die auch für alte Menschen und deren Therapie gilt – und nicht befolgt wird: Man sagt, machen Sie das und das, Sie haben ja Zeit und die Möglichkeit. Der Patient jedoch hat von sich aus nicht die Energie, den Therapieplan allein durchzuziehen. Er muß ständig dazu angehalten und dabei kontrolliert, auch immer neu motiviert und aufgemuntert werden.

(29)
Der Ausflug nach Cap Ferrat hatte meine Freundin Bijuti nicht entmutigt. Sie sah im Benehmen Arnos ein überzogenes Pubertätsverhalten, das man korrigieren könne, wenn man herausbekäme, wo man ansetzen müsse. Sie verwies auf seine positiven Seiten. „Schau, wie der Füße und Hände sauber hält", sagte sie. „Für sein Alter ganz erstaunlich." Also muß er doch wenigstens Teile seines Körpers lieben.
„Ja", sagte ich, „und er duscht zu oft und zu lange und das ist für einen pubertierenden Jungen überhaupt nicht normal."
„Er ist eben zur Reinlichkeit erzogen!"
„Dann müßte er auch ein richtiges Eßverhalten haben. Nach Freud interpretiere ich das anders. Seine Mißachtung von Eßwaren spricht jeder christlichen Erziehung Hohn. Er ist das typische Wohlstandskind und sein Verhalten entspringt aus einem Verwöhnungssyndrom. Eine Jugend, die alles hat und der auch die Geldschranke fehlt, verliert das Gefühl für

den Wert der Lebensmittel, ja, das Gefühl ist wahrscheinlich schon bei den Eltern verkümmert."

(30)
Am nächsten Tag kam der italienische Anorektiker nach einem Telefontermin in die Sprechstunde.
Ich hatte ihn zu einer Zeit bestellt, in der Arno im Hause war und ließ nun beide sich ausziehen und sich nackt nebeneinander vor einen großen Spiegel stellen. Ich hoffte, da beide sich anscheinend selbst nicht richtig sahen, einer würde durch den anderen das Elend seiner Leiblichkeit erkennen.
Wirklich schien es Arno zu beeindrucken. Er begann zu weinen und verließ den Raum. Bijuti bestätigte mir später, wie er weinend zu ihr in die Küche stürzte und Angst vor meiner Strenge hatte. „Er ist ein harter Mann", soll er gesagt haben.


*„Menschen, die wegen Geldmangels Hunger leiden müssen, erkranken nicht an Pubertätsmagersucht.*
*(R. Battegay: Die Hungerkrankheiten)*


(31)

1.Therapiewoche
Die Gegenüberstellung mit Oswald hatte keine Veränderung in Arnos Eßverhalten ausgelöst.
So begann ich mit der Hypnosetherapie. Ich hatte mir dazu einen Trick ausgedacht. Kam Arno vom Ristorante, so bekam er vor der Sitzung ein Bircher-Müsli, das er nicht kannte und bei dessen Zubereitung er zusah. Ich machte nur eine Portion und aß davon selbst die Hälfte, damit er die Menge auch

akzeptieren konnte. Da der Magersüchtige besondere Angst vor Fett hat, bei Arno dann gleich die
Kohlenhydrate kamen, konnte er gegen die gerie-
bene Karotte, den Apfel und den Zitronensaft nichts
einwenden. Die zwei Löffel Haferflocken waren in
Wasser angesetzt und waren optisch auch unbedeu-
tend.
(Das Original-Rezept nach *Bircher-Benner* ist
anders. Ich variiere es aber je nach Fall und Patient)

Gleich darauf legte er sich hin, um meine Suggestionen zu hören. Ich war somit sicher, daß er diese
Speise behielt.
Die Hypnosesitzungen waren täglich, jeweils 90
Minuten. Sie wurden für 30 Tage angesetzt, denn die
Erfahrung zeigt, daß so viele Sitzungen nötig sind,
um etwas im Unterbewußtsein zu verankern.
Der Patient geht auch nicht immer von Anfang an
mit, weil er auf Grund seiner Erwartungshaltung nicht
genügend entspannt ist.
Auch Arno kam erstmals erst nach der vierten Sitzung in den gewünschten Halbschlaf und war nachher
fröhlich.


(32)
Ich habe erwähnt, daß wir Arno mit San Remo und
dem Cap Ferrat erfreuen wollten. Nun erst, mit Beginn der Therapie, hatte ich festgestellt, daß Arno
immer noch Tabletten schluckte, und zwar nahm er
das schon erwähnte Haloperidol, das man ihm vor
einem Jahr verschrieben hatte.
Arno war vergeßlich, unruhig und oft zittrig. Sprach
von Angst und natürlich war keinerlei Libido da.
Genau das also, was als Nebenwirkung bei diesem
Medikament angegeben war.

Da es auch auf Blutbildschäden hinwies, setzte ich das Mittel sofort, ab, indem ich mir die Packungen geben ließ.

Mir war klar, daß darauf mit nervösen Ausbrüchen zu rechnen war (die auch kamen); aber wie soll sich ein Mensch freuen, wenn er unter einem Medikament steht, das Freude gar nicht zuläßt, ja überhaupt jedes Gefühl eliminiert.

(33)

Als Arno seinen freien Tag hat, kommt er schon morgens zu Hypnosetherapie. Ich sehe seine unzufriedene Miene und auf meine Frage, was nicht stimme, klagt er, daß er ein Kilogramm zugenommen habe. Sein Onkel hatte eine Waage, die ich selbst – trotz Praxis – nicht besitze, da für mich das Aussehen der Person entscheidend ist. Auch ohne Waage sehe ich körperliche Veränderungen bis auf ein Kilogramm.

In der Folgezeit, nachdem Arno bei seinem Onkel ausgezogen war, da dessen Frau die Sorge um ihn nicht ertrug, habe ich Arno bis zum 12. Dezember 1979 nicht mehr gewogen. Sein Gewicht war in diesen 20 Monaten auf 53,5 kg gestiegen, also so langsam, daß er im Durchschnitt monatlich 500 Gramm zugenommen hatte (bei Ankunft 43 kg, vielleicht etwas weniger).

Das ist für einen Magersüchtigen die Menge, die er visuell ertragen lernen kann. Daß dazu das tägliche Ansehen im Spiegel gehört und ein Vorbild, das er akzeptiert (hier war es Michelangelos David), werde ich nochmals erwähnen.

(34)

Während der zehnten Hypnosesitzung Arnos meldet sich mein italienischer Magersüchtiger Oswald.
Nach einem langen Gespräch massiere ich ihm den Bauch nach *Dr. F. X. Mayr*. Das nimmt Blähungen im Bauchraum, so daß sich der Patient besser fühlt, macht aber auch Appetit. Dann setze ich Nadeln auf dem Konzeptions-Meridian. Während Oswald unter den Nadeln liegt, bereite ich das Bircher-Müsli, das ich diesmal mit Büchsenmilch anmache.

Oswald ist bereits 24 Jahre und steht vor dem Examen als Lehrer, das er auch in der Zeit, in der ich ihn betreue, mit Erfolg absolviert.
Auf Grund des Alters kann ich ihn nicht wie Arno behandeln. Ich selbst glaube, daß wichtige Impulse für das Leben nicht in den ersten drei Jahren gelegt werden, sondern daß die Pubertät die entscheidende Zeit ist, denn sonst würden Kinder ihre Eltern immer lieben. Aber meist wenden sie sich in der Pubertät vom Elternhaus ab. Freundschaften aus dieser Zeit aber halten oft lebenslänglich, denn in dieser Zeit öffnet man sich erstmals bewußt den Wundern der Welt und lernt sich verstehen oder verleugnen.
Oswald hatte die Frustration der Studentenrevolution 1968 aufgenommen.
Wenn wir bei Sonnenschein und Südwind am klaren Wasser von Cap Ampelio standen, beunruhigte er sich über die Luftverschmutzung.
„Aber wo ist sie denn schmutzig?" sagte ich. „Hier gibt es keine Industrie. Sie können bis nach Cannes, ja bis zur Ile de Levante sehen, über 100 km weit und alles klar. Wissen Sie, daß Nietzsche aus Nizza an einen Freund schrieb: „Die Tage kommen hier mit einer unverschämten Schönheit daher!" Und das

haben Sie täglich!" Oswald antwortete: „Ja, aber in den Zeitungen steht..."
Ich sagte: „Oswald, das ist nicht Ihr Problem!"

<u>2. Behandlungswoche</u>
(35)
Am 12. April teilte mir Maura Gieser, Arnos Tante, telefonisch mit, daß sie nicht mehr bereit sei, Arno bei sich zu behalten, nachdem er den mit ihr abgeschlossenen Vertrag nicht einhalte. Ich kannte verschiedene Leute, die gerne vermieteten, um vom Tourismus zu profitieren. Eine Baronessa, die im Grundstück ihrer Villa ein Gartenhaus hatte, erschien mir die Richtige. Es waren zwei Zimmerchen mit WC und Dusche und einer Miniküche. Das Flachdach erreichte man mit einer Leiter. Dort konnte man sich nackt sonnen und hatte eine einmalige Aussicht auf die Côte d´Azur. Die Sonnenuntergänge von diesem Dach aus hatten jene „unverschämte Schönheit" von der Nietzsche sprach.
Die Baronessa wohnte meist in Mailand. Mir hatte sie einen Schlüssel gegeben, damit ich jederzeit vermieten könne. Also führte ich am folgenden Tag Giesers dorthin. Sie finden es süß und richtig, gewisse Bedenken, daß er hier doch sehr allein ist, werden zerstreut und man beschließt, am Sonntag mit der Wäsche zu kommen und alles bezugsfertig herzurichten.

(36)
Arno ist nun fünf Wochen in der Kochlehre und sein Chef, Herr Stella, hat erkannt, daß irgendetwas mit Arno nicht stimmt. So schmeckt er nicht ab, und man kann ihn dazu auch nicht überrreden. Er macht abfällige Bemerkungen über die „dicken Fresser im

Ristorante", und man sieht ihm an, wie anstrengend die Arbeit für ihn sein muß, denn über Ostern wurde lange geschafft. In einem italienischen Familienbetrieb arbeitet man nach Arbeit, nicht nach Stunden.
Ich esse inzwischen fast täglich im „Stella", und diesmal verwickelt mich der Chef wegen Arnos Aussehen in ein langes Gespräch. Ich habe einen strengen Tag hinter mir und höre fast unwillig zu. Herr Stella hat Angst, daß Arno während der Arbeit zusammenbricht und er dann Schwierigkeiten bekommt.
Ich versuchte, ihn mit Arnos Ausdauer zu beruhigen. Eine Pubertätskrise, sage ich. Arno hat tief halonierte (umschattete) Augen und Herr Stella denkt das Falsche.

Was tun, wenn sich Arno trotz unserer Bemühungen seine Heilungschance verdirbt – dann wäre er verloren. Also entschließe ich mit, die Hypnose um weitere 60 Minuten auszudehnen, gebe ihm folglich 150 Minuten lang die Suggestionen. An mir sollte es nicht liegen, wenn Arno scheiterte.
Renato hatte inzwischen berichtet, daß Arno ihn morgens bat, die Crossetts für ihn zu essen, damit sein Chef glauben würde, er hätte gefrühstückt.

„*Zutt* glaubt, daß die Magersucht eine unheilbare Krankheit sei: Nicht eine einzige seiner Patientinnen erwies sich als völlig geheilt, wenn sie nachuntersucht wurden, nachdem geraume Zeit verstrichen war. Meine eigene Arbeit zeigt, daß sein Pessimismus völlig berechtigt ist, wenn keine psychotherapeutische Unterstützung erfolgt."
(aus: M.S.Palazzoli:„Magersucht", Klett-Cotta-Verlag)

(37)

3. Therapiewoche
Nach diesen Mitteilungen spreche ich mit Arno in
ernstem Ton. Innerlich bereue ich es trotz früherer
Überlegungen nun doch, den Fall angenommen zu
haben. Ich sage ihm, er müsse mitziehen und endlich den Eigenwillen lassen. Erkläre, daß nicht der
Wille, sondern die Vorstellungskraft siegt. Zitiere den
Satz: „Ein Gedanke, gut oder böse, wochen- oder
monatelang durchdacht, strebt unbedingt der Ver-
wirklichung entgegen."
Würde er sich mir nicht anvertrauen, wäre die Arbeit
sinnlos, und ich müßte die Therapie abbrechen. Ich
wiederhole ihm, daß je magerer ein Mensch sei,
desto größer der Bauch wirke, da dieser ja das Ver-
dauungssystem enthalte. Der Bauch würde nur kleiner, wenn Arno an Brust und Schenkeln zunehmen
würde. Er könne das bei Renato sehen, der ganz
flach sei. Renato beeindruckt Arno sehr, ich komme
darauf zurück.

An diesem Abend, als ich noch am Schreibtisch
sitze, ruft Arno an und entschuldigt sich bei mir, daß
er bisher nicht mitzog. Ich atme auf.

(38)
Eine Freundin von mir, Eva Evers, arbeitet bei TUI
und kommt von ihrem Winterarbeitsplatz auf Mauri-
tius zurück. Sie versteht eine Menge von Menschen
und ihrem Verhalten. So paßt es mir sehr, als sie
sagt, daß sie einige Zeit bleiben will. Ich bitte sie, mir
nach den Hypnosesitzungen bei der Gesprächstherapie zu helfen, denn sie als Frau hätte ja einen
anderen Frequenzbereich.

So gehen wir am Abend zu dritt aus, damit sie sich ein Bild von Arnos Verhalten machen kann.

(39)
An diesem Wochenende soll der Umzug Arnos von der Gieser-Wohnung in das Gartenhäuschen der Baronessa stattfinden. Die Dame, eine bekannte Malerin, ist vorübergehend von Mailand gekommen, und so können wir Arno bei seinem Einzug vorstellen. Arno, der wie meist nur ein Hemd anhat, bei dem die Ärmel hochgekrempelt sind, wird von den scharfen Augen der Malerin genau betrachtet, und so sieht sich auch bald die Narben an Arnos Puls, die zurückblieben, als er sich mit der Klinge seines Bleistiftspitzers die Pulsadern aufschneiden wollte.
Nein, das sei ihr zu riskant, sie kann Arno hier nicht wohnen lassen, sie will keinen Ärger.
Wir ziehen das Bett wieder ab, packen seine Sachen zusammen und gehen erneut auf Zimmersuche.


(40)

4. Therapiewoche
Als ich selbst als 17-jähriger in der Hitlerzeit beim Militär war, hefteten wir einen Spruch in unseren Spind, um die Vorgesetzten zu ärgern.
Der Spruch hieß: „Der äußere Druck erhöht nur den inneren Widerstand!"
Bei der Hypnose muß man streng darauf achten, keine Verbote auszusprechen, da das gegenteilig wirken würde. Der Grundsatz heißt: „Nur schwacher Stimulus erweckt keine Opposition."

*V. E. Frankl* spricht in „Das Leiden am sinnlosen Leben" von der „paradoxen Intention" und meint und lehrt, daß man, um etwas beim Patienten zu erreichen, das Gegenteilige von dem sagen muß, was man anvisiert.

In diesem Sinne hatte ich bei den Gesprächsrunden mit meiner Freundin Eva Ewers auf Arno eingewirkt und gesagt, eine geringe Menge zu essen genüge vollkommen, da man sich dabei besser fühle. Ich stellte mich damit gegen das Reden all der Menschen, die Arno wegen seiner Magerkeit große Portionen aufdrängen wollten. Ich hatte aber dabei auch den Hintergedanken, daß er eine kleine Portion eher behalten würde und dies bei ihm weniger Skrupel auslösen müßte.

Doch schon zwei Tage später falle ich deswegen in innere Zweifel, grüble so sehr, daß ich nachts erwache und mich frage, ob ich mir nicht zuviel vorgenommen und aufgeladen habe. Der Grund: Als ich abends zu Ravioli ins „Stella" gehe, fallen der Chef und seine Frau über mich her, da Arno gesagt hat ich hätte gesagt, er solle wenig essen! Wie einem therapeutischen Laien klar machen, aus welcher Sicht der Satz kommt und wie sich verteidigen, wenn es die anderen doch so gut meinen.

(41)
Natürlich war das Verhalten Arnos unmöglich, wenn man normale Maßstäbe anlegte. In der Gesprächstherapie nach der Hypnose sieht das so aus:
Er klagt, daß er friert, und auf den Hinweis, daß er nicht richtig angezogen herumlaufe, erklärt er, daß er das tue, weil er gelesen habe, daß der Körper, um sich aufzuwärmen mehr Kalorien verbraucht.

Darauf nimmt er sofort die Klage zurück und sagt: Es mache ihm Spaß zu frieren und sich selbst zu bemitleiden. Dann steigert er sich zur Aussage, er fühle sich besser, wenn es ihm körperlich schlecht geht, als wenn es ihm gut gehe, denn dann fühle er sich nicht so wohl.

Aber er erkennt in Anfällen von Klarheit schon (es ist die 25. Sitzung), daß er widersprüchlich ist und sagt, daß er sich hier, während der Hypnosesitzung „sauwohl fühlt" (er gebraucht diesen Ausdruck) und daß er danach gerne frierernd im Dauerlauf ins Ristorante rennt. Diese Art von Dichotomie des Selbst, also Zweiteilung, wird der Leser noch öfters im Laufe des Berichtes erkennen können. Seine Widersprüchlichkeit war für einen Vernunftmenschen schwer faßbar.

„Ja, warum versuche ich dieses Wohlgefühl nicht aufrechtzuerhalten?" fragt er im Selbstgespräch. Und antwortet sich: „Aber ich tue es, um nicht anzusetzen und kräftig zu bleiben ... und um etwas Sport zu treiben", setzt er dann noch hinzu. Deshalb hätte er sich neulich auch geweigert, mit uns im Auto zur Altstadt zu fahren.

(42)
Wir alle neigen ständig zum Selbstbetrug, indem wir unkontrolliert ausgeführten Handlungen im nachhinein Erklärungen oder Absichten unterschieben, die wir im Augenblick gar nicht hatten.
Solange uns das Unterbewußtsein (das besser weiß, war für uns gut ist, als wir es selbst wissen) dabei leitet, ist dieser Selbstbetrug auch ziemlich gleichgültig. Wenn es aber wie hier um Leben und Tod geht, kann man solche aufgesetzten Erklärungen nicht

ohne weiteres stehenlassen, man muß die Lüge aufdecken. Das hat die Schwierigkeit, daß wir ein Schuldbewußtsein hervorrufen, während wir gleichzeitig das „schlechte Gewissen" beim Essen bekämpfen.
Der Trieb weigert sich, sich der Vernunft unterzuordnen – und das selbst bei klugen Menschen.

(43)
Eva Evers hatte die nächste Sitzung gut vorbereitet und verschiedene Fragen auf Zettel getippt, die sie Arno vorlegte, und von denen sie hoffte, daß er dabei über das Reflektieren zu richtigen Einsichten käme. So schrieb sie:
„Warum sehe ich nur meine eigenen Probleme? Warum frage ich niemanden, auch meine engsten Freunde und Bekannten nicht nach ihren Wünschen, Träumen und Problemen?
Warum interessiere ich mich nur für mich selbst?
Es gibt viele Menschen, die sich für andere interessieren, warum tun sie das?"

Auf einem anderen Blatt stand:
„Erinnerungen an meine Zeit zuhause: Ich spreche über Tischsitten und Tischgebete. Habe ich schon einmal meine Dankbarkeit für die tägliche Nahrung gezeigt?"

Und wieder auf einem anderen Blatt:
„Ich spreche immer über meinen Bauch. Warum nur über meinen Bauch? Habe ich nicht auch ein Gesicht? Und was sage ich zu meinen Armen? Und den Beinen? Warum vernachlässige ich meinen ganzen Körper? Warum spreche ich nie über mein Herz? Über mein Geschlecht?"

Auf all das kommt wieder Arnos Satz:
„Ich fühle mich nicht wohl, wenn ich mich wohl fühle!"

Es klingt nach Widerstand, und ich vermute, daß nach der anfänglichen Besserung die Ausquartierung aus Onkel Leos Wohnung die Resistenz auslöst, etwa in dem Sinne: „Wenn die mich nicht wollen, dann will ich auch nicht!"

(44)
Inzwischen haben wir in der Altstadt von Bordighera eine Adresse erhalten, bei der wir ein möbliertes Zimmer besichtigen. Wir gehen abends hin. Das Zimmer wirkt kalt und ist einfach, wie wohl alle Räume in diesen alten Häusern, aber wir nehmen es. Arno zieht um.

(45)

## 5. Therapiewoche

Die Gespräche mit Arno gingen weiter, und der Kellner Renato wurde immer mehr zu einem wichtigen Fixationspunkt. Arno möchte sein wie Renato, der nicht sagen kann, wieviel er wiegt. Renato beißt morgens voll Fröhlichkeit ein Stück von Arnos Hörnchen ab, wenn Herr Stella nicht guckt, um diesen ein wenig zu betrügen und Arno ein wenig von seiner Angst zu nehmen. Arno bewundert Renato, daß dieser morgens vor dem Servieren seine Arbeit macht, ohne zu fragen, was es zu Essen geben wird – und daß ihm das dann immer schmeckt.
„Wie kann man denn nicht ans Essen denken?" fragt er, und Renato sagt: „Ich denke an meine Amica und wann ich zu ihr fahren kann!"

(46)

Einen jungen Menschen ins Leben führen heißt nicht nur Geduld haben, sondern auch Wissen, Einfühlungsgabe und Lebensfreude abgeben können. Ein Bild, ein Musikstück und auch die Natur werden nicht von selbst verstanden, sie brauchen Erklärungen und Anleitungen wie die Umgangsformen, die auch nicht selbstverständlich sind. Arno hatte hier nicht nur Nachholbedarf, es ging immer wieder darum, sein Interesse zu wecken, um ihn von seinen Eßgedanken wegzubringen.

Es war Mai, Arnos 30. Hypnosesitzung stand auf dem Terminkalender, und er hatte einen freien Tag. Ich wollte diesen Abschluß besonders gut vorbereiten. So schickte ich ihn morgens mit Renato ans Meer. Das Bummeln am Wasser tat ihm gut. Nachmittags hatte ich mir frei gehalten.
Meine Freundin Eva Evers fuhr uns nach San Remo. Dort nahmen wie die Drahtseilbahn, übrigens die längste Europas, auf den Monte Bignone. Von Null auf 1.299 Meter. Während dieses Ausfluges versuchte ich ständig, sein Interesse auf die Umwelt zu lenken. Als wir in der Kabine losfuhren, machte ich ihn darauf aufmerksam, daß wir nun durch die Wohnungen der Italiener führen. Links und rechts konnte man in Schlafzimmer und Küchen sehen, kleine Balkone, Wäsche an der Leine. Dann kam der Golfplatz mit leuchtenden, saftiggrünen Diskusflächen, in denen die Löcher waren.
„Hier kann man wegen des „ewigen Frühlings" ganzjährig spielen", erklärte ich. Arno wäre das nicht zu Bewußtsein gekommen. Als wir in San Romolo umstiegen, zeigte ich auf die weiten Pinienwälder, die

aber nur hier oberhalb San Remos waren. Die umliegenden Berge wirkten kahl. „Warum?"

Ich erzählte, daß ich in den 60er Jahren einen Patienten aus Deutschland hatte, der hier Ferien machte, um nach „seinen Wäldern" zu sehen. Auf mein erstauntes „Was?" berichtete er, daß er durch die freundschaftlichen Beziehungen des früheren „Heiligen Römischen Reiches Deutscher Nation" hier mit der Organisation Todt in der 30er Jahren als Experte für Forstwirtschaft die Aufforstung leitetet, die, wie ich sehen könne, gut gelungen sei.

Auf dem Gipfel angekommen war Arno über die Weite des Blickes überrascht. Die Costa Azzurra im Lichte der Sonne vor dem endlosblauen Meer. Im Norden die Alpenspitzen mit Schnee bedeckt. Wir laufen eine Stück den Kamm entlang, dann lade ich zu einem Teller Spaghetti ein. Arno ißt, und als wir vom Ausflug zurück sind, ißt er nochmals mit Heißhunger. Danach mache ich sofort die Hypnose, damit kein schlechtes Gewissen aufkommen kann. Ich hypnotisiere ihn in den Schlaf und lasse ihn über Nacht dort liegen. Als sich Arno am Morgen gebraust hat, schaut er sich im Spiegel nackt an.
„Was denkt er?" frage ich mich.

(47)
Die obligatorischen 30 Hypnosesitzungen waren wohl vorbei, doch war klar, daß die Beeinflussung weitergehen mußte. Auch erschien mir die dadurch erzwungene Ruhe, wenn er von der Arbeit kam, sehr wichtig. So richtete ich Kassetten für einen Recorder, damit Arno weiterhin täglich Suggestionen hören konnten. Bisher hatte ich gezielt einfache Formulier-

ungen gebracht, für die Kassetten sprach ich anspruchsvollere Sätze, damit er durch das wiederholte Hören nicht gelangweilt würde. Als Hintergrund wählte ich Barockmusik. (Heute weiß man durch Super-Learning, daß Barockmusik selbst bei Menschen, die sie ablehnen, die beste Gleitschiene ins Gedächtnis bzw. Unterbewußtsein ist. Beim Test hat man mit dieser Musik die größten Erfolge erzielt.)

Die Texte begannen z.B. so:
„Dieselben geistigen Kräfte, die im Universum wirken, wirken auch in Dir. Du fühlst Dich eingebaut in das Wechselspiel von Tag und Nacht, Ebbe und Flut, Sommer und Winter. Der Winter ist vergangen, und Du freust Dich nun auf den Sommer, auf Lachen, auf Feste voller Frohsinn und Abende mit Freunden in blühenden Gärten. Du siehst vor Dir das Bild eines schönen Menschen, der Mensch, wie ihn Gott geträumt hat in seiner Vollkommenheit..."

(48)
Die Weiterarbeit mit Kassetten funktionierte nicht sofort. Arno brauchte den Zwang, durch die Anwesenheit des Therapeuten, die ihm ein Gefühl von Wichtigkeit gab und ihm zeigte, daß man sich wirklich für ihn interessierte. Ich war zwar im Hause, aber der Hinweis „lege dich hin und höre die Kassette" schien ihm nach „Wegschieben" zu klingen. Was tut also ein Anorektiker, der das ständige ungeteilte Interesse seiner Umwelt braucht und herausfordert? Arno liegt am 5. Mai kaum 15 Minuten unter dem Suggestionsband, als er aufsteht, ins Bad rennt und erneut erbricht. Als etwas später Renato vom Ristorante kommt, lasse ich auch ihn sich nackt ausziehen, stelle ihn mit Arno vor den Spiegel und zeige

ihm, daß der normalgenährte Renato weniger Bauch hat als er bei all seiner Magerkeit.

(49)

Es treffen neue Besucher ein. Ein Redakteur einer renommierten süddeutschen Regionalzeitung und Norbert P., Redakteur eines bekannten Wochenmagazins. Früher hatte ich bei solchen Besuchen nur an das Vergnügen beim Umgang mit solch gut informierten und gebildeten Menschen gedacht und wie mich die Unterhaltungen bereichern würden. Jetzt dachte ich mehr daran, wie Arno eingebaut werden könnte und wie Gespräche mit solchen Männern seinen Horizont erweitern und seine Vorurteile zurückdrängen könnten.

Wir essen abends im Ristorante „Stella", um ihn danach bei unserem Abendbummel zu einer Trattoria in der Altstadt Bordighera mitnehmen zu können.

Auf dem Weg dahin versucht Arno erneut von seinem Kalorienproblem zu sprechen, eine Thema, das ich ihm schon oft ad absurdum geführt hatte. Deshalb ändere ich, als wir in der Trattoria an einem kleinen Tisch sitzen, das Thema und beginne von Peter Tamm (Peter Tamm ist Konzernherr des Springerkonzerns. Norbert Pötzl vom Spiegel-Verlag schreibt über Peter Tamm in seinem Buch 'Der Fall Barschel' nach meiner Ansicht nicht ganz fair) zu sprechen der bei mir zu Kur war, und von dem ich befreiende Ansichten gehört habe. Ich trage sie den beiden Journalisten vor, die natürlich ein Gespräch mit dem größten Zeitungshausleiter interessiert.

Es ging um die Studentenrevolte der 68er Jahre, deren Kraft – richtig eingesetzt – etwas Gutes für Europa hätte bewirken können, etwa bei Grenzöffnungen. Statt dessen sah man pubertäres Gehabe der Selbstverwirklichung und Eliteverweigerung. Die Entwicklung ging von der Notkriminalität zur Wohlstandskriminalität, womit die Moral der Linken widerlegt war. Statt Freiheit als körperliche und moralische Selbstbestimmung im Rahmen einer von der Schicksalsgemeinschaft gutgeheißenen Verfassung anzuerkennen, ging man gegen diese Verfassung als sog. APO verfassungswidrig vor. Mit der Leistungsverweigerung dieser Studenten begann der „Kult der Mittelmäßigkeit".

Das war viel Stoff, und so setzten beide Redakteure ihre Meinungen detailliert auseinander. Während ich zuhörte, beobachtete ich immer wieder Arno und merkte, daß er sich langweilt und uninteressiert herumschaute.

So lenkte ich das Gespräch auf die Beeinflussung der Medien und erzählte eine Anekdote, die mir die ehemalige Bundespräsidentengattin Lübke lieferte, als sie in den Ferien in Bordighera war. Es war die Zeit, als die Wochenzeitschrift „Stern" Enthüllungen über die Tätigkeit ihres Mannes während des Hitlerkrieges brachte. Vertrauensvoll fragte sie mich während der morgendlichen Gymnastik-Massage, was wohl zu tun wäre, denn alle in Bonn legten ihr nahe, ihr Mann solle doch zurücktreten.

Ich sagte hilfreich, noch größer könnte man das mit den KZ-Baracken jetzt nicht mehr aufbauschen. Zwangsläufig käme nächste Woche ein neues Thema, und dann würde niemand mehr darüber reden. Sie solle einfach zu allem schweigen und abwarten.

Sie hielt sich daran, und wie man weiß, konnte der Bundespräsident sein Amt behalten.

Das Gespräch änderte öfters die Richtung, wir redeten von dem Journalisten Herzog, der auch in Bordighera war und im Spiegel-Magazin den herrlichen Artikel „Wer niemals eine Schraube sah" über Afrika publiziert hatte. Herzog war lange in einem afrikanischen Gefängnis, und trotz Zeitungsaufrufen dauerte es lange, bis er frei kam.

Auch bei diesen Berichten schien Arno zerstreut. Als dann die Redakteure das Wort an ihn richteten, um zu hören, was ein junger Mensch zu ihren Ansichten zu sagen hat, wurde uns klar, warum er sich langweilt. Das Wissen, das er von der Schule mitbekommen hat, steht in keinerlei Beziehung zu seinem Leben. Er kann den Gesprächen nicht folgen, da er nicht informiert ist. Von der interessanten Unterhaltung, die die beiden Zeitungsleute führen, versteht er nicht einmal den Hintergrund der Feststellung, „daß Journalismus heißt, Information zu vermitteln, nicht die eigene Meinung, mit der sich heute jeder Schreiber profilieren will."

(50)
Dieser Abend machte mir klar, daß neben den bisherigen therapeutischen Maßnahmen Arnos Allgemeinbildung vorangetrieben werden müsse.
Ich versuchte diese Begriffe über die italienische Sprache deutlich zu machen, da er gerne seine italienischen Sprachkenntnisse vorzeigte, und erklärte ihm, daß „erudito" gelehrt oder belesen heißt, und ein „uomo di grande erudizione" ein sehr gebildeter Mensch ist, daß das Wort „colto" oder „istruito" gebildet heißt, und daß „informato", also informiert sein, auch etwas anderes ist.

Als er dann wieder auf seine Angst zu sprechen kam, fragte ich, ob der das Christus-Wort kenne:
„In der Welt habt ihr Angst, aber seid getrost (...)".

Er kennt es nicht. Wir differenzieren Furcht und Angst nach der Definition von *Karl Jaspers*: „Furcht ist auf etwas gerichtet, Angst ist gegenstandslos."

Der Angst steht das Ur-Vertrauen gegenüber, das stärker als die Angst ist, wenn man an einen Schöpfer glaubt. Arno fehlt dieses Urvertrauen. Er behauptet, die jüngeren Lehrer hätten immer gegen den Wohlstand und die Aufrüstung geredet und ihm vor der Zukunft Angst gemacht. Ich sage: „Nein, nicht Angst, sondern Furcht!"

(51)

Catharina von Siena unterstellt man heute Magersucht und lesbische Neigungen, aber damals schien ihr langsames Verhungern eine gottgefällige Tugend. Auch Johannes der Täufer muß magersüchtig gewesen sein, sagt er doch: „me utem minui", das heißt „Ich aber muß abnehmen!"

Dafür spricht auch die ungewöhnliche Art seiner Verpflegung: Heuschrecken und wilder Honig, die sicher nur aus diesem Grunde erwähnt wird. Ganz deutlich steht es aber in zwei Evangelien: Matthäus 11, 18.19 und Lukas 7, 33.34.

Ich zitiere Matthäus: „Johannes ist gekommen, aß nicht und trank nicht; so sagen sie er hat den Teufel. Des Menschen Sohn ist gekommen, ißt und trinkt; so sagen sie: Siehe wie ist der Mensch ein Fresser und ein Weinsäufer, der Zöllner und der Sünder Geselle! Und die Weisheit muß sich rechtfertigen lassen von ihren Kindern."

Intervall

Bleiben wir noch einen Augenblick bei Johannes dem Täufer. Er war nach heutigen Maßstäben ein

Moralist und verurteilte Herodes, weil er seines Bruders Weib, Herodias gefreit hatte (Markus 6,17). Wer Geschichte kennt, weiß, daß das zu allen Zeiten bis heute geschehen ist und ständig geschieht. Die Vorwürfe Johannes des Täufers, die ihn den Kopf kosteten, zeigen nicht nur Mangel an Menschenkenntnis und Psychologie, sondern sie zeigen einen Charakterzug, der zu den obigen Persönlichkeitsmerkmalen des Magersüchtigen genau paßt und wie ihn dieser Bericht über und von Arno bestätigt.

Der Magersüchtige macht seine asketische Haltung zum Maßstab für alle, hält die anderen für schwach, willenlos, genußsüchtig usw. Er verzeiht ihnen die Lebensfreude nicht.

Nach Presseberichten gibt es 1989 in der Bundesrepublik eine Million Magersüchtige und davon circa 50.000 magersüchtige Männer. Die Heilungsquote ist gering und bei vielen gibt es Depressionen.

Was heißt das, bei der Flut von Büchern, die in den letzten Jahren zu diesem Thema erschienen sind?

Es heißt, daß man die Krankheitsursache bei den Mädchen auf ein Modeideal zurückführt, und das ist falsch. Dies zeigen die erkrankten Jungen, die nie mit Cellulitis oder breiten Hüften gehänselt wurden.

Unter den Veröffentlichungen sind viele Bücher von Magersüchtigen selbst. Mehr als bei jeder anderen Krankheit. Warum wohl?

Weil der Magersüchtige in seinem Rollenverhalten verunsichert ist und seine Identität sucht.

Hier wäre vielleicht eine Erklärung für diese Modekrankheit.

Der junge Mensch findet sich in dieser Welt der totalen Freiheit, die keinerlei Zwang ausübt nicht mehr zurecht. Es fehlt das Schicksal, der Kampf, in dem man sich bewährt und der den Charakter bildet. Man ist nicht genug gefordert. Man lehnt die Geschlechterrolle ab, besser, man hat sie niemals aufgegriffen, wie die geschlechtsneutrale Erziehung eine so starke Verunsicherung auslöst, daß man sich in ein System von Verweigerung flüchtet.

Jung sein war schon immer schwierig, zu allen Zeiten. Doch heute ist es durch die Indifferenz der Erwachsenen (was soll´s!) statt besser noch schwieriger geworden, vor allem für die Mädchen. Die Suche nach Halt und gültigen Wertvorstellungen zeigt sich auch im ebenso modischen, aktuellen Sektenwesen.

(52)
Fasten oder Hungern löst einen Zustand aus, in dem wir für übersinnliche, religiöse oder geistige Fragen besonders aufgeschlossen sind. Deshalb wird das Fasten in nahezu allen Religionen betont und empfohlen. Arno war in seiner Jugend Ministrant gewesen, und ich versuchte ein christliches Grundwissen, wie es bei Gottesdiensten verkündet wird, zu aktivieren. Aber es war nichts vorhanden.

So versuchte ich vom Stoff der Märchen her, jenes Vertrauen ins Leben aufzuzeigen, das schon dem Kind hilft, wenn Aschenbrödel belohnt wird oder Hans sein Glück durch die Befreiung vom Materiellen findet. Arno wie auch seine Brüder waren einmal längere Zeit krank gewesen und hatten das Haus gehütet. Wie hatten sie sich in der Zeit der erzwungenen Ruhe beschäftigt?

Arno: „Wir bekamen nur Micky-Maus zu lesen, keine Märchen!" Mit dem Fernsehen war es ähnlich. Man schaute, wann immer es ging in den Apparat (Arno sagte Glotze), aber ohne jede Führung. Kein Name war hängengeblieben. Die Frage nach Titel, Autor oder Regisseur war nie gestellt worden. Insofern gab es auch keine Vergleiche (da man nichts benennen konnte) und keine Qualitätsunterschiede. Selbst Namen berühmter Stars, von denen man denkt, daß die ganze Welt sie kennt, hatte er nicht registriert.

Dies schien mir unfaßbar, da er beim Erlernen der italienischen Sprache eine Lernfähigkeit zeigte, um die man ihn beneiden konnte.

(53)

Das Therapieziel war also nur zu erreichen, wenn es gelang, die verspätete Pubertät zu nützen und über die bekannten Wege der Pädagogik quasi einen neuen Menschen zu erziehen, in dessen souveränem Denken dann auch die Lebensfreude Raum gewann und den Fanatismus des asketischen Ideals verdrängte, anders gesagt, seinen Besessenheit von der Selbstüberwindung relativierte.

Ein zeitaufwendiges Puzzle lag vor mir. Ich nahm Arno deshalb nicht nur weiterhin abends mit mir, wenn ich allein oder mit Freunden ausging, ich hinterfragte jetzt auch stets die Themen unserer Gespräche, um zu sehen, ob er folgte und verstanden hatte. Wenn es dann zu langen Erklärungen kam, und ich merkte, daß Arno nicht gerne allein in seine Behausung ging, in der ihn wahrscheinlich wieder die Gedanken an Essen, Brechen und Bauch plagen würden, nahm ich ihn mit zu mir und ließ ihn nach einer Tasse Eisenkrauttee im Besuchszimmer schlafen. Auch machte ich öfters das Bircher-Müsli für mich und gab ihm, damit er mir Gesellschaft leistete, eine kleinere Menge davon ab.

Dann erklärte ich das alte Militärwort des „inneren Schweinehundes", da Bildhaftigkeit einprägsamer ist als rationale Argumentation. „Aha, mein innerer Schweinehund" konnte er schon sagen, wenn ihm die Lust nach Erbrechen kam. Daß das Erbrechen für ihn lustvoll war, hatte er inzwischen für sich erkannt.

(54)
Ich hatte neue Kassetten besprochen, um dem Abnutzungseffekt entgegenzuwirken. Diesmal versuchte ich ihm etwas vom Urvertrauen zu vermitteln und nahm dazu auch Texte, die ich aus Büchern notiert hatte, so auch Worte von *Bircher-Benner*:

> „Das geistige Urprinzip, das die Welt, das Leben und den Menschen erschuf, mit seinen Energien durchströmt und erhält, und das in jedem Menschen da ist und wirkt, ist von einer unsere Begriffe überragenden Macht. Ihm entstammt das Reich der Lebensordnung. Verbleibt der Mensch in diesem Reich, so erblüht im die Gesundheit, verläßt er es, folgt Erkrankung."

Nach Pausen mit Barockmusik wurde dann die Bildhaftigkeit mit etwa jenen Worten ergänzt: „Im Weltall herrscht Ordnung. Viele Millionen von Sonnen bilden zusammen eine Galaxie, jeweils mehrere hundert Galaxien einen Nebelhaufen. Weiter gibt es Superhaufen aus Tausenden von Nebelhaufen."

(55)

Solche Sätze provozierten natürlich Fragen nach dem Gottesbeweis. Besonders in Gesellschaft reizte es Arno, gegenteilige Antworten oder Meinungen zu hören, die er dann gegen mich ausspielte.

So gab es einen Abend mit meinem Freund Hans Breinlinger, der aus der Kirche ausgetreten war und Dostojewskis Satz zitierte: „Ich kann erst dann an Gott glauben, wenn Kinder nicht mehr leiden müssen!" Arno fragte zurück und Hans wiederholte: „Weil Kinder in dieser Welt leiden, kann Dostojewski nicht an Gott glauben!" Arno verlangte dann auf dem Heimweg nichts weniger als eine Stellungnahme, die beweisen sollte, daß Dostojewski im Unrecht sei. Mich sehr um Kürze und Einfachheit mühend, sagte ich, die ganze Sache würde insofern falsch angefaßt, als man einen Gottesbeweis suche, statt das Gegenteil, nämlich den Beweis anzutreten, daß Gott nicht existieren kann. „Aber das tut doch Dostojewski!"

Nur macht er es sich zu einfach. Würde Gott wirklich die Kinder aus dem Leid herausnehmen – offensichtlich – dann könnte niemand mehr ruhig leben, und wir wären nicht mehr frei. Mir scheint die Absicht Gottes ist es, sich so hinter seiner Schöpfung zu verstecken, daß man ihn auch leugnen kann. Dadurch nur erhalten wir den Begriff der Entscheidungsfreiheit.

(56)

## 6. Therapiewoche

Solche Gespräche waren aber noch die Ausnahme. Meist kam Arno auch außerhalb der Sprechstundenzeit, die ich ihm einräumte, auf sein Schlankheitsideal zu sprechen und wurde nie müde, immer wieder die gleichen Versicherungen zu hören, daß er trotzdem alles essen könne. Am 13. Mai etwa überraschte er mich damit, daß er auf einem DIN A 4 - Blatt einen Text mit der Hand geschrieben hatte, den ich unterschreiben sollte, was ich auch tat. Dort, wo meine Unterschrift stehen sollte, hatte er schon dazugeschrieben „beeidet und gezeichnett"(mit zwei T). Der Text lautete:

„Ich, ..., weiß wissenschaftlich begründet und verspreche, bestätige und versichere hiermit, daß Arno ..., geb. am ... 61 eine drahtige, schlanke, schöne, ästhetische Figur er- und behält, auch daß er jetzt durch viel und bedenkenloses, maßloses Essen diese Figur erhält. Hat er diese Figur, so wird er weiter übermäßig bedenkenlos und maßlos essen, ohne die obengenannte Idealfigur zu verlieren. Ich versichere wissenschaftlich begründet, daß er nie gesundheitsbewußt maßvoll eingeschränkt essen werden muß, um seine oben genannte Idealfigur zu behalten. Auch muß er keinen Sport treiben, weder regelmäßig noch ab und zu, um seine Idealfigur zu erhalten und zu behalten."

Das war der Tag, an dem mich Kollege Erhard Freitag besuchte und ich ihm, den gerade zur Mittagsruhe auftauchenden Arno vorgestellt hatte.
Es könnte sein, daß im Zusammenhang mit dieser Begegnung Arno auf den Einfall kam, sich diese „beeidete Garantie" geben zu lassen.

(57)

Am gleichen Abend hatte Arno Onkel Leo Gieser zu
seiner Geburtstagsfeier geladen, die er auf diesen
Samstag verlegt hatte. Er hatte einen größeren Tisch
in der Altstadt im „Ristorante Romano" bestellt. Unter
den etwa zehn Gästen saß ich einem Apotheker gegenüber, der aus Arnos Heimatstadt kam und bei
dem die Medikamente für Arno geholt wurden. Er
gab mir einige wichtige Informationen zur Familien-
situation und sagte dann mit einem verständnisvollen
Blick: „Sie machen also Teufelsaustreibung!" In der
Tat fühlte ich mich so und ich dankte im Geiste
unserer Mutter, die mir schon in der Jugend das Ur-
vertrauen in die Schöpfung und die Kenntnis des
Neuen Testamentes beigebracht hatte und sehr
streng war, wenn wir Bücher mit ‚kitschigen Bildern'
oder Texten von anderen Kindern mit nach Hause
brachten. Das wurde sofort mit entsprechenden
Bewertungen weggetan – und ich glaubte ihr auch,
daß sie recht hatte. Trotz und die ‚Jetzt-erst-recht-
Haltung' erschienen mir schon als Junge sehr unver-
nünftig, denn die Erwachsenen mußten es doch
besser wissen.

(58)

„Da war eine breite Straße, in der Mitte geteilt durch
einen Gras- und Blumenstreifen, in dem viele
Palmen standen. Auf der einen Seite schimmerten
weiße Hotelpaläste und Villen, auf der anderen
Seite lag das Meer. Und Blumen blühten blau, rot,
gelb, purpur, orange. Ich blickte über die Croisette
und ihren ewigen Autostrom hinweg zum Meer.
Weiter draußen lagen ein paar Schiffe, und ich sah
eine Menge Segelboote. Ihre Segel waren blutrot
beschienen von der sinkenden Sonne."
*(Hans M. Simmel: Die Antwort kennt nur der Wind)*

## 7. Therapiewoche

Ein wichtiger Tag wird der 16. Mai. In Cannes sind
die Filmfestspiele, zu denen ich jedes Jahr fahre, da
mich der „Jahrmarkt der Eitelkeit" ergötzt. Die Zur-
schaustellung halbnackter und fastnackter Körper
auf der Croisette macht deutlich, daß das Gefühl des
Menschen für körperliche Schönheit noch nicht ver-
lorengegangen ist. Es ist wie beim Karneval, am Zeigen und Schauen erkennt man unterschwellige
Sehnsüchte der menschlichen Natur.
Mit Norbert Pötzl, dem Spiegel-Redakteur, fahre ich
diesmal im Auto nach Cannes, und da Arno seinen
freien Tag hat, nehmen wir ihn mit. Auf der Hinfahrt
blicken wir vom Aerovista-Hotel hinab auf Monte
Carlo und die weite Küste, und mich dünkte, daß
auch Arno über diesen Ausblick überrascht ist. Dann
in Cannes, laufen wir ins „Carlton" und betrachten
das Kommen und Gehen, sehen wie die Luxusautos
vorfahren und flanieren ins Zentrum.

Ganz plötzlich kommt ein kurzer Regenschauer und der Zufall (den es ja nicht gibt) will es, daß wir gerade vor einem Sex-Shop sind und es bietet sich an, dort hineinzugehen und den Regen abzuwarten. Ich schaue Norbert fragend an, er nickt, wir treten in den Laden. Dann will ich Arno sagen, daß wir hier nur den Regenschauer abwarten werden, sehe ihn aber nicht. Ich schaue vor die Türe und sehe mit Erstaunen, wie es mit seinen langen Beinen wegläuft. Was ist los? Ich eile ihm nach, erfasse ihn und frage „Wo willst Du hin?" Die Antwort kommt keuchend, erregt und stoßweise: „Meine Mutter hat gesagt, dies sei alles eine einzige große Sauerei!"

(59)
*Scharl* hatte davon gesprochen, daß das Magersuchtsproblem ein verschobenes sexuelles Problem sei. Das ständige Abtasten des Bauches ist eine Fehlleistung, ebenso wie das schlechte Gewissen. Galt die Magersucht deshalb vor allem als Mädchenkrankheit, weil Jungens die Sexualität leichter entdecken?
Um Arno zu beruhigen, sagte ich kurz, Geschlechtlichkeit gehöre genau so zum Leben wie Geistigkeit, Gemüt und Seele. Es war nicht der Augenblick, diese Dinge jetzt vorzutragen, doch löste es sichtlich eine Erschütterung aus, die sich am nächsten Tag zeigte, als Arno während der Suggestionstherapie, die ich nun zunächst doch noch selbst machte, fast ständig heulte. Norbert, der die Spannung, die von Arno ausging, wohl auch als Störung dieses Tages empfand, lud uns zu einem Essen im Eden-Roc ein. Wir würden dort tolle Leute sehen und die Lage sei so einmalig wie der Blick von Aeravista. So fuhren wir los.

Was ich befürchtet hatte, kam, aber doch erträglich. Arno stocherte im Essen herum, fand es nicht gut, aß erst nach vielem Zureden und mit um Verständnis bittenden Blicken einen Teil des Tellers und es schien ihn auch nicht zu beeindrucken, als Norbert die Rechnung von einigen hundert französischen Franken bezahlte, so als ob das selbstverständlich wäre. Während der Heimfahrt im Auto versuchte ich ihm die Einmaligkeit dieses Tages bewußt zu machen. Ich sprach von den Tausenden, die ihn beneiden würden. Daß in Deutschland zur Zeit nicht mal eine Kochlehrstelle zu finden sei und er sofort eine so günstige bekommen hätte. Ich plauderte von den Berühmtheiten, die sich hier aufhielten und daß das, was wir sahen, sich bereits in der Literatur niedergeschlagen hätte. Ich würde ihm daheim eine Stelle aus einem Simmel-Roman vorlesen, den er, da leicht und spannend geschrieben, dann neben seiner Arbeit lesen könne. Ich nahm zu Hause das Simmelbuch aus dem Bücherschrank und las vor:

„So waren wir also auf der obersten Terrasse des Restaurants „Eden Roc" gelandet. Es war Melina, die mich, wie mir schien, unendlich beeindruckt auf die vielen berühmten und reichen Leute aufmerksam machte, die heute in besonders großer Zahl hier versammelt waren. Da hinten, an dem Tisch unter uns, das ist Juan Carlos, der spanische Thronprätendent. Und das sind Grafen und Barone und Fürsten an seinem Tisch, und Prinzessinnen und Gräfinnen."

Aber Arno blieb unbeeindruckt. Sicher fehlte ihm die Lektüre der Märchen, die ihm den Nimbus solcher Titel klar gemacht hätten.

(60)

Als ich später mit Arno von diesem Tag und diesen
Erlebnissen sprach, um ihm zu erklären, warum ab
einem bestimmten Punkt der Therapie die Einbezie-
hung der Sexualität im Gespräch so wichtig wurde,
zeigte sich, daß er auch diese Erlebnisse vergessen
hatte. Wohl erinnerte er sich an den Ausflug, aber
nicht an die Einzelheiten und schon gar nicht an den
Sex-Shop. Trotzdem glaube ich, daß die Mühen und
Anstrengungen nötig waren, um zu jenem Punkt zu
kommen, ab dem die Erinnerung blieb.
Das Ausleseverfahren der grauen Zellen, die emsig
eine Sprache speichern (denn die ital. Sprache behielt er) und gleichzeitig bildhafte Erlebnisse durch
das Sieb fallenlassen, könnte vielleicht ein
Psychiater erklären.

(61)

Onkel Leo Gieser hat die Bekanntschaft einer Psy-
chiaterin gemacht und ihr von dem Fall erzählt. Sie
will nun, daß man Arno in einem Heim mit Gruppen-
therapie unterbringt. So kommen wir zusammen, um
Arno selbst entscheiden zu lassen. Aber Arno lehnt
ab. Zum einen will er die Kochlehre nicht unterbrech-
en und dann hat er ja ähnliches schon gehabt. Es
scheint doch, daß er an diesem freien, großzügigen
Leben, das hier gelebt wird, Geschmack gefunden
hat.
Auch fühlt er sich als Mittelpunkt vieler Menschen,
von denen jeder auf seine Art Interesse an ihm zeigt.

(62)

*Plutarch* sagt in den „Vorschriften zur Gesundheits-
pflege": „Die Medizin irrt, wenn sie meint, der Philosophie entraten zu können" und „Eine vernüftige
Existenz kann man nicht ohne Gesundheitspraxis
führen."

Diese Sätze gingen mir morgens während der Arbeit
durch den Sinn, als ich einen Rücken therapierte
(Lumbago), für dessen Gesunderhaltung der Patient
bisher zu wenig getan hatte. Dasselbe dann bei einem Cervical-Syndrom (Hals-Nacken). Als ich danach für eine chronische Nasen-Nebenhöhlen-
entzündung (Sinusitis) Nadeln setzte (Akupunktur),
tauchte Oswald, mein magersüchtiger Italiener, auf.
Er hatte ein Tief und wollte Hilfe, bat mich auch, ihm
verschiedene homöopatische Mittel aus Deutschland
zu besorgen, wobei mir rätselhaft blieb, wie er auf
sie kam und was sie bei ihm bewirken sollten. Trotz
seiner Lernfähigkeit konnte er seinen Verstand nicht
einsetzen. Da er unangemeldet gekommen war,
konnte ich ihm nicht die Zeit widmen, die für ihn nötig
gewesen wäre. Eine Patientin wartete, die Schlaf-
schwierigkeiten hatte. Sie dachte, Akupunktur könne
helfen. Sie zeigte mir ihre Medikamente, auf die sie
aber nicht verzichten wollte. Ich sagte, daß diese
Arzneien nicht mit Akupunktur zusammengehen, sie
solle abends statt Fernsehen zu schauen einen Spaziergang machen und die Waden kalt abbrausen,
bevor sie ins Bett gehe.

Als ich dann noch einen Trigeminus behandelte,
störte mich Arno, der sofort mit seiner Ernährungs-
unlogik kam und wieder einmal glaubte, daß er zuviel
aß. Ich fühle eine innere Abwehr in Form von
Nervosität und sagte deshalb kurz: „Daß der Körper
nicht alles annimmt, was wir essen, siehst Du doch

am Calzium. Deshalb muß es intravenös verabreicht werden, wenn es fehlt. Du selbst brauchst viele Spurenelemente für Knochen, Zähne und Gehirn, also versuch von allem zu essen."

(63)

8. Therapiewoche
Kurt Hogl, ein Redakteur des Bayerischen Rundfunks macht Ferien und möchte, daß ich ihm das Hinterland zeige. So lege ich die Fahrt auf Arnos freien Tag. Der Treff ist in meiner Stammbar am Cap Ampelio. Arno schicke ich schon voraus, weil er dort am Meer bei meinen Freunden gezwungen ist, sich zu unterhalten. Ich gebe ihm drei große Äpfel für die Fahrt mit, denn beim Autofahren wird es ihm immer übel und ich schiebe das auf seinen leeren Magen. Die Kautätigkeit bei Äpfeln wird er akzeptieren, denn er weiß, daß sie wenig Kalorien haben. Auch zeigte ich ihm ein Buch mit dem Titel „Schlanksein beginnt mit einem Apfel" (Autor: Jenny). Meine Hintergedanken sind die Spurenelemente im Apfel. Nach dem Kriege lebte ich einige Monate hauptsächlich von Äpfeln und fühlte mich dabei sehr gut. Als ich Arno abholen will und die Treppe zur „Caranca"-Bar hinuntersteige, sehe ich, wie er mit drei netten Mädchen spricht, von denen jede, wohl als Flirt gedacht, ihm einen Apfel entwendet und Arno sie allzu willig hergibt. Diese optisch so nette Szene macht mich innerlich wütend. Ich gehe zu den Mädels, lasse mir die Äpfel geben und sage: „Dem armen Jungen die Äpfel wegessen. Seht ihr denn nicht, wie nötig er sie hat!" Sie entschuldigen sich. Der Ausflug geht über San Remo und Taggia nach Triora Molini, durch das reizvoll-herbe Valle Argentina. Arno kaut an seinen

Äpfeln, will aber nicht wahrhaben, daß es ihm damit besser geht.

Nach Trira Molini fahren wir durch ein willdes, felsiges Tal in Richtung Realdo und Verdeggia. Die Straße dahin war damals noch nicht ausgebaut. Die steilen Felsen sind so überwältigend und beängstigend, daß wir, als ein Felsbrocken auf der Straße liegt und wir Realdo hoch über uns auf einem roten Felsen hängen sehen, lieber umdrehen. Der Umgang mit sogenannten Intellektuellen hat den Reiz, daß sie sich für alles interessieren, weil sie es vielleicht einmal verwerten können. So erzählte ich Kurt Hogl von dem Brot, das in Verdeggia noch von den Einwohnern gemeinsam monatlich in einem Holzfeuerofen gebacken wird; einem Brot auch, das aus groben Körnern, ein ganzes Jahr hält und sehr hart ist. Von dem Friedhof in Triora Molini, der auf dem höchsten Punkt des Ortes liegt und anderes. Arno bleibt muffig und schien nur an seine Äpfel zu denken, die er kauen musste. Bei der Rückkehr hatte ich mir noch etwas ausgedacht, dabei immer Arno anvisierend, weswegen er sich nicht nur wichtiger, sondern auch bevorzugt fühlen sollte. Vor der Einfahrt nach Bordighera zeigte ich ihm daher das Oasa die Mattoni, den Ort, an dem der Bordighera-Roman „Dr.Antonio" von Giovanni Ruffini spielt. Ich erklärte, warum die Beschreibung nicht mehr ganz stimmte (die veränderte Straße, Hotelbauten usw.), zitierte aber Sätze aus dem Buch, um zu illustrieren, wie tief man damals von der Schönheit der Landschaft getroffen wurde - oder zumindest doch die Hauptperson des Romans: „Wie schön, wie unaussprechlich schön. Was für ein morgenländisches Aussehen geben diese hohen, starken Palmen dem Hügel von Bordighera! Man glaubt sich nach Kleinasien versetzt."

Arnos Gesicht zeigte keine Freude, er schien trotz des Ausfluges depressiv.

(64)
*Mara Selvini Palazzoli* hat in ihrem Buch „L'anoressia mentale", das 1963 in Italien erschien, den Charakter des Magersüchtigen etwa so skizziert:

> „Die Einstellung zum Therapeuten ist kalt, abweisend und verlogen. Sie scheinen entschlossen, den Arzt zu entmutigen oder zur Verzweiflung zu treiben. Sie weigern sich, neue Freundschaften zu schließen und haben alle alten aufgegeben. Sie haben keine sexuellen Beziehungen.
> Sie sind überaktiv. Sie sind äußerst empfindlich gegenüber kritischen Bemerkungen und lehnen sogar Komplimente über ihr Aussehen ab. Sie verbringen viel Zeit damit, sich im Spiegel zu betrachten. Sie bevorzugen ausgefallene oder eintönige Gerichte. Fette Speisen werden angewidert abgelehnt. Der Anblick eines reich gedeckten Tisches widert sie an. Sie sind von störrischer Eigensinnigkeit. Sie brechen leicht in Tränen aus und beschwören auch dramatische Szenen herauf. Sie sind unzureichend bekleidet und verabscheuen Unterkleidung."

Das alles traf auf Arno zu und doch versuchte ich, es differenzierter zu sehen. Die Tränen waren Zeichen der Nervenschwäche, der Abmagerung. Der reichgedeckte Tisch war die Versuchung wie bei Jesus in der Wüste. Das Verweigern von menschlichen Beziehungen war auch ein Potenzproblem. Der Narzismus, die Spiegelschau, war die ständig stehende Frage: Wer bin ich? Andere negative Verhaltensweisen hingen u.U. mit dem Hormonmangel zusammen, so, wie man sagt, daß Kastraten hinterhältig sind. Sicher versuchte Arno ständig, mir meine Lebensfreude zu vermiesen oder das frohe Zusammensein mit Freunden zu stören. Reklamationen gab es öfters und erst zu Ostern hatte mein Freund Hans

Breinlinger gesagt: „Laß ihn doch verhungern, wenn er nicht essen will! Er stört unsere Harmonie und Fröhlichkeit!" Da blieb mir jeweils nur ein Stöhnen! An diesem Tag, nach diesem Ausflug, wollte ich am Abend ins Kino und natürlich konnte ich Arno nicht allein lassen. So blieb also nur wieder der Versuch, Arno doch noch hochzuziehen. Ich dachte an Willhelm Reichs „Panzerungen", wenn er vom Bauchsegment sagt: "Der Betreffende wird reizbar und mißmutig und zeigt zunehmend irrationale Tendenzen, wenn es gestaut ist. Dieser Panzerungsring macht den Betroffenen kitzlig und er zeigt Trotz." Ich legte Arno also auf den Massagetisch und versuchte den Panzerungsring durch Massage zu lösen. Arno ist kitzlig, aber die Behandlung tut ihm gut. Nachher ist er so gut in Form, daß er mit ins Kino kommt. Abwehr ist wohl noch da, weil er „diesen Quatsch" ja immer in der Glotze sah, aber als ich ihn danach den Film interpretieren lasse und einige Hinweise gebe, merkt er, daß er bisher nur oberflächlich geschaut hat.

(65)
Im Mai wird in Bordighera das Fest des heiligen San Ampelio gefeiert, der hier vor einigen Jahrhunderten landete und die Küste christianisierte. Spötter sagen: „Gott sei Dank ist ihm das nicht geglückt!" und denken dabei wohl an die Touristinnen, die hier das „süße Leben" suchen und finden, obwohl die Zeit für Papagallos vorbei ist. Dieses Fest wird an zwei Wochenenden mit Tanz gefeiert; die Getränkebar, die Kapelle, der Tanzboden, alles findet unter dem freien Himmel der Maiennächte statt. Das Fest kommt meist erst nach 22 Uhr zum Höhepunkt, denn bis die Blumenarbeiter von den Nelkenfeldern

außerhalb sich elegant angezogen haben und mit ihren Motorrädern ankommen, vergeht die Zeit.

Mit Arno besuche ich nach dem Kino noch das Fest, stehe an der Bar, lasse ihn Rotwein trinken und schaue zu. Dabei bemerke ich, daß er öfters von Mädchen angemacht wird, indem sie ihn beim Vorbeigehen wie unabsichtlich anstoßen. Dann machen sie ihm schöne Augen und kichern. Natürlich fällt er auf, so groß und blond, mit dem Kindergesicht. Ich habe auch den Eindruck, daß er gerne tanzen würde, die Musik schmeichelt, der Rotwein wirkt. Aber Arno hat nie tanzen gelernt. *H. Bruch* hat in ihrem Buch „Der goldene Käfig" die Mär in die Welt gesetzt, Anorektiker seien überdurchschnittlich intelligent. Auch Dr. Johannes Bockemühl schreibt, daß Anorektiker an der Spitze des Klassenniveaus liegen. Doch er fügt hinzu: „es findet sich zum Beispiel (bei genauem Hinsehen) im deutschen Aufsatz keine eigene Aussage, keine schöpferische Phantasie oder Originalität, keine Stellungnahme oder eigenes Urteil." Und die Kinder würden der Mittel- und Oberschicht angehören. Ich vermute, daß H. Bruch deshalb ihre Anorektiker aus diesen Schichten hatte, weil es diejenigen waren, die die Therapie von Frau Bruch bezahlen konnten. Beide hier erwähnten Patienten (Oswald und Arno) kamen nicht aus privilegierten Familien. Leider hat sie vergessen, Beispiele dafür zu bringen und anzugeben, welchen Maßstab sie bei dieser Klassifizeirung anlegt.

Lassen wir den Schlankheitswahn beiseite und beurteilen das übrige Verhalten, so ist dieses weder klug, noch vernünftig, ja nicht einmal angepasst im Sinne einer Etikette, wie sie in der Oberschicht vorzufinden ist. Bevor ich in diesem Zusammenhang von Arno berichte, hier nun zunächst zwei andere Beispiele:

*Katharina Havakamp* schreibt in „...und Liebe eimerweise":

> „Als ich neunzehn war, dachte ich, daß Lebenserfahrung mein Gesicht zeichnen würde. Ich las drei Bücher am Tag. Von Zeit zu Zeit stürzte ich an den Spiegel, um nachzusehen, ob sich mein Gesicht schon verändert, der Ausdruck schon verbessert habe. Madame Bovary veränderte mein Gesicht nicht, auch Effi Briest (über Effi Briest wird auch Arno später Tagebuchnotizen machen) hatte nicht die gewünschte Wirkung."

Welcher Leser hat den Mut, eine 19-jährige, die so etwas schreibt, für intelligent zu halten? In meinem Heimatstädtchen hätte man gesagt: „Da lachen ja die Hühner!"

*Karen Margolos* schreibt in ihrem Buch „Die Knochen zeigen":

> „Je weniger ich wurde, umso mehr sorgten sich die Familie und Freunde. Es war so bequem für sie, ihre Schuldgefühle und ihre Verwirrung dahinter zu verstecken."

Wer ist denn hier verwirrt? Wer produziert denn hier Schuldgefühle?

(66)
Und nun das Erlebnis mit Arno: Wieder einmal nervt er mich, indem er allem, was ich sage, sein „NEIN" entgegensetzt. Trotzdem versuche ich darin die Krisen der Entwicklung zu sehen, denn dieses „NEIN" kennt man doch von allen Pubertierenden. Ich lasse ihn also abends, als ich das Gefühl habe, ihn besser nicht in seinem kahlen Zimmer schlafen zu lassen, in

meinem Besuchszimmer nächtigen. Dazu lege ich eine zweite Wolldecke auf das Bett. Er will sie nicht. Ich lege sie also auf einen Stuhl im Zimmer. Nachts um drei Uhr kommt er in mein Zimmer, weil er doch zu stark friert und will die Decke. Ich mag nicht, wenn man mich grundlos aus dem Tiefschlaf holt, vielleicht weil mir das in der Jugend zu oft durch Fliegeralarm und später beim Kriegseinsatz in der Normandie passierte. So bin ich auch diesmal ungehalten, da er die Decke ja auf dem Stuhl hätte bemerken können. Ich vergesse alle meine menschenfreundlichen Absichten und denke: Daß ich zuerst ein Grundwissen lehren muß, damit er von daher an sein Suchtverhalten kommt, schön und gut; aber die Amme spielen, das geht zu weit. Ich kann nicht mehr einschlafen und rufe aus dieser er-nüchternden Stimmung am nächsten Tag meine Freundin Bijuti an; sie solle sich doch mal erkundigen, welche Heime für ihn in Frage kämen, denn wenn erst die Sommerzeit mit Patien-tenhochbetrieb beginne und es mit Arno nicht besser würde, sei es auch für mich unmöglich, Arno weiter zu betreuen und zu beaufsichtigen.

(67)
Trotzdem verfolgte ich mein Therapieprogramm geradlinig weiter. Ich versuchte erneut, Arno zu der Einsicht zu bringen, daß er an sich arbeiten müsse.
So ließ ich ihn ein Heft kaufen und ermunterte ihn zu Aufzeichnungen, die ihm Klarheit verschaffen sollten. Er sollte sein Erinnerungsvermögen und Gedächtnis kontrollieren. Er begann mit dem Datum 27. Mai (das war drei Monate nach seiner Ankunft hier in B.) und schrieb darunter: „Tagebuch und Tageshilfe."

Dann kamen die Worte:

Klarheit,
Selbstsicherheit,
Wille, Lebensvorstellung, Harmonie,
Zwangsfreiheit und Freu(n)de.

Ich ergänzte diese Eintragung und schrieb dazu:
Wer bin ich? Was kann ich? Was möchte ich?
Wen oder was liebe ich?

Dabei blieb es zunächst. So schrieb ich ihm zwei Tage später das Hölderlin-Gedicht dazu: „Noch kehrt in mich der süße Frühling wieder..." und sagte ihm, daß er es auswendig lernen müsse.

*Das Hölderlin-Gedicht „Lebensgenuß" an seinen Freund Neuffer:*

Noch kehrt in mich der süße Frühling wieder,
Noch altert nicht mein kindischfröhlich Herz,
Noch rinnt vom Auge mir der Tau der Liebe nieder,
Noch lebt in mir der Hoffnung Lust und Schmerz.

Noch tröstet mich mit süßer Augenweide
Der blaue Himmel und die grüne Flur,
Mir reicht die Göttliche den Taumelkelch der Freude
Die jugendliche, freundliche Natur.

Getrost! Es ist der Schmerzen wert, dies Leben,
So lang uns Armen Gottes Sonne scheint;
Und Bilder bessrer Zeit um unsre Seele schweben,
Und ach! Mit uns ein freundlich Auge weint.

Zum einen wollte ich ihn mit dieser Übung von seinen Eßgedanken wegzwingen, aber auch sehen, ob sein Langzeitgedächtnis funktionierte.
Das Hölderlin-Gedicht hatte ich ausgewählt, weil es in seiner Aussage positiv war. Ich hatte an Theodor Fontane gedacht, der sagte: „Literatur macht frei!"

(68)

## 9. Therapiewoche

Nach diesem Anfang und entsprechenden Aufmunterungen schreibt Arno an seinem freien Tag erstmals Tagebuch. Er berichtet von dem Zwang, den ich auf ihn ausüber, mit „Ich muß das Gedicht lernen",usw. Auch „ich muß abends mit G. ausgehen." Er hat aber dann doch mehr Angst vor dem abendlichen Alleinsein, als vor der Gesellschaft, die ihn in die Konvention unseres Lebens zwingt.

Auf den abendlichen Rundgängen, bei denen er in ermüdender Weise immer wieder auf sein Schlankheitsbegehren kam, hatte ich ihm die Huter'sche Typenlehre erklärt und ihm gesagt, daß er Leptosome sei. Nun schrieb er in sein Heft „Ich bin leptosom, werde niemals anders als drahtig, schlank; kann alles und soviel essen wie ich will und bemühe mich, etwas Gutes aus dem zu machen, was meine Eltern aus mir gemacht haben." Diesen letzten Satzteil hatte ich ihm einige Male in Gesprächen über Sartre und die Existenzphilosophie vorgetragen. Es war dabei um die Vorwürfe der Jugendlichen gegen die ältere Generation gegangen und ich hatte ihm klar gemacht, daß zu allen Zeiten dieses Problem existiert hat, daß es aber dumm sei, den Eltern etwas anzulasten, denn eines Tages würden diese Jugendlichen als Eltern den gleichen Problemen gegenüber-

stehen. Deshalb habe *Sartre* gesagt: „Es kommt nicht darauf an, was unsere Eltern aus uns gemacht haben, es kommt darauf an, was wir aus dem machen, was unsere Eltern aus uns gemacht haben." Zwei Tage später schreibe ich die Worte von *Gottfried Benn* in sein Heft: „Leben ist Zucht, enormes Tatsachenwissen, Kunst!"
Ich bitte ihn, dazu Kommentare zu schreiben.

(69)

## 10. Therapiewoche
Ich bin bei der 22. Sitzung der zweiten Serie der Suggestionstherapie und Arno heult und schluchzt. Dann schreibt er darüber in sein Heft: „Verlor meine Beherrschung! Den Nervenzusammenbruch hatte ich aus Angst, zuviel gegessen zu haben und zuwenig Sport zu treiben. Fühle mich jetzt besser, weil ich seltener fror und am Strand die Sonne genoß, Mädchen sah und begehrenswert empfand und träumte (vom Sommer, Mädchen usw.). Warum ziehe ich daraus nicht die logische Konsequenz."
Und dann schreibt er noch: „Versuch der Definition meiner Angst vor dem Normalwerden."

(70)
Während ich selbst in mein Tagebuch notierte: „Viele Wahnsinns-Gespräche mit Arno", schreibt er (zwei Tage später): „Wichtigster Tagesteil waren die ausgiebigen Gespräche mit G., der wieder alles erklärte und mir einzuhämmern versuchte." Vor allem versuchte ich, ihm Logik zu lehren und zeigte an Beispielen aus unserem Bekanntenkreis, wie selten man vernunftsmäßig handelt. Ich erklärte Seneca und stellte die heute vertretene Ansicht dagegen, die

Spontaneität und Gefühl als lebenswert hinstellt, aber übersieht, daß im kleinen wie im Völkerleben diese Emotionen stets nur Unglück brachten.

Dann sagte ich, vernünftig zu leben setze natürlich, nach Seneca, Kampf und ständige Wachsamkeit voraus, das aber sei anstrengend, genau wie lesen und lernen. Also verberge sich Trägheit und Bequemlichkeit hinter diesen Parolen.

(71)

Es war Juni, somit begann die offizielle Badesaison. Wieder kamen Freunde, und dabei auch jene, die drei- oder viermal jährlich kamen. Zu den Mühen, die ich durch Arno auf mich genommen hatte, kamen nun noch die nicht immer menschenfreundlichen Kommentare dieser Feriengäste, obwohl sie gut gemeint waren. Natürlich hatte ich Arno ständig im Schlepptau, wenn ich abends ausging. Natürlich war er nach wie vor schwierig und leistete keinen Beitrag zur Unterhaltung, es sei denn, daß man sich über ihn unterhielt. Also hörte ich Mahnungen wie: „Du läßt dich von ihm ausnutzen!" Und natürlich hielten sie sich meist auch für die besseren Therapeuten, die wußten, was ich falsch machte.

Ich aber sah, daß Arno jede Eigeninitiative fehlte, daß er sich nie entscheiden konnte (auch bei Käufen nicht, die nichts mit Essen zu tun hatten), er aber meine Anregungen annahm und zu verstehen versuchte. So etwa, wenn wir im Boot ein Stück auf das Meer hinausfuhren (wobei ich ihn rudern ließ) und ich auf die Schönheit der Landschaft zeigte. Kam er nach der Tagesarbeit auf die Piazza, auf der mein Freund Hans Breinlinger „Hof hielt", dann setzte er sich zu mir und aß einen Teller Spaghetti, obwohl er schon im Ristorante (wenn auch wenig) gegessen hatte. Sein Trick war, daß ich dabei die Verantwortung übernahm, er also kein schlechtes Gewissen haben mußte. Dann strahlten erstmals seine Augen in echter Lebensfreude. Daß diese Begeisterung echt war, sah ich daran, daß er in der 12. Behandlungswoche, am 22. Juni, seinen Chef, Signore Stella mitbrachte, damit dieser sehe, wie man auf der Piazza ißt.

(72)
Im Spielcasino in San Remo sind im Sommer im Roof-Garden, also dem Dachgarten, die Shows. Von einem Ensemble, das dort auftritt, bringt man mir einen jungen, etwa 20-jährigen Tänzer, der einen Rücken-Ischias-Schmerz hat. Er ist wunderschön anzuschauen, überhaupt nicht feminin, und da er kein Gramm Fett zuviel hat und eine Figur, wie man sie selten sieht, denke ich, daß dieser Körper für Arno ein Vorbild sein könnte. Arno findet bei jedem Menschen am Strand etwas auszusetzen, und in der Tat findet man ja selten perfekt gebaute Men-schen.

Hier kann er nun sehen, daß man mager, schlank und trotzdem kraftvoll sein kann. Als sich der Tänzer nackt auszieht, weil ich ihn in der Badewanne Dehnübungen machen lasse, ist Arno als Assistent dabei (im Laufe der Genesung habe ich ihn immer wieder bei der Therapiearbeit zugezogen, um ihn auch praktisch erleben zu lassen, wie Körper sind und wie man mit ihnen umgeht). Arno sieht den Tänzer, aber erkennt nicht seine Schönheit, er sieht nicht, wo der Unterschied zu ihm ist. Dieses Seh-Problem des Anorektikers ist auch in anderen Büchern erwähnt. Ich stelle es mir wie bei dem Maler El Greco vor, von dem man sagt, daß er einen Sehfehler gehabt haben muß *(Hans Sedlmayr, „Verlust der Mitte", Salzburg 1958).* Diese Episode zeigt, wie schwierig es ist, den Magersüchtigen zu Einsicht zu bringen.

(73)

## 13. Therapiewoche

Mit Beginn des Juni steigen die Touristen-Besuche und somit die Preise für Zimmer in Bordighera. Die Vermieter von Arnos Zimmer, rührend um ihn bemüht und ihm auch immer kleine Zwischenmahlzeiten anbietend, die er aber meist ablehnt, auch wenn ich ihm sage, die Höflichkeit geböte es, wenigstens zu probieren, fragen an, ob Arno mehr für das Zimmer zahlen könne, denn sie hätten Gelegenheit, es jetzt teurer wegzugeben. Ich spreche darüber mit Onkel Leo Gieser und dieser meint, Arno habe ja in letzter Zeit häufig bei mir übernachtet und so könne ich ihn ja auch gleich ganz bei mir wohnen lassen. Leo hat nicht unrecht, ich willige ein und Arno zieht zu mir. Als Arno mit seinen Sachen kommt, sage ich, er solle es sich so einrichten, wie es ihm gefalle und ihm bequem sei.

Als er mit dem Einräumen fertig ist, schaute ich mir mit ihm das Zimmer an. Zu meiner Überraschung stellte ich fest, daß er eine Stoffpuppe im Bett hatte und auf dem Sims des Kamins eine Sammlung mit Nippes aus Tieren und Stoffhäschen. Auch ein Foto seiner Mutter war aufgestellt. Weiter lag ein Strickzeug herum, mit dem Arno Socken strickte. Automatisch dachte ich, und du selbst hast mit 17 Jahren töten und funken lernen müssen und man hat dich an den Atlantik verfrachtet, um die Amerikaner aufzuhalten.

(74)

Man ist heute sehr gegen Rollenverhalten und möchte keine geschlechtsspezifischen Beschäftigungen mehr anerkennen. Im Falle Arno schien mir die Toleranz solcher Gewohnheiten denn doch nicht richtig (auch *Mester* sieht durch weibliche Beschäftigung eine verstärkte Störung der Geschlechtsrollenidentität. Das gilt natürlich auch umgekehrt.)

Arnos Bewegungen waren sowieso sehr feminin, so daß er im Geschäft manchmal mit „Mademoiselle" angesprochen wurde. Ich bat ihn daher abends, diese Dinge zunächst wegzuräumen, da ihn alles zu sehr an „daheim" erinnern würde, was ich nicht für gut hielt. Ich stellte daher auf den Sims des Kamins ein Foto, das Michelangelos „David" zeigte. An diesem Bild solle er sich orientieren und vergleichen. Bei einem so weltweit anerkanntem Kunstwerk wagte Arno nicht zu sagen, daß es häßlich sei. Aber selbst wenn er es heimlich dachte, so rechnete ich mit einem Langzeiteffekt. Auch das Strickzeug ließ ich ihn wegräumen. In seiner freien Zeit müsse er lesen und versuchen, sich zu bilden. Außerdem habe er ja sein Tagebuch. Ich könne verstehen, daß er zwar jetzt nicht zum Schreiben komme, denn die Mittagspause verbrachte er momentan immer am Meer, und abends nahm ich ihn mit zu den Spaziergängen und Freunden, aber nach dem August könne er sicher die Notizen wieder aufnehmen.

(75)


15. Therapiewoche

Die Rivierasommer sind für einen, der dort wohnt und arbeitet, meist erschöpfend. Wohl hat die Riviera ein ausgeglichenes Klima und es wird selten über

26 Grad heiß. Auch fehlt die feuchte Luft, die einem in anderen Zonen zum ständigen Hemdwechsel zwingt. Aber abends, nach Arbeit und Strandleben, findet man nicht ins Bett. Die warmen, trockenen Nächte verleiten dazu, daß man bis nach Mitternacht im Freien sitzt und den herrlichen Rotwein trinkt. Daß auch Menschen mit anderen Lebensmöglichkeiten diese Erschöpfung erleben, sah ich, als ich bei den Sommerkonzerten in Mentone zufällig neben Prinz Albert von Monaco saß, und dieser, während Rostropowitsch den Himmel herunterholte, regelmäßig den Kopf nach vorne fallen ließ und einschlief, wenn das Cello zu spielen begann. Aus einem solchen Schlafmanko heraus war ich wieder einmal ungehalten, als am 11. Juli um sechs Uhr morgens die Türglocke schellt und sich ein junger Mann als Arnos älterer Bruder vorstellt. Er sei gerade mit dem Zug angekommen usw.

(76)
Ich war bisher sehr froh gewesen, daß Arnos Familie weit weg war. Familientherapie wäre mir zuviel gewesen, nach all dem, was ich bisher wußte. Arnos Bruder Franz wohnte mit einem Freund bei Onkel Gieser, der im Hinterland eine Zweitwohnung hatte. Ich schickte den Bruder zunächst mal weg. Bei diesem Wetter könne er doch schon mal am Meer baden, Arno könne er dann ab neun Uhr im „Stella" begrüßen.
Daß die Erstgeborenen mehr verwöhnt werden als die folgenden Kinder, ist verständlich. Daß sie oft (auch wenn es Schwestern sind) ihre Macht des Vorsprungs mißbrauchen, um den jüngeren Bruder zu schikanieren, kommt leider auch häufig vor.

In diesem Falle beobachtete ich, wie Arno, der zunächst durch den Fortschritt in der Therapie dem Bruder zutraulich entgegenkam, sofort heruntergemacht wurde. Als sich zwischen dem Bruder und dem Freund am Strand ein Gespräch entspann und Arno dazukam und fragte, um was es gehe, sagte Franz zu diesem Freund überheblich: „Du mußt nicht antworten, davon versteht er doch nichts!" Als wir abends dann in der Altstadt saßen, ich am langen Tisch von Hans Breinlinger, der wie meist eine amüsante Unterhaltung auf hohem Niveau führte, kam Arno mit seinem Bruder. Arno wollte stolz an unserem Tisch Platz nehmen und dem Bruder vorführen, wie Rivieraleben aussieht. Der Bruder aber weigerte sich und sagte: „Jetzt bin ich da und das hier interessiert mich nicht".

Das brachte Arno in ein schmerzhaftes Dilemma zwischen Bruderhörigkeit und Therapieanspruch. Wohl sagte ich, er solle sich ruhig an einem kleinen Tisch vor der Kirche mit seinem Bruder unterhalten, doch merkte ich, daß ihm das nicht recht war. Als Arno dann seinen freien Tag hatte, machte ich mit ihm kurzentschlossen einen Ausflug an die französische Grenze. Mit dem Motorrad sind das nur 15 Minuten. Es gab dort einen Strand, der nach den roten Felsen Balzi Rossi heißt. In den Felshöhlen hat der Cro-Magnon-Mensch gehaust. In einem kleinen Museum sind die drei gefundenen, zwei Meter langen Skelette zu besichtigen. Das Wasser der Bucht ist grünlich-hellblau und durchsichtig. So verbrachten wir einen ruhigen Nachmittag, ohne daß ihn der Bruder nervös machen konnte.

(77)

## 17. Therapiewoche

Mein ehemaliger Lehrer, jetzt Kollege und Freund, Josef Karl kam am 29. Juli aus München. Die Busfahrt von Nizza bis nach Bordighera versetzte ihn in die erste Hochstimmung, wie er sagt. Wir hatten diesmal ausgemacht, vier ruhige Tage im Hinterland zu verbringen, um berufliche und menschliche Probleme zu diskutieren. Außerhalb eines kleinen Ortes, 20 km im Hinterland habe ich Quartier gemacht. Im „Palazzo de Maggiore", oberhalb Pignias. In Pignia selbst entspringt eine warme Schwefelquelle. Ein kleines Schwimmbad neben einem kalten Fluß. Kastanienwälder, Berge mit Olivenbäumen. Wir besuchen Orte voll mittelalterlicher Reize: Castell Vittorio, Buggio, wo Arnos Chef herkommt. Hauptsächlich aber baden wir im Schwefelwasser und pflegen unsere Haut, bis sie jenen Goldton bekommt, von dem schon die alten Römer schwärmten.

(78)

Auf dem Vorplatz des „Palazzo de Maggiore" ist es nach Sonnenuntergang einsam wie in Afrika und der Blick auf die gegenüberliegenden Berge erinnert an Bolivien. Man kann sich kaum vorstellen, daß Monte Carlo mit all dem Licht und Trubel so nahe ist. Wir sehen den Sternenhimmel, wirklich das Firmament in seiner ganzen Pracht, wie man es in den beleuchteten Städten nicht mehr sieht. Im Kriege, in der Zeit der Verdunkelung, war dieses geordnete Universum in klaren Nächten immer sichtbar und man sang „Heimat deine Sterne". Fehlt es am Ende der heutigen jungen Generation? Goethes Worte fielen mir ein, wenn er sagt „Wozu dient all der Aufwand von

Sonnen und Planeten und Monden, von Sternen und Milchstraßen, von Kometen und Nebelflecken, von gewordenen und werdenden Welten, wenn sich nicht zuletzt ein glücklicher Mensch unbewusst seines Daseins erfeut."

Ich sagte zu Josef, man müsse Arno hierher bringen und ihm zeigen, daß die Strandpromenade auch nachts zu hell sei. (Ich tat das später, doch zeigte sich, daß er außer dem großen Wagen kein Sternbild kannte. Mit einer Sternenkarte nachts den Himmel erforschen, das hatte man ihn nie gelehrt.) Josef fragte nun, ob ich mir bewusst sei, daß jede psychoanalytische Behandlung mindestens drei bis fünf Jahre dauere. Was peilst du an? fragte er.

Ich sprach von dem Grundrezept und sagte, ich glaube, die Behandlungen von Jugendlichen müssten wie griechische Initiationsriten sein, in denen man die alte Persönlichkeit abstreift und zu einer neuen wiedergeboren wird. Dazu müsse ich Arno von Tag zu Tag aufladen und ihn solange weiterziehen, bis er sich als Mann erkenne und akzeptiere. Ist dann die körperliche Voraussetzung zu einem Rapport da, wird man weitersehen. Weitersehen heißt hier, daß er bis dahin durch Lektüre und Gespräche soweit aufgeklärt und offen ist, daß er einer körperlichen Begegnung nicht ausweicht. Den eigenen und den fremden Leib akzeptieren und lieben, darauf kommt es an. Josef flocht zur Auflockerung unseres Gespräches einen Scherz ein: „Weißt Du, was der Unterschied zwischen einem Narziß und einem Ästhet ist, fragte er. „Der Narziß sagt: Die körperliche Liebe wäre etwas schönes, wenn man dazu nicht einen anderen Körper bräuchte. Der Ästhet sagt: Die körperliche Liebe wäre etwas schönes, wenn man dazu nicht den eigenen Körper bräuchte."

(79)
Arno hat inzwischen auf die Wohnung aufgepaßt und er scheint keine Rückschritte gemacht zu haben. Trotzdem legt sich nach diesen heiteren Tagen seine meist humorlose und negative Weltschau wie ein Schatten auf meinen Alltag. Da er nach wie vor bei jeder Art von Angebot das Nein auf der Zunge hatte, und dieses Nein auch oft gegen seine bessere Einsicht wie das Böse aus ihm herauskam, bat er mich, ihm in solchen Fällen zuzureden und ihn aufzumuntern. So frage ich ihn einige Tage nach der Rückkehr, ob er mit mir eine Pizza essen würde. Antwort: Nein! Ich versuche es nochmals. Wieder: Nein! Von diesem Kleinkampf ermüdet, telefoniere ich mit ihm am nächsten Mittag, als er am Strand ist. Was soll ich denn nun tun? „Rede ich Dir nicht zu, so sagst Du mir später, warum haben Sie mir nicht zugeredet, damit ich meinen Schweinehund überlisten kann. Rede ich zu, wirst Du bockig und abweisend."
Ich bin versucht, es auf den Besuch des Bruders zu schieben und rede darüber mit Josef. Josef antwortet: „Laß dieses Kausalitätsdenken. Damit hat schon Sigmund Freud die Welt genug verwirrt. Keiner trägt mehr Verantwortung für sich selbst, immer ist es die Mutter oder sonst wer! Es gibt Millionen Fälle, wo der jüngere Bruder deswegen noch lange nicht magersüchtig wird. Warum beim einen dies, beim anderen das passiert - wer kann es beantworten? Denke daran, was durch den kranken Menschen bei ihm und seinem Pfleger alles bewegt wird und denke vielleicht an den Satz von *André Gide*, der schreibt: „Ich glaube, daß die Krankheiten Schlüssel sind, die uns

gewisse Tore öffnen können. Es gibt gewisse Tore, die einzig die Krankheit öffnen kann. Es gibt jedenfalls einen Gesundheitszustand, der es uns nicht erlaubt, alles zu verstehen."


(80)
Es ist Ende August und auch Bijuti ist wieder hier. Recherchen ergaben, daß, falls ich Arno wirklich zu einem anderen Therapeuten abtreten will, die Wartezeit in den Heimen mindestens drei Monate beträgt. „Aber das kannst Du doch nicht tun," fügt sie hinzu. „Ich sehe es ja, daß er seit Ostern wesentliche Fortschritte gemacht hat. Willst Du all Deine Mühe in Frage stellen, willst Du, daß das vergeblich war?" „Natürlich will ich das nicht," sagte ich, „aber es schlaucht mich enorm. Ich kann ja kaum mehr einen Scherz machen. Alles bezieht er auf sich und alles nimmt er krumm."
Vor Bijutis Abfahrt lädt Leo Gieser nochmals zu einem Abendessen ein. Er hat eine Griechenlandreise gemacht und dabei einen Film gedreht. Den sollen wir sehen. Jeder Leser wird wissen, wie das mit diesen Amateurfilmen ist und als wir den Film gesehen haben und hören, daß er dafür ständig 20 kg Apparatur mitschleppte, schütteln wir verwundert und mitleidig den Kopf. Wir plaudern noch etwas und Bijuti kommt auf die Tagebücher der Anais Nim, die sie in diesem Jahr für sich entdeckt hat. „Wenn ich denke, ich wäre gestorben und hätte sie nicht gekannt!" sagt sie begeistert. Doch Giesers kennen sie nicht und es zeigt sich wieder einmal, wie wenig sich Menschen zu sagen haben, wenn sie nur klatschen und nicht lesen.

(81)

## 22. Therapiewoche

Die Saison ist vorbei, die Besuche abgereist und so kann ich mich auf den Spaziergängen Arno widmen. Wieder versuchte ich ihm die Augen für die Schönheit der Landschaft und der Vegetation zu öffnen. Hinweise etwa, daß die Aloe nicht zur Familie der Kakteen sondern zur Familie der Lilien gehört, verletzten ihn, statt ihn zu verwundern.

Das zeigt auch eine Eintragung in seinem Tagebuch, zu dem er jetzt wieder Zeit fand. So schreibt er am 7.9.1978: „Verwirrt, da gestern abend ungewohnt gegessen. Das Essen bestand aus einer Gemüsesuppe, die ein Freund bei uns im Hause sehr schmackhaft gekocht hatte. G. macht mich auf die Fauna Italiens aufmerksam. Er sagt: „Überall blüht jetzt die Königin der Nacht. In Frankfurt bleiben die Leute deshalb wach und gehen nachts in den Palmengarten, um dieses Wunder zu sehen. Hier beachtet es keiner. Auch ich habe diese großen, blühenden Kakteen nicht beachtet. Wo soll ich mit dem Lernen nur anfangen? Heute gefroren und geschwitzt, Schwindel gehabt und Kopfschmerzen. Viele Vorwürfe von den Frauen Clelia (Frau des Chefs) und Margherita (Küchenhilfe) bekommen, oft zu unrecht. Und wieder diese ewigen Gedanken ans Zunehmen, die mich nur maßvoll und ohne Freude essen heißen. Nach harter Arbeit unfreundlich am Bahnhof abgefertigt worden, ohne nach einer halben Stunde auch nur eine Information erhalten zu haben. Bei nachfolgendem Überdenken dieser Sachen und dem kommenden Abend verließen mich die Nervenkräfte und ich weinte. Erschöpft im Bett liegend, im Hause G's, finde ich wieder etwas Kraft, indem ich verzeihe."

Der Leser kann hier sehen, wie alles Ungewohnte und Neue Arno erschreckt und irritiert. Jeder Tag musste für ihn vorgeplant und besprochen werden, damit er sich zurechtfand.

(82)
Das Auf-und-Ab von Arnos Stimmungen, die Trotz- und Verweigerungsphasen immer neu aufzuzählen, wurde zu eintönig. Ich suchte Zusammenhänge mit dem Alltagserleben, doch dann erinnerte ich mich an meines Freundes Josef Karls Warnung, die Phasen mit Kausalitätsdenken erklären zu wollen. Wahrscheinlich war es so, daß die negative Grund- stimmung schon da war und nur einen Sündenbock suchte, so wie ein gereizter Mensch jeden Anlaß nimmt, seine Wut herauszulassen. So muß ich am 10. September, es ist ein Sonntag, sechs Monate nach Behandlungsbeginn, im „Stella" immer noch ei- ne Stunde mit Arno reden, damit er nicht wieder das Essen verweigert. Arno macht das zwar geschickt, indem er den Chef und die Angestellten beim Essen (vor dem Servieren) bedient und dann behauptet, er habe während des Bedienens nebenher in der Kü- che gegessen. Doch Renato und auch Signore Stella merken, daß er hier lügt. Signore Stella spricht mich deshalb am Montag darauf an und verweist darauf, daß Arno bei seiner guten Küche kräftiger aussehen müsse. Ich sage: „Denken Sie an die lange Saison, die hinter uns liegt, die Hitze hinter dem Herd, das ungewohnte Berufsleben für Arno, denn bisher ging er ja nur zur Schule. Ich glaube, er braucht mal wieder einen freien Tag." Während der Saison war durchgearbeitet worden. Signore Stella gibt Arno für den nächsten Tag frei. Er informiert mich noch, daß

er wegen Renovierungsarbeiten das Ristorante sowieso ab der nächsten Woche schließt, und Arno dann bis zur Wiedereröffnung vor Weihnachten frei ist. Auch will er zum Saisonschluß für alle Mitarbeiter in seinem Heimatort Buggio ein großes Essen geben. Er würde Arno mitnehmen und dieser könne dort mit seinem Sohn übernachten und am nächsten Tag zurückfahren.

(83)

### 23. Behandlungswoche

Mein Freund Michele aus Novara, dessen Geburtstag wir feiern, ist noch zu Besuch. Er fährt uns an diesem freien Tag von Arno nach Mentone. Wieder will ich Arno über das Erlebnis der Landschaft ablenken. Kurz vor der Grenze nach Frankreich, auf der oberen Spitze der alten Straße, lasse ich halten, deute auf das Cap Mortola und Mentone, und lasse ihn im Führer lesen, daß hier die „schönsten Gärten der Welt" sind. In Mentone gehen wir dann um das Cap Martin, bis Monte Carlo vor uns auftaucht. Während dieser Zeit plaudere ich von der Einladung seines Chefs zum Abschlussessen. Arno will nicht hin. Er will nicht einsehen, daß dieses fröhliche Zusammensein der Mitarbeiter nötig und wichtig ist. Immer noch verabscheut er die „Fresserei". Aber während des Nachmittags gelingt es mir, ihn umzustimmen.

(84)

Die Schließung des Lokals warf eine neue Frage auf, die Leo Gieser am Tage nach dem Ausflug mit mir diskutierte. „Was geschieht denn mit Arno, wenn das Ristorante zu ist und Du nach Deutschland fährst?"

Jeden Herbst reiste ich in meine Heimatstadt, um Familienkontakte zu pflegen, aber auch um Ausstellungen oder Theater zu besuchen. Es wird uns sehr schnell klar, daß Arno nach wie vor eine Stütze braucht und wir ihn nicht zu seiner Familie schicken können. Leo Gieser hat seine Ferien in Griechenland gehabt und muß nun arbeiten. Also sagt er: „Es bleibt nur der Ausweg, daß Du ihn mitnimmst. Maura kann ich Arno nicht mehr zumuten."

Auch mir ist klar, daß man Arno mit seinen unberechenbaren Reaktionen niemandem zumuten kann. So erkläre ich mich bereit, ihn auf meine Reise mitzunehmen.

## Ferienreise Schweiz-Deutschland im Herbst 1978

„Einblicke in das Innere der Seele vermittelt kein fachbezogenes Studium, auch nicht das der Medizin oder der Psychologie, sondern nur ein „Studium Universale", das Geisteswissenschaften, Literatur, Kunst, Philosophie sowie die Kenntnis der Sprache und Mentalität anderer Völker voraussetzt, wie bereits Freud ausdrücklich betont hat."

*(Markthaler)*

(85)

### 24. Behandlungswoche

Am 20. September fahre ich mit Arno los. Erster Halt ist Novara. Polgar sagt: „Jede Reise ist um eine Stunde zu lang" und so fahre ich seit Jahren immer etwas kürzer, als man könnte. In Novara wohnt der Freund, der uns gerade besuchte und er soll uns helfen, diesen Ort kennenzulernen. Jetzt habe ich für

Arno Zeit und so bespreche ich mit ihm während der Zugfahrt nochmals den Sommer und komme dann auf ein Gesundheitsproblem, das ich bisher aufschob, da es zuviel auf einmal gewesen wäre.

Es ist Arnos Rauchen. Ich habe schon erwähnt, wie sehr er von seinen Zigaretten abhängig war und mir war klar, daß er damit auch seine Hungeranfälle überwinden konnte. Ich kannte das Problem der letzten und geteilten Zigarette zur Genüge aus dem Krieg und auch die Pseudointimität, die gemeinsames Rauchen schafft. Ich dachte auch daran, daß man an Gewicht zunimmt, wenn man das Rauchen aufgibt.

In Abschnitt 41 steht, wie Arno glaubt, daß er alles tut um gesund zu sein. Diesen Punkt zog ich nun heran, um Arno zu erklären, warum ich sein Rauchen nicht akzeptieren könne. Ich sagte also: „Du hast zwar in der Klinik das Rauchen gelernt, aber das heißt nicht, daß Rauchen gesund ist und sie haben Dich dort ja auch nicht geheilt oder gebessert. Ich selbst käme mir unredlich vor, wenn ich Dich auf der einen Seite versuchte zu kurieren, und gleichzeitig auf der anderen Seite zulasse, daß du dir deine Lunge zerstörst, oder dir wie dein Großvater ein Raucherbein holst, das man amputiert (das hatte er mir erzählt). Ich bitte dich also, in meiner Gegenwart das Rauchen zu unterlassen."

Wie der Leser schon gemerkt hat, waren all diese Abmachungen mit Arno, sei es der Vertrag mit der Tante, sei es die von mir unterzeichnete Garantie, in den Wind geschrieben. Arno hatte deswegen kein schlechtes Gewissen, während man bei Versprechen, die man ihm gab, mit endlosen Vorwürfen rechnen mußte, falls man sie, aus welchem Grund auch immer, nicht einhielt oder einhalten konnte. Arno versprach es also, doch schon beim Abendessen mit meinem Freund, als sich dieser im Lokal eine Zigarette anzündete, ließ sich auch Arno Feuer geben. Selbstverständlich erinnerte ich ihn an unsere Abmachung und natürlich nimmt mein Freund sofort für Arno Partei. Das sei doch seine Sache und im Ristorante würde sowieso geraucht. Ich antworte, ich wüßte sehr wohl, was ich tue und könne nicht dulden, daß er sich in mein Erziehungsprogramm einmische. So geht es eine Zeit lang hin und her, bis der Freund zugibt, daß er deshalb sofort so heftig war, weil er sich, als Raucher, indirekt selbst angegriffen gefühlt habe.

„Über die Philosophie
gelangt man zum Verständnis
des Geschehens in der Heilkunst."
*(Ferdinand Nunecke)*

(86)
Nachdem wir zwei Tage durch die Arkaden und über die Wälle von Novara gebummelt sind, besteigen wir den Zug nach Kandersteg in der Schweiz.
Die Gebirgsluft nach einem Sommer am Meer ist belebend, der Wechsel wird auch Arno gut tun. Diesmal will ich die Zeit im Zug mit Lektüre verbringen und habe mir deswegen schon vorher Gedanken gemacht. Arnos Pseudologik wollte ich durch die klassische Logik von Frage und Antwort korrigieren, zugleich auch etwas vortragen, welches das Thema der Liebe zum Inhalt hatte, ohne ihn mit Pornografie zu erschrecken; zudem sollte der Grundton heiter

sein, denn die Humorlosigkeit begünstigte sein Beleidigtsein, da er beim Wechsel von Ernst und Scherz nie unterscheiden konnte, was spaßig gemeint war.

Was hätten Sie, lieber Leser, gewählt? Ich entschied mich für *Platons Gastmahl* und ließ ihn im Zug daraus vorlesen, jeden Satz kommentierend. Besonders der Anfang ist von großer Heiterkeit. Ich setzte es Arno um, indem ich sagte: wenn Du nun aus Bordighera wärest, so würde dich Sokrates anrufen: Du Bordighotti! Ich zeigte an dem Satz: „Zum guten Mahle kommen die Guten von selbst!" Weshalb das Leben im Sommer so amüsant war: Weil jeder jederzeit jemanden mitbringen konnte. Arno war von Deutschland diese Großzügigkeit unbekannt. Endlich griff ich die herrliche Stelle heraus, wo ein Mittel gegen Schluckauf gesucht wird. So versuchte ich, das Gelage des Gastmahls zeitnah und bildhaft zu machen, bevor der erste Dialog begann.

Ich weiß nicht, ob Arno Platon kannte, setzte es als selbstverständlich voraus, habe aber inzwischen erkannt, daß man das heute nicht mal mehr bei Studenten der Philosophie erwarten darf. Um Arno nicht allzu sehr zu ermüden, nahm ich nur einige Seiten durch und zeigte dann noch auf einen Satz aus dem „*Charmides*", um ihn fühlen zu lassen, auf was es mir ankam. So ließ ich ihn folgenden Satz mehrmals wiederholen:

„(...) so wie man nicht unternehmen dürfe,
die Augen zu heilen ohne den Kopf,
noch den Kopf ohne den ganzen Leib,
so auch nicht den Leib ohne die Seele (...)"

(87)

In Kandersteig suche ich einen Gasthof, der Vollpension anbietet. Ich will damit das Problem des Einkehrens umgehen. Arno ist einverstanden, macht dann aber doch wieder Probleme, die mich unmutig machen. Wieder bin ich versucht, es als Trotzreaktion auf mein Rauchverbot zu sehen. Dabei habe ich es nur für meine Gegenwart verlangt. Aber er ist ja meist mit mir zusammen. So laufen wir an den Oeschinensee, dann zum Blausee und machen kürzere Spaziergänge vor und nach den Mahlzeiten.

(88)

25. Behandlungswoche

Am 25. September fahren wir mit der Seilbahn auf den Stock und wandern den Gemmi-Pass bis zum Schwarenbach-Hotel. Ein blauer Himmel, Berghänge weiß von Schnee. Ich denke daran, was Wilhelm Reich über die Aufklärung der Heranwachsenden schreibt: „Jedermann weiß, wo das Problem liegt, doch einer der es ernsthaft besprechen oder gar in die Praxis umsetzen würde, würde mit Entsetzen betrachtet. Gegenüber der Sexualität Jugendlicher verharrt die Gesellschaft in einer irrationalen Haltung."
Dann denke ich an Arnos Entsetzen in Cannes und weiß natürlich, wie mimosenhaft Jugendliche diesem Thema gegenüber sein können, wenn sie eine bigotte Erziehung genossen haben. Trotz der Aufklärungswelle erlebte ich da in der Praxis - und im Kollegengespräch - immer noch Überraschungen. Endlich aber frage ich ihn doch nach sexuellen Erlebnissen seiner Kindheit. Arno kann darauf nichts sagen. In seiner Jugendzeit gab es keine Sexualität.

In der Zeit, in der Halbwüchsige früher Doktorspiele machten und erste erotische Berührungsspiele, wie es bei Blindekuh oder Verstecken vorkommt, saß diese Jugend (so erscheint es mir) vor dem Fernseher. Nie, auch mit den Brüdern nicht, wurde dieses Thema berührt. Er erinnert sich nur, ein einziges Mal morgens einen feuchten Fleck im Schlafanzug bemerkt zu haben, aber keinerlei Traum.

Ich sage: „Aber schon damals waren doch die Zeitschriften voller Artikel der Aufklärungswelle!" „Aber wir hielten keine Zeitschriften!"

(89)
Später, als ich H. Bruch las, wurde mir klar, daß ihre gutbürgerlichen Familien (aus der sich ihre Magersüchtigen rekrutieren) keine Familien mit kulturellen Interessen sein können, sondern lediglich mit einer bestimmten moralischen Haltung oder Ansicht, die meint: Verdrängte Sexualität sei gleich Anständigkeit, also Gutbürgerlichkeit.

(90)
Das Schöne an vielen Hotels ist, daß man in jedem Zimmer ein Neues Testament findet. So konnte ich Arno die Bergpredigt lesen lassen und auch die Definition der Liebe im Korintherbrief. Ich sagte dann: „Wenn Du die Liebe bei Ehepaaren oder auch anderen Beziehungen an dieser Definition mißt, wirst Du feststellen, daß diese Paare sich gar nicht lieben, sondern jeder nur sich selbst. Allenfalls jeder geliebt werden will, was aber nicht heißt, daß er selbst zum Lieben bereit ist nach dem bekannten Wort: Liebe deinen Nächsten wie dich selbst."

Auf den Spaziergängen wiederholte ich ihm dann einige Zeilen und sagte: „Die Liebe ist langmütig und freundlich, die Liebe eifert nicht, die Liebe treibt nicht Mutwillen, sie bläht sich nicht, sie läßt sich nicht erbitten, sie rechnet das Böse nicht an."

Auch bei solchen Predigten hoffte ich, daß er die Worte für sich selbst umsetzen würde und seine immer wieder auftauchende Trotzhaltung aufgäbe.

Beim Lesen der Bergpredigt sagte ich, ich wolle damit nicht missionieren, sondern sähe darin, genau wie zur Zeit Platons, die Lehre eines Weisheitslehrers, also eines Philosophen, der uns zeigt, wie wir in dieser Welt der Aggression überleben können.

Es wäre etwa wie bei *Laotse* (den Arno nicht kannnte), den Berthold Brecht sagen läßt: „Daß das weiche Wasser mit der Zeit den mächtigen Stein besiegt. Du verstehst, das Harte unterliegt."

Arno wußte auf solche Reden nichts zu sagen. Wenn ich nicht sprach, sagte er auch nichts und es kam vor, daß ich bewußt schwieg, um ihm Zeit zu geben, Fragen anzubringen, denn meist kamen die geforderten Antworten sehr langsam. Einige Reflexionen kamen aber nicht. Was da nun wirklich ankam, blieb unklar, doch rechnete ich mit einem Langzeiteffekt und auch mit dem Unterbewußtsein. Um ihn nach solchen Pausen zu beschäftigen, ließ ich ihn das *Matthias Claudius*-Gedicht „Heute will ich fröhlich sein" aufschreiben, lernen und hörte es bisweilen ab. Das Claudius-Gedicht:

„Heute will ich fröhlich, fröhlich sein,
Keine Weis und keine Sitte hören;
Will mich wälzen und vor Freude schrein,
Und der König soll mir das nicht wehren;

Denn er kommt mit seiner Freuden Schar
Heute aus der Morgenröte Hallen,
Einen Blumenkranz und Brust und Haar
Und auf seiner Schulter Nachtigallen;

Und sein Antlitz ist ihm rot und weiß,
Und er träuft von Tau und Duft und Segen-
Ha! Mein Thyrsus sei ein Knospenreis,
Und so tauml ich meinem Freund entgegen. "

(91)
Basel war unsere nächste Station. Wir konnten dort
bei Freunden wohnen. Im Basler Kunstmuseum sollte Arno einen ersten Eindruck der bildenden Kunst
bekommen. Ich wollte ihm Bilder zeigen, welche die
bekannten biblischen Szenen darstellen, wie z. B.
„Joseph und Potiphar" oder „Susanne im Bade".
Man muß Geschichte kennen, um Kunst zu verstehen, erklärte ich. Im Gang schauten wir Kupferstiche
an. Bei dem Dürer-Stich „Ritter, Tod und Teufel" erkennt er, wie man sich nicht von einem einmal als
richtig erkannten Weg abbringen läßt.
In ein Schulheft, in das er seine Eindrücke eintragen
soll und wozu ich ihn zu dieser Zeit immer noch anhalte schreibt er nach Erwähnung des Dürer-Bildes:
„Auch bemerkte ich auf den Bildern, daß viele Leute
körperlich sehr beleibt waren und oft einen Bauch,
wie meinen von mir vorgestellten Bauch, hatten. "


(92)
Endlich fahren wir über Frankfurt in meine kleine
fränkische Heimatstadt.
Ich erledige dort meine Sachen und lasse Arno in
dieser Zeit kochen und lesen. Zwei Bücher lege ich
vor ihm hin: *Wassermann*: Der Fall Maurizius" und
*Peyrefitte*: „Heimliche Freundschaften". Beides sind
Romane, die sich mit den Problemen von Pubertierenden auseinandersetzen.

Arno notiert in dieser Zeit: „(...) abends schlechte Spaghetti gekocht, da ich mageren Schinken statt fetten Bauchspeck zum Kochen verwendet habe."

Und nach der Lektüre von *Wassermann* macht er ein Gedicht und schreibt es in sein Heft:

An meinen Vater
„Wie sagt weis' ein Dichter:
„bös' und traurige Gesichter
machen nur das Leben schwer"
Doch das möcht' ich nun nicht mehr.

Auf Harmonie und Freude bauend,
entwickelt sich der wahre Mann.
So lebe fest vertrauend,
daß auch ich es kann."

Meines Wissens hat er diese Verse nie an seinen Vater geschickt. Sie waren Ausdruck der Auseinandersetzung mit sich selbst und den neuen Eindrükken. Die Verse zeigten aber vor allem, daß der positive Gedanke von ihm langsam Besitz ergriff.

Natürlich tat ich alles, um das weiter zu begünstigen. Eine Mahlzeit nahmen wir im Gasthaus ein und dort bestellte ich täglich Tartar. Ich ließ ihn rohe Leber zum Essen reiben und sagte, daß er jetzt die Muße hätte, vieles von dem zu lesen, was ihm im Sommer wegen der Arbeit nicht möglich war. Dazu gehöre aber, daß er satt sei, sonst könne er sich nicht konzentrieren. Da abends zufällig im Kino der damals viel besprochene Film „Im Reich der Sinne" lief, besuchte ich ihn mit Arno, ging jedoch vor dem Ende weg, da ich gelesen hatte, daß der Film mit einer Kastration endete. Arno hatte ja mit solch einem Patienten auf der Station gelegen, und ich wollte nicht ein neues Trauma riskieren.

(93)
Arno fand den japanischen Film langweilig. Das wunderte mich nicht. Jeder, der Heranwachsende bei der Lektüre beobachtet, wird bemerken, daß ein Mensch nur das aus einem Buch herauslesen kann, was er ohnehin schon weiß. Aus diesem Grunde hat mich auch das Pornographieverbot (so lange es bestand) immer erstaunt. Ganz gleich wie etwa eine Penetration geschildert wird; ein Mensch, der sie nicht erlebt hat, wird sie sich auch nicht vorstellen können, besser: sie wird ihn nie berühen. Und ich habe auch nie jemanden kennengelernt, der gesagt hatte, ich bin durch die Lektüre der Bibel oder Platons zu meinen Neigungen gekommen. Er sah sich in seinen Gefühlen höchstens bestätigt oder gerechtfertigt. Und das ist dann ja auch ganz gut, weil es diesem Menschen zu mehr Selbstvertrauen verhelfen kann.

26. Therapiewoche
Arno notiert in seinem Schreibheft: „Niedergeschlagenheit überkommt mich, da ich den Sinn dieses Lebensstiles nicht verstehe!"
Die langersehnte arbeitsfreie Zeit, in der er sich bilden wollte, wurde nun also doch anders erlebt, als er sie sich vorgestellt hatte. Als ich mit ihm den Film „Moritz lieber Moritz" von Hark Bohm besuche, notiert er: „Vielleicht kann ich auch soviel Kraft aufwenden, um endlich mit meinen Lebensproblemen fertig zu werden und auf eigenen Füßen zu stehen."

Der Spessart, der im Oktober mit seinen Laubbäumen goldene Berge hervorzaubert, war Ziel von Ausflügen, die ich zwischen meinen Besorgungen einflocht, um Arno nicht zu lange über seinen Büchern zu lassen, denn mir war klar, daß er noch nicht genug Konzentrationsfähigkeit besaß. Als ich an einem solchen Nachmittag bei Freunden einkehre und wir zum Abendessen eingeladen werden, schreibt Arno: „Ich aß viel mehr als G. und bekämpfte meine Flüche." Wie ich schon schrieb, richtete sich Arno nach meiner Essensmenge, aß aber normalerweise immer etwas weniger. Der Anorektiker ist nicht fähig, ohne Vorbild eine Mahlzeit einzunehmen.

Um Arno immer wieder an die Lebensfreude heranzuführen, ließ ich ihn noch ein anderes *Matthias-Claudius*-Gedicht in sein Heft schreiben:

Täglich zu singen

„Ich danke Gott und freue mich
wies Kind zur Weihnachtsgabe,
daß ich bin, bin und daß ich dich,
schön menschlich Antlitz habe;

daß ich die Sonne, Berg und Meer
und Laub und Gras kann sehen
und abends unterm Sternenheer
und lieben Monde gehen;

und daß mir denn zu Mute ist
als wenn wir Kinder kamen
und sahen was der heilge Christ
bescheeret hatte, Amen!

Ich danke Gott mit Saitenspiel
daß ich kein König worden;
ich wär geschmeichelt worden viel
und wär vielleicht verdorben.

Auch bet ich ihn von Herzen an,
daß ich auf dieser Erde
nicht bin ein großer reicher Mann
und auch wohl keiner werde.

Denn Ehr und Reichtum trübt und bläht,
hat mancherlei Gefahren,
und vielen hats das Herz verdreht,
die weiland wacker waren.

Und all das Geld und all das Gut
gewährt zwar viele Sachen;
Gesundheit, Schlaf und guten Mut
kanns aber doch nicht machen.

Und die sind doch, bei Ja und Nein,
ein rechter Lohn und Segen!
Drum will ich mich nicht groß kastein
des vielen Geldes wegen.

Gott gebe mir nur jeden Tag,
so viel ich darf zum Leben.
Er gibt's dem Sperling auf dem Dach,
wie sollt ers mich nicht geben!"

(94)
Arnos Vater hatte telefoniert und fragte an, ob er
nach diesem halben Jahr Behandlung seinen Sohn
sehen könne. Da ich Frankfurt Buchmesse war, die
ich besuchen wollte, um mir einen Überblick über die
Neuerscheinungen zu verschaffen, was in Italien für
mich etwas schwierig war, schlug ich vor, uns in
Frankfurt zu treffen. Ich hatte dort eine Patientin, die
ich seit 20 Jahren betreute, wenn sie nach
Bordighera kam. Bei ihr konnten wir wohnen und
dort wäre ein zwangloses Treffen möglich. Allerdings

war es nach den Erfahrungen, die ich im Sommer mit Arnos Bruder gemacht hatte, für mich eine Frage der Vernunft, ob die sentimentale Regung, die hinter diesem Wunsch stand, berücksichtigt werden dürfe. Ich ließ das also noch offen.

(95)
Es war ein Sonntag vormittag (am Abend vorher war ich mir Arno in Frankfurt im Theater) als Arnos Vater anrief und sagt, daß er soeben mit dem Auto eingetroffen sei. Zufällig telefonierte er von einem Platz, der in der Nähe unseres Quartiers ist. Ich bat ihn, dort in einem Cafe, das meine Patientin kannte, zu warten, bis ich komme. Begegnungen dieser Art sind – auch in der Erinnerung – schwer einzuordnen. Ich hatte eine Menge von diesem Vater gehört, konnte mir aber trotzdem nur schwer ein Bild dieser Existenz machen, da keiner meiner eigenen Wertansprüche an ein Leben dort gesucht wurde.
Nach den Begrüßungsritualen kam die Klage eines Menschen, dem sich alles verschwört. Der erste Sohn: In der Jugend eine schwierige Operation. Der Jüngste: Ein Verkehrsunfall, der viele Sorgen brachte. Der Mittlere mit dieser Magersucht und die Frau gestorben. „Ich bin zu unserem Priester gegangen und wollte wissen, warum gerade mich das trifft, doch hatte er keine Antwort." „Hat er Sie nicht auf die Geschichte von Hiob in der Bibel verwiesen?" „Ich kenne die Bibel nicht, was ist damit?" „Hiob haderte mit Gott bis er einsieht, daß alles einen Sinn hat."
Bis hierher wäre das Gespräch akzeptabel gewesen. Doch dann kam die Frage: „Ist mein Sohn homosexuell?" „Sie meinen, weil die Magersucht als Mädchenkrankheit gilt?" Viele Antworten wären hier möglich gewesen, doch was sollte das bei einem Fall, wo

es zunächst nur darum ging, diesen Menschen am Leben zu erhalten.

Ich sagte, ich hielte es für besser, wenn wir die Begegnung mit dem Sohn später ansetzen würden, einen möglichen Rückfall könne ich nicht riskieren. Sobald ich es für vertretbar hielte, könne er seinen Sohn in Bordighera besuchen.

## Wintersaison mit Gräfin L. und Arno

„(...) Hast Du nicht selbst schon die Erfahrung gemacht, daß man sich den Genuß der Ruhe durch Müdigkeit, einen guten Appetit durch Hunger, die Freude zu trinken durch Durst erkaufen muß?
Ach! Und das Glück, zu lieben und geliebt zu werden, erlangt man es nicht erst durch vielerlei Hingebung und Opfer? (...)"

*aus Bernardin de Saint-Pierre: Paul und Virginie*

(96)

30. Behandlungswoche
Wir waren nach Bordighera zurückgekehrt. Arno war vorher eine Woche allein in Frankfurt geblieben und hatte Museen und Theater besucht. Doch zeigten die Eintragungen in sein Heft nur Uhrzeit und Ort solcher Pflichtübungen. Er wollte zwar lernen, hatte sich das aber nicht so mühsam vorgestellt. Doch war es ein Anfang und er fragte wieso er bisher nie einem Erwachsenen begegnet sei, der ihm diese Dinge erklärt habe.

In Bordighera erwartete ihn eine neue Situation, auf die ich ihn im Zug vorbereitete. Ein Arzt mit einer Praxis in Monte Carlo und entsprechender Klientel schickte mir ab und zu Patienten. In diesem Frühling hatte er mir eine Dame geschickt, eine Gräfin, ehemals mit einem schwedischen Botschafter verheiratet, die den Winter bei mir wohnen wollte. Die Dame sollte in dieser Zeit auf eine entsprechende Diät gesetzt werden. Da ich bei Bircher-Benner in Zürich gearbeitet hatte, und zwar auch mal freiwillig in der Küche, bat mich der Arzt, darauf zu achten, daß die Diät eingehalten würde. Italien ist in Bezug auf Ernährungslehre noch ein Entwicklungsland.

Arno hatte noch bis Weihnachten Ferien und so konnte ich mit ihm die Vorbereitungen für die Ankunft der Gräfin treffen. Das war gut, denn es war eine wirkliche Aufgabe. Zwar gab es auch hier die – für mich nun schon bekannten – Probleme, indem er eine Putzarbeit unwillig machte, weil er ja lesen wollte, und wenn er dann las, klagte er über Konzentrationsschwäche. Doch machte ich ihm Mut und ermahnte immer wieder zur Geduld.

(97)
Das Erscheinen unseres neuen Hausgastes war für meine Situation mit Arno ein großes Glück.

Die Gräfin unterwarf sich selbst, und damit auch uns, einem streng geregelten Tagesablauf. Es begann beim Frühstück, das pünktlich auf die Minute um acht Uhr eingenommen wurde. Es war klar, daß wir das gemeinsam einnahmen, und so mußte sich auch Arno diesem „Zwang" unterwerfen.

Durch das Hungern werden beim Anorektiker die Zähne und die Knochen geschädigt. Bei Arno zeigten sich diese Zahnschäden bereits deutlich, was ihm auch ein Zahnarzt, den wir in Deutschland aufgesucht hatten, bestätigte. Das Hauptaufbaumittel für Zähne und Knochen ist in Milch und Hirse. Daß die Hirse als Grundnahrungsmittel in Europa verdrängt wurde, beklagt auch der „Gesundheitsbrockhaus". Man sollte einmal untersuchen, wie oft die bei Frauen so häufige Osteoporose in Europa, im Vergleich zu Frauen afrikanischer Länder, die noch von Hirse leben, häufiger vorkommt. Beim Zahnverfall im Vergleich zu diesen Ländern ist es ja offensichtlich.

Diese Hirse wollte ich Arno nun beim Frühstück vorsetzen. Nun ist Hirse für sich gekocht allerdings eine zeitraubende Sache (ähnlich wie Reis), und wir sind auch vom Geschmack her nicht immer bereit, Hirse täglich zu essen. Von Frau Lehnert in Sobernheim, die sich anläßlich der Skoliose-Therapie auch mit diesem Problem beschäftigt hatte, wußte ich, daß sie roh gemahlene Hirse in die Suppen und Soßen gab, und so täglich Hirse verabreichte, ohne daß der Patient es merkte. Das Frühstück für Arno, das war mir klar, mußte aus einem Haferflockenbrei bestehen. In diese Haferflocken gab ich zwei Eßlöffel Hirse, die ich vorher in einer Kaffeemühle fein gemahlen hatte. Da mir Arno nach wie vor geschmacksgeschädigt schien (ich erinnere an die Vanillepulver), mahlte ich zusammen mit der Hirse einige getrocknete Peperoncini, jenes kleine, rote scharfe Gewürz, das man vor allem in Süditalien in die Spaghetti-Saucen gibt. Diese Peperoncini sind voller Vitamine und sollen darüber hinaus die Körperwärme steigern, eine Art Aphrodisiakum. Da das ganze kräftig-scharf schmeckte, gab ich noch etwas flüssige süße Sahne darauf, was den Geschmack milderte.

Ich zeigte Arno die Zubereitung und sagte, er solle früh diesen Brei kochen, den ich mit ihm einnehmen würde, in der gleichen Zeit richtete ich den Tisch und setzte den Espressokaffee für die Gräfin auf.

(98)
Das lief aber nicht immer wie geplant, denn oft trödelte Arno herum, so daß ich endlich den Brei selber kochte. Sicherlich waren diese Verzögerungen beabsichtigt, denn er hoffte so, der Gesellschaft der Gräfin zu entgehen. Ich füge hinzu, daß die Gräfin auch auf einwandfreie Tischsitten achtete, was auch nicht Arnos Stärke war. Füllte er dann auf meine Bitte die Teller, bekam ich stets den volleren. Das störte mich aber nicht.
Eine Woche lang nahm sich Arno wegen des neuen Gastes zusammen, dann ist das sogenannte Böse plötzlich wieder da (ich gebrauche hier bewußt diesen irrationalen Begriff). Arno flucht, ist negativ, findet alles „zum Kotzen", benimmt sich ungezogen und wirkt überreizt. Vielleicht eine unbewußte Provokation wegen der Gräfin, mit der ich momentan mehr spreche, als mit ihm, wenigstens am Frühstückstisch. Ich frage mich, ob und warum ich das ertragen muß und gebe mir selbst die Gegenfrage: „Aber wer soll ihm denn helfen?"

(99)
Arnos Tagesablauf war ideal und beneidenswert.
Er konnte nach dem Frühstück ans Meer und lesen. Wir ließen ihn Salate anmachen oder Gerichte kochen, die er gelernt hatte oder lernen wollte. Ich besprach die Lektüre mit ihm und erklärte, ohne nach der Zeit zu fragen. So gab ich ihm *Wildes „Dorian Gray"*, aus dem er den Humor des Para-

doxen kennenlernen sollte. Er las von *Fritz Zorn* den „*Mars*" und ich machte ihn darauf aufmerksam, daß Zorn bei all seinen Versuchen, mit seiner Krankheit fertigzuwerden, es nie geschafft hat, sich einen Sexualpartner zu suchen. Nach Zorns eigener Interpretation seiner Krankheit wäre gerade das der Punkt zur Selbsterkenntnis gewesen. Auch las er *Skinner:* „*Forum II*", um Ideologie und Realität unterscheiden zu lernen. Dann den „*Peter Camenzid*" von *Hesse*. Die Sehnsucht nach einer unbestimmbaren Freiheit sollte ihn nachdenklich machen. Immer wieder aber mußte er in *Murpheys „Die Kraft ihres Unterbewußtseins*" schauen, ein Buch, das bei Ehrhard Freitag die Voraussetzung zur Hypnosetherapie ist. Es geht dabei um positives Denken, denn noch ist die ständige Verneinung und Verweigerung bei ihm dominierend. Wenn wir diese Themen bei den abendlichen Spaziergängen durchsprachen, kam er immer wieder auf das Thema Essen und seine Figur. Sein Vater hatte dünne Beine und einen Bauch, er hatte Angst, auch so zu werden. Ich versicherte ihm, daß wir seine Beine entwickeln werden und mit dem Wachstum von Brust und Brustmuskel der Bauch immer weiter zurücktreten würde.

Ich hatte diese Dinge nun schon unzählige Male vorgebracht, wiederholt, beschworen. Arno wollte sie immer wieder hören, um sich zu beruhigen, damit er essen konnte.

(100)
Die Gräfin beobachtete inzwischen die Schwierigkeiten, die ich mit Arno hatte und ohne Kommentar begann sie, helfend einzugreifen, da sie bemerkte, daß er sich bei ihr mehr zusammennahm, als bei mir.

Sie begleitete uns nun öfter auf den abendlichen Spaziergängen und schlug vor, nach Nizza und auch Monte Carlo in die Oper zu fahren. Wenn sie nach Monaco fuhr, um innerhalb Frankreichs verschiedene Telefongespräche zu führen, nahm sie Arno mit, zeigte ihm Gärten und Villen und die Schönheit der Landschaft. Schon nach kurzer Zeit sah es so aus, daß nicht wir uns auf den Hausgast Gräfin einstellten, sondern daß sich die Gräfin mit mir anpaßte, das heißt an die Besonderheiten Arnos. Sie sah die Freudlosigkeit seines Wesens und meinte, das sei nicht nur Trotz, sondern diese Jugend habe ein zu leichtes Leben und alles sei zu selbstverständlich für sie. Weil das Brot im Hause niemals knapp war, sie niemals hungern und fechten mußten, würden sie ohne Gewissensbisse das Essen, das ja einen Wert darstellt, wieder herauswürgen. Auch sie hörte mit Mißfallen Arnos allmorgendliche negativen Äußerungen und empfand es als Zwang, sie ihm widerlegen und auszureden.

(101)
So begann sie zunächst über Dinge zu plaudern, die Arno zum Zuhörer machten und auch inhaltlich seine negativen Kommentare nicht zuließen. Sie plauderte etwa, daß in der „Zeit" stand, man würde das Wort Nationalsozialismus jetzt durch Faschismus ersetzen, weil den Sozialisten das Wort Sozialismus dort nicht paßt. Sie sprach über den Herzinfarkt und daß Ruhe, viel Liegen und richtiges Essen immer noch das Wichtigste sei; alle anderen Faktoren, die man aufzählt, nicht dieses Gewicht hätten. Auch erzählte sie von russischen Freunden, Emigranten die in San Remo wohnten und deren Mißtrauen und Lügen. Diese Lügen waren eigentlich Wunschlügen

sagte sie. In einem der vielen Anorektiker-Bücher der achtziger Jahre steht: „Die Betroffenen hungern nach Inhalten, Aufgaben und Anerkennung. Sie suchen Liebe, Gefühle und einen tieferen Sinn in ihrem Leben. Sie wollen beachtet und gelobt werden."
Das alles hatte Arno zur Genüge und ich werde gleich noch zwei Beispiele bringen, wie sehr er beachtet wurde. Aber die Genesung kam trotzdem nicht. Solche Aussagen sind Lügen und wahrscheinlich die gleichen Wunschlügen, wie die jener russischen Emigranten.

(102)


36. Behandlungswoche
Nach einem Monat hatte sich das gemeinsame Frühstück eingespielt, als Arno wieder im Ristorante zu arbeiten begann. Ich sah keine Alternative für die Morgenhirse im Ristorante und ließ ihn weiterhin morgens mit uns frühstücken. Doch schon nach zwei Tagen, am Freitag den 15. Dezember, sagte er, als er am Nachmittag nach Hause kam, daß er nicht mehr mit uns frühstücken wollte, weil er dann fünfzehn Minuten Zeit am Morgen sparen würde. Als ich das nicht akzeptierte und erklärte, die Hirse sei wegen seiner Zähe wichtig, war er ungehalten, schlecht gelaunt und berichtet abends wieder von seinen Eßhemmungen. So machte ich mit ihm wieder Hypnosesitzungen und nahm mir abends, wenn er spät von der Küche kam, die Zeit, zwei Stunden lang seine Probleme anzuhören, damit er sie loswürde. Immer wieder dachte ich, da muß doch mal ein Abnützungseffekt eintreten.

(103)

Wie Arno wirkte und gesehen wurde, mögen hier
zwei Begegnungen dieser Zeit zeigen, die auch be-
kunden, wie sehr er beachtet wurde. Nur – und damit
war ich wieder bei dem Problem der heutigen Grund-
bildung – hätte er die Bewunderung nicht verstanden, wenn man sie ihm nicht erklärt hätte, und das
ist natürlich nicht dasselbe.

Man kennt diese Geschichte aus J. P. Jacobsens
„Niels Lyhne". Eine Dame kommt aus der gebildeten
Kopenhagener Gesellschaft wegen gesundheitlicher
Gründe auf das Land. Sie plaudert voller Anspielun-
gen, geistreich, witzig, aber niemand versteht es.
Rainer Maria Rilke empfiehlt dieses Buch Franz
Xaver Kappus in „Briefe an einen jungen Dichter".

Eine meiner Ferienfreundinnen, eine Komtessa Edith
mit Kirchenadel (sie tritt hier später noch auf und ihr
Verhalten wird dann erst wegen dieses Titels pikant)
besuchte mich, als Arno eintrat. „Aber wie kommst
Du zu Tadzio" rief sie. Arno hatte natürlich werder
den „Tod in Venedig" gelesen, noch den Visconti-
Film gesehen. Eine andere Dame, eine langjährige
Patientin, die sich am Ende des Krieges hierher ge-
flüchtet hatte und auch ein „von" im Namen führte,
fragte mich um diese Zeit, wo sie trotz Feiertagsrum-
mel gut essen könne, da sie Freunde ausführen
müsse. Ich empfahl ihr das „Stella", mit dem Hinweis, sie müsse Arno aus der Küche rufen lassen,
damit dieser wisse, wem er die besseren Stücke geben müsse, ich würde ihn vorher verständigen. Sie
tat das und als Arno aus der Küche kam, sagte sie
laut: „aber das ist doch kein Kochlehrling, das ist
doch ein Botticelli-Engel!" Später sollte Arno in Florenz diese Engel sehen. Die Baronin jedoch fand ihn

ihrer Zuneigung würdig und brachte ihm sehr viel Herzlichkeit entgegen, ja setzte ihn als Erben ihrer großen Bibliothek ein.

(104)
*Murphey* benennt das Unterbewusstsein und dessen Kraft auch mit „Göttlichem Ich". Arno, den ich jetzt oft zum Schreibtisch zitierte, da er sich allein doch nicht aufraffen konnte, und dessen Eintragungen (viele Tagebuchschreiber wissen aus eigener Erfahrung, wie leicht man Terminkalender schreibt) nichtssagend waren, wurden unter den ständigen Hinweisen langsam ergiebiger.
So schrieb er: „Stetiges Streitgespräch in Gedanken mit meinem göttlichen Ich und meinem Schweinehund; Göttliches Ich widerlegt dem Schweinehund nahezu alles, doch igendwo ist ein verstecktes, noch ungeklärtes Hindernis."

Als wir den Jahreswechsel 1978 zu 19'79 mit Hans Breinlinger und seinen und meinen Freunden in einem Ristorante auf einem Hügel feierten, von dem aus man um Mitternacht das Feuerwerk von Monte Carlo sehen kann (wir sahen es nicht, da es wegen starken Windes nicht abgebrannt wurde), kam auch Arno kurz nach Mitternacht dazu. Umarmungen, Küsse, Glückwünsche. Als kurz danach Arno bei mir auf der Terrasse stand, mokierte er sich über die Gäste, die teils im Frack und teils in legerer Kleidung erschienen waren, dann über die „Unmengen" Gerichte und sagte: „Zuviel gegessen, zuviel getrunken und dabei sind sie sowieso zu dick."
Und einen Tag später notierte er wieder im Tagebuch: „Stetiges Streitgespräch geht weiter. Noch hat mein Göttliches Ich das versteckte Hindernis nicht

erkannt, obwohl mein Schweinehund nicht mehr stichhaltig argumentieren kann."

(105)

### 39. Behandlungswoche

Obige Eintragungen könnten als erste Erfolge der Persuationsbehandlung angesehen werden. Die Arbeit mit Logik, also argumentieren statt suggerieren, ging vorwärts. Aber darauf verließ ich mich nicht allein. Was *Palazzoli* (vgl. Kapitel 64) schreibt, hatte auch ich beobachtet, wobei mir das Zusammenwohnen entgegenkam. Die Gräfin hatte ein Bad für sich. Arno und ich teilten uns das zweite Bad. So sah ich, wie schwer er sich vom Spiegel trennen konnte. Nun wurde zu dieser Zeit eines der herrlichen, alten Hotels, die noch aus der Zeit der Jahrhundertwende stammten, geschlossen und man konnte günstig Stücke des Inventars kaufen. Ich erwarb also eine große Zahl von Spiegeln und brachte sie überall an. In dem Saal, in dem ich meine Gymnastikübungen machte, gab es Spiegel, in denen man bei den Übungen gleichzeitig den Rücken sehen konnte. In der Küche hingen Spiegel, auch einer beim Herd. Im Bad hingen Spiegel neben der Wanne und ebenso über der Toilette, so daß sich Arno auch während des Urinierens sehen konnte (ich erwähne beiläufig, daß Besucher sich wegen dieser Spiegel oft fragten, was wohl für eine Perversion dahinterstünde). Und Spiegel gab es in Arnos Zimmer, sogar an der Bettseite, so daß er sich vom Bett aus im Liegen sehen konnte. Ein Freund machte mich auf die Quecksilberstrahlung der Spiegel aufmerksam. Ich entgegnete, mein Therapieerfolg sei momentan wichtiger, fragte aber auch: „Und was ist mit den Spiegelsälen in

Residenzen und Schlössern?" Die Antwort steht noch aus. Trotz allem, Arnos Kämpfe gingen weiter und immer wieder bestürmte er mich mit Problemen. Er hatte Oberwasser, aber noch nicht genug. So schrieb er am 4. Januar 1979 in sein Tagebuch:

(106)
„(...) Hart strenge ich mich an, meinen Charakter zu formen, beachte und überlege jedes Tun und Handeln von mir, finde dadurch aber keine Ruhe und kann mich nicht auf Bücher etc. konzentrieren. Stets friere, schwitze oder breche ich."
Und am nächsten Tag notierte er: „Abendessen in Unruhe, da stets Würgen und Drücken, Essen erbrochen, was ich nie mehr tun will. Denken, ob ich mich der Natur gegenüber richtig verhalte, nimmt meinen Verstand voll ein."
Und wieder einen Tag später schrieb er: „Gespräch mit G. ergab, daß die Lebensfreude, die ich mir immer noch einsuggerieren muß, mit meinen körperlichen Kräften einhergeht und daß durch deren Stärkung, Freude und Lebenswille in mir erwachsen werden."
Das Frieren und Schwitzen hing für mich zweifelslos mit der Unterernährung und einem zu niedrigen Blutdruck zusammen. Ich besann mich deshalb auf die Naturheilkunde und verordnete kalte Waschungen. Welche? Das war mir sofort klar: *Das Reibesitzbad nach Kuhne*, jedoch in abgewandelter Form.
Um den mit der Naturheilkunde nicht vertrauten Leser diesen Entscheid (und überhaupt das Bad) zu erklären, bringe ich hier die Originalvorschrift nach Kuhne. Kuhne, dessen Patienten zu seiner Zeit die Zahl der Kneipp-Patienten und Prießnitz-Patienten weit übertrafen, ging von der Theorie aus, daß der

Ort der Zeugung als Zentrum des Leibes, zugleich das Organ ist, über das sich alles Körpergeschehen beeinflussen und heilen läßt. Ich vermute, Kuhne wußte von dem griechischen Arzt Aretaios von Kappadokien, der im 1. Jahrhundert unserer Zeitrechnung schrieb: „Die Nervenkraft wird angegriffen, wenn die Natur am Ort der Regeneration und an der Quelle des Lebens geschwächt ist." So kam er, Kuhne, über die damals aufblühende Mode der Kaltwasserbehandlung zu seiner Therapie. Die Dauer des Bades von 10 – 60 Minuten war für Arno auf jeden Fall zu lang, denn er hörte nebenher seine Kassette, machte Übungen am Trapez für seine Wirbelsäule, sollte lesen und sich gleichzeitig nicht übernehmen. So ließ ich ihn auf dem Bidet, oder bei Eile auch vor dem Waschbecken, den Penis mit der umliegenden Anatomie, also bis zum Damm und den Bauch bis zum Nabel, kalt abreiben, und zwar nur kurz, so daß ein Wiedererwärmungseffekt eintrat, d.h. eine bessere Durchblutung. Da man nach diesem Reibebad auch gut schläft, bot es sich auch als abendliche Waschung an. Wenn der geübte Leser die folgenden Auszüge aus der „Neuen Heilkunde" liest, wird er sich fragen (oder sich nicht erst fragen), warum Herr Platen eine Wasch-Möglichkeit erklärt, die nicht sein soll. Und vielleicht wird er auch die Fußnote überflüssig finden. Herr Dr. Selß, wer immer das war, hat wahrscheinlich die Verantwortung für dieses Kapitel abgelehnt, weil diese Therapie, ihrer potenzfördernden Wirkung wegen, falsch interpretiert werden konnte, nämlich als Anleitung zur Masturbation, und das war ja damals eine furchtbare Sache (siehe den Abschnitt aus *Thielecke*). Das Thema des Samenverlustes ist seit der Bibel (Onan) ein Reizthema. Da half auch die Bemerkung von

Groddeck nicht, dieses bißchen Körperflüssigkeit sei nichts. *Georg Groddeck* setzt sich in seinem „Buch vom Es" mit diesem Thema ausführlich auseinander. In diesen „psychoanalytischen Briefen an eine Freundin" besonders im vierten und fünften Brief. Wenn man weiß, daß dieses Buch schon im Jahre 1923 erschienen ist, fragt man sich, warum die dort aufgezeichneten, für jeden Menschen wichtigen Erkenntnisse, nicht schon lange Allgemeingut geworden sind. Für manchen wäre durch diese Lektüre das Leben einfacher, froher, vergnüglicher geworden und auch dieser Bericht wäre vielleicht überflüssig.

## Das Reibesitzbad nach Kuhne[1]

„Männer und Knaben ziehen zwecks Gebrauch des Reibesitzbades die Vorhaut über die Eichel ihres Gliedes herunter, halten die Vorhaut entweder mit dem Mittel- und dem Zeigefinger oder mit dem Daumen und dem Zeigefinger der linken Hand vor der Eichel fest zusammen und waschen nun mit einem rauhen Tuche, in Taschentuchgröße, das in der rechten Hand gehalten wird, sanft und leise unter Wasser die äußerste Kante oder Spitze der Vorhaut.

---

[1] „Herr Dr. Selß, der vorliegenden Teil des Werkes durchgesehen und ergänzt hat, empfahl wegen der vielfachen mißbräuchlichen Anwendung dieser einseitigen Badeform die Streichung dieses Kapitels und lehnte bei Aufnahme desselben die Verantwortung für das Kapitel „Reibesitzbad" ab. Wenn ich mich dennoch zur Aufnahme und Beschreibung dieser Anwendungsform entschloß, so geschah dies, weil der Abschnitt auf Vollständigkeit Anspruch erheben soll und weil bei vorsichtiger Anwendung des Reibesitzbades bei einzelnen Krankheitserscheinungen überraschende Heilwirkungen erzielt wurden. Leider verführt das Reibesitzbad leicht zu andauerndem Gebrach desselben und wirkt dann außerordentlich schädlich. Der Herausgeber."

Besonders ist darauf zu achten, daß fortgesetzt unter Wasser gewaschen wird. Das ist sehr wichtig! Vielfach wird irrigerweise über Wasser gewaschen und zu diesem Behufe nur der rauhe Lappen ins Wasser eingetaucht. In anderen Fällen wird zwar die Vorhaut richtig erfaßt und unter Wasser gehalten, aber, anstatt die Spitze der Vorhaut zu waschen, wird das ganze Glied, von den die Vorhaut zusammenhaltenden Fingerspitzen an bis zum Leibe hin, gewaschen. Das Glied und die Hände müssen sich bei richtiger Ausführung des Reibesitzbades teilweise unter Wasser befinden. Indessen möchte ich über das eigenartige Bad und seine Wirkung den Erfinder desselben, Meister Kuhne, noch einmal selbst sprechen lassen. Er schreibt in seinem Werke: „Die neue Heilwissenschaft", S. 113-116, darüber folgendes: „Manchem wird es vielleicht unerklärlich klingen, weshalb gerade dieser Körperteil und kein anderer als Applikationsstelle für diese Bäder ausgewählt ist. Die Begründung ist eine sehr einfache. Die Wirkung der Reibesitzbäder ist eine doppelte, zunächst eine rein mechanische, weil dadurch in einer bis jetzt völlig unbekannten eigenartigen Weise das Körperinnere, in welchem bei allen Krankheitszuständen eine zu große Hitze herrscht, normal abgekühlt wird, ohne den übrigen Körper unnötig auszukühlen, so daß gleichzeitig während jedes Reibesitzbades eine eigenartige Erwärmung der besonders bei chronisch Kranken zu kalten äußeren Haut eintritt. Durch diese besonders dem Reibesitzbade, aber auch meinem Rumpfbade eigentümliche Wirkung werden die im Körper durch die Krankheit hervorgerufenen unnormalen Körpertemperaturen normalisiert, d.h. es wird jede weitere Gärung der Fremdstoffe im Körper verhindert. (...) Ferner aber werden durch die Reibesitzbäder die Nerven, die Träger des Lebens, also die Lebenskraft selber im ganzen Körper in bis jetzt unbekannter Weise stärkend beeinflußt. An keiner anderen Stelle des Körpers, als gerade an der vor mir angegebenen, laufen viele Enden der wichtigsten Nerven im Körper zusammen. Es sind dies besonders die Ausläufer vieler Rückenmarksnerven und des nervus sympathicus, welche die Hauptnerven des Unterleibes sind und durch ihren Zusammenhang mit dem Gehirn eben eine Beeinflussung des gesamten Nervensystems des Körpers auf diese Weise zulassen.(...) Nur an den Geschlechtsteilen der Menschen ist das ganze Nervensystem des Organismus beeinflußbar. Hier ist gewissermaßen die Wurzel des ganzen Lebensbaums. Durch die kalten Waschungen findet nun eine erhebliche Stärkung der Nerven statt, oder mit anderen Worten gesagt, die Lebenskraft des ganzen Körpers, auch die des kleinsten Teils, wird dadurch angefacht. Eine Ausnahme findet nur da statt, wo die Nervenleitung unterbrochen ist.(...) Ich glaube, daß mir niemand eine andere Körperstelle ausfindig machen kann, von der aus man in ebenderselben Weise den ganzen Organismus beeinflussen könnte. Aber wie niemand es zu ändern vermag, daß alles Leben von der Wechselwirkung der Sonne, Luft und des Wassers ausgeht, so ist auch an obiger Einrichtung nichts zu ändern möglich."

(107)
Mit Beginn des neuen Jahres bekam ich von verschiedenen Seiten Kalender geschenkt, darunter auch jene großen Pultkalender, die für jeden Tag eine ganze Seite bereit haben. Da Arno sich mit den Tagebuchberichten eher kurz hielt, schenkte ich ihm

einen solchen Kalender.

*Urs Jenny*, Autor von „Dürrenmatt" (Friedrichs Dramatiker des Welttheaters Bd. 6), hat einmal in einem Artikel davon gesprochen, mit welcher Zwanghaftigkeit man eine leere Seite füllen muß, wenn man schreibend vor ihr sitzt. Mit dieser stillen Aufforderung „da ist ja noch Platz, da könntest Du auch noch dies und das berichten" (was man sonst unterlassen würde) spekulierte ich.

Wirklich sind die Seiten von Arnos Diarien alle voll beschrieben und mancher letzte Satz erst am Rande beendet. Für mich war dadurch auch die Kontrolle leichter, daß er täglich schrieb und ich hielt inzwischen die Zwiesprache mit sich selbst für ihn wichtiger, als mein ständiges Zuhören, was trotz Spaziergängen ein Zeitproblem blieb und auch, weil ich die sich immer wiederholenden Reden ermüdend fand. Lieber sprach ich mit ihm über Bücher und versuchte, ihn durch das Lesen zu belehren. Die Einmaligkeit unserer Existenz zeigte ich ihm durch die Lektüre von „Alle Menschen sind sterblich" (Simone de Beauvoir). „Leb' wohl Berlin" von Isherwood sollte ihm zeigen, wie die Zeit aussah, die zum Nationalsozialismus führte. Dazwischen besprachen wir kurze Abschnitte aus Schopenhauers „Lebensweisheit". Dann griff ich wieder auf frühere Lektüren zurück, so etwa auf Oscar Wilde. Seine Paradoxien verstand er eigentlich nicht. Als er einmal über die Reden der anderen über ihn klagte, brachte ich als Antwort das Wilde-Paradox: „Es gibt zwei schlimme Dinge. Wenn die Leute über einen sprechen, und wenn sie nicht über einen sprechen. Aber letzteres ist das Schlimmere." Sein Mangel an Humor ließ ihn zurückfragen, „Wieso?". Ich: „Wenn die Leute nicht über dich reden, bis Du ein Nichts!" „Hmm!"

Bei Wilde bleibend, sagte ich, „aber vielleicht ist dieses typischer: „In der Welt gibt es nur zwei Tragödien. Die eine ist, nicht zu bekommen, was man möchte, und die andere ist, es zu bekommen.“ Auch hier fand er den Witz nicht und ich probierte es mit einer Vereinfachung: Wenn man einen Menschen lieben möchte, und bekommt ihn nicht, ist man enttäuscht, weil einem nur der Traum bleibt. Bekommt man ihn, ist man enttäuscht, weil einem der Traum genommen wurde. So absurd waren die Gespräche öfter, doch konnte ich mir nicht erlauben zu sagen: „Das verstehst Du noch nicht.“

(108)

## 40. Behandlungswoche
Während ich mir von Buch zu Buch überlegte, was diesmal geeigneter wäre, wie ich vermeiden könnte, ihn zu überfordern, sagte er mir, daß er jetzt immer weniger Eßhemmungen habe, sich aber ohne Eßhemmung in dieser Welt nicht mehr zurechtfinde. Er konnte Hunger und Appetit nicht unterscheiden und wußte auch noch nicht, wann er satt war. Sein Eßinstinkt war noch nicht zurückgekehrt, aber als Kind mußte er ihn ja gehabt haben.

Immer wieder der Versuch, ihn abzulenken, wobei ich auch oft das Luther-Wort zitierte: „Wir können nicht verhindern, daß die Schwalben über unsere Köpfe fliegen, aber wir können verhindern, daß sie Nester darauf bauen.“ Die Gräfin schlug einen Ausflug nach Coldirodi vor, einem Dorf auf dem Bergrücken zwischen Bordighera und San Remo. Der Dorfplatz zwischen zwei Kirchen und unter Platanen gelegen, wäre reif, als Theaterkulisse zu dienen. Neben der Kirche eine kleine Pinakothek. Wir mußten den Pfarrer holen, damit er sie aufschloß. Dieser interessierte sich sofort für Arno und meinte, er solle Pfarrer werden. „Wir wollen ihn erst noch etwas reifer werden lassen" meinte die Gräfin, sagte aber nachher zu Arno, das sei doch keine schlechte Idee. „Ach!" sagte Arno, „das sollte ich schon werden, als ich noch Ministrant war, da sagte auch jeder, ich sei doch der Typ dazu!" Als ich an diesem Abend im „Playboy" ein Interview mit Urs Jenny über Zadek und das Hamburger Schauspielhaus las, zeigte ich es auch Arno und sagte ihm, daß Urs Jenny hier voraussichtlich Sommerferien machen würde. Das hob sofort seine Stimmung und baute eine Erwartungshaltung bei ihm auf.

(109)
Zwei Tage später, am 10. Januar, schrieb Arno in seinen Diarium-Kalender: „Abendessen, ohne daß ich die genaue Menge nachrechne. Mit mir unzufrieden, da ich immer noch im Essen ein Problem für mich sehe. Jedoch machen andere es mir vor, indem mein Chef über Übergewicht klagt und eine ältere Frau hysterisch wird, da mein Chef ihr zuviel Essen gekocht hat."
Am nächsten Tag schrieb Arno: „Immer noch Angst vor Figur und meinem Körper!"
Und wieder einen Tag später: „Bauchweh, stetige Muskelschmerzen und Müdigkeit. Nachmittags eine Stunde erschöpft geruht. Stark achte ich auf meine Charakterbildung und auf mein Verhalten. Mein Chef glaubt, Kraftspritzen vom Arzt würden mir helfen. Doch ich werde meine Probleme selbst lösen."
Zwei Tage später: „Abends wegen Nervosität und zuviel Hast etwas erbrochen."

## 41. Behandlungswoche

Am 16. Januar, Arnos freier Dienstag, fuhr er mit der Gräfin und mir nach San Remo. Er brauchte einige Kleidungsstücke und die Gräfin legte Wert darauf, daß er Qualitätswaren kaufte. Arno erstand ein englisches Wollhemd Marke „Viyella" und einen Pullover von „Cremeux". Danach klagte er bei mir, die Sachen seien nicht sein Geschmack und auch viel zu teuer. Ich erinnerte ihn, daß er sich doch führen und anleiten lassen wollte. Die Wahl der Gräfin für seine Sachen sei richtig und tatsächlich, meine Vernunftsargumente kommen an und Arno gab sich zufrieden.

Die nächste Woche mit Arno verlief ähnlich. Immer wieder kam es zu Auseinandersetzungen, die eigentlich nicht nötig waren, die aber zeigten, in welch labilem Nervenzustand er als zu magerer Mensch lebte. Als Arno abends nach Hause kam, ermunterte ihn die Gräfin, mir ihr noch etwas zu trinken. Als er ihre Tasse anhob, um sie ihr zu reichen, ließ er sie fallen, so daß sie zerbrach. Darüber weinte er verzweifelt im Bett. Bei solchen Vorfällen war das Mittel der Wahl für mich eine Teilmassage, die ihn beruhigte. Je nachdem war es der Rücken oder auch der Bauch. Das Sonnegeflecht unter der Bauchdecke nimmt Streicheleinheiten genau so wie auch die Nerven der Wirbelsäule dankbar an. In dieser Zeit notierte er (ich vermute, Sätze aus einer Lektüre): „Jede Zivilisation ist eine Angelegenheit der Seele. Und die Kraft der Seele triumphiert zuletzt doch immer über die Materie."
„Der Gedanke an den Tod bedeutet ja auch eine Ermunterung zum Genuß des Lebens."

(111)
Sonntag, 21. Januar abends.

Wir saßen mit der Gräfin bei Grog im Salon. Das Kaminfeuer brennt. Die Gräfin erzählte Arno von Parzival und der Oper Richard Wagners. Dort sei Lohengrin, der Sohn Parzivals, der Mittelpunkt. Aber sie spreche davon, weil Parzival für die heutige Jugend typisch sei, nämlich: nicht zu fragen. In der Sage frage Parzival den Gralskönig Amfortas nicht, deshalb werde er verflucht. Es gibt Namen, die wirken auf uns elektrisierend (haben etwas von Wiedererkennen), ohne daß wir es erklären können. So etwa nehmen viele den Geist der Griechen leicht in sich auf, nicht aber den Geist der Chinesen.

Arno interessierte sich für den Stoff und die Gräfin besorgte ihm daraufhin das Buch „Die ritterlichen Abenteuer des Parzival" von Irmgard Prestel. Das waren positive Abende, doch konnte es auch passieren, daß wir ein falsches Thema wählten. Ich erzählte an einem solchen Abend, wie mein Berliner Onkel in seiner Villa von einem Russen erschossen wurde, als dieser plündernd in sein Haus eindrang. Ich hatte das Grab im Garten der Villa vor kurzer Zeit bei einer Berlin-Reise besucht. Dazu zeigte ich auch Fotos. Mein Vetter war auf einem Bild, das uns als Kinder zeigte, sehr dick. Ich erklärte der Gräfin, daß er im Kriege abnahm und schlank wurde, wie jeder andere, obwohl die Ärzte vorher von einer krankhaften Veranlagung gesprochen hatten. Sofort schrieb Arno ins Tagebuch: „Verzweiflung über die Tatsache, daß ich die Dicke sofort auf mich beziehe. Mache Problemzettel über Eßhemmung, die mir unklar und undefinierbar ist, für ein Gespräch an meinem freien Dienstag mit G."

(112)
An diesem freien Dienstag konnte ich mich wegen verschiedener Termine nicht freimachen und fand nicht die Zeit, Arno anzuhören. Abends hatten wir Besuch.

Eine Dame brachte eine selbstgemachte Kastanientorte mir, die wir vor ihr versuchen mußten. Arno wehrte sich verzweifelt, auch nur ein Eckchen zu probieren, obwohl die Torte ohne Zucker, nur mit Fett, Mehl und Gewürzen gemacht war.

Seine Furcht, doch ein Stückchen probieren zu müssen, war so groß, daß er einen Schweißausbruch bekam. Nach dem Besuch lief ich deshalb noch mit ihm am Meer entlang und versprach ihm, daß ich alle Dinge, die Zucker enthalten, für ihn ablehnen würde, schon wegen seiner Zähne, doch Honig könne er ruhig essen. Das beruhigte ihn.

(113)

43. Therapiewoche
Eine Woche später hätte Arno allen Grund gehabt, fröhlich zu sein. Während der Küchenarbeit am Morgen sprach Arnos Chef von den Orten um Bordighera, von Viehzucht und dem Getreidebau, der wegen des Tourismus ab 1950 zurückging. In seiner Mittagspause schlief er eine knappe Stunde und versuchte dann eine Zusammenfassung des Gesprächs mit mir, das gestern abend endlich stattgefunden hatte. Es folgt im nächsten Abschnitt. Dann klagte er über seinen Zahnbelag und die Gräfin gab zur Antwort, das komme vom Rauchen (denn wenn ich nicht da war, rauchte Arno noch). Arno wollte das nicht wahrhaben und sagte, der Zahnbelag komme vom Essen.

Mit dieser Meinung kam er zu mir. Ich bestätigte die Ansicht der Gräfin und gab ihm dieses und jenes zu bedenken. Darauf erkannte er, daß das ein neuer Angriff seines „Schweinehundes" war, sich gegen das Essen zu entscheiden.

Trotz dieser Erkenntnis mußte er sich an mir und der Gräfin rächen, weil wir ihn ins Unrecht gesetzt hatten. Das geschah so: Ich bat ihn, mir einen Moment beim Staubsaugen der über vier Meter hohen Zimmerdecken zu helfen, an denen einige Spinnen sitzen, denn die Putzfrau war da nicht hingekommen. Arno half, aber nur widerwillig, wurde ungeduldig und stieß plötzlich den Vorwurf heraus, mein Rat, sich bei seinen Einkäufen der Gräfin anzuvertrauen, sei nicht gut, denn die Pantoffeln, die er vor zwei Tagen mit ihr gekauft habe, würden Schweiß erzeugen.

(114)
Hier nun das in Abschnitt 113 notierte Gespräch:

a) „Der Wohlstandsüberfluß unserer Gesellschaft begünstigte meine Krankheitsentstehung. Hätte ich nicht stets den Rückhalt gehabt, daß ich ja doch essen kann, wenn ich will, sondern wäre mein mir selbst auferlegtes Nahrungsminimum durch äußere Umstände (Krieg, Armut) real gewesen, hätte ich nun nicht die Wünsche nach Geschmack und Eßlust, sondern wäre zufrieden und froh, meinen Hunger zu stillen.

b) Da ich jedoch Verstand habe und im Begriff bin, Philosophie zu erlernen und zu leben, muß ich die Wünsche nach Geschmack in mir auslöschen und den Zustand der Zufriedenheit durch Hungerstillen anstreben.

c) Ich sehe im Essen nur ein Problem und etwas Wichtiges, weil ich noch unterernährt bin und mein Körper noch nach Nahrung schreit. Verstandesgemäß muß ich also erst einmal meinem Körper soviel Nahrung zuführen, bis er die Unterernährung ausgeglichen hat. Dann wird nicht mein Körper stets Nahrung verlangen, weil es ihm an Substanz fehlt, sondern ich werde nur den Hunger verspüren, den mein Körper dann meldet, wenn seine Substanz Brennstoffe braucht. Habe ich diese Brennstoffe dem Körper zugeführt, ist der Hunger gestillt für einige Stunden, da mein Körper die Brennstoffe für kurze Zeit in Vorratsdepots speichert. Ist dies geschehen, bekomme ich keine Gedanken ans Essen mehr, da erstens mein Körper nicht aus Substanzmangel Nahrung verlangt, da zweitens meine Brennstoffe für einige Stunden der Körpersubstanz verfügbar sind und da drittens mein Geist nun Kraft und Ruhe hat, zu arbeiten, zu lesen, zu lernen, usw. Durch meine geistige Arbeit werde ich die Essensgedanken ersetzen.

d) So hätte ich in diesem Zustand kein Verlangen nach Eßgenuß, Völlerei; würde dieses durch geistige Gedanken ersetzen und müßte mir keine Gedanken und Sorgen um Zuviel-Essen machen, da wenn ich satt und normal bin, ich kein Interesse mehr haben werde, weiterzuessen, und da ich so das ideale Nahrungsmaß für mich durch geistige Arbeit instinktiv befolgen werde, ohne darüber nachzudenken. Doch da ich Astheniker bin, sind Sorgen um den obigen Zustand unberechtigt. Ich werde stets viel essen können und mehr als andere essen müssen, um bei körperlichen Kräften zu bleiben, ohne die ich meinen Geist nicht benutzen kann.

e) Denn jeder Mensch hat seine eigenen Gesetze, ich habe die Gesetze des Asthenikers, die sind: „Auch bei bester Ernährung besteht keinerlei Neigung zu Fettansatz." (aus Gesundheitsbuch von Kahn)

f) Weitere Ursachen meines Eßproblems sind mein im dritten Lebensjahr nicht gebrochen gewordener Trotz und meine Hemmung vor dem Sex, die ich auf's Essen verschob. Aus den vorausgegangenen Gesprächen folgt, daß ich meinen Trotz zwar nicht sehr gegen Menschen zeige, doch im Essen. Auch zeige ich ihn, wenn ich Angebote von Leuten zurückweise und, wie im Essen, meinen Eigenwillen erfüllen will. Ich muß also meinen Eigenwillen austilgen.

(115)
Bei dieser Niederschrift fällt die Mühe ins Auge, mit der er sich einreden will, was die anderen ihm versichern. Und trotzdem wirkt er wie ein Seiltänzer, der nicht nur ein Netz, sondern zwei Fangnetze ausspannt und sich danach doch nicht auf das Seil wagt, denn beide Netze könnten ja reißen, falls er abstürzt.

Vieles an diesem „Gespräch" ist nicht von mir. „Brennstoffe, Vorratsdepots, Substanzmangel", das müssen Ausdrücke sein, die er noch von seinem Kurs über Ernährungslehre im Kopf hat.

Die Sehn s u c h t, einmal richtig zu tafeln, Völlerei zu treiben, hört man aus dem Text, und die Unfähigkeit, diesem Verlangen nachzugeben.

Sucht: Ich mache eine Pause, um das Wort zu untersuchen, weil Suchtfragen und Suchtkranke heute viel diskutiert werden.

Sucht ist nach *Meyers Lexikon* von 1929:
„... in der Medizin eine veraltete Bezeichnung für Krankheit, die sich nur noch in Zusammensetzung erhalten hat (z.B. Schwind-, Wasser-, Fett-, Gelbsucht).
Das Wort ist wahrscheinlich gleichen Stammes mit Seuche und sichen. Übertragen bezeichnet es eine krankhafte Begierde (Rach-, Ruhm-, Trunk-, Morphium-, Kokainsucht)."

Im *Fischer-Lexikon* von 1981 steht:
Sucht, krankhaftes Verlagen nach Mitteln zur Erzeugung von Euphorie, Leistungssteigerung, Halluzinationen, Schlaf (Rauschgifte, Alkohol u.a.); entsteht durch häufige oder regelmäßige Einnahme solcher Mittel über einen bestimmten Zeitraum. Abhängigkeit des seel. und körperl. Wohlbefindens vom Suchtmittel sowie Angst vor den Abstinenzerscheinungen treibt dann zu weiteren und immer höher dosierten Einnahmen, bedingt durch den Einbau des Mittels in die regulären Stoffwechselvorgänge."

Da haben Sie also ein wenig Zivilisationsgeschichte über 50 Jahre.

(116)
Arno schrieb am 31.1.79: „Ich verliere die Lebenslust, da ich den ganzen Tag fast nur arbeite. Abends wirklich gut gegessen, da Hunger stärker als Trotz. Geistig sehr angestrengt, da ich das Verhalten anderer Menschen untersuche, es mit meinem vergleiche, so Fehler bei mir erkenne und versuche, sie zu vermeiden."
Zwei Tage später die Notiz: „Heute wieder Hunger stärker als Trotz!" Am gleichen Tag sagte er abends,

daß er wegen des Zahnbelages das Rauchen nun ganz aufgeben würde, wir hätten ihn überzeugt, doch war er trotz Fragen und Anteilnahme unleidlich und heult grundlos.

Das „nicht zwingen" eines Patienten ist für den Therapeuten bequem, doch keinesfalls immer richtig. Da sich der Anorektiker nicht für sein eigenes Wohlergehen entscheiden kann, muß man ihm dazu verhelfen. Das sah ich, als ich am Kaminfeuer nochmals Schinkenbrote servierte, denn für mich was das Weinen ein Zeichen körperlicher Schwäche. Ich sah, daß er mit innerem Widerstand kaute, las aber dann in seinem Tagebuch: „Obwohl erst Pein, bin ich froh nachher, daß G. mich durch seine Anwesenheit zwang, Speck zu essen."

(117)

## 44. Behandlungswoche

Arno ist des Eßproblems selbst überdrüssig und schreibt: „Sehnsucht nach Menschlichkeit. Mit der Kraft des Schöpfers nehme ich mir vor, nicht mehr ans Eßproblem zu denken und G. nur selten zu fragen, ob dies oder jenes richtig ist, wobei ich mit knapper Antwort zufrieden sein werde. G. ist hiermit einverstanden. Auch die Schopenhauerlektüre lehrt mich (S. 239), Essen objektiv zu sehen, anstatt mit Eigenwillen, also subjektiv."

Die Gräfin, immer bemüht Arno abzulenken und ihm das Gefühl von Freundschaft und Familie zu geben, fuhr Arno in dieser Woche an seinem freien Tag ans Cap Ferrat. Auf der Hinfahrt wurde es Arno im Auto schlecht, so daß wir in Monte Carlo einen Cognac tranken, der aber wenig half. Er bekam diesmal die riesige Madonnenstatue aus Bronze gezeigt. Dann liefen wir unter Pinien entlang zu den Felsen und lauschten in der großen Ruhe dort der Brandung. Daheim wollte ich Arno nicht erneut zu etwas zwingen und sagte, daß ich wie stets den Abendspaziergang machen würde, er selbst könne aber auch zu Hause bleiben, nachdem es ihm heute übel war. Arno notiert: „Vor Wahl zwischen Spaziergang und Lesen gestellt. Verzweifelt wähle ich Lesen."

Arnos Chef sah nach dem Ruhetag, daß Arno sehr blaß war und dabei fiel ihm auf, daß er zuviel Wasser trank. Er verlangte bei mir eine gründliche, ärztliche Untersuchung, die eine erneute Diskussion mit Arno auslöste. Zweifellos war Arnos Elektrolythaushalt nicht normal. Doch um dem Essen auszuweichen, hatte er sich auch angewöhnt, ständig Wasser zu trinken. Das war mir auch aufgefallen, ich hatte mit ihm darüber gesprochen und mit ihm abgemacht, daß er bei seinem Durst in der Küche während der Arbeit Fleischbrühe trinken solle. Ich hatte versucht es zu begründen, sprach von seinen Klagen über Frieren, Schwitzen und ungewollte Schweißausbrüche, und Arno versprach, es mit der Fleischbrühe zu wagen. Doch in Wahrheit war er nicht gewillt, meinen Vorschlag anzunehmen und rechtfertigte sich deswegen im Tagebuch mit den Worten: „G. sieht nicht die Erfolge, die ich spüre und mache."

(118)
Der Märchendichter Hans Christian Andersen hat ein Italienbuch geschrieben, das den Titel „Der Improvisator" trägt. Der Improvisator ist ein junger, hübscher, phantasiebegater Jüngling, der ohne Vorbereitung Gedichte reimt, also aus dem Stegreif vorträgt. Da dort viel Armut geschildert wird, gab ich Ar-

no das Buch, um damit seine eigene Lage in Italien zu vergleichen. Ich dachte (naiv), wenn Menschen Neid empfinden und unzufrieden werden, müssen sie auch das Umgekehrte erkennen. Wirklich kenne ich keinen Menschen, der sich in schwierigen Situationen damit hilft, daß er daran denkt, wieviel schwerer es andere haben, als er selbst.

Nach dieser Lektüre gab ich Arno ein heiteres Buch aus der Casanova-Zeit: „Drei Jungfrauen aus Pisa" von Nicolo Barbaro. Als ich mich mit ihm darüber unterhalten wollte, merkte ich, daß er vieles vergessen oder nicht aufgenommen hatte und erneut wies ich darauf hin, daß das mit seiner Unterernährung zusammenhängt.

Am Frühstückstisch redeten wir über Niobe, Zeus, Leda, Helena und den trojanischen Krieg.

Arno schrieb an diesem Tag abends: „(...) überdenke mein Leben: einerseits Freude durch Lesen, Gespräche, Lernen und andererseits harte Arbeit. Dabei verstehe ich nicht, warum ich aus Essen ein Problem mache, denn jeder Tag ist kostbar und ich muß körperlich kräftig sein, um knappe Freizeit geistig zu gebrauchen, statt zu ruhen, denn Freude bringt mir nur mein Geist und Verstand."

Das klingt sehr vernünftig, und doch belastete uns Arnos Empfindlichkeit und Ichbezogenheit. Vieles, was ähnlich wie oben als Lernhilfe gedacht war, nahm er als Vorwurf auf.

Wieder ein Frühstück. Wir plauderten über altdeutsche und aus der Mode gekommene Wörter. Die Gräfin sagt: „Die Menschen gebrauchen heute ständig das Wort „blöd". Oft wäre das Wort „töricht" aber besser." Schon sieht Arno in dieser Bemerkung einen Affront, da er das Wort „töricht" nicht gebraucht.

Ein anderer Morgen. Wir redeten über Ödipus und die Gräfin sprach von Nixen, die im Meer lebten, die Nymphen aber an Quellen. Wieder war seine Reaktion: da deckt man meine „miserable Allgemeinbildung" auf.

Aber diese Empfindlichkeit betraf auch weniger Literarisches. Renato scherzte mit ihm in einer Mittagspause und fragte, woher er kommt. Die Antwort: aus dem Süden, ließ Renato ausrufen: also aus dem Calabresenvolk Deutschlands. Arno notierte: „So erhalte ich wieder eine negative Kritik." Daß er mit den Calabresen Unrecht tat, bemerkte er nicht.

Am nächsten Tag erzählte Renato von Boccaccio, dessen Geschichten es als Fumeti (Bildergeschichten mit Sprechblasen, engl. Comic) gibt. Arno kannte Boccaccio nicht und Renato sagte erstaunt WAS? Deswegen brach Arno in Tränen aus und weinte verzweifelt. Wir waren froh, daß Arno an seinem freien Tag mit seinem Chef ins Hinterland fuhr, in den Ort Buggio, den er jetzt schon kannte. Er half bei der Olivenernte, konnte lesen und Spaziergänge machen und kam zufrieden zurück.

(119)

## 45. Behandlungswoche

Während Arno in Buggio war, kam sein Onkel Leo und sagte, daß er für eine Woche nach Deutschland muß und Arno gerne mitnehmen würde, damit sein Vater sieht, daß wirklich ein Fortschritt da ist. Es sei ja jetzt fast ein Jahr, daß er von Zuhause weg sei. Ich verstand Leo Gieser, denn er hatte eine Verantwortung gegenüber Arnos Vater übernommen.

So sagte ich trotz der Begegnungen mit Bruder und Vater, ja.

Wirklich war Arno – trotz obiger Empfindlichkeiten – recht gut in Form, hatte die Knochigkeit verloren, auch wenn er noch mager war. Vielleicht hilft ihm ja sogar das Wiedersehen mit der Heimat, seine jetzige Situation mehr zu schätzen und dankbar dafür zu sein.

Um trotz meines Ja nichts zu übereilen, fuhr ich mit der Gräfin und Leo Gieser auf den Monte Rosso in das Ristorante eines Holländers. Dieser hatte als Schiffskoch eine Indonesierin geheiratet und so kam es, daß man bei ihm indonesisch essen konnte.

Der Monte Rosso liegt gegen Ventimiglia, man fährt vom Nervia-Tal ab aufwärts. Während des Essens berichtete ich, daß ich mit Arno in einem Charly-Chaplin-Film von 1928 war: „The Circus".

Arno hatte während des ganzen Films kein einziges Mal gelacht. Dann sagte ich, daß auch Renato seine Humorlosigkeit beklagte, da er keinerlei Scherz versteht. Ich redete von seinen Anfällen von Verzweiflung, Eigensinn und auch Wut; die Gräfin bestätigte es. Dann redeten wir vom Termin und Leo Gieser legte die Abreise auf Montag, den 19. Februar. Arno, der am Montag den 12. abends mit seinem Chef nach Buggio gefahren war, kam am Mittwoch den 14. zurück und blieb gleich im Ristorante. So aß ich an diesem Mittwoch mit der Gräfin dort, um Arno die Heimatreise mitzuteilen, denn ich wußte ja, daß man ihn auf alles langfristig vorbereiten mußte. Er schrieb an diesem Abend in sein Tagebuch: „Vor lauter Überraschung bin ich hingerissen vor Freude- und Furchtgefühl vor der Reise."

Während der Tage vor der Abreise, gab ich ihm nochmals Suggestionen und Instruktionen. So etwa sagte ich, daß er zwar schuldlos in diese Krankheit geschlittert sei, daß er aber schuldig würde, wenn er die Einsichten, die er jetzt gewonnen habe, und die er umsetzen wolle, nicht befolgen würde. Sein Streben nach Bildung und Kenntnissen könne er nur verwirklichen, wenn er satt sei. Mit hungrigem Magen, das wisse er ja nun, könne er sich nicht konzentrieren. Da Arno stets knauserig und geizig war (alle wissen heute, daß das nach Freud eine anale Komponente hat) und seine Eßhemmung als Ichhemmung auch auf anderen Gebieten sichtbar war, trug ich ihm außerdem auf, bei seiner zahlreichen Verwandschaft zu betteln, d.h. sich Geldgeschenke machen zu lassen. „Nie bekommst du Geschenke, weil das angeblich mit dem Zoll zu umständlich ist. Wenn du jetzt Besuche machst, dann erzähle von deiner harten Arbeit, daß du dies und das gerne kaufen würdest und kassiere ein bißchen ab. Ein Halbweise im fernen Italien, mager und auf der Identitätssuche, da wird man doch sicher Mitgefühl und eine offene Hand haben."

Am Sonntag vor dem Abreisetag war Arno aufgeregt, versuchte zu packen, kurz, mit den Reisevorbereitungen so beschäftigt, daß die Gräfin sagte: „Wir lassen ihn besser allein und fahren nach Monte Carlo in die Oper." Als ich dort wieder einmal die Eleganz der intakten internationalen Gesellschaft sah, in der Pause im Freien die warme Luft spürte, die Blumen und die Palmen im Scheinwerferlicht, die glänzenden Luxusschlitten, da hatte ich das Gefühl, daß sich das Leben mit seinen Anstrengungen lohnte. Ich füge für jüngere Leser hinzu: Scheinbar ein snobistisches Gefühl. Doch muß man es vor dem Hintergrund einer Jugend sehen, die in Krieg und Zerstörung aufwuchs und für die der Lebenstraum einfach Friede und Schönheit in einer geordneten Umwelt war. Wir brachten Arno am nächsten Tag zum Bahnhof.

Er traf dort Onkel Leo, der bereits die Fahrscheine für die Hin- und Rückfahrt besorgt hatte. Als er nun Arno um die ausgelegten 116.000 Lire bat, stöhnte dieser über den hohen Preis. Auf der Rückreise stieg Leo Gieser auf einen Tee-Zug um, was 50,-- DM mehr kostete. Arno wollte das nicht, verlangte die Rückgabe und Rückzahlung dieses Zuschlages und fuhr die lange Strecke in über zwanzig Stunden lieber allein.

Aber suchen wir Gerechtigkeit. Seit Arno erkannt hatte, was Lesen bedeuten kann, wie wichtig Lektüre in der Jugend ist, benutzte er recht schlau die Möglichkeit, mit getrennter Fahrt Onkel Leos Gespräche zu umgehen und las lieber in Goethes „Werther", den ich ihm als Reiselektüre mitgegeben hatte, mit dem Hinweis, daß die langen Stunden der Zugfahrt ein idealer Ort seien, an dem man sich in ein Buch einlesen könne, da nichts dränge, kein Telefon stören könne und der erholsame Blick aus dem Fenster Zeit zum besinnlichen Nachdenken böte.

(120)
Leo Gieser war morgens mit dem Tee-Zug von Milano gekommen und hatte uns per Telefonanruf mitgeteilt, daß Arno später käme, wegen seines falschen Sparsinnes, denn es gab weder Anlaß zu sparen noch Knappheit des Geldes. „Wer liberal ist, ist nicht hart, und wer nicht hart ist, ist weich", zitierte ich nach einem Roman (Fontane: Stechlin). Ich weiß nicht, ob es richtig ist, bei ihm nachgiebig zu sein, aber was soll's.

Da Arnos Zugankunft also offen war, benutzte ich den Tag, den wir freigehalten hatten, um mit der Gräfin nach Albenga zu fahren, einen Ort hinter Alassio.

Ich hatte den Prospekt eines neuen Gerätes für Rückenbehandlungen bekommen und wollte mir dieses Vibrationsgerät bei einem Arzt in Albenga ansehen. Die französische Herstellerfirma hatte mir diese Adresse gegeben. Sehr freundlich empfing uns der Arzt, den wir vorher verständigt hatten und fragte dann: „Arbeiten Sie mit der Krankenkasse zusammen?" „Nein" sagte ich, „ich habe nur Privatpatienten!" „Dann brauchen Sie das Gerät nicht zu kaufen" war seine Antwort.

Als wir dann schmunzelnd durch Albenga liefen sahen wir die Jugend in Masken. Es war Faschingsdienstag. Zu Hause erwartete uns Arno. Er kam bereits um 13.15 Uhr, hatte ausgepackt, gebadet und geruht.

Beim Abendspaziergang dachte ich dann doch, daß auch ich zu liberal bin. Arno sagte, daß er sich jetzt durch das, was er gehört hat, mit seinen Gedanken nicht mehr zurechtfindet und begann, wieder im Haus, verzweifelt zu weinen. Ich ließ ihn berichten.

Dienstag morgen kam er mit Onkel Gieser in Frankfurt an. Dieser besuchte eine Bekannte und so war Arno sich für den ganzen Tag selbst überlassen. Er aß hier und dort Kleinigkeiten, ging in Kino, schaute Geschäfte an und kaufte für seinen Chef zehn Kartoffelschäler eines Typs, den es in Italien noch nicht gab. Abends fuhren sie dann in den Heimatort.

Am Bahnhof wartete der Vater mit den beiden Brüdern. Er aß, weil er es versprochen hatte. Nun gab es folgende Situationen, die ich hier nicht zitiere, sondern zu den Bezugspersonen ordne: Er sah in der Zeitung, daß in der Oper „Die Fledermaus" und „Carmen" gespielt wurden und wollte hin.

Als er seinem Vater mit diesem Wunsch kam, antwortete dieser: „Was soll das, wir sind bisher nie in die Oper gegangen!". Er blieb also daheim und schaute die Bücher seiner Mutter durch, für die er sich ja früher nicht interessiert hatte und fand einen Opernführer. Also hatte sich die Mutter vor der Ehe für die Oper interessiert. Er nahm das Buch an sich. Er besuchte die Verwandtschaft, doch keiner interessierte sich wirklich für ihn, und auch die Geschenke blieben aus. Da gab es nur ein Wir, den Clan, aber keine individuelle Beziehung. Sein Bruder nahm ihn mit in seine Universitätsstadt und machte ihn mit anderen Studenten bekannt. Dabei fragte er mit einer gewissen Häme ob Arno immer noch mit den Kriegsverteranen verkehren würde, oder sich endlich unter seinesgleichen bewege.

Diese Häme braucht eine Erklärung. Als der Bruder in Bordighera war, unterhielt er sich eines Nachmittags am Strand mit Hans Breinlinger, der nach Ende des Krieges im Rundfunk und später auch im Fernsehen eine gewisse Rolle spielte. Breinlinger war ein geübter Plauderer und provozierte gerne die Freunde der Unterhaltung wegen. Arnos Bruder Franz hausierte damals mit Adorno, den er bei sich trug und war ein Anhänger jener Studentenrevolte, die er gar nicht mitgemacht hatte. Breinlinger las einen Abschnitt aus dem Adorno, zerpflückte ihn, zeigte, daß da keine Beziehung zum praktischen Leben möglich war und entlarvte endlich alles als Wortgeklingel. Die Studenten der Revolte nannte er Bubis, die sich lautstark bemerkbar machen wollten, da sie zu sehr im Schatten der Väter standen. Franz hatte das nicht verkraftet und Breinlinger, der mit Worten einen brillanten Sieg errungen hatte, nannte Franz darauf auch noch einen schlechten Verlierer.

Alles war nur ein Spiel gewesen, um die Stunden am Strand vergnüglich zu gestalten und Breinlinger sagte später, er hätte auch das Umgekehrte beweisen können, ein Satz, den schon andere vor ihm gebrauchten. Bei Arno hatte sich nun aber diese Idee des Bruders festgesetzt, obgleich der Kreis der Feriengäste in Bordighera alle Jahrgänge umfaßte. Ja, Breinlingers Frau war dreißig Jahre jünger als er selbst.

Ich bemerkte, daß ich hier gründlich überzeugen mußte, damit Arno wieder Schritt fassen konnte. Also zog ich aus dem Bücherschrank das Buch von *Leon Battista Alberti* „Della Famiglia" (Vom Hauswesen) und ließ ihn die Stelle lesen, wo Gianozzo u.a. sagt:

„Und ich sage euch, mir ist es immer als der kürzeste Weg erschienen, um wie ihr es nennt, gut zu philosophieren, mit alten Leuten umzugehen und beständig an ihrer Seite zu weilen, sie zu fragen, auf sie zu hören, ihnen zu gehorchen;(...)"

Ich bemerkte dazu meinerseits, wenn Fritz Germanistik studiere, würde er sicher auch noch zu dieser Lektüre kommen, und dann müßte er ja wohl seinen jetzigen Standpunkt korrigieren. Auch solle er sich dochmal vergegenwärtigen, wie die Gesellschaft beim „Gastmahl" zusammengesetzt sei und ob er sich vorstellen könne, daß Sokrates die gleichen Reden unter Altersgenossen gehalten hätte. Alles, was unsere Kultur ausmacht, wissen wir doch, weil es die Älteren an die Jüngeren weitergeben, ergänzte ich, und fand es ein wenig unnötig.

Nach dem Ankunftstag bei seinem Vater hatte Arno auch den Psychosomatiker Dr. Dunkelschlag angerufen, der ihn zuletzt behandelt hatte (und der die Unterlagen von Arnos Krankengeschichte in den

Reißwolf gab). Ich lasse offen, ob der Vater eine zusätzliche Bestätigung der Therapie haben wollte, oder ob Arno diesem Arzt nur zeigen wollte, daß dort, wo dieser Arzt nicht mehr weiter wußte, ein anderer Therapeut noch einen Weg kannte. Der Arzt gibt ihm einen Termin und Arno ging zu ihm.

Nun trat aber nicht ein, was man vielleicht vermutet, nämlich, daß der Arzt fragte, wie Arno weiter therapiert wurde, um zu seinem jetzigen Erfolg zu kommen. Nein, Dr. Dunkelschlag sagt, er hätte die AN weiter erforscht und glaube feststellen zu können, daß sich zu physikalischen Gehirnprozessen psychische Verhaltensanalogien finden. Darauf will er eine Therapie aufbauen. Die Überaktivität will er mit Chemie bremsen. Sexualität hätte bei dieser Krankheit keine Bedeutung. Arno war von diesem Gespräch beunruhigt, da es im Widerspruch zu dem stand, was ich sagte. Aber es gefiel ihm, daß Sexualität keine Bedeutung hat, denn die will er ja auch nicht.

Die Sätze des Arztes, die er sich notiert hatte, veranlaßten mich zu einem längeren Diskurs:

Da Arno (wie viele Menschen) einer allgemeinen Feststellung stets die Ausnahme dagegensetzte, begann ich zu fragen, ob er mir recht geben könne, daß die Menschheit deshalb bestehe, weil zwischen Jugend und Alter eine Mannesphase sei, in der der Mensch das Leben weitergebe, sich also fortpflanze.
„Ja", sagt Arno.

Dieses Menschenmachen hinge aber doch von einer körperlichen Bedingung ab, nämlich der Fähigkeit zur Erektion und zum Samenausstoß.
„Ja!"

Ein Mensch, der also erwachsen werde und eine Familie gründen wolle, müsse diese Fähigkeiten besitzen.

„Ja!"

Wenn er diese Fähigkeit nicht besitze, sei er körperlich nicht gesund. Das Temperament, die Konstitution, Empfindlichkeiten oder auch Ticks würde man nicht als Krankheit bezeichnen, wenn die Fähigkeit zur Fortpflanzung vorhanden sei. Nun sei er, Arno, wie auch Oswald, unfähig zur Erektion. Also müsse man diese zuerst behandeln. Der Nobelpreisträger Halldòr Laxness habe einmal geschrieben: „Es gäbe nur eine sexuelle Perversion, und die sei, nichts zu tun." Wenn mit der Wiedererlangung der Manneskraft seine Magersucht immer noch da sei, würde ich seinem Doktor recht geben, aber ich wisse nichts von einem Magersüchtigen, der gleichzeitig potent und ein guter Liebhaber sei. Ich jedenfalls hielte mich weiterhin an den Satz aus den „Charmides", den er ja kenne, daß man den Leib ganz heilen müsse, wenn man die Seele heilen wolle.

Arno berichtete dann noch von einer gewissen Kühle im Wesen seines Vaters. So fragte er, wie er es bei der Gräfin gelernt hatte, was los sei. Die Antwort: Sein Vater war enttäuscht, daß er mit ihm keine Gesellschaftsspiele spielte und mit ihm kein Fernsehen sah, sondern las.

Es brauchte einige Tage und mehrere Wiederholungen dieses Gespräches in anderer Form, bis Arno erkannte, daß er seine Familie nicht überfordern dürfe.

Er schrieb in sein Tagebuch: „Traurige Gedanken

kommen mir während körperlicher Arbeit, die mir zu geistlos erscheint, und Verlangen nach Geistesarbeit entsteht in mir."

(121)
Nach diesem Deutschland-Familienbesuch Arnos mache ich eine Pause, um eine Stelle aus *Michel Foucault* zu zitieren, die in Band 2 von „Sexualität und Wahrheit" steht.
Warum? Ich denke da an andere Ärzte wie den o.g. Psychosomatiker, die ich nach der Fußnote des Kuhne-Reibesitzbades mit Dr. Selß anreden möchte.
Doch lesen Sie:

„Daß die sexuelle Aktivität als ein Spiel von Kräften erscheint, die von der Natur eingerichtet sind, aber mißbraucht werden können, bringt sie in die Nähe der Ernährung und der damit aufgeworfenen moralischen Probleme. Die Assoziation zwischen der Moral des Geschlechts und derjenigen der Tafel ist in der alten Kultur eine feststehende Tatsache, für die sich beliebig viele Beispiele finden ließen. Es wäre sicherlich interessant, die lange Geschichte der Beziehungen zwischen Nahrungsmoral und Sexualmoral durch die Lehrmeinungen, aber auch durch die religiösen Riten und diätetischen Regeln zu verfolgen; man müßte untersuchen, wie sich langfristig die Sexualmoral vom Mechanismus der Nahrungsvorschriften abgekoppelt hat. Jeder zieht in einem bestimmten Maße Lust aus der Tafel, dem Wein und der Liebe; aber nicht alle tun es, wie es sich ziemt."

(122)

## 48. Behandlungswoche

Ein neuer Besuch war eingetroffen. Ein liebenswertes Fräulein, das bei „Hengstenberg" gearbeitet hatte und nun in Pension war. Fräulein Keller war schon früher bei mir gewesen und auf schönen Spaziergängen hatte sie vom Leben mit ihrer Mutter erzählt. Dabei sagte sie eines Tages: „Meine Bekannten mahnen mich, ich müsse endlich mein eigenes Leben leben und dürfe mich nicht für meine Mutter aufopfern. Ich erwidere dann, aber was ist denn mein eigenes Leben, wie kann man denn diese Frage beantworten? Jedes Leben, das ich annehme, ist doch gut und kann zu meinem Leben werden!" Nun arbeitete sie in einem Waerland-Heim in der Küche, da ihr das Nichtstun noch schwer fiel. Als sie nach meinem Essensmodus fragte, kam gerade Arno dazu, dem wir gesagt hatten, daß er uns nach der Küchenarbeit in der Bar „Garibaldi" finden konnte. Er hörte sich unser Plaudern an und schrieb darüber in seinen Kalender: „Frl. Keller diskutiert mit G. verschiedene Reformkosten und versuchte, mich privat und beruflich auf die Reformernährung zu lenken. Das Gerede um's Essen widerte mich an."

(123)

Arno war nun ein Jahr hier und wenn man die Faustregel nahm, daß man genauso langsam abnehmen muß, wie man sein Übergewicht bekommen hat, übertragen: daß Arno genau so viel Zeit zur Wiederherstellung brauche, wie er krank war, so war der Fortschritt doch recht gut.
Ich dachte daran, ihn weiter abzulenken, indem ich ihn den Führerschein für das Motorrad machen ließ.

Ich hatte um das Einverständnis seines Vaters gebeten und es bekommen. Ich selbst unterhielt damals zwei Motorräder, da meine Freunde mir ständig
sagten, ich müsse vier Räder haben. Das Fahren
und die dadurch möglichen Ausflüge würden Arno
zwingen, sich auf andere Sachen als Dickwerden zu
konzentrieren. Jedes Mittel, das brauchbar war, ihn
von der starken Neigung zum Autismus abzulösen,
war mir recht. Auch wenn er nach einer Teilnahme
an einer Abendgesellschaft über deren seichtes Gerede herzog, so sprach er doch wenigstens über etwas anderes. Daß er selbst auch ein Gespräch lenken könne, wollte er nicht wahrhaben. Manchmal
war es schwierig auseinanderzuhalten, ob etwa die
Neigung, andere zu kritisieren – ohne es selbst besser zu machen – ein Ausdruck seiner Anorexia und
Unzufriedenheit oder nur ein Rudiment seiner klein-
bürgerlichen Umgebung war. Diese kleinbürgerliche
Denkweise existierte leider auch an seinem Arbeitsplatz und allzu leicht war er dort zu beeindrucken, da
das Mäkeln und Zerreden von den Frauen kam, die
in Küche und Bar mithalfen. Diesmal rieten sie ihm
von der Fahrprüfung ab und nahmen ihm die
Freude, das Fahren zu erlernen.
Sofort zog Arno wieder schriftlich Bilanz, als er seine
Mittagspause hatte. Er schrieb:
„Unzufriedenheit beherrscht mich, da ich
a) zu viel körperliche Arbeit, jedoch keine geistige
   Beschäftigung habe,
b) am Sinn des Kochberufs zweifle, da ich das
   Essen als Bedürfnis und nicht als Genuß sehe,
c) mein Gedächtnis nicht gut funktioniert,
d) meine Außenseiterrolle, meinen Einsamkeits-
   drang nicht verstehe,
e) keinen roten Faden in meinem Leben finde,

f) mein Körperbefinden stark schwankt, wie mein Essinstinkt, der mich stets in Gedanken verfolgt."

Abends ging ich allein ins „Stella" und holte Arno zu dem obligatorischen Spaziergang ab, hörte mir seine Klagen an und versuchte erneut, seinem Denken eine positive Wende zu geben. Erzählte ihm dann von Milva, die zufällig auf einem TV-Schirm einer Bar sang, wie sie einst auf dem Festival in San Remo sang und mir erzählte, daß sie sich in Milano von einem blinden Masseur behandeln lasse. „Aber Signora" hatte ich erwidert, „sie werden doch nicht von mir verlangen, daß ich mir jetzt ihretwegen die Augen ausstechen lasse." Weiter berichtete ich ihm, wie sie erzählte, daß sie schon glaubte, ihre Karriere sei zu Ende und durch einen Besuch in Amerika erkannte, daß der Trend zum jugendlichen Troubadour, wie er damals in Italien bestand, nicht zwingend sei. Gerade singt sie mit viel Erfolg Brecht, sagte ich, auch in Deutschland.

Solche Berichte schufen eine gewisse Intimität mit Arno, was ihm half, sich mehr für das Gesehene und die Umwelt zu interessieren. Er kannte damals weder Sophia Loren noch die Gina Lolobrigida, was für einen Italiener, gleich welchen Alters, nicht vorstellbar war.

(124)

49. Behandlungswoche
Jeder Leser dieser Aufzeichnungen muß über Wiederholungen ermüden, wird es nicht begreifen, daß ein junger Mensch so dualistisch reagieren kann, indem er gleichzeitig etwas will und verweigert, gefordert sein möchte und dann über dieses Gefor-

dertwerden klagt, lernen möchte und doch wieder jede Lerngelegenheit im Alltag ignoriert. Während sein Starrsinn in ein asketisches Ideal große Willenskräfte investiert, bringt ihn eine kleine Mühe bei Behörden zum Weinen, jetzt etwa, als er für die Motorradprüfung eine Wohnsitzgenehmigung „Residenza" braucht. Sein Chef versprach ihm, diese gleich am Montag morgen zu besorgen. An diesem Abend versuchte ich ihn erneut zu überzeugen, daß er hier, an einem der schönsten Orte der Welt, Leben und Wissen aus allererster Hand bekommt, während Studenten auf der Universität Bänke drücken und Wissen aus zweiter Hand erlangen, das schon von vielen Vorgängern wiedergekaut ist. Daß das Gefühl für Literatur oder bildende Kunst unmittelbar erlebt werden muß, man Schönheit nicht durch Erklären erlebt, sowenig wie Musik durch Notenkenntnisse zur Karthasis führt. Auch könne man nicht von einem Lusterlebnis zum nächsten kommen, sondern es bedürfe der Ruhezeiten, die er ja an seinem Arbeitsplatz in idealer Form habe. Er solle sich doch vorstellen, wie es wäre, wenn er in einer größeren Küche arbeiten müsse, wo oft ein rüder Ton herrsche, kalte Befehle gegeben würden, während er ein ideales Freundschaftsverhältnis zu seinem Chef habe, der ihm auch täglich durch Erzählungen und Erklärungen weiterhelfe, sein Wissen zu erweitern.

Im Hause angekommen, hörte die Gräfin, die bei Freunden gegessen hat, daß Arno immer noch wegen der Kocharbeit klagte und erklärte ihrerseits, wie verantwortungsvoll es doch wäre, für die Gesundheit der Gäste im Kochberuf zu sorgen. Wir würden alle ständig zu ihm kommen, weil wir wegen seiner Ehrlichkeit und Korrektheit wüßten, daß wir gut und mit frischen Sachen bedient würden. Er akzeptierte es, wollte aber gleichzeitig mehr Zeit zum Lesen, was wiederum eine Auseinandersetzung darüber ergab, daß nicht die Masse, sondern die Qualität zähle, d.h. er lernen müsse, mit dem Gelesenen zu arbeiten, da man niemals alles kennen könne. Hierauf beklagte er erneut seine Gedankenschwäche. So fand er ständig eine Gegenrede.

Nach Goethes „Werther", dessen unerfülltes Sehen er zu verstehen suchte, gab ich ihm nun Hesses „Steppenwolf" zu lesen, um eine neue Ebene zu haben, auf der ich mit ihm über Isolation und Partnerbeziehung reden konnte.

(125)

In einem kleinen Ort, Corte, wohnte Carina, eine Tochter des letzten russischen Gesandten aus der Zarenzeit. Das einfache Bauernhaus hatte ihr Vater als Wochenendhaus für Ausflüge gekauft, als er in San Remo akkreditiert war, und nun war sie froh, es als Wohnhaus zu haben.

Die Gräfin besuchte sie jährlich, fuhr jedoch wegen der steilen Straßen nicht gerne allein, und so begleitete ich sie nach meinen Morgenbehandlungen am Samstagnachmittag. Auf dem Tisch lag Post aus aller Welt und in vielen Sprachen, und ähnlich lief auch das Gespräch. Wir versperten bei Carina, und so konnte ich Arno gleich im „Stella" zum Abendspaziergang abholen. Sofort begann er klagend mit Reklamationen. Er hätte nach der Arbeit nicht ins Haus gekonnt, da die Tür von uns schlecht verschlossen war. Ich wies ihn darauf hin, daß das nicht stimmen könne, da auch wir sonst nicht hineingekommen wären (Ich hatte ein Türschloß, das nicht schnappte, sondern stets mit dem Schlüssel geschlossen werden mußte, damit man nicht ohne Schlüssel das

Haus verließ). Daß er hier seine Logik nicht eingesetzt hatte, hing aber wohl mehr mit jenem Mangel
an Gründlichkeit zusammen, der vielen jungen Menschen eigen ist.

Auf diese „Niederlage" kam eine neue Anklage. Da
er nicht ins Haus und folglich nicht ruhen konnte,
hatte er die „Luxemburgische Revue" gelesen, die an
der Tür abgelegt war (ich behandelte damals eine
Prinzessin von Luxemburg, die mir diese Zeitschrift
durch ihren Fahrer schickte). In dieser Zeitschrift
stand, daß der Trotz im Kindesalter nicht „rigoros"
gebrochen werden sollte (Wie der Leser bemerkt,
hatte ich sein Wort „Angst" durch das Wort „Trotz"
ersetzt, was für sein Selbstbild eine andere Dimen-
sion ergab). Dieses Wort „rigoros" hatte er nicht genügend beachtet und schüttete nun das Kind mit
dem Bade aus: „Also liegen Sie nicht richtig, und die
antiautoritäre Erziehung hat doch recht!" Ich korrigierte dieses Wort und sprach von „repressionsfrei".
Ich erspare dem Leser das Hin und Her dieses The-
mas.

Endlich faßte ich für ihn alle Einsprüche so zusammen: Das Wichtigste sei, den Menschen dahin zu
bringen, daß er einen Fehler zugeben kann und sich
korrigieren läßt, ohne deswegen gekränkt zu sein.
Ich erzählte dazu, was mir ein älterer Freund vor vielen Jahren gesagt hatte: „Es ist doch nichts dabei,
zuzugeben, daß man unrecht hat, sich geirrt hat oder
etwas auf diese oder jene Art besser machen kann.
Ich verstehe nie, warum Menschen so sehr auf ihrer
Meinung beharren, als ob sie mit der besseren Einsicht etwas verlieren würden."

Arno sprang nun zum Thema Lernen, und so kamen
wir auf Lehrmethoden und Schulen. Da er immer
wieder sein Gedächtnis beklagte, sagte ich, das

hinge auch damit zusammen, daß man nicht lehre, wie ein Stoff ins Langzeitgedächtnis gebracht wird. Es gäbe da genauso ein System wie beim Muskeltraining. *Tepperwein* würde das für seine „Geistheilung durch sich selbst" logischer verwenden, als die Pädagogen, die das doch interessieren müßte. Es käme auf die Wiederholungen in gewissen Abständen und Reihenfolgen an. Tepperwein nennt das Psychokybernetik. Für das Langzeitgedächtnis muß man den Text neun mal in bestimmten Abständen lernen. Dann gibt es eine 21-Tage-Technik bei Löschung und Neuerwerb von Gedankengut. Dazu gehört Wiederholung vor dem Einschlafen und nach dem Aufwachen.

Ich zitierte das Christuswort: „An ihren Früchten sollt ihr sie erkennen!", und riet ihm dringend, immer nach dem Ergebnis, dem Erfolg einer Sache zu schauen, nicht nach der Ideologie.

(126)
Am nächsten Abend wurde ich erneut von Arnos Chef auf sein häufiges Wassertrinken aufmerksam gemacht. So mußte ich auf dem Abendrundgang nochmals mahnen, er müsse nahrhafte Flüssigkeit trinken, da ohne Salze das Wasser im Körper nicht gehalten werden kann.

Um es für ihr eindringlicher zu machen, erzählte ich von meiner Afrikareise: „In Wadi Halfa stehen überall große Tonkrüge an den Häusern, wie man sie bei uns in den Museen der Antike sieht. Sie sind mit Wasser gefüllt und eine Art Schöpfkelle liegt dabei, so daß man überall trinken kann, denn bei der trockenen, starken Hitze verdunstet der Körper viel Flüssigkeit. Die Eingeborenen dort essen sehr scharf, der Europäer nimmt Mineraltabletten." Dann wies ich darauf hin, daß seine Arbeit in der Küche vor dem heißen Herd ähnlich ist. Deshalb sei es wichtig, daß er Fleischbrühe oder Gemüsebrühe trinkt, die Salze und Mineralien enthält. Wieder daheim ermunterte ich ihn, einen Bericht über Albert Einstein vorzulesen, der im „Stern" stand und verständlich geschrieben war.

Arno notierte daraufhin: „Bericht über A. Einstein (geb. 14.3.1879) vorgelesen dabei die die Unwichtigkeit und Geringe meines kleinen Menschenlebens gespürt, vor allem Unsinn des Eßproblems."

Als uns die Gräfin danach Butterbrote vorsetzte, aß Arno zwei davon.

(127)
Schon einen Tag nach obiger Eintragung aß Arno abends nur ein halbes Brot, dann, nach Versuchen, die gestern gewonnene Einsicht aufzufrischen, aß er um 22.20 Uhr die andere Hälfte und danach, weil der Trotz erkannt war, nochmals ein Brot und eine Orange. Dabei bemerkte er, daß ihn die Eßgedanken wieder einmal blockierten.

Am nächsten Morgen, es war sein freier Dienstag, behauptete er, es seien heute mehr Haferflocken als sonst (was natürlich nicht stimmte) und wies das kleine Brot mit etwas Speck (etwa zwei Bissen) zurück, das ich zur Anregung der Galle dazugab.

Die Gräfin, die immer dann eingriff, wenn sie merkte, daß dieser tägliche Kampf absurd wurde, schlug einen Ausflug vor und fuhr uns nach Collabassa, einem Ort im Roya-Tal. Dort liefen wir durch Olivenhaine den Berghang entlang nach Bossare. Ruhe und verlassene Häuser. Abends war ich zu einem russischen Essen eingeladen, bei Exilrussen, die den Winter in Bordighera und den Sommer in S. Moritz verbringen. So ließ ich Arno allein. Er notierte: „Wegen Übelkeit erbreche ich drei Schlucke."

(128)
Wieder ein Sonntag mit prachtvollem Wetter. Die Gräfin möchte wieder einmal Schnee sehen und schlug eine Fahrt zur „Colla Melosa" (1540 m) vor. Vor der Abfahrt schrieb ich für Arno das Morike-Gedicht „Herr schicke was Du willst..." auf und legte es ihn hin. Es sollte ihm eine seelische Hilfe sein, wenn er über Mittag heimkam und uns nicht vorfand.

*Gebet*

Herr! Schicke, was du willst,
Ein Liebes oder Leides;
Ich bin vergnügt, daß beides
Aus deinen Händen quillt.

Wollest mit Freuden
Und wollest mit Leiden
Mich nicht überschütten!
Doch in der Mitten
Liegt holdes Bescheiden.

*(Eduard Mörike)*

Unser Ausflug endete mit einem Kaffee an den Thermen in Pigna. Dort merkte die Gräfin, daß ihr ein Ohrring fehlte, eine wertvolle Perle. Wo mochte sie ihn verloren haben? Sie resignierte sofort, doch mir ließ es keine Ruhe. Ich beschloß, ihn am übernächsten Tag, wenn Arno frei hatte, mit ihm zu suchen. An diesem Dienstag morgen sagte ich, daß ich mit Arno auf dem Motorrad den Sonntagsausflug wiederholen werde, um nach der Perle zu schauen.

Die Gräfin bewunderte meinen Optimismus, hielt es aber nach zwei Tagen für sinnlos, meinte dann jedoch, man könne die Fahrt ja nochmals als Ausflug für Arno machen und im Hinterland bei seinem Chef in Buggio essen. Wir fuhren geben elf Uhr los. Ich begann mit der Suche in Pigna, dem Ort, wo wir zuletzt halt machten. Wir waren dort auf einem Eselspfad zur Kapelle des S. Giovanni gestiegen. Die Gräfin blieb skeptisch zurück, Arno ging eifrig voran und schon nach wenigen Minuten hatte er die Perle gefunden. Ich sprach von Arnos Karma, das ihn schon vor einem Jahr den Wagen seines Onkels in Ventimiglia finden ließ. So erlebten wir alle die Freude seines Erfolgserlebnisses, und Arno strahlte ein bißchen Glück ab.

(129)
Am Abend, in der Wärme des Kaminfeuers lesend, sieß ich auf einen Artikel über Bircher-Benner-Kost und die vegetarische Küche, die wieder sehr in Mode war. Da ich die Gräfin nach Bircher-Benner bekochte, wenn wir zu Hause aßen, zeigte ich Arno den Artikel und gab ihm das Bircher-Benner-Kochbuch zu lesen. Er guckte hinein und meinte, ihm erscheine es nicht sehr schwer, diese Gerichte zu kochen. Das Gespräch brachte uns auf die vegetarische Küche im allgemeinen und da die Gräfin bereits im Bad war, betonte ich bewußt, daß fleischlose Kost die männliche Potenz schwäche. In der Zeit, in der ich bei Bircher-Benner arbeitete und die dortige Kost aß, hätte ich das bei mir festgestellt. Ich ergänzte das dann durch das Beispiel des Monte Verità im Tessin aus den 20er Jahren. Dort lebte man vegetarisch, und Landauer bemerkt in seinem Buch über diese Kolonie, daß sie alle kinderlos waren und blieben.

Der aufmerksame Leser denkt vielleicht: Was soll dieses Gespräch mit einem Jüngling, der noch nicht einmal die Erektion, viel weniger die Begierde und Lust kennt? Meine Absicht bei solchen Gelegenheiten – wenn also die Unterhaltung zufällig dieses Thema berührte – war, Arno vom Kopf her so vertraut mit diesem Problemenkreis zu machen, daß er, wenn die eigene Reife einträte, das Ereignis nicht nur selbstverständlich, sondern mit Dankbarkeit und Stolz erleben würde. Ich dachte an Mitteilungen achzigjähriger Damen aus meinem Patientenkreis, die erzählten, mit welchem Schrecken sie damals die Menarche (erste Periode) erlebt hatten, da sie nicht darauf vorbereitet waren, und an Teenager der Jetztzeit, die mir berichteten, daß man in der Schulklasse stolz jedes Mädchen umjubelt, das verkündete, es hätte sie nun endlich und sei soweit.

An diesem Abend kamen wir von der Kolonie des Monte Verità noch auf Lebensgemeinschaften in den Klöstern, und ich berichtete auch, daß ich 1970 in der sogenannten Langhans-Kommune in der Giselastraße in München zu Besuch war und von den Problemen des Zusammenlebens, von denen mir dort erwählt wurde. Arno erwiderte, er habe kein Verlangen nach Menschennähe und auch nicht nach Sex, beklagte dann sofort wieder seine Vergeßlichkeit.

Ich lobte darauf seine Auffassungsgabe und sagte, er hätte Verstand, was man ja bei seinen so rasch fortschreitenden italienischen Sprachkenntnissen sehe. Alles sei eine Sache des richtigen Essens, und dazu gehöre bei ihm auch der Speck. Arno gab mir recht. Um ganz glaubhaft zu wirken, kam ich noch auf die Zeit meiner Gefangenschaft während des Krieges. Ich sagte: „Wenn wir wenig zu essen bekamen und hungrig waren, sprach man von früheren

Gelagen, diktierte sich Rezepte, schwärmte von Menüs. Kaum aber waren wir satt, gab es nur noch das Thema Sexualität.

Grob gesehen, verlief auch die Nachkriegszeit so: Nach der Freßwelle die Sexwelle."

(130)
An diesem Abend aß Arno einen Teller mehr als sonst und war auch am nächsten Morgen von seinem Perlenfund aufgeladen und fröhlich. Mein Wort vom Karma hatte ihn so angeregt, und so fragte er uns während des Frühstückens über Schicksal, Lebensaufgabe, Schöpferglaube und Philosophie aus.

Doch schon in der Mittagspause zeigte er die alten negativen Züge (mangels Kraftreserven, wie ich ihm sagte) und als ich ihn abends abholte, begann er das alte Gespräch über Essen und Rauchen. Diesmal sagte ich, wir müßten erst den Stoff, den er morgens angeschnitten habe, zu Ende besprechen, und so plauderte ich von den Mythen Griechenlands, über die er gerade bei *Schwab* las. „Sie haben einmalig und universell jedes mögliche Schicksal erkannt und in eine gültige Form gebracht, so daß wir heute nur noch auf diese Bilder zurückgreifen müssen".

Nur von der Magersucht hat man in der Antike noch nichts gewußt, ergänzte ich scherzhaft, obwohl uns Marguerite Yourcenar in ihrem Hadrian-Roman von einem Jüngling berichtet, der sich fast zu Tode hungert, weil sein Liebhaber ihn immer magerer will.

„Dich aber wollen wir gesund und kräftig, und deshalb erinnere ich dich erneut daran, die Fleischbrühe nicht zu vergessen", schloß ich meine Rede.

(131)

Die Gräfin flog für zwölf Tage nach Paris und verabschiedete sich vor der Abfahrt zum Flughafen Nizza von Arno mit einem Kuß.

Als ich nach der Praxis-Arbeit ins „Stella" ging, um Arnos Chef wegen der Fleischbrühe zu informieren, hatte Arno schon Knochen aufgesetzt. Ich lobte es, so wie man heute lernt, auch das Selbstverständliche zu loben, womit das Loben im Endeffekt entwertet wird. Dann fragte ich nach seinen Vorbereitungen für den Motorradführerschein. Es stellte sich heraus, daß die Frauen, die in Küche und Eßsaal Zuhilfearbeiten verrichteten, ihm zuerst die Prüfung ausreden wollten und ihn nun erneut irritierten, indem sie sagten, dann solle er doch gleich die Prüfung für das Auto machen, da er ja am 18. schon 18 würde.

Arno hatte es sich einreden lassen, und ich konnte nur sagen, darüber müßten wir am Abend nochmals sprechen. Ich tat das dann mit der bei ihm nötigen Gründlichkeit, sprach von der Erlaubnis des Vaters für das Motorrad, die ich schriftlich hatte, vom der getätigten Anmeldung für die Motorradprüfung, und sagte, daß ein Autoführerschein im Augenblick unwichtig sei, da ich ja kein Auto besäße, die Gräfin ihres ganz sicher nicht herleihen würde und er selbst weder ein Auto bezahlen noch unterhalten könne.

„An der Riviera ist es das ganze Jahr schön, man braucht kein Auto, und mit dem Motorrad findest du auch immer einen Parkplatz, mit dem Auto nicht."

Endlich sah es Arno ein, doch lag er dann im Bett und weinte.

Schon am nächsten Morgen, beim ersten Frühstück ohne die Gräfin, merkte ich, wie Arno (oder das Böse in ihm) dem Zwang des Morgenbreies entgehen wollte. Ich sagte, daß wir weiterhin gemeinsam frühstücken und forderte ihn auf, seine Probleme erneut zu formulieren. Im Ristorante, vor Beginn der Küchenarbeit, versuchte er das unter Tränen:

„(...) die Dummheit meiner Probleme fällt mir beim Notieren auf!"

Als ich dann später vorbeikam, in die Küche schaute und ihn fragte, wie wir seinen Geburtstag feiern sollten, war er „verzweifelt", weil er eine Abneigung gegen Feiern hatte, die natürlich Angst vor Essen war. Sein innerer Gegenschlag im Tagebuch: „(...) viel allein gearbeitet, wobei ich mich oft ausgenützt fühle!"

(132)
Ohne Gräfin versuchte ich Arno ein Thema näher zu bringen, das mit ihm allein besser durchzusprechen war. Gehorchen und Befehlen war das Thema, das wir an diesem Abend diskutierten, als wir die Via die Colli (Hügelstraße) entlangbummelten.

Das Meer schimmerte, ein warmer Wind aus Afrika rauschte in den Palmen. Aufhänger des Gespräches war Nietzsches „Zarathustra", den ich mittags aus der Bibliothek geholt hatte. Ich zeigte ihm den Satz: „Wenn du zum Weibe gehst, vergiß die Peitsche nicht!" und erklärte, daß er meist falsch verstanden und gebraucht würde.

Der Mann müsse die Peitsche mitnehmen, um sie für sich selbst bereit zu halten, d.h. sich in Zucht halten zu können. Eines bedinge das andere. Der Unwille mancher Menschen zu befehlen, entspringe der Angst, dann auch selbst gehorchen zu müssen. Sie meinen, sie könnten sich dem Gehorchen entziehen, wenn sie selbst nicht befehlen würden. Für ihn, Arno, wäre der Klartext, weil er oft von „Sichausgenützt-fühlen" spreche, daß er dieses

Gefühl nur habe, weil er selbst nicht fordern würde. Würde er auch ab und zu befehlen, dann würden sich Nehmen und Geben die Waage halten und alles wäre in Ordnung.

(133)
Solche Reden nutzte ich dann, sie bei erneuter Eßabwehr in Erinnerung zu bringen und sagte: „Jetzt nimm' mal die Peitsche" oder erinnerte an Luthers Vögel.
Doch im allgemeinen kam ich langfristig mit annehmbaren Zugaben voran. So gab ich nun morgens zum Hafer-Hirsebrei noch einen Löffel Lebertran, den er nehmen müsse, bevor der Sommer kommt. Der Geschmack störte Arno nicht, denn der Magersüchtige hat ja, wie erwähnt, kein Geschmacksempfinden und kein Körpergefühl. Später gewöhnte er sich dann auch an, den harten Parmesankäse zu kauen; gerade weil er scharf war, war die Lust daran größer als die Kalorienfurcht.
Einen Nachmittag ging er mit Renato in den Film „Limelight" (Ch. Chaplin) und war sehr beeindruckt: „Da er philosophisch war und das Leben als sinnlos hinstellte, und Sehnsucht und Liebe als Thema des Lebens nannte, weshalb es lebenswert ist."
Als er auch abends mit Renato allein ausging, hatte ich Zeit, Bilanz zu ziehen und erkannte, daß das Interesse an der Umwelt zugenommen hatte und daß er Gefühle zeigte, die am Beginn der Behandlung (vielleicht wegen der Medikamente) nicht denkbar waren.

## Arnos Geburtstag

Arnos Vater rief an und gratulierte zum Geburtstag. Dabei sagte er den Besuch des älteren Bruders an, der den Militärdienst verweigert hatte und anerkannt worden war. Arno hörte nachmittags die Suggestionskassette, sagte aber dann, daß ihn zu viele Gedanken abgelenkt hätten. Abends wollte er uns ein Essen geben, doch dann machte er einen Rückzieher und sagte es ab.

## 50. Behandlungswoche

Arnos Bruder hatte sich für den 21. März angesagt. Einen Tag vorher richtete ich mit Arno das Zimmer, denn er wollte bei uns wohnen. Der Leser wundert sich vielleicht, daß ich ihn nach den früheren Erfahrungen aufnahm, doch es ging nur um acht Tage, und ich hoffte, ich würde das schon ausbalancieren können.

Alle Tätigkeiten waren Anlaß, die Beobachtungsgabe Arnos zu stärken. Als ich ihn bat, die Vorhänge abzunehmen, fragte er: „Warum?" „Sie sind grau!" sagte ich. „Ach, ich hätte das nicht gesehen!" Eine andere Kleinigkeit: Er begrüßte unsere Haushälterin nie mit dem Namen, obwohl wir das alle taten, Ich sagte ihm, daß die Amerikaner behaupten, das Wort, das einer am liebsten hört, sei sein Name – und dieser würde die persönliche Beziehung schaffen (ich füge hinzu, daß er das nie ganz gelernt hat und immer wieder vergaß!).

Während des Zimmerherrichtens gab es wieder Gespräche über die Fleischbrühe, deren Fettaugen ihm zuwider waren. Ich behauptete, daß sie erst den Geschmack ergeben. Als ich Arno dann bat, bei dieser

Gelegenheit sein eigenes Zimmer auch aufzuräumen, stieß ich wieder auf Unverständnis. Ich erklärte ihm: „Wir sind nur dann für geistige Probleme aufgeschlossen, wenn uns die Umwelt nicht irritiert. Solange du immer erst in deinen Sachen wühlen und suchen mußt, kannst du nicht konzentriert arbeiten."
All dies waren nun eigentlich höchst bourgeoise Reden und gehörten nicht unbedingt zu meinen Aufgaben. Trotzdem war es eine Gelegenheit, Arno von sich und seinen Gedankenzwängen abzulenken und ich war wie immer geneigt, auch Nebenwirkungen, wie oben genannt, darin zu erkennen.

(135)
Wie schon beim ersten Bruderbesuch erwähnt, kann ein älterer Bruder oder eine Schwester den Nachfolgenden versklaven und hörig machen. Der Ältere hat zunächst eine Aufsichtsrolle und merkt bald, daß er daraus Profit ziehen kann. Der Jüngere muß tun, was der Ältere nicht tun mag. Das kommt natürlich bei empfindsamen Menschen, die sich nicht wehren können oder wollen, häufiger vor, als bei Dickhäutigen, und oft bleiben sie ihr ganzes Leben unter diesem Diktat der Älteren.
In Arnos Fall wirkte sich das Imponiergehabe des Bruders besonders aus, denn er notierte schon am Tag nach seiner Ankunft: „Meinem Bruder gegenüber komme ich mir klein, unwissend und dumm vor."
Als Arnos Vater den Besuch des Bruders ankündigte, hatte mich Arno gefragt, ob er bei mir umsonst wohnen könne, da es bei Onkel Leo nicht gehe. Ich hatte zugestimmt, aber mit der Auflage, er müsse sich nach der Hausordnung richten: „Frühstück morgens mit uns um acht Uhr, denn wenn du zur Arbeit

gehst und meine Praxis beginnt, muß das Bad frei und sauber sein. Du weißt, daß das zweite Bad von der Gräfin belegt ist." Arno stimmte dem zu.

Als nun am Morgen das Frühstück beginnen sollte, war Franz nicht am Tisch. Ich bat Arno, seinen Bruder zu holen. Dieser kam mürrisch, provisorisch angezogen und begann sofort zu räsonieren: „Keiner der vierzigtausend Studenten in Münster würde einsehen, warum er zum Frühstück da sein soll, und die können ja nicht alle irren." Ich ignorierte diese Ungezogenheit, denn als mein Gast hätte er sich ja für die Einladung bedanken müssen, konnte mir aber nicht verkneifen zu antworten: Als Germanist hätte er vielleicht in der „Politeia" (Platon) gelesen, daß der lasterhaften Menge nur eine tugendhafte Minderheit gegenüberstände. Im übrigen könne er ja am Strand weiterschlafen.

In mir wuchs die Überzeugung, daß dieser Bruder schuld an Arnos Unsicherheit sei und so nahm ich mir vor, Arno zu zeigen, daß an diesem Franz gar nichts Bewundernswertes sei. Die Gelegenheit bot sich bald, denn bei den abendlichen Gesprächen brachte er all jene Tagesthemen, die ich schon bis zur Ermüdung aus der Presse und gewissen Cliquen kannte. Beispiele: Franz klagt über Schulstreß und die dadurch zerstörte Jugendzeit durch zuviel Schularbeit (sagt aber nicht, was er statt dessen machen wolle). Er sieht keinen Sinn in gesellschaftlichen Richtlinien, ist gegen Disziplin und somit auch gegen das Militär (doch hat er sich noch nie in einer sogenannten „Gesellschaft" bewegt und auch keinen Krieg miterlebt).

In Arnos Tagebuch liest sich das so: „G. erklärt Lebensprinzipien und Sinn der Erziehung (Edukation), jedoch Franz will es nicht akzeptieren, obwohl es ihm nicht gelingt, zusammenhängend und folgerichtig dagegen zu argumentieren; so bin ich mir immer noch nicht der Richtigkeit von G's Gedanken sicher – obwohl ich durch ihr Befolgen ihren Erfolg sehe – da Franz sie ablehnt und anzweifelt."

Der Bruder erzählte an einem Abend, daß sie auf der Uni den „Simplizissimus" von Grimmelshausen durchnehmen. Arno fragte, was das für ein Buch sei und so bitte ich den Bruder, den Inhalt in zehn Sätzen zu erklären, denn Franz zerkaute jeden Stoff so lange, bis er uninteressant wurde.
Arno notiert: „Auf G's Wunsch schafft es Franz nicht, mir den ersten deutschen Roman in zehn Sätzen zu erklären, was G. dann tut. Sehe Franz deswegen schwer niedergeschlagen und mir scheint er kurz vor dem Weinen, was mir sehr leid tut!"

Arnos Empfindsamkeit zeigt sich zu dieser Zeit auch anderweitig. So notierte er: „Arbeit bis 14.30 Uhr. Die Frau des Chefs schaut untätig zu, was mich seelisch belastet." Natürlich belastete auch mich diese unterschwellige Spannung und ich versuchte alles, um mit Franz ein Gespräch zu führen, das Arno mit einschloß und diesem helfen sollte, sich dem Bruder gegenüber nicht als klein und dumm zu erleben. Doch schien Franz mir nicht zu verzeihen, daß ich älter war und größere Lebenserfahrung hatte. Kam ich auf Bücher zu sprechen, die auch Arno gelesen hatte, er aber zufällig nicht, nahm er das übel wie einen Entzug von Autorität. Deshalb war ich froh, als die Gräfin zurückkehrte, die uns sofort alle zu einem Ausflug einlud, um die Pariser Luft auszuatmen.

(136)

Mein anderer magersüchtiger Patient, Oswaldo, hatte seine Besuche wegen der längeren Anreise, aber auch wegen der Kosten, eingestellt, denn in Italien ist – wie in England – jede ärztliche Behandlung kostenlos. Nun erhielt ich seinen Anruf, daß sein Vater ein Lungenkarzinom hat. Er wollte Rat. Meine Hoff-nung, daß er durch diesen Schicksalsschlag von sich abgelenkt und zu einer mitmenschbezogenen Vernunft zurückfinden würde, wird sich als trügerisch herausstellen.

Auch Arno war die Mutter während der Krankheit gestorben, was für ihn nicht die kleinste Veränderung in seinem Verhalten zur Folge hatte.

Drei Monate nach dem Tode seines Vaters wird Oswaldo im Hospital sterben, in das man ihn zur Zwangsernährung eingeliefert hatte. Wie Arno seine Brötchen von Renato essen ließ, mußte Oswaldos Mutter dort seine Speisen essen, um die Ärzte zu täuschen. Die Mutter, eine einfache Frau, tat es aus falschem Mitleid.

(137)

51. Behandlungswoche

Arnos Bruder war abgereist. Leo Gieser kam zu Besuch – man machte einen Ausflug in die Oper nach Monte Carlo – und in unseren Gesprächen spekulierten wir, ob es nicht besser sei, Arno in einem eigenen Zimmer wohnen zu lassen. Es gab zahlreiche Gründe: Der Sommer mit den vielen Besuchen, meine ständige Beanspruchung durch ihn, seine Stimmungsschwankungen und das widersprüchliche Verhalten. Vor allem bei seinem eigensinnigen Beharren, wenn er etwas nicht wollte, glaubte die Gräfin ein Nachlassen meines Einflusses zu sehen, der durch eine räumliche Trennung wieder verstärkt werden könne. Es war schwierig, etwas zu finden, aber ein Dachzimmer gab es dann doch. Am Abend ging ich mit der Gräfin hin, um es anzuschauen. Die Wirtin, eine mehr primitive als einfache Frau, das vergitterte Fenster, damit niemand vom Dach her einbrechen konnte, die Enge – ich stellte mir vor, wie Arno dort säße und mangels der bisherigen Ablenkung wieder in seine alten Eßgrübeleien verfiele.

Die Gräfin sagte auf dem Heimweg: „Wir haben da eine Erziehung eingeleitet, zu der auch das „sich bewegen" in einem entsprechendem Ambiente gehört. Die Fortführung wäre in diesem Zimmerchen nicht möglich. Das paßt dann alles nicht mehr zusammen." „Suchen wir weiter!" sagte ich.

Am nächsten Tag kam Arno von der Morgenarbeit und klagte erneut, daß die Gedanken an sein Leben und ans Essen ihn quälten. Es half ihm auch nichts, sich mit etwas anderem zu beschäftigen, da er sich nicht konzentrieren konnte. Er fand mit den Klagen kein Ende und ging schließlich weinend zur Nachmittagsarbeit. Als er gegangen war, dachte ich: Trotz allem, es sei besser er bleibe hier und unter Aufsicht, wo er für seinen Schmerz ein Ohr findet. Ich berichtete der Gräfin davon und sie sagte: „Wir müssen ihn aufheitern!" Wir gingen ins „Stella" essen, warteten auf ihn und nahmen ihn in einen lustigen Film mit (Vittorio Gassman: „Due Pezzi di Pane"). Auf dem Heimweg unterhielten wir uns über die Gags und machten Witze.

Arno darüber im Tagebuch: „Gemeinsam langweiliger Spaziergang nach Hause, wobei beide scherzten, mir jedoch die Stimmung zum Albern fehlte."

(138)
Auch am nächsten Tag war Arnos Eintragung
schwermütig: „Hose gewechselt, die von Putzfrau
noch voller Seife war; verzweifelt über viel Arbeit und
Essen. Mein Leben stellt sich mir aus Arbeit, Essen
und wenig Schlaf vor, wozu noch das dumme Scherzen mit der Gräfin kommt. Sehr viel Weinen nachmittags. 17.30 Uhr erneut verzweifelt zur Arbeit."

Wie sehr wir uns trotz der uns natürlich belastenden
Grundstimmung um ihn kümmerten, zeigt die weitere
Eintragung: „21.45 Uhr mit G. nach B.-Alta. Ich berichte von meiner Lektüre des Vorwortes von Platons
„Gastmahl", das ich selbst lese, weil ich G's Hinweise damals auf der Reise vergaß. G. rät, das Vorwort
erst später zu lesen, da es ja Dinge erkläre, die ich
noch nicht kenne. Sehe dann mit G. das internationale Gesangfestival in Israel 79 in Live-Übertragung.
G. macht mich auf vieles aufmerksam und erklärt
vieles, wie z.B. die symbolischen Bilder zum Anfang
eines Liedes eines neuen Landes (z.B. für Belgien
die Bauernhochzeit von Breughel). Auf dem Heimweg um 23.45 Uhr redet er mir zu, doch Mut, Ruhe
und Geduld zu zeigen."

Arnos Chef bemerkte die Zerrissenheit wohl auch,
denn er gab ihm am nächsten Abend frei. So redete
ich nochmals mit ihm, versuchte Zuversicht und Vertrauen zu wecken. Die Gräfin war beim Abendessen
für einen San Remo-Besuch, fuhr uns hin und führte
uns dort in einen Film über den Vietnam-Krieg: „The
Deer Hunter".

## 52. Behandlungswoche

Arno schrieb: „Nach Morgenarbeit heim und eine Stunde erschöpft geruht. Seit Tagen belastet mich eine Gedankenverwirrung: Militär, zuviel Arbeit im Vergleich zur Freizeit, zu wenig Lesen. Seit Tagen ohne Kaffee, stets Würgen des Essens, Angst vor Fett. Lebenslinie? Essmenge? Gedächtniskraft? Diese Gedanken machen mich unruhig und bedrückt."

Es ist Montag, und so nahm ihn sein Chef für den freien Tag zur Olivenernte nach Buggio mit. Da es der Abschluß der Olivenernte war, wurde es mit einem großen Essen gefeiert, an dem Arno diesmal nichts auszusetzen hatte.

Die Gedankenverwirrung beim Thema Militär hing mit dem Besuch des Bruders zusammen, der den Dienst verweigert hatte. Die Diskussion darüber hatte mich erwägen lassen, ob Arno einer Einberufung nachkommen sollte. Ich hatte eine Geschichte zum Besten gegeben, in der ich nur dank meiner militärischen Ausbildung – besser: des Drills – zwei Einbrecher, die mich fesseln wollten, in die Flucht schlagen konnte. Die eingedrillten Impulse der Selbstverteidigung hatten funktioniert.

Diese Geschichte hatte Arno wohl beschäftigt.

Als Arno am Mittwoch zurück war, notierte er: „Gedanken lassen mir keine Ruhe; Lesen zu wenig, Arbeit genug, Essensmenge? Körperhygiene? Zeitmangel! Gedächtnisschwäche. G. um Klärung dieser Probleme gebeten, die er mir auch versprach."

Ein gesunder Mensch wird spätestens hier sagen: Warum zieht er aus seinen Wünschen nicht die Konsequenz? Warum geht er nicht erneut zur Schule, zur Universität, was ja heute kein finanzielles Problem mehr ist? Antwort: Als Sklave seiner Sucht ist er ohne Hilfe unfähig, solche Pläne zu verwirklichen. Streng genommen haben wir diese Art von Diktatur durch die Hormone und Gehirnzellen auch beim gesunden Menschen. Er gibt sich – je nach Umstand – einem genau so unsinnigen Erfolgsstreben, Nichtstun, metaphysischen Spekulationen, Liebeserwartungen usw. hin. Nur ist beim Anorektiker das Absurde, daß es eine Krankheit zum Tode ist, ohne daß der Todeswunsch dahinter steht.

(140)
Der Tod, das Unerfahrbare bis zum „Augenblick der Wahrheit", tauchte auch in unserem Kreis immer wieder auf. Mein Bruder war am 16. Januar an einem Infarkt gestorben, und hinter meiner Trauer verbarg sich der Vorwurf, daß ich gewarnt und vergebliche Lebensregeln gegeben hatte – daß also der Prophet nichts in seinem Vaterlande gilt.

Renatos Großvater starb, und er, der mit seiner ständigen Fröhlichkeit und Schalkhaftigkeit in unserer ungewollten Wohngemeinschaft eine Präsenz darstellte, die scheinbar unnötig war, aber doch zu einem für alle wichtigen Katalysator wurde, lief einige Tage mit traurig-besorgtem Gesicht herum, bevor er wieder in sein Lebensgefühl von Freude und Bejahung eintauchte.

Nun erhielt die Gräfin einen Anruf, daß ihr langjähriger Arzt und Freund, mit dem sie jede Woche einmal von Mentone aus telefonierte, in Paris gestorben sei. „Er war der Arzt von Agha Khan", erzählte sie. „Als Agha Khan im Sterben lag, brachte er ihn mit der Begum nach Genf – wegen der Erbschaftssteuer in Frankreich."

(141)

Was ist Erziehung, wieweit ist sie nötig und möglich, sinnvoll und nützlich? Bei Arno waren für mich Hinweise auf richtiges Verhalten ein Teil der Therapie, denn er war in allem unsicher.

Am 5. April besuchten mich zwei junge Leute (früher hätte man vielleicht Verlobte gesagt), von Rundfunkfreund Kurt empfohlen. Ich besorgte für sie ein Zimmer in der Nachbarschaft und bat Arno, sie bis dahin zu begleiten. Als sie den Gartenweg zur Straße gingen, sah ich, daß das Mädchen die schweren Koffer trug und Arno nebenher lief, ohne etwas in der Hand zu haben. Der Hinweis auf Kavalierspflichten verletzte ihn, statt ihn seine Unaufmerksamkeit erkennen zu lassen.

Im Haushalt fehlten einige Dinge und ich bat ihn, sie zu kaufen. Er kam zurück, hatte aber einen Teil der Besorgungen vergessen. (Dieser Zug, das Alltägliche unaufmerksam zu erledigen, sollte noch lange anhalten.) Beim gemeinsamen Essen hielt sich Arno immer noch streng an die Menge, die ich selbst verzehrte, und betonte es, wenn er glaubte, einen Löffel mehr als ich gegessen zu haben. Das hinderte ihn nicht, wenig später zu sagen, daß er nicht satt sei, woraus man den Vorwurf hören konnte: „Hätten Sie mehr gegessen, wäre ich jetzt satt". Den Hinweis, daß ich mit der Gräfin während des Ausfluges Wein und Käse genossen hätte, ignorierte er.

Die Gräfin versuchte sein Wissen ständig zu erweitern, damit er den Unterhaltungen folgen konnte. So erklärte sie etwa das Wort „Bohème" im Zusammenhang mit der Oper, oder das Wort „Circe", wozu sie die Sirenen des Odysseus und die Lorelei anführte.

(142)

Trotz solcher Unterhaltungen beim Frühstück war er mittags schon wieder „verzweifelt" und grübelt über sein „Unwissen, seine Niedrigkeit und seine dummen Essprobleme." Als ob wir nie davon gesprochen hätten, fragte er auch in dieser Woche eines Abends auf dem Heimweg von unserem Rundgang nach Erklärungen, die ihm helfen sollten in seiner „Furcht vorm Mehr-Essen, vorm Sich-Wärmer-anziehen und vorm Anders-sein-als-Andere".

Oder ein anderer Tag. Morgens erzählte die Gräfin von den Kirchenfesten der russisch-orthodoxen Gemeinde in San Remo. Sie wollte Arno zur Weihnachtsfeier einmal dorthin mitnehmen, denn der Gesang der weichen, russischen Sprache sei hörenswert. Sie erwähnte dabei, daß der orthodoxe Liturgiekalender 14 Tage hinter dem unseren zurück sei und fügte noch hinzu, die Äthiopier würden jetzt das Jahr 1972 zählen, denn sie seien sieben Jahre zurück, was damit zusammenhinge, daß der Äthiopier, den Paulus auf seiner Reise zum Christentum bekehrte, eine falsche Jahreszahl nach Abessinien brachte.

So aufgeladen ging Arno dann seinen Weg am Meer entlang zum Ristorante. Dabei sprach er laut die Gedichte, die er lernte oder gelernt hatte, denn um diese Zeit war die Promenade meist leer. Manchmal schrie er sie auch in den Wind, und dieses Schreien gab ihm das Gefühl einer Befreiung.

Als er in der Mittagspause heimkam, klagte er, daß er wegen der alten Fragen betrübt sei, und ich begann erneut, ihm Mut zu machen. Als wir abends auf ihn warteten, um ihn zum Spaziergang mitzunehmen, lag er plötzlich im Bett. Ich interpretierte das so, daß er diesem Zusammensein auswich, denn wenn die Gräfin dabei war, mußte er sich zusammennehmen und konnte seine Probleme nicht loswerden.

(143)
Meine Sprechstunden versuchte ich möglichst morgens hinter mich zu bringen. Aber auch dort gab es immer wieder Fälle, die mich gedanklich beschäftigten, so daß ich nicht immer offen genug für Arno war. Eine Patientin, gerade 30 Jahre, kam mit einem Zervicalsyndrom mit Kopfschmerz. Als ich ihr Akupunkturnadeln setzte, wurde es ihr plötzlich derart schlecht, daß sie noch im Behandlungszimmer auf den Boden erbrach. Ich beendete die Behandlung, ließ sie ausruhen und danach war alles wie ein Spuk verschwunden. Auch heute, nach zehn Jahre, sind die Beschwerden niemals zurückgekehrt.
Ich denke an ein Lehrbuch, in dem steht: Schon die alten Homöopathen heilten mittels Erbrechen.

Es war Montag, der 9. April,
Arnos 53. Behandlungswoche.

Die Gräfin machte mir mir am Nachmittag den letzten Spaziergang, dann würde sie in ihr kaltes Schloß zurückkehren, das im Frühling wieder bewohnbar wurde. Sie ermahnte mich, weiterhin Spaziergänge zu machen, damit ich meiner Arbeit gegenüber ruhig bleiben konnte. Wir kamen auf diesem Ausflug an einer Kapelle vorbei, in der ein Sebastian mit den sieben Pfeilen im Körper stand, und sie fragte mich, ob das Akupunktur sei oder gar der Schutzpatron der Akupunkteure.

(144)
Als ich mit der Gräfin von diesem Spaziergang zurückkam, sagte Arno, daß Frau Bijuti hier war, jene
Freundin, mit der er den ersten Ausflug zum Cap
Ferrat gemacht hatte. „Warum hast du sie nicht warten lasse und ihr eine Flasche Wein hingestellt?",
fragte ich. „Ich habe nicht daran gedacht!"
Ich erwähne diese Szene, weil sie mir typisch für die
Indifferenz des Magersüchtigen zu sein scheint, die
oft an Autismus erinnert. Arno hatte längt gelernt und
gesehen, wie Gastfreundschaft in Italien aussieht
und war mit diesem Brauch vertraut. Hätte er irgendwo keinen Kaffee oder Wein bei einem Besuch angeboten bekommen, so hätte er das bemerkt und
konstatiert. Aber da ging man auf ihn zu – und auf
andere zugehen, das konnte er noch nicht.

Am Morgen war der Abschied der Gräfin, der Wagen
vollbepackt, abfahrbereit im Garten. Sie war bewegt
und wollte nicht, daß wir sie zum Auto begleiteten.
So blieben wir zurück. Ich trank noch eine Tasse
Kaffee und dachte an die große Harmonie des Bei-
sammenseins, die ich seit Ankunft der Gräfin im
Herbst erlebt hatte. Zweifellos war sie das Ergebnis
der Disziplinierung und Rücksichtnahme und des
Takts: Die Gräfin hatte ihre Erziehung zur zweiten
Natur gemacht. Mir fiel ein, daß Diogenes sagte:
„Man kann im Leben nichts tun ohne zu üben; und
die Übung hilft den Menschen, alles zu überwinden."

(145)
Ohne Gräfin am Frühstückstisch begann Arno sofort
mit den alten Problemen. Wieder wies ich ihn darauf
hin, daß er Leptosome ist, wieder erinnerte ich ihn
an den Nachholbedarf und brachte Beispiele.

Arnos Antwort: Es mangele ihm immer noch am Glauben, daß er essen und trotzdem schlank bleiben könne. Renato kam nachmittags und wollte mit ihm nach San Remo. Dort waren Freunde, mit denen er diskutieren wollte. Arno sagte zuerst zu, doch dann wieder ab und schrieb: „Müdigkeit und Menschenüberdruß ergriff mich."

Es kamen Osterbesuche und ich bat Arno, für ein Pärchen die Betten zu beziehen. Er nahm dazu rote Bettücher und schrieb: „Um in der Farbe der Liebe zur Fröhlichkeit anderer zu dienen."

Abends klagte er dann wieder über „harte Arbeit" und notierte weiter: „Renato prahlt mit seinem Trinkgeld. Ich finde ihn töricht, auch meinen Chef, der über Gesundheit klagt und nichts dafür tut."

Solche Notizen, selbst wenn sie richtig wären, zeigten, daß sich der Magersüchtige eine Urteilskraft anmaßte, die im grotesken Widerspruch zu seinem eigenen Verhalten stand. Renato hatte nicht mit dem Trinkgeld geprahlt, sondern sich jubelnd über einen höheren Betrag gefreut, den man ihm für sein perfektes Bedienen gegeben hatte. So kam Arnos Dualismus immer wieder durch, und es blieb schwer, ihn zu korrigieren, denn dann zog er sich verletzt zurück, ja wurde böse und unleidlich.

(146)
Zum Osterfest waren wieder viele Freunde und Bekannte eingetroffen, und da die Unterhaltung im Café „Romano" am langen Tisch schwierig war, trafen wir uns an einem Abend bei mir am Kaminfeuer. Es waren sechzehn Personen, und so richtete ich nur Käse, Brot und Wein, damit durch Kochen und Tischdecken keine belastende Arbeit entstand.

Arno kam bald dazu und hörte von einem jungen

Mann, der gerade vom Militär kam, daß er keinen Drill empfand, im Zusammenleben aber viel lernte. Jetzt bemühte er sich mit seiner Freundin, an sich wieter zu arbeiten und sich weiter zu verbessern; die Welt würde nur besser, sagte er, wenn der einzelne besser wird. Das war für Arno ein anderer Tenor, als was er bisher von seinem älteren Bruder gehört hatte, der stets auf diese Institutionen schimpfte und über Sozialismus sprach, obwohl er weder beim Militär gewesen war, noch sich sozial benahm. Allgemein plauderte man einige Zeit über Individuation (=Entfaltung zu sich selbst, Entwicklung zur Einzelpersönlichkeit). Es gehörte zu den Modethemen. Breinlinger meinte, auf die Frage, wie man sich selbst verwirklichen sollte, käme fast immer die Antwort: Indem ich tun kann, was ich gerade will.
Darauf sprach man von den Zwängen, denen man angeblich nicht ausweichen könne. Zeige man einen Weg aus diesen Zwängen, dann käme die Antwort: Ja, wenn ich genug Geld hätte... Damit entschuldige dann jeder seine Unfähigkeit zur Freiheit.

(147)
Jeder Therapeut weiß, wie leicht man von Modetherapien beeinflußt wird, nur weil sie verlangt werden. Aber man vergißt oder übersieht dadurch auch Bewährtes, weil das Spektrum der Therapiemöglichkeit fast unüberschaubar wird. Mein Freund Josef Karl erzählte als Lehrer im Unterricht von einem Fall von Schlaflosigkeit, bei dem alle möglichen Verordnungen nicht zum Erfolg führten. Dann kam der Patient wieder und berichtete, irgendjemand hätte ihm kalte Wadenwickel geraten und seitdem schlafe er gut. Fazit: An diese bekannte Kneipptherapie hatte man nicht gedacht.

Bei überlastetem Magen (etwa Roemheld-Syndrom) nimmt man in Italien den Saft einer Zitrone, mit wenig Wasser gestreckt und gibt einen Kaffeelöffel Bicarbonat hinein. Kaum ist das Bicarbonat in der Flüssigkeit, muß man es hinuntertrinken, denn es schäumt. Dieser Prozeß soll im Magen stattfinden, der so ausgeputzt wird. Ich kannte das seit langem, war aber – siehe oben – irgendwie davon abgekommen.

Als ich mit der Gräfin einen Ausflug nach Apricale gemacht hatte, waren wir einer 87-jährigen Frau begegnet, die uns auf die Höhe führte und erzählte, daß sie jeden Morgen sechs Kilometer laufe, um ihre Ziege in den Bergen zu füttern. Wo Ziegen gut gedeihen, sagte sie, baue man nach einigen Jahren Häuser. Endlich erzählte sie, daß sie alle Krankheiten mit Bicarbonat kuriere, das sei ihre einzige Medizin. Dadurch kam ich selbst wieder auf dieses Mittel, und als Arno wie gewohnt wieder über Völlegefühl klagte, hatte ich ihm zu diesem Mittel geraten.
Er nahm es sofort, da ja Zitronensaft schlank macht.

(148)
Arno war über die Osterfesttage voll beschäftigt. Kam er in der Mittagspause in die Villa, hatte er meistens ein Tief und weinte. Renato kam ebenfalls, später, nach dem Servieren, genoß aber diese Pause, hörte Musik oder schlief. Einmal bat Arno ihn bei einer Tätigkeit um Hilfe, was Renato ablehnte. Arno zeigte seinen Ärger, worauf Renato erklärte, daß er über sich selbst verstimmt sei, und dann könne er nicht anders. „Die Mädchen", setzte er bedeutungsvoll hinzu.
In Familienangelegenheiten mußte ich wegen meines verstorbenen Bruders nach Deutschland und

hatte dafür die Zeit nach Ostern und vor Beginn der Sommersaison eingeplant. Arno sollte das Haus hüten, und da unsere Haushälterin während meiner Abwesenheit nicht kam, bat ich Arno, die Küche nach seinem Gutdünken so zu ordnen, daß es ihm Spaß mache, an seinem freien Tag dort zu kochen.

Dieser kleine Hinweis ergab schon eine Rückfrage: Warum er das denn „gerne und mit Interesse" tun solle? „Aber die Arbeit macht doch nur Spaß, wenn man sich wirklich dafür interessiert", versuchte ich zu erklären und lenkte dann ab. Die Grenze, wo man insistieren und weiterreden sollte, war schwer zu erkennen, und allzu leicht erreichte man das Gegenteil. Natürlich beunruhigte mich der Gedanke, Arno könnte, alleingelassen und ohne Zwang sich zu entscheiden, wieder in die früheren Grübeleien und damit in Würg- und Brechgewohnheiten zurückfallen.

Deshalb bat ich ihn, doch diesmal während meiner Abwesenheit sehr genau sein Tagebuch zu führen, denn ohne die Gräfin und mich hätte er ja genug Zeit am Abend. Für mich aber sei es interessant und wichtig, was und wie er alles erlebe, und das könne er ja unmöglich nachher erzählen, wenn er es nicht sofort ganz detailliert aufschreibe. Wahrscheinlich gäbe es immer noch genug Zwischenfragen, wenn ich zurückkäme. Soweit ich das jetzt übersehen könne, würde ich über vier Wochen weg sein. (Wirklich blieb ich vom Freitag, den 20. April bis Dienstag, den 29. Mai weg). Renato bat ich, weiterhin nach Arno zu schauen und ihn möglichst in seinen Freundeskreis mitzunehmen. Dann verabschiedete ich mich noch von Herrn Stella und fuhr an einem Vormittag mit Bekannten, die Ostern hier verbracht hatten, nach Deutschland.

(149)

Bis zu diesem Punkt des Berichtes habe ich versucht, deutlich zu machen, welch immer neue Ansprüche an den Therapeuten gestellt werden, und wie ich versucht habe, sie in meinen Alltag einzubauen. Ich habe vor allem von den Schwierigkeiten gesprochen – denn „Gott sei Dank!" gab es auch Zeiten, die weniger dramatisch, ja sogar fröhlich waren. Ob auch für Arno, lasse ich offen, denn seine Berichte zeigen, daß er die – besser unsere – Wirklichkeit anders erlebte.

Während des Winterhalbjahres hatte ich viele Spaziergänge mit der Gräfin unternommen, und zwar meist nachmittags, wenn Arno und Renato im Hause waren und ruhten. In dieser Zeit hat Renato ohne Absicht Arno ebenfalls beeinflußt, dadurch, daß er seine Entwicklungsjahre ungeniert auslebte. Er brachte Pornos mit, die er auf dem Bett las, und sagte öfter: „Ich habe, seit ich denken kann, masturbiert, und nie hat mir jemand gesagt, daß ich das unterlassen soll." Einmal brachte er von Nizza ein Penis-Schröpfglas mit, das in den Pornoheften angeboten wurde. Er hat es einige Zeit probiert und damit wohl auch Arno motiviert, wie aus dessen Notizen erkennbar wird. Renato war ja schon zu Beginn seiner Behandlung Arnos Vorbild, unkompliziert zu leben. Später, als er allein in der Wohnung war, machte er damit regelmäßig Erektionsübungen.

(150)

*Wilhelm Reich* spricht einmal von der „kalten Erektion" und meint damit eine Versteifung, die nicht automatisch Lust bedeutet. Erektionen gibt es schon beim Kind und jeder Mann hat sie nachts, ohne daß er deswegen auch Lust zum Ejakulieren empfindet.

Erektion ist also nicht gleich Verlangen nach Samen-erguß, und Samenerguß ist auch noch lange nicht Orgasmus. (Orgasmus auch noch nicht Fruchtbar-keit, könnte man für kinderlose Gatten hinzufügen).

Ich selbst hatte mir vor der Abreise nochmals die Anatomie des Sexualapparates durch den Kopf ge-hen lassen, um eine weitere Möglichkeit zu finden, Arnos Reifung voranzutreiben. Mir war *Groddeck* (Georg Groddeck: Die Natur heilt, Fischer TB 6776) eingefallen, der so exakt beschreibt, wie jede Bewe-gung eines Körpergliedes Muskeln bewegt, die auf das Gefäßsystem drücken und das hormonelle Sys-tem in Bewegung halten. Ich hatte an meine Hitler-jugendzeit gedacht und mir war in Erinnerung ge-kommen, daß es damals die Turn- und Sporthosen noch nicht mit eingebautem Suspensorium gab.
Das Glied hing frei in der Turnhose, deren Beine allerdings länger waren. Trotzdem kam es vor, daß beim Ringkampf durch schieben oder zerren das ganze Gemächt aus der Hose rutschte und sichtbar war. Zwei Fälle aus meiner Praxis fielen mir ein, bei denen die Spermaproduktion nicht in Gang kam, da die Hoden noch oben im Bauchraum waren.
Daß Wärme für die Hoden ungünstig sei, wußte ei-gentlich heute jeder, aber all diese modernen, aus Amerika kommenden Turnhosen, Unterhosen, Slips führten ja zu einem Wärmestau, mußten also auf die Dauer schädlich sein. „Minischäden summieren sich" hieß der bekannte Satz bei Therapiebetrachtungen. Zum Wärmestau kam die fehlende Bewegung des Geschlechtsapparates. Schon Füße und Beine, die man im Auto oder Zug nicht bewegen konnte, schwollen an, wie war das dann im Bauchraum? Es gab Krampfadern in den Hoden, aber sicher nur

bei Unterhosenträgern, denn in Afrika hatte ich nie davon gehört. Die Äthiopier kannten keine Unterhosen, hatten aber das Wort als Lehnwort von den Italienern bei der Kolonisation durch Mussolini übernommen. In Ägypten, im Sudan, in Marokko, im Jemen – überall trug man den Rock bzw. die Galabia ohne Unterhose. Das hieß, bei jeder Bewegung, jedem Sprung oder Laufen wurde das Geschlecht bewegt, so wie es sicher in seiner Hängevorrichtung auch gedacht war.

Endlich hatte ich auch bei *Sebastian Kneipp* gelesen, daß er gegen die Unterhose war, und so zeigte ich diese Stelle in Kneipps Buch „So sollt ihr leben" Arno. Kneipp: „Eine Unterhose vermeide man am besten ganz."

Das überzeugte ihn, von diesem Tage an (für die nächsten acht Jahre) keine Unterhosen mehr zu tragen. Mit Erfolg, wie der Leser sehen wird, wobei ich gewisse Nebenwirkungen wie das längere Abschütteln nach dem Miktionieren (urinieren) usw. für wichtig und hilfreich hielt, die Potenz in Gang zu bringen.

*„Das Glück, das Italien schenkt, liegt darin,*
*in einer Welt zu leben, die von Menschen für*
*den Menschen und nach den Maßstäben des*
*Menschen geschaffen ist."*

Arnos Tagebuch nach meiner Abreise
in der <u>55.</u> Therapiewoche

Samstag, 21.4.79
„Da ich jetzt allein in der Wohnung bin, brachte
Renato heute seinen jüngeren Bruder mit, da sie es
daheim nicht so schön haben. Der Bruder heißt
Rocco und ist dreizehn Jahre alt. Während ich noch
Tagebuch schreibe, legt sich Rocco auf mein Bett
und liest ein Sexheft.
Dann lege ich mich auch zum Ausruhen hin und
schaue das Heft an. Rocco kuschelt sich an mich
und fragt mich nach Liebeserlebnissen: wie oft ich
schon Liebe gemacht hätte und ob auch mit anderen
Jungen. Dabei streichelt er mein Glied, was ich darauf auch bei ihm tue. Rocco stöhnt beim Streicheln,
lobt meine Betätigung an ihm und küßt mich am Körper. Auf den Mund lasse ich mich nicht küssen, und
ich mache es eigentlich nur widerwillig, aber die Erfahrung will ich doch einmal machen. Rocco ist sehr
stolz auf sein dickes, langes Glied, das senkrecht,
nicht horizontal hochsteht. Ich ängstige mich, lächerlich zu wirken mit meinem Glied, das mir morgens
schon klein erscheint, jetzt aber noch kleiner vorkommt. Nach zwanzig Minuten fragte Rocco, ob ich
Lust hätte, Schallplatten zu hören. Als ich bejahte,
wenn auch er wolle, sagte er: „Allora ci faciamo und
segha e poi andiamo a sentire i dischi." Ich sagte ja.
Er sagte: Wir wollen uns auf den Bettrand setzen,
um das Bettuch nicht zu beschmutzen.

Dann mußte ich eine Zeitung auf den Teppich legen, um auch diesen nicht zu beschmutzen. Nun fing er sitzend an, mit der linken Hand an seinem Glied schnell hoch und runter zu reiben. Mit links könne er es besser, sagte er. Dann stellte Rocco sich, da er im Stehen besser onanieren könne. Nach zwei bis drei Minuten kam ihm der Samenerguß. Ich reichte ihm ein Papiertaschentuch und sagte entschuldigend, ich bräuchte keinen Orgasmus, da ich am Morgen schon onaniert hätte. Nun zog sich Rocco rasch die Hose hoch, knäulte die Zeitung zusammen, die seinen Samenerguß aufgefangen hatte und machte mit mir mein Bett ordentlich, dann wollte er gehen. Ich ließ ihn allein gehen, wusch mir die Hände und Gesicht und ruhte eine halbe Stunde.

Abends um 22 Uhr nach der Arbeit sagt mir Renato, er kenne mich nicht, wisse nicht, wie ich wäre, was ich wolle, und bezweifelt, daß ich es selbst wüßte, deshalb könne er mich nicht lieben, wie er seine Freunde liebt. Ich lese noch „Peter Camenzind" von H. Hesse zu Ende.

Sonntag, 22. April 1979
Mein Chef bemängelt meine Vergeßlichkeit, weshalb er viele Küchenrezepte wiederholen muß, was ihn stört. Mich ärgert es.
Abends lese ich in der Bibel und beginne „Der Verdammte der Inseln" von Joseph Conrad.

Montag, 23. April
Frühstücke im Vorratsraum des Ristorante, da es da ruhiger ist. Mittags nach San Remo und Casino angeschaut. Dort eine Gemäldeausstellung von Lucia Rumi angeschaut. Mit dem Mädchen, das als Aufpasserin dort ist, lese ich den Prospekt, und sie er-

klärt mir vieles. 18 Uhr wieder bei der Arbeit. Abends Briefe geschrieben und Tonbandsuggestion gehört.

### Dienstag, 24. April
Das Buch von Joseph Conrad in der Mittagspause nochmals begonnen, da ich den Anfang vom Sonntag vergessen hatte. Um Platon zu lesen, war ich zu erschöpft. Abends 23 Uhr in der Küche Ehestreit mit Frauenweinen zwischen Chef und seiner Frau. Dadurch sehr schwermütige Stimmung.

### Mittwoch, 25. April, San Marco
Erfrage den Qualitätsunterschied von zwei Mehlsorten. Darüber erregt sich mein Chef. Renato sagt mir danach, dies wäre ein Beispiel für meinen Drang zum Perfektionismus, der mich, laut Nietzsche, zerstören und von den Menschen isolieren würde.
Er wolle aber nicht mit mir darüber reden, da ich ja Nietzsche nicht gelesen hätte. Stelle mit Erstaunen fest, daß „heiliger Friede" zwischen Chef und seiner Frau zurückgekehrt ist. Mein Chef belehrt mich, man müsse Frauen hart angehen. So hätte seine Frau in der zweiten Hochzeitsnacht bis zwei Uhr aus Trotz im Sessel geruht, bis sie nachgab und sich ins Bett legte.

### Donnerstag, 26. April
Beim Frühstück Platon beeendet. Die Abschlußrede von Alkibiades  verstehe ich nicht, auch nicht die Notwendigkeit der Partnerliebe als Vorstufe zur göttlichen Liebe. Ich kann das nicht auf mich beziehen.
Muß wegen der Aufenthaltsgenehmigung nachmittags zu den Carabinieri. Renato wirft mir zu Recht Überlegenheitsgefühl vor, weil ich den Servierchef

des Lokals Giovanni mir et-was von englischen Gästen übersetzen ließ, was ich selber schon wußte. Auch sagt er, ich sei reizbar und ohne Humor. Sein Bruder Rocco kam mit einem Zwischenzeugnis vorbei und prahlt ungerührt damit, daß es so schlecht ist. Als ich ihn anspornen will und dagegen rede, sagt er frech ich solle mich um meine eigenen Sachen kümmern, worauf ich sofort heimging (gekränkt). Ich glaube, das hängt mit seinem sexuellen Selbstbewußtsein zusammen. Mache deshalb die Übung mit dem Schröpfgerät von Renato für zehn Minuten und bekomme erste Erektion mit 14 cm. Lese im „Stern" in einem Bericht über Klaus Kinski. Mich beeindruckt, daß er sechs oder sieben Orgasmen pro Nacht hatte und gleichzeitig leicht und sehr gut arbeitete.

Freitag, 27. April
Morgens erkundigt sich die Gräfin telefonisch, wie es uns geht. Mittags Einleitung zum „Gastmahl" begonnen, die mir schwer verständlich ist, da ich keine Geschichtskenntnisse habe. Abends im Kino „Nosferatu" gesehen, dabei Äpfel und Schinkenbrot gegessen. Der Film erzählt das Nicht-Sterben-Können des Grafen Dracula, erzeugt aber auch Aberglaube und Angst. Daheim Sexübung erfolglos.

Samstag, 28. April
Gehen immer auf dem Weg zur Arbeit am Morgen lesend am Meer entlang. Auch mittags Platon gelesen. Abends Streit mit der Frau des Chefs, weil ich – wie mein Chef sagt – keinen Charakter und kein Selbstbewußtsein habe, um mich gegen andere Menschen durchzusetzen. Renato spricht wieder ungehemmt mit mir und gibt mir abends von seinem

Trinkgeld 5000 Lire ab, da ich ja auch gearbeitet hätte. 23 Uhr daheim Buchlektüre nochmals gelesen, da ich vergessen hatte, was ich las. Ergebnislose Sexübung.

### Sonntag, 29. April

Morgens auf der Promenade sechs junge Jogger gesehen und einen alten, gymnastik-treibenden Herrn, was mich erfreulicherweise nicht nervös machte, sondern über das ich mich erhaben fühlte.
Es ist bei der Unendlichkeit des vor mir liegenden Meeres unwichtig, Sport zu treiben, sondern wir sollen dessen Schönheit erkennen und bewundern. Nach 15 Uhr auf dem Heimweg wieder daran gedacht, wie stark ich mir um das Essen Sorgen mache und dadurch weniger und oberflächlicher an anderes denke. Etwas „Gastmahl" wiederholt. Sexübung mit Reaktion.

### Montag, 30. April

Morgens ohne Frühstück Arbeit begonnen. Mittags Platon gelesen und geruht. Nachmittags-Arbeit verlief geordnet, da Chef mit mir allein war. Wir scherzten über viele Arbeit, und ich lachte ein fröhliches, ungezwungenes, reines Lachen, was sehr selten geschieht. 23.30 Uhr daheim Sexübung mit etwas Erektion. Platons Einleitung wiederholt.

### Dienstag, 1. Mai

Ristorante wegen des Festes offen. Renato verabschiedet sich, da er in Celle Ligure, dem Ort seiner Freundin Sylvia, arbeiten will. Er sagt noch, ich wäre gefühlskalt, da ich kein starkes Verlangen nach meinem Vater hätte. Er will mich besuchen. 22.40 Sexübung. Noch Sophokles „König Ödipus" und dazu

Landkarte von Griechenland angeschaut.

## 2. Mai
Aus Müdigkeit und fehlendem Honig auf's Frühstück verzichtet.[1] Ruhige Arbeit, nichts gelesen, da zu müde. Abends erfolglose Sexübung.

## 3. Mai
„Götterwelt der Griechen" lesend, und dabei lernend, am Meer entlang zur Arbeit gegangen. 16.15 in der Mittagspause ruhen, wobei ich wieder dies Gefühl der Last und Schwere meines Körpers hatte, so daß ich mich auch im Liegen nicht wohl fühle: daher Wunsch nach Schwimmen. Brief von der Gräfin, der mich enttäuscht, da er nur Fragen nach meinem Wohl und Essen enthielt. Sophokles lesen. Der Antiquar Sig. Bregliano, unser Nachbar, erzählt abends, in 50 Jahren würde sich niemand mehr kirchlich trauen lassen. Abends erfolglose Sexübung, doch Reizung durch die Hand half etwas.

## 4. Mai
Ohne Frühstück zur Arbeit, da zu spät aufgestanden.[1] In der Mittagspause erschöpft ruhen.
Gedanken: Die Menschen sehe ich mehr von oben und ruhiger. Sportler, wie die vielen Läufer, die seit einiger Zeit in B. joggen, erregen keine Furcht, sondern ein Lächeln in mir. Mein Chef lehrt mich, mich nicht an anderen zu stören: „di fregar´si della gente", wie er es mit seiner nörgelnden Frau macht. Nachts träume ich oft von Dingen, die nicht zur Riviera gehören. Male meine Zukunft aus. Auch denke ich noch ans Essen, und es fällt mir das Lesen und Lernen schwer. Abends erfolglose Sexübung, die mir

---

[1] Unkontrollierter Rückfall in die Hungersucht

lästig wird.

## 5. Mai

Arbeit und Ruhen, aber etwas nervöse, weshalb ich „Stern" kaufe und lese. Abends im Fellini-Film „Die Orchesterprobe". Gefällt mir sehr. Danach erfolglose Sexübung.

## 6. Mai

Die Eßgedanken verhindern es mir, eine Sache mitzuerleben, mich in sie hineinzuversetzen und richtige, echte Begeisterung zu verspüren, und die verhindern auch meine Gedächtnisfunktionen; so z.b. gefiel mir der letzte Filmteil gestern abend mehr als der erste, da ich weniger ans Essen dachte. Abends im Ristorante Besuch von Onkel Leo und Tante Maura, die mein gutes Aussehen lobten. Sie fragten, was ich in der Freizeit am Abend mache. Ich erzähle Ihnen von dem Film „Orchesterprobe", doch sie lehnen Kino als unsehenswert ab, und wenn schon, dann nur im Ariston-Theater San Remo wegen des eleganten „Ambiente". Wie dumm!

Beim Abendessen erzählen Chef und der Saal-Chef Giovanni, daß ihr Leben nur aus Arbeit besteht, in dem Zigaretten und Wein der einzige Genuß seien, und daß sie, da andere Interessen fehlen, ohne Arbeit nicht leben könnten. Mich erschreckt das, und ich will nie so werden.

## 7. Mai

Als Ersatz für Renato ist ein sechzehnjähriger Kellner namens Sergio gekommen, der jetzt mit Renatos dreizehnjährigem Bruder Rocco bedient.

Als ich nachmittags daheim ruhe, schellt unerwartet Rocco, sagt, daß er Renato suche und nicht wisse, wo er hingehen solle, um nach der Arbeit auszuruhen. Ich ließ ihn herein. Er setzte sich in meinem Zimmer in einen Sessel und begann Sex-Hefte zu lesen, während ich ruhte. Als ich dann Tagebuch schreibe, sehe ich, wie er mit seinem grossen Glied spielt. Als ich Fremdwörter nachschaue, kommt Rocco, beugt seinen Kopf über mich und kost mit mir. Ich reagiere nicht, er schmeichelt weiter. Endlich sieht er wohl ein, daß ich nicht mit ihm Liebe machen will, und da er um 17 Uhr beim Judo-Kurs sein muß, geht er. Beginne von Musil „Die Verwirrungen des Zöglings Törleß", da mich das Buch von Joseph Conrad nicht interessiert.

Abends im Ristorante ist Rocco eingeschnappt und böse auf mich, wahrscheinlich, weil ich heute Nachmittag nicht mir ihm Liebe ‚gespielt' habe. Er ist gereizt, auch mit anderen. Als er geht, verabschiedet er sich nicht von mir, obwohl ich ihn frage, ob er heimgehe. Statt dessen sagt er mir im Weggehen: „ Non me frega un cazzo!" (Du bist mir scheißegal)

Ein lehrreicher Nachmittag.

Dienstag, 8. Mai

Hatte auf Wunsch G´s im Dezember 1978 meine Krankengeschichte begonnen und vollende sie nun in der Sonne auf dem Berg, in der wilden Landschaft hinter der Via Mostaccini. Lese dann weiter im Musil, den ich im vergangenen Jahr schon einmal begonnen hatte. Um 17 Uhr nach San Remo getrampt und ins Kino. Vorm Schlafengehen erfolglose Sexübung.

10. Mai, Donnerstag

Habe am Nachmittag frei bekommen und besuche Renato, der mit einer verschleppten Bronchitis im Bett liegt. Bringe ihm „L´Express" mit. Wir sprachen über seinen Vater, der heute die provisorische Freiheit aus der Haft erhält.

Danach reden wir über meine kalten, scheinbar toten Gefühle zu Menschen. Esse im Ristorante Risotto. Nach Lesen erfolglose Sexübung genau wie gestern.

**Freitag, 11. Mai**
Da schon 4.30 Uhr aufgewacht, mache ich Sexübung, aber ohne Reaktion, dasselbe am Abend.

**Samstag, 12. Mai**
Rocco ist froh über die Rückkehr seine Vaters. Auch sein Bruder Renato besucht uns, obwohl die Bronchitis noch nicht geheilt ist. Auch er erzählt von seinem Vater. Mein Chef erzählt mir vom Liebesverlangen der deutschen Frauen. Deshalb weiter üben; aber ohne Reaktion.

Seit zwei Tagen bin ich sehr nervös, finde keine Entspannung, fühle mich von anderen gereizt und bin mit mir selbst unzufrieden mit dem Gedächtnis- und Wissensmangel und dem Essen und den Sexübungen, die nichts bringen.

**Sonntag, 13. Mai**
Augenblicklich wenig Touristen, deshalb gibt mir mein Chef heute abend frei, denn gestern habe ich allein gearbeitet. Beende nachmittags „Die Verwirrungen des Zöglings Törleß" von Musil und „König Ödipus" von Sophokles.

Dann besuche ich Renato, der aber wenig spricht. Am Meer heimgehend, treffe ich einen anderen Koch, Sig. Raffael, und plaudere mit ihm etwas.

Mache mir darauf im Ristorante Schinkenbrötchen, wo-bei ich den Speck daran lasse. Gehe dann in den Film „Il Testimon" mit Alberto Sordi und esse dabei.

Nochmals ins Ristorante und Obst geholt. Daheim erfolglose Sexübung."

Aufgrund meiner Beobachtung, daß der Patient das träumt, was der Therapeut ihn träumen lassen möchte, habe ich bei Arno keine Traumbefragung in die Therapie hineingenommen. Arnos folgender, ausführlich beschriebener Traum wurde ohne meinen Hinweis notiert. Allerdings hatte ich gesprächsweise erwähnt, daß ich selbst während meiner Beschäftigung mit der Psychoanalyse über ein Jahr meine Träume notierte. Dabei hatte sich mein Unterbewußtsein so weit manipulieren lassen, daß ich im Laufe der Zeit sofort nach einem Traum aufwachte und fast automatisch zum Bleistift griff. Bis zu dieser Zeit hatte ich stets durchgeschlafen, und als ich mit dem Notieren aufhörte, kam mein ununterbrochener Schlaf auch wieder zurück.

Es erinnerte mich etwas an das Problem der „Zeit" in uns. Wenn wir zu einer bestimmten Zeit wach werden wollen, wachen wir auf – falls die Sache wichtig ist. Ich jedenfalls werde nach Vorsatz zur gewünschten Zeit wach und frage auch Patienten vor einer Hypnosebehandlung, ob sie das kennen und können. Dann ist für mich das Unterbewußtsein für Suggestionen offen. Man sieht an diesem Bericht, wie sehr auch indirekte (unbeabsichtigte) Suggestionen Arno halfen das Ziel Gesundheit zu erreichen.

Montag, 14. Mai
„Vor mir sehe ich diese Szene: Eine Winterlandschaft mit weiter, freier, weißer Ebene, umschlossen von schneebedeckten, mit Bäumen besiedelten Berghängen. Am Anfang dieser Ebene steht eine Gruppe junger Menschen, ich weiß nicht, ob Jungen

oder Mädchen. Ein Junge setzt einen VW-Reisebulli, mit dem diese Jugendlichen unterwegs sind, in Gang und läßt ihn vorrollen. Aussteigen. Plötzlich fährt der Bulli allein los über die Ebene mit großem Tempo, erklimmt einen Berghang und stürzt, gestoppt von den Schneemassen, um. Der Junge, der den Bus vorher ins Rollen brachte, klettert geschwind die Äste einer Tanne hinauf, um alles gut zu beobachten. Jetzt fährt der Bulli, vom Berghang umgekehrt, wild weiter.

Hier endet plötzlich das Bild, und ich träume dieses: Die gleichen Jugendlichen fahren in ihrem Bulli durch einen dichten Tannenwald. Dort wohnt ein Junge ganz allein mit vielen Mädchen zusammen. Die Gruppe will sich dies ansehen, fürchtet sich dann aber doch, hinzugehen. So gehe ich allein in die runde Waldlichtung. Dort laufen viele Mädchen in wieten, weißen Engelsgewändern auf mich zu. Die Mädchen umdrängen mich. Ich fühle ihr Wohlwollen und ein Wohlsein und Lustgefühl überkommt mich durch ihr hautnahes Michberühren. Mir ihren Körpern und Händen führen sie mich an den Tisch, an dem der Junge sitzt, der über sie herrscht. Ich setze mich neben ihn, zu meiner Linken sitzt ein Mädchen, die anderen um uns herum. Jenes Mädchen neben mir hat ein schönes, weißes Engelsgewand an, jedoch sehe ich nur lange, glatte, Haare ohne auf ihr Gesicht zu achten. Ich rede mit dem Jungen, wobei sich das Mädchen näher an mich heranschiebt und nach meiner Hand faßt. Ich ergreife ihre Hand und beginne, ihren Oberkörper zu streicheln. Dann vergesse ich den Jungen und denke nur noch an Liebe machen. Weiter und weiter streichle ich das Mädchen, das sich mir willig hingibt. Dann gleite ich unter ihr Gewand und streichle ihre Scheide. Sie scheint sich schamhaft zurückzuziehen, doch erlaubt sie, daß ich ihren Slip mit der Hand herunterziehe.

Immer noch am Tisch sitzend, ziehe ich ihren Körper auf den meinen. Ich streichle mit meinem steifen Glied ihre Scheide und schiebe es in sie hinein. Ich fühle beim Hineinschieben schleimige Wärme und den weichen, lieblichen Widerstand ihrer Schamlippen. Ich stoße weiter, und als ich vier Zentimeter in ihrer Scheide bin, dies Bild genießend, bekomme ich eine Ejakulation.

Ich fühle ein angenehmes Gefühl an meinem Glied und ein herrliches Kribbeln mit Schauern. Gleichzeitig nehme ich meine schleimige Samenflüssigkeit in die Finger. Erst jetzt wird mir klar, daß ich einen Orgasmus habe. Schaue zur Uhr, zweifelnd, ob ich nicht träume. 7.12 Uhr, nein, ich bin wach.

Ich setze mich auf und onaniere acht Minuten lang, um das Lusterlebnis zu wiederholen, doch es funktioniert nicht. Aber ich bin glücklich, daß die Übungen, die ich blöd fand, nun doch den gewünschten Erfolg hatten. Ich zeichne die Samenergußflecken im Bett an und probiere vier Minuten lang erneut das Onanieren, aber kein Erfolg.

Stehe auf, wasche mich und schreibe 45 Minuten lang dieses Ereignis bis 8.20 Uhr, wobei ich meine, den Traum bereits einmal gehabt zu haben.

In der Mittagspause treffe ich auf der Straße eine Dame, die ständig bei uns ißt, Signora Tasserotti. Sie zeigt mir ihr mit antiken Möbeln kunstvoll eingerichtetes Appartemento. Daheim überziehe ich mein Bett neu und stecke die Wolldecke in die Waschmaschine. Müde eine Stunde geruht. Da ich an dem Musilbuch von „Törleß" kein Interesse finde, beginne ich von H. Mann „Der Untertan".

Abends wieder die Sexübung, aber ohne Erfolg.

Dienstag, 15.. Mai, Ruhetag des Ristorante
Wegen meiner Aufenthaltsgenehmigung muß ich ins
Rathaus, doch dort wird gestreikt. So hole ich meine
Badehose und gehe ans Meer, schwimme kurz im
noch kalten Wasser. Will lesen, doch werde ich wie
schon in den letzten Tagen von Wachträumen an
Liebe mit Mädchen abgelenkt. Bei Sig. Breigliano,
der neben uns das Antiquitätengeschäft hat, bekomme ich antike Atlaskarten gezeigt.
Abends fahr ich mit ihm und anderen nach Buggio.
Es ist der Namenstag von Ampelio Breigliano und er
hat uns dort in der Wirtschaft, die von den Schwie-
gereltern meines Chefs geführt wird, zum Essen
eingeladen. Wir sind fröhlich. Nach 22 Uhr setzt man
mich wieder vor der Villa in B. ab.Ich mache vor dem
Einschlafen wieder reaktionslos meine Sexübung.

Mittwoch, 16. Mai
Nach unruhigem Schlaf und schlechten Träumen
schwitzend aufgestanden. Bringe Sig. Breigliano als
Dank für die Einladung eine Flasche Wein. Sergio,
der Nachfolger Renatos, geht in das Ristorante zurück, in dem er vorher arbeitete und bringt als Ersatz
einen Kellnerjungen namens Guiseppe. Guiseppe
erscheint mir noch magerer als ich. Er erzählt, daß
er bis vor zwei Monaten sehr wenig aß, seitdem aber
viel und hungrig ißt. Der Saalmaestro Giovanni, der
gestern nicht beim Namenstag-Essen dabei war,
beschimpft mich scherzhaft und sagt, es sei meine
Schuld, daß er nicht mitkam. Daheim die
gewaschene Wolldecke abgenommen, die schon
trocken ist. Die verwelkten Rosen aus dem Salon
weggeworfen. Lesen, Schreiben, Ordnung machen.
Versuche zu ruhen, werde aber von meinen
Gedanken gejagt. Abends erfolglose Sexübung.

Donnerstag, 17. Mai

Wieder nach unruhigem Schlaf und phantastischen Träumen verschwitzt aufgewacht. Erinnere mich an Traumbilder vom Krankenhaus, Moorbädern, einem freigelegten Menschenhirn und einer nackten Krankenschwester, die mich erotisierend berührte.

Auf dem Weg zum Ristorante am Meer entlang lerne ich italienisch. Koche allein Gnocchi alla Piemontese. Abends erfolglose Sexübung.

Freitag, 18. Mai

Ich sehe die Turnhalle der Martinsschule vor mir, in der ich mit meinen Klassenkameraden turne. Ich spreche einige Male mit dem starken, überlegenen Raimund. Dieser ist oft herablassend und gemein mit anderen, besonders zu Martin Dünnigh, der schwächer als Raimund ist. Wegen der gemeinen Behandlung, die Martin von Raimund bekommt, habe ich oft Mitleid mit ihm. Dann sehe ich vor mir die große Turnleiterwand und ziehe mich an ihr mit den Händen hoch. Unten steht Bernd Schuhmacher, der immer ein breitgezogenes, hämisches Lächeln hat und schaut zu mir herauf. Plötzlich merke ich etwas Nasses am Bein. Ich mache Licht und schaue auf den Wecker. Es ist 6.45 Uhr. Ich schlage die Bettdecke zurück und sehe auf ihr einen frisch gespritzten Flüssigkeitsflecken. Auf meinem Oberschenkel eine klebrig-trübe Samenflüssigkeit und einen herabfließenden Tropfen an meiner Eichel. Froh gehe ich auf die Toilette und schreibe dieses Erlebnis ins Tagebuch bis 7.15 Uhr. Dann ruhe ich noch 30 Minuten und gehe am Meer entlang zu Arbeit.

In der Mittagspause kommt erstmals seit G´s Abreise Renato wieder. Er weiß, daß Ute, ein junges Mädchen aus G´s Heimat, Ende des Monats bei ihm eintrifft. Sie war vor zwei Jahren schon einmal mit ihren Eltern hier, und Renato sagt, er habe mit ihr Liebe gemacht, obwohl sie eingebildet sei und sich offenbar Italienern überlegen fühle.

Sexübung am Abend erfolglos, aber es macht auch keinen Spaß, während ich untertags jetzt manchmal eine Erektion bekomme.

### Samstag, 19. Mai

Mein Chef gibt mir abends frei. So ruhe ich, mache mir nach 16.30 im Ristorante Schinken-, Salami- und Käsebrote. Der Saalchef will mich zum Essen dabehalten, aber ich will nicht. Fahre nach San Remo und schaue den „Cleopatra"-Film mit Liz Taylor an. Beim Heimtrampen nimmt mich ein Gärtner aus Vallecrosia mit, der auf der Fahrt von Pflanzen und der Blumenindustrie erzählt. Gehe nochmals ins Ristorante, um Obst zu holen. Abends erfolglose Sexübung.

### Sonntag, 20, Mai

Da es in der Mittagspause regnet, gehe ich nicht heim, sondern ins Kino. Beobachte einen jungen Mann, der sich neben einer ältere Frau setzt.

Diese rückt darauf einen Sitz weiter, worauf der junge Mann nachrückt. Abends erfolglose Sexübung.

### Dienstag, 22. Mai

Schon 8.45 Uhr Anruf von G. , der gestern auch anrief und mich bat, Zimmer für Freunde zu bestellen. Ich sage, daß die Zimmer bestellt sind. Er sagt auch, daß Ute schon vor ihm am 28. Mai käme und daß ich sie im „grünen Zimmer" einquartieren solle, er selbst käme mit einer Patientin aus Deutschland in deren Auto einen Tag später. Da mein freier Tag ist, gehe ich schwimmen. Große Wellen, nachher lese ich in der Sonne. Am Nachmittag nach San Remo in den Film „Melody in Love". Mit einem jungen Handballer heimgetrampt. Erfolglose Sexübung.

Mittwoch, 23. Mai
Grünes Zimmer für den Besuch hergerichtet. Da ich nicht die passenden Überzüge für die Bettsachen finde, werde ich gereizt und sauer. Wechsle auch mein Bettuch. Beginne „Der Gehülfe" von Robert Walser, nachdem ich zu dem Buch von Flaubert, „Bücherwahn", keinen Zugang finde. Da ich ständig allein bin, fühle ich mich am Abend gereizt und nervös. Erfolglose Sexübung.

Samstag, 26. Mai
Am Mittwoch Protestdemonstration mit schrecklich laut hupenden Autos erlebt. Heute Kundgebung einer faschistisch-sozialen Partei am Bahnhof. Jugendliche werfen Flaschen auf ein fahrendes Auto. Abends kommt G.´s Freund Michele aus Novara mit einem Bekannten. Sie sind enttäuscht, daß G. noch nicht da ist. Ich lasse sie in der Wohnung schlafen, aber nicht im hergerichteten grünen Zimmer. Vorgestern und auch gestern erfolglose Sexübung. Die Uhr wechselt zur Sommerzeit.

Sonntag, 27. Mai
Dino, der Bekannte Micheles, ist Frühaufsteher, kommt um sechs Uhr in mein Zimmer und erzählt, daß er schon in Ventimiglia Kaffee trank.
Als ich um zehn Uhr im Bad bin, kopiert er meine Art, die Zähne gründlich zu putzen und benutzt ohne zu fragen mein Handtuch. Ich gehe zur Arbeit, während der Besuch einen Ausflug nach Frankreich macht.

Montag, 28. Mai

Michele fährt um zehn Uhr ab und kommt um zwölf Uhr zurück und ißt bei uns, denn er hat seine Brille vergessen. Um 13 Uhr fahren sie erneut ab. Als ich nach der Morgenarbeit heimkomme, finde ich eine Nachricht von Ute. Kurz danach kommt sie. Ich führe sie in ihr Zimmer und wir plaudern.

Die reiche Dame Tassarotti, die mir neulich ihre Wohnung zeigte, bittet mich, eine Glühbirne einzuschrauben, da sie in ihrem hohen Alter (ca. 80) nicht mehr auf die Leiter kann, denn die Räume sind sehr hoch. Ich gehe hin und tue es. Dann läßt sie noch hochgelegene Gepäckstücke von mir herunterholen und bringt mich zur Tür. Sie will mir am Abend ein Trinkgeld geben. Aber abends hat sie es dann vergessen.

Ute kommt zu uns zum Abendessen ins Ristorante. Mein Chef, der Saalkellner, alle sind von ihrer Schönheit begeistert. Abends in der Villa räumt sie ihre Sachen ein, und ich lege dabei für sie einige Schallplatten auf.


Freier Dienstag, 29. Mai

8.50 Uhr auf Toilette gehen und Fenster im Zimmer öffnen; da bemerke ich einen großen, weißen, verkrusteten Fleck am rechten Oberschenkel. Da erinnere ich mich, daß ich nachts etwas Feuchtes an meinem Glied fühlte. Diese Entdeckung – denn es ist Sperma – macht mich froh.

Als Ute gegen Mittag aufsteht, versorge ich sie mit Broten und Äpfeln, dann gehen wir an die Felsen von Cap Ampelio. Ute sonnt sich, ich bade und lese. Später trinken wir Kaffee an der Caranca-Bar und kaufen dann in der Altstadt ein. Als ich mit ihr gegen 18 Uhr heimkomme, ist G. schon eine Stunde da.

Bei ihm sind Frl. Bergernst und Renato. Ich koche für alle, und wir essen zu fünft. Renato geht dann heim und wir in die „Tavernetta" in die Altstadt. Frl. Bergernst trinkt zuviel und erzählt von ihren Liebeserfahrungen."

(151)
Dreizehn Monate war Arno hier und hatte nun die ersten Pollutionen hinter sich. Daß er sie freudig erlebte (man denke an das Erlebnis in Cannes), gab mir Mut, auf dem bisher eingeschlagenen Weg der Persönlichkeitsbildung fortzufahren.

Ich hielt an dem Dogma fest: Solange der junge Mensch seinen Sexualtrieb als „Vollzug eines göttliche Willens" erlebt und sich bemüht, diese Kraft zu erhalten, kann er nicht an Entkräftung (wie Oswald) sterben. Ich wußte aber auch aus der „Politeia" (Platon): Schon die Griechen erkannten, daß in der Diätpraktik eine Gefahr liegen konnte.

Die Griechen sahen zwei Gefahren in der Selbstverantwortung (also der Diätpraktik ohne Arzt): Die übermäßige Entwicklung der Muskeln durch wiederholte Übungen (athletische Exzesse) und die Gefahr des „Kränkelns" (Hypochonder), also die ununterbrochene Aufmerksamkeit auf seinen Körper. Nach Platon war der Gymnastiklehrer Herodikos ganz damit beschäftigt, auch nicht die geringste Regel seiner Diät zu verletzen, wodurch er sich jahrelang nur noch am Rande des Todes dahinschleppte.

Diesen Hinweis halte ich für den ersten Fall einer Magersucht in der Literatur vor der Zeit christlicher Moralvorschriften und christlicher Fastenregeln.

Er erinnerte mich an die Anamnese Arnos. Ich sah also Fallgruben, und es schien mir wichtig, den Genesungsweg weiter zu überwachen.

Ute war die Tochter eines älteren Freundes aus meiner Heimat. Der Vater war ein Kaufmann, der mit seiner Frau am damaligen Wirtschaftswunder teilnahm. Sie arbeiteten beide im gleichen Geschäft. Sie konnten in günstiger Zeit mit einem günstigen Erbe ein Haus am Rande der Stadt bauen. Ute, die bis dahin in den Wohnräumen hinter dem Laden unter Aufsicht war, wurde so plötzlich zum Schlüsselkind. Sie lernte den väterliche Beruf im Geschäft der Eltern, und mit 17 Jahren hatte sie ausgelernt. Ihr Vater wollte nun, daß sie auch einmal in einem anderen Betrieb arbeite, doch das gefiel ihr nicht. Bisher hatte sie im elterlichen Laden jede Freiheit, nun sollte sie pünktlich und fleißig sein. Also ging sie einfach nicht zur Arbeit.

In dieser Situation hatte mich ihr Vater in meiner Heimat gebeten, sie doch für ein halbes Jahr zu mir zu nehmen. Sie sollte arbeiten und mir helfen, und ich sollte sie therapieren, ohne daß sie das merke, denn dann würde sie renitent. Sie, Ute, hätte gewisse Freundschaften und Verhältnisse, die zu Besorgnis Anlaß gäben.

## 57. Therapiewoche

Ute wohnt also bei uns, und gleich am ersten Tag meiner Rückkehr, als sie mir bei einigen Hausarbeiten half, kam Renato und erzählte Arno wieder von seinem „fare l´amore" mit Ute. Arno war ungläubig und dachte, Renato wolle nur angeben. So kam er zu mir und fragte mich, ob das stimme. Ich rief Ute und gab diese Frage an sie weiter. Ute bestätigte das, und zwar so, als wenn man sie gefragt hätte: 'Hast du schon gegessen?' Darauf plauderte sie wieter, sagte, ihre Eltern hätte ihr schon sehr früh die Pille gegeben und ergänzte: „Was Jungens wollen,

will ich auch!"
Durch Arbeit abgerufen, ließ ich dann beide die Putz-
arbeiten allein zu Ende führen. Arno schrieb darüber:
„(...) bin etwas schwermütig, da ich vieles allein putzen mußte, mit dem Essen nicht klarkomme und Ute
geistig nicht verstehe, obwohl ich mich anstrenge."

Um Ute nach dem Wunsch ihres Vaters nicht „ver-
schlampen" zu lasen, fragte ich bei Arnos Chef nach
Arbeit. Dieser war sofort bereit, sie für den Sommer
hinter der Bar zu beschäftigen. Da das Ristorante
vor Beginn der Sommersaison eine Woche zuge-
macht hat, lud Herr Stella Arno und Ute am 31. Mai
zu einem Festtag mit Freunden im Hinterland ein.
Beide nahmen an.
Hier Arnos Bericht darüber aus seinem Tagebuch:

(152)
31.Mai 1979
Mit Ute am Meer entlang zum Ristorante. Wir holen
Essen und fahren 8.20 Uhr mit Sig. Breigliano nach
Castell Vittorio. Von dort laufen wir in die hoch darüber gelegenen Kastanienwälder, die Sig. Breigliano
gehören. Wir schauen sein Wochenendhaus an. Ich
schaue zu, wie er ein Kaninchen tötet. Dann bringen
wir die Wasserhandpumpe an. Mit Ute auf einen
Spaziergang, auf dem sie Blumen pflückt. Gegen
zwölf Uhr koche ich Spaghetti. Drei Bauern, die Sig.
Breigliano bei der Arbeit helfen, essen mit uns. Danach noch Fleisch, Käse, was ich aber nicht mehr
esse. Ute ist müde, mag nicht mehr plaudern. So legen wir uns gemeinsam auf eine Matratze unter den
Kastanienbäumen. Ich lese, bis sie ihren Kopf auf
meinen Arm legt. Ich lege mein Buch weg und küsse
sie, was wir bis zum vollen Petting steigerten. 16 Uhr

setze ich mich auf, da ich noch keinen vollen Verkehr mit ihr haben möchte und beschaue die Natur.

Giovanni, der Saalkellner, hat inzwischen Pilze gefunden, und nun soll ich das Kaninchen und die Pilze zubereiten. 18.30 Uhr kommt mein Chef mit seiner Frau Clelia. Diese bringt eine Kürbistorte mit. Wir essen die Torte als Antipasto, dann das Kaninchen mit den Pilzen, danach frische Erdbeeren, die Giovanni auch beim Pilzesuchen gefunden hat. Dazu trinken wir viel von dem roten Landwein, zum Schluß aber „Moscato"-Wein, der sprudelt und aus großen Trauben gemacht wird.
Inzwischen ist es 20 Uhr, und mein Chef lädt uns zum Weitertrinken in seinen Heimatort Buggio ein. Seine Frau will mir ein Stück Land verkaufen, falls ich mein Geld anlegen will. Kurz vor 22 Uhr zurück, treffen wir G. vor der Villa, der uns gleich mit ins Kino nimmt. Ein Musikfilm der Led Zeppelin in New York. Ich erzähle G. von den schönen, heimischen, menschlichen Erlebnissen des Tages unter Freunden im Vergleich zu dem dummen, langweiligen Liebesspiel; er sah dies jedoch als Weg aus meiner Krankheit an. Nach dem Kino am Meer entlang heimwärts.
G. macht Ute auf Schwächen des Films aufmerksam.Daheim, nachdem G. schlafen gegangen war, bat ich Ute, von ihren Problemen zu erzählen, streichelte und küsste sie und fragte, ob sie mit mir schlafen wolle. Sie gab keine Antwort, aber nahm mich mit in ihr Zimmer, und wir schliefen miteinander, wobei wohl sie, aber nicht ich kam. Dann fragte sie, ob ich schon mal mit jemand geschlafen hätte. Ich wich auf italienisch aus. Darauf sagte sie, sie glaube nicht, daß ich es schon getan hätte, denn man würde nicht das Licht ausmachen, wie ich es

tat. Dann erzählt sie, neben mir liegend, sie hätte keine feste Liebe, würde viel wechseln und empfände eine große Selbstunzufriedenheit. Auch hätte sie fünftausend Mark Schulden.

Ich sprach ihr Mut zu und sagte, sie solle sich G. anvertrauen. Nach drei Uhr ging ich in mein Bett.

Um 8 Uhr 15 wachte ich auf. Da im Haus alles still war, dachte ich, träume noch etwas, bis die anderen aufstehen. Ich legte mich auf die rechte Seite und erlebte im Halbschlaf diese Geschichte:

Irgendjemand hat viele Mädchen käuflich verpflichtet, mit ihm auf einem Schiff irgendwo hin zu fahren, um sich dort zu prostituieren. Ich lag in einer Kabine in meiner Koje, in der gegenüber zwei übereinandergebaute Betten waren. Darin lagen Mädchen. Durch die Tür kam ein anderes Mädchen zu mir ins Bett, mit dem ich Liebe machte, aber ich hatte keinen Orgasmus. Als diese ging, trat ein anderes Mädchen ein, das sich schnell zu mir legte und die gleiche Stellung machte, die Ute gestern abend bei mir einnahm. Ich stieß zu, und je länger, desto enger empfand ich die Scheide und hatte ein angenehmes, schönes Gefühl im Glied. Dann bekam ich einen gleichmäßigen, langen Ausfluß, eine Ejakulation.

Freitag, 1. Juni 1979
Ich hatte bis 8 Uhr 55 geruht, als G. ins Zimmer kam. Ich zeigte ihm die Flecken. Nach dem Frühstück erklärte er mir, daß Hoden das Sperma liefern, die Prostata die Flüssigkeit. Nach Farbe und Geruch sähe es mehr aus wie Prostatasekret aus. Doch wie man den Nerv über den Muskel reizen könne, und den Muskel über den Nerv, gäbe es auch hier eine Wechselwirkung, die ich durch die Kuhne-Bäder ein-

geleitet hätte. Er zeigt mir dazu anatomische Bücher. Dann auch, weil ich wieder von meinem Essproblem sprach, eine Stelle aus dem Buch *„Die Seele"* von *August Bier:*

> „ Einer der stärksten Triebe, der der Selbsterhaltung dient, der Freßtrieb, tritt gegen den noch weit mächtigeren, den Geschlechtstrieb, vollständig in den Hintergrund.(...)
> Venus friert ohne Bacchus und Ceres."

Dann reden wir noch über Menschsein, die negativen Affekte wie Verzweiflung, Trauer, Abscheu, Furcht, Schrecken, Angst, Neid, (Fehler der Seele nach A. Bier) und von den positiven Affekten wie Mut, Freude, Liebe, Staunen.

Dann frage ich nach dem Denken Utes. Zum Mittagessen kommt Renato, der von seinen Liebesabenteuern erzählt. Um 14 Uhr fahre ich mit Renatos Mofa zur Apotheke, da Ute dringend Tampons braucht. Abends koche ich Risotto con Patate für alle.

Da G. noch einen Termin hat, gehe ich allein mit Ute am Meer spazieren. Sie erzählt mir wieder von ihren Geldproblemen, die aber doch nicht so schlimm sind, denn sie hat einen Bausparvertrag ihres Vaters, der auf ihren Namen ging, beliehen, um einem Freund, von dem sie einige Zeit sexuell abhängig war, Geld zu leihen, was dieser aber nicht zurückgab.

Wir gehen noch in die Disco „Jackie O.", und sie erzählt von dieser Freundschaft. Darauf erzähle ich von meinem Wunsch nach Freiheit und Nichtbindung, auch Nichtbindung an sie.

Daheim sagt Ute, die würde noch zu mir kommen wollen, was sie dann tat, und wir schliefen zusammen trotz ihrer Periode. Diesmal kam auch ich. Kurz vor drei Uhr ging sie in ihr Bett, und ich schlief.

(153)
Samstag, 2. Juni

Arnos Tagebuch:
„9.30 Uhr werde ich durch Onkel Leo geweckt.
Er lädt uns für morgen zu einer Fahrt zum Monte
Toraggio ein. Dann erzähle ich G., daß ich heute nacht
bei Ute eine Ejakulation (noch keinen Orgasmus, falls
ich mir das richtig vorstelle) hatte. Er antwortet, ich
solle mich bei dieser Gelegenheit bei ihr wegen der
Periode erkundigen, das sei eine Sache, über die viele
Männer nicht genug informiert seien, weil die Frauen
nicht darüber sprechen. Dabei erzählt er launig, wie
seine Tante einmal ein Telefongespräch mithörte, bei
der die Patientin wegen der Periode ihren Termin
absagte, Die Tante konnte nicht fassen, daß diese
Patientin das so unverblümt gesagt hatte. Nach dem
Kaffee frage ich Ute. Sie sagte, jeder Mann könne trotz
der Periode der Frau mit dieser kopulieren, wenn der
Mann nicht Angst vor plötzlicher Blutung und die Frau
keine Furcht vor späterer stärkerer Blutung hätte, was
sein könne, aber nicht sein müsse. Wir gehen ans
Meer. G. hat gestern von Christian Morgenstern das
Gedicht „Der Hecht" [1] vorgetragen. Ich versuche es zu

---

[1] Der Hecht

Ein Hecht, vom heiligen Anton
bekehrt, beschloß, samt Frau und Sohn,
am vegetarischen Gedanken
moralisch sich emporzuranken

Er aß seit jenem nur noch dies:
Seegras, Seerose und Seegrieß.
Doch Grieß, Gras, Rose floß, oh Graus,
entsetzlich hinten wieder aus

Der ganze Teich ward angesteckt
Fünfhundert Fische sind verreckt.
Doch Sankt Anton, gerufen eilig,
sprach nichts als „Heilig! heilig! heilig!"

lernen.

Abends in einem Film mit Renato Zero mit dem Titel „Ciao Ni". Ein Musikfilm über einen Transvestiten, der seine Identität nicht findet. Als wir nach 22 Uhr auf der Meerpromenade heimlaufen, ist der Film Anlaß, mit Renato und Ute erneut über die Liebe zu sprechen; deren Sinn, Wirkung und Notwendigkeit."

## Sonntag, 3. Juni

„Um acht Uhr kommt Onkel Leo und holt uns zum Ausflug zum Colle Melosa (Colle = Hügel). Wir machen dort oben einen schönen Spaziergang durch h i m m l i s c h e n[1] Wald und Blumen.

Dabei stören mich Gespräche und Geplauder von Ute und Fräulein Bergernst, der Patientin, mit der G. im Auto aus Deutschland anreiste. Auch stört mich Utes Art des Kleidens und Benehmens (z.B. das Pflücken von Blumen und Orchideen).13 Uhr Picknick am Auto. G. macht uns auf die weite Aussicht über acht oder zehn Höhenzüge aufmerksam.

Als es zu regnen beginnt, brechen wir auf (wir sind ungefähr 1500 m hoch) und fahren hinunter nach Buggio, wo mein Chef, Signor Stella, wohnt. Dort unten hagelt und regnet es in Strömen. Bei meinem Chef trinken die anderen Kaffee, essen Erdbeeren, ich nehme nur Wein und unterhalte mich allein nebenan mit meinem Chef, da ich das Gewäsch und

---

[1] *Mester* macht auf die maniriert wirkende Ausdrucksweise aufmerksam und zitiert als Beispiel: „Herr U. erklärte, seit der Kindheit besitze er „ h i m m l i s c h e Angst" davor, etwas Falsches aus dem Warenangebot auszusuchen und nach Hause mitzubringen."
Auch Arno kann sich bei Einkäufen nie entschließen und ist im Nachhinein mit dem Gekauften meist unzufrieden.

Benehmen der anderen nicht ausstehen konnte.

Als wir heimkommen, warte dort Dino[1], der Freund Micheles, der von Novara mit dem Motorrad nur aus Spaß herfuhr. Dino will mir zeigen, wie das Motorrad fährt und rast mit 130 km/h Geschwindigkeit nach Ospedaletti. Ich litt dabei große Angst.

Als wir gegen Mitternacht schlafen gehen, will Ute von mir zweimal einen „Gute-Nacht-Kuß", weil sie mich gern habe. Ich tat es, obwohl mir ihre „Art und Denken" wider den Strich geht.

(154)

## 58. Therapiewoche

Um den Sommer in voller Freiheit und ohne Belastung am Strand zu genießen, hatte ich eine Badekabine gemietet, die wir mit Ute benutzten. Für sie, die im Ristorante mit Arno arbeitete, war es bequemer, gleich zum Meer zu gehen, genau wie für Arno. Sie hatten Badezeuge, Lektüre etc. in der Kabine parat. Die Kabine kostete 300.000 Lire, und ich sagte, daß wir uns zu dritt in den Betrag teilen.

Der Kommentar Arnos im Journal ist typisch und erinnert mich wieder an den seltsamen Zug des Geizes in Verbindung mit Lebensverneinung, wie er mir schon bei Oswald auffiel.

Arno schreibt: „Ich soll für die Strandkabine 100.000 Lire beisteuern. Dies gefällt mir nicht. Es ist zuviel Geld für so eine unwichtige Sache. Gedanken an die teuren vergangenen Tage, die gehaltlose Gespräche enthielten, an Ute, an mein Eßproblem, was trotz meiner Orgasmen noch da ist, machen mich trübe und nicht fröhlich.

---

[1] Dieser Dino wird neun Jahre später ein Rennen gewinnen, bei dem er eine Milliarde Lire, d.h. 1.400.00,- DM erhält.

Gespräch mit Renato über Ute, deren Art auch ihm mißfällt. Nach schönen Gesprächen über Sisyphos, Energie u.a. spazieren. Zwei Männer in der Altstadt laden uns in eine Kneipe zu Wein ein. Er zeigt eingelegte Fischchen (Acciughe), die er selbst gefangen hat. Dann erzählt er von den Freunden, seiner Frau, und daß er stets noch den Schwanz hochkriegt, wenn er mit einer Frau schläft. Als wir dann gehen, schenkt er mir ein Glas selbsteingelegter Fische. Ute gefiel weder das typisch Italienische noch der Fischgeruch, und sie zog mich mit beidem auf.
So schlecht gelaunt zu Hause angekommen. Man plaudert, aber mir fehlt das Lachen. Sehr unfröhlich zu Bett."

5. Juni (Dienstag, freier Tag)
„Gebe G. das Geld für die Kabine. Er gibt mir drei Bücher zum Anlesen und liest eine Stelle aus Zuckmayers Buch „Die Magdalena von Bozen" über den Wert des Essens vor. Dann schenkt er mir einen Ak-tenordner, damit ich meine Briefe sammeln kann, sagt auch ich solle immer eine Kopie meiner Antwort aufheben, damit ich nachschauen könne, was ich zuletzt geschrieben habe. Das würde mein Gedächtnis stärken. Da ich einmal Schreibmaschinenschreiben lernte, es aber nie praktizierte, rät er mir, die Post mit Schreibmaschine zu schreiben, damit ich in Übung bleibe. Den Einwand, mein Bruder fände das nicht fein, schiebt er auf die Seite. Beginne von Antoine de Saint-Exupery „Wind, Sand und Sterne". Esse nur Salat und Käse und gehe so hungrig ins Kino: „Emmanuelle L´antivergine". Da dieser Film eine Art Sexfilm ist, wird dieses Thema nachher in der Bar und auf dem Spaziergang wieder besprochen. Aber dieses Thema wie auch der Straßen- und Musiklärm

machen mit mißgelaunt und gereizt.

Mein Eßproblem hat sich stark verschlimmert. Ich esse daheim Erdbeeren, Brot und Käse ohne ein Wort des weiteren Gespräches aufzunehmen. Nachher rede ich mit G. über meine Verzweiflung. Er sagt, das regelmäßige Frühstück, wie es bis zu seiner Abreise stattfand, würde jetzt wieder eingeführt. Ich hatte nämlich einfach aufgehört zu frühstücken. Ich gehe nervös und weinend zu Bett."

Mittwoch, 6. Juni 79

„Die Morgenarbeit erschöpft mich, was ich auf das weniger Essen seit G.´s Weggang zurückführe.

Die Angst vorm Essen stand mir mittags stärker gegenüber als gewohnt. Dieser Rückschlag betrübt mich.

G. kommt mit Ute zu uns wegen der Arbeit. Zwar ist schon Rocco an der Bar, doch da er noch keine fünfzehn Jahre alt ist, bekommt er keine Arbeitsgenehmigung. So werden wir bei einer Kontrolle Ute als Barfrau vorzeigen. Sie wird zunächst zehn Tage zur Probe bleiben. Signora Tasserotti hat mir für die Hilfe neulich als Lohn Süßigkeiten gebracht, die ich an Ute weiterverschenke.

Abends erneut Aussprache mit G. wegen des Eßproblemes, das ich aufgeschrieben habe. Er stellt fest, daß ich in seiner Abwesenheit das Hören der Kassetten mit den Suggestionen vernachlässigt habe. Wir müssen damit wieder anfangen, sagt er."

Arno hatte folgenden Text vorbereitet, den er so aufschrieb, daß ich die halbe rechte Seite der DIN A 4 Blätter für die Antwort frei hatte.

Er begann mit:
Dienstag, den; schrieb dann seinen Namen und fing
auf der dritten Zeile an: [1]

„Selbst wenn ich die endgültige
Befreiung von meiner Krankheit
erst erfahre, wenn sich bei mir
der Sexualtrieb v o l l wieder-
hergestellt hat und ich eine echte
partnerschaftliche Beziehung (sowohl
geistig als auch sexuell) gefunden
habe, möchte ich die Probleme auch
verstandesgemäß und logisch auf-
arbeiten, erklären können und somit
lösen.
---
Es ist ja auch leichter, dem
Sexualtrieb nachzugehen, wenn
ich nicht stets an den anderen
Problemen herumrätsele. Denn auch
z. Bsp. Frauen, die sich stark
sexuell betätigen, achten auf
ihre schlanke Linie, auf ihren
'Bauch'. u.a.
So hapert es zuerst einmal an
mangelder Kenntnis und falschen
Vorstellungen der Anatomie des
Bauches
---
Denn noch vor vier Monaten war
mein Bauch praktisch wie eine Kuhle,
jetzt jedoch ist er wie
ein kleiner Hügel.
Diese Veränderung gehört wohl
vielleicht auch zu dem objektiven
Fortschritt, den ich bis jetzt
Erziehlt habe: fast esse ich alles

---

[1] unverbesserter Originaltext

und probiere fast jede Speise auf
Geschmack; der Brechreiz geht enorm
zurück; ich entwickele viele andere
Gedanken als nur solche ans Essen;
ich komme weniger oft in völlige
Verzweiflungszustände; ich habe
zugenommen; usw.

---

Es fällt mir jedoch schwer, diesen
objektiven Fortschritt auch
subjektiv positiv anzusehen,
zumahl auch mein „Schweinehund"
sich stark gegen diesen
Fortschritt wendet
Auch muß der <u>blinde</u> Glaube
an Gerhards Behauptung zu
einem <u>wahren</u> Glauben werden.

Die Behauptung, ich müsse
ständig übermäßig (fr)essen,
um überhaupt eine drahtige
Figur zu erlangen, über die ich
niemals in meinem Leben
zunehmen kann, soviel ich auch
essen werde, muß mir erklärt
werden, um sie w a h r glauben
zu können.
Wie verarbeitet mein Körper also
überschüssige Nahrung, wenn er
sie nicht wie andere normale (?)
Körper als Fettdepos speichert.
Wenn er sie jedoch ausscheidet,
verstößt er dann nicht gegen Naturgesetze,
die doch Nahrungsverschwendung
verbieten?

---

Ist es nicht Fresserei und
Völllerei, wenn ich mehr esse
als andere, die z. B. auf ihre

„Linie" achten, zumal ich
selbst oft Menschen mit
Abscheu essen oder gar
fressen sehe, obwohl ich dann
oft selber soviel essen möchte?

---

Oft verwirren mich auch
körperliche Schmerzen (Muskel-
kater, Müdigkeit, Bauchweh,
Wechsel von Schwitzen und
Frieren, Hautjucken, Schlafstör-
ungen, usw.), die ich aufgrund mangelnden Wissens
auf falsch Verhaltensweise oder
falsches Essen zurückführe, und
daraufhin manches ändere, wodurch
es sich oft verschlimmert.

---

Endlich will ich nun diese
Vorgänge erklären und diese
Probleme lösen, da ich so
viele andere Interessen und
Aufgaben habe, denen ich
mich voll widmen will,
ohne an meinen Körper zu denken.

---

Oftmals verstehe ich auch Gerhards
Vorstellungen von Sport und
Gymnastik zur Gesunder-
haltung nicht. Laut dessen verbrauche
ich z.B. bei der Arbeit und
Skoliosegymnastik die überschüssige
Nahrung. Was geschieht aber
in Ferien und wenn ich
später weniger körperl. Arbeit
verrrichte, die Skoliose korrigiert
habe und nicht mehr den
Bewegungsdrang besitze?"

Diese Fragen nehmen in Arnos Handschrift fünf Seiten ein, die ich ihm damals mit Schreibmaschine in roter Schrift beantwortete. Natürlich gab es gleichzeitig die mündlichen Antworten, die dann sehr lange Unterhaltungen nach sich zogen. Es gab keine neuen Lösungen, doch Arno brauchte die tägliche Ermunterung und die tägliche Kontrolle seines Programmes, um nicht nachzulassen und somit rückfällig zu werden. Meine Abwesenheit von sechs Wochen war trotz vieler Briefe und telefonischem Zuspruch aus der Ferne doch etwas zu lange gewesen.

Arnos Tagebuch: Fortsetzung

(155)

Donnerstag, 7. Juni 79
„Ute fängt bei uns als Baristin zu arbeiten an, was ihr scheinbar gefällt. Abends nach der Arbeit schleppt sie mich zur Nadja-Bar, wo wir G., Onkel Leo und zwei Damen treffen. Straßenlärm, dummes Geplauder und Unmöglichkeit eines interessanten Gespräches machen mich mißgelaunt. Auch denke ich wieder ans Essen.

Freitag, 8. Juni
Lerne am Strand Gedichte. Als ich mit Ute schwimmen will, ist sie zu müde. So schwimme ich alleine. Während ich schwimme, macht Ute Bekanntschaft mit einem jungen Deutschen. Mit diesem geht sie abends allein in Diskotheken. Ich höre sie morgens um 4 Uhr heimkommen. Mit meinem Chef sprach ich über Juden und Hitler.

Samstag, 9. Juni

Ute kommt erst um 10.30 zur Bar und erzählt von gestern. Als G. um 12 Uhr kommt, ißt er wenig, weniger als die Hälfte meines Mittagessens. Mit Ute zum Strand. Lese ihr dort aus Tucholsky „Zwischen gestern und morgen" „Menschenbeschreibung" vor. Sie gibt dazu keinen Kommentar. Doch dann bade ich mit ihr.

G. ißt abends mit seinen Freunden bei uns, geht aber mit mir danach allein ans Meer. Über meine Eßangst sagt er, das sei die letzte, verzweifelte Wehr meines inneren Schweinehundes, der sich behaupten wolle. Aber sonst sei ich auf dem richtigen Weg, und man sähe, daß mir das Strandleben gut täte. Zeige ihm dann die Stelle von Tucholsky, die er sichtlich amüsiert liest.

Sonntag, 10. Juni

Ute wollte wegen der Bekanntschaft nachmittags nicht zur Arbeit, doch gelingt es G., sie zu überreden, indem er mit ihr ins Lokal geht und seine Freunde mitbringt. Man spricht über die italienischen Parteien im Vergleich zu Deutschland. Ute verschwand ungeduldig um 21.30 Uhr.

Als ich um 22 Uhr aus der Küche kann, bummeln wir wieder ans Meer. Dort bade ich splitternackt, während die anderen plaudern. Auf dem Heimweg sage ich Gedichte auf, die ich auswendig lernte, doch scheint niemand zuzuhören. Daheim nach einem Glas Milch zu Bett.

## 59. Behandlungswoche

**Montag, 11. Juni**
„Ute ist erst um 6 Uhr heimgekommen und kommt morgens nicht zur Arbeit. Ich erzähle dem Kellner Giuseppe, daß ich schon bei ihr geschlafen habe, worauf er sagt, er sei unglücklich, weil ihm das nicht möglich sei.
Als ich mittags zum Strand gehe, sitzt dort Ute mit ihrem Deutschen und sagt, sie sei „todmüde". Deshalb würde sie am morgigen freien Dienstag schlafen wollen und käme nicht mit zu dem geplanten Ausflug. Komme abends erst um 23 Uhr aus der Küche."

Arno hatte mit Ute einen Ausflug geplant, bei dem er ihr zeigen wollte, wie gut er die Riviera kenne. Nun hatte Ute abgesagt. Um ihn nicht mit trüben Gedanken herumhängen zu sehen, fuhr ich mit ihm an diesem Tag auf der Lambretta ins Roya-Tal und zeigte ihm die wild-romantische Straße nach Turin.
Arno war begeistert und als wir in Breil in ein Speiselokal gingen, aß er, ohne Probleme zu machen. Danach fuhren wir den Libre hoch, 390 m über dem Meer. Die Serpentinen, die Ausblicke, der Pinienduft, alles gefiel Arno. Arno wußte die folgenden Tage nichts besonderes zu berichten.
Er notierte, daß ihm der Kellner Guiseppe sagte, seine Freunde würden über ihn (Arno) scherzen und sagen: „Den bläst sicher noch der Wind weg."
Ute wollte am abend mit Arno ausgehen, änderte aber die Idee, als ein junger Mann auftauchte, der ihr gefiel. In der Küche fehlte der Chef, dafür war ein Freund von ihm dort, Herr Gigetto.
Arno schrieb:"Sig. Gigetto verlangt viel Geduld, da er

langsam und umständlich arbeitet. Gespräch mit unserem Kellner Guiseppe über Homosexualität. Er berichtet, daß ihn nachmittags sein Freund masturbierte, er aber nicht kam. Seine Dummheit, die Sig. Gibettos und Utes kosten Nerven neben nichtverdautem Essen. Abends nach einem Film („Ultimo Walzer" von The Band) dummes Gerede von Ute über Liebe und Essen."

Das „dumme Gerede" Utes war eine Erklärung, warum sie so früh heimkam. Um nicht allein auf den jungen Mann zu warten, war sie mit einer Italienerin, die sie am Strand kennengelernt hatte, ausgegangen. Diese hatte plötzlich lesbische Neigungen gezeigt, weshalb Ute sie verließ. So kam es, daß sie zu uns stieß, als ich mit Arno aus dem Kino kam.

Arnos Tagebuch vom 15. Juni (Freitag):

„Versprochene Hypnose von G. auf morgen verschoben, da er keinen Termin freihatte. Sprechen abends über die Mafia in B., wozu G. ein Erlebnis erzählt. Weiter reden wir über Atomenergie, denn mein Bruder schickte mir Anti-Atom-Plaketten.[1]

---

[1] Ich mußte Arno später den Glaubenssatz Strindbergs zeigen und erklären; er heißt so: „...Die Sterblichen handelten unbewußt und ohne das Ziel zu kennen; aber ein bewußter Wille benützte alle einander entgegengesetzten Kräfte, den Hochflug des Geistes und das erdgebundene Streben der Materie, das Gute und das Böse, die Selbstsucht und die Aufopferung, die Sonderung und die Sammlung; bisweilen schien das Ziel am Horizonte hervorzuschimmern, um dann wieder zu verschwinden und sich später von neuem zu zeigen. Daß die Menschen nicht wissen, was sie tun, ist ihre Entschuldigung; sie sollten aber daraus lernen, daß sie Werkzeuge sind in jemandes Hand, dessen Absichten sie nicht verstehen können, der aber ihr Bestes will." *(Strindberg, Mystik der Weltgeschichte)*

Da G. an Strindbergs geschichtliche Mystik glaubt, hält er das Thema für nicht lösbar (von uns) und spricht lieber vom „Sichselberkennenlernen", das besonders in Momenten der Gefahr und in schweren Zeiten möglich sei. Er verweist auf Camus´ „Pest".
Weiter erzählt er aus eigenem Erleben, daß in Gefangenschaft Kameraden aus gutem Hause mit Elitebildung sich sehr schäbig benahmen und einfache Menschen über den egoistischen Selbsterhaltungstrieb siegten, indem sie menschliche Würde zeigten.

Daheim schenkt mir unser neuer Besuch Giorgo ein Buch von Abd-Ru-Shin: „Fragenbeantwortung". Giorgio trägt ein Kreuz auf seiner Jacke, das ihn als Anhänger des „Heiligen Grals" ausweist.[1]
Er sagte, er wollte das Buch eigentlich einem anderen geben, doch sähe er in mir eine besondere Berufung und werde mir später noch drei weitere Bücher über den Heiligen Gral schicken. Da Giorgio viel spricht, schickt mich G. um 0 Uhr 40 ins Bett."

(157)
In dieser Nacht weckte mich Arno um 2 Uhr, da er Bauchschmerzen und etwas erbrochen hatte. Ich gab ihm warme Milch, worauf er wieder einschlief. Sein Chef, dem er davon am nächsten Tag erzählte, meinte, er hätte eine Leber-Kolik gehabt. Ich selbst sah darin eine seelische Reaktion, denn in dem Brief mit den Atom-Aufklebern hatte sich sein Vater zum Besuch angesagt.

---

[1] Dieser Giorgio und Gralsanhänger sah die Existenz Gottes durch die physikalischen Gesetze bewiesen. Diese genügten ihm, um an eine Weltordnung, einen Weltordner zu glauben.

Als ich an diesem Nachmittag die versprochene Hypnose machen wollte, wurde Arno ins Ristorante gerufen, da unerwartet 30 Gäste kamen. So fuhr ich ihn mit dem Motorrad hin.

Am Sonntag den 17. Juni kommt es endlich zur 90-Minuten Hypnose mit Arno. Darüber notierte er: „Nach anfänglicher, vollkommen ungewollter Nervosität und Unruhe, durch die Sitzung doch sehr beruhigt. Doch den Zweck, die Angst vor Essen zu vertreiben, nicht ganz erreicht. Da mir mein Chef wegen der Bauchschmerzen morgens für nachmittags frei gegeben hatte, beginne ich abends „Es muß nicht immer Kavier sein" von Simmel zu lesen. G. gab es mir wegen der Kochrezepte, die dort stehen und wegen des Gingko-Baumes in der Via Romana.
Ute kommt mit ihrer lesbischen Amica, die sie nun doch akzeptiert. Sie kochen Kartoffelklöße, die wir gemeinsam essen."
Wie sehr Mißtrauen und Unsicherheit bei Arno vorherrschten, sieht man an der Eintragung vom Montag. Er schrieb, daß Ute wieder wegen einer durchgemachten Nacht früher ihren Arbeitsplatz an der Bar verließ und notierte weiter: „Ihre Freundin Rita erzählt mir von dieser Nacht anders als G."
Das Spiel, ein Ereignis (wie etwa einen Unfall) von verschiedenen Zuschauern beschrieben zu sehen, hat er nicht gemacht, und es verwirrte ihn, wenn sich Berichte nicht decken. Diese Verwirrtheit zeigte sich auch, als er notierte, daß er zwei Stunden an einem Brief für die Gräfin schrieb und dann bemerkte, daß das Kohlepapier falsch eingelegt war. Er klagte um die zwei verlorenen Stunden und kam nicht auf den Einfall, eine Fotokopie zu machen und sie mit entsprechendem humorvollem Kommentar abzusenden.

Doch wahrscheinlich war alles etwas komplizierter. Da ich auf Ute Einfluß nehmen sollte, widmete ich mich auch ihr, was Arno wohl mehr durch meine Zuwendung im gemeinsamen Gespräch bemerkte, denn ich plauderte mir ihr zu Zeiten, wenn Arno noch bei der Arbeit war oder morgens, wenn sie das Haus verließ, um wie immer verspätet zur Arbeit zu gehen. Ihr Glück war dabei, daß ihr wegen ihrer Schönheit jeder verzieh.

Arno, der sich in seinem Tagebuch so viel mit ihr beschäftigte, war sich über die Zusammensetzung seiner Gefühle sicher nicht im klaren. Während ich stets schlief und Utes leises Heimkommen nicht hörte, schaute er jedesmal nach der Uhr, wie die Notizen zeigen. Ute erzählte mir dann wohl von ihren nächtlichen Eskapaden, und ich korrigierte Arno, wenn er Berichte von Rita brachte, die er von ihr am Strand gehört hatte. Ute akzeptierte Rita, weil sie ihr bei der Wahl ihrer Liebhaber keine Konkurrenz war. Arnos Neigung zu monomanischen Gedanken suchte ich durch immer neue Programme zu durchkreuzen.

60. Behandlungswoche

Arno: „Dienstag, 19. Juni
10.15 Uhr gemeinsame Abfahrt durch das Roya-Tal nach St. Dalumas de Tende, wo wir zum Lac des Mesces abbogen und weiter in Catanino (Casterino) um 13.15 Uhr eine Stunde zu Mittag aßen; mageres Essen für 30.- Francs pro Person; nach einer halben Stunde schönen Spaziergang; 14.30 Uhr zurück zum Lac des Mesces, von wo wir zwei Stunden lang einen Rundgang machten, bei dessen Schönheit am rauschenden Bach wir vom Regen überkommen wurden; durchgenäßt um 16.30 Uhr heimgefahren.

19 Uhr daheim erklärt G. meine Eßangst und das Nichtwirken der Sonntagshypnose und die Butter- verweigerung – die ich heute mittag ihm zuliebe dann doch aß – als Erwartungsneurose auf Vater, der Vergangenes in mir hervorriefe; dagegen solle ich Lebensfreude stellen.

Onkel Leo und Tante Maura kommen. Ins Ristorante „Torchi" bei Busana gefahren; viele Vorspeisen, Risotto ai funghi, Branzino alla brace gegessen. 22.30 Uhr in der Küche bei 17-jährigem Kochlehrling Franco zwei und einen halben Teller Risotto probiert und geplaudert. Mit Ute und G. über meinen Haar- schnitt gesprochen. 24 Uhr daheim, versprach mir G. gut gelaunt Eßgespräch für morgen."

Mittwoch, 20. Juni
Neue Freunde sagten sich an. Während ich auf ihr Kommen wartete, tauchte Renato auf. Seine Kellner- stelle bei Imperia, die er wegen der „Amica" ange- nommen hatte, gab er nun wegen der „Amica" auf. Jetzt begann er im „Grande Hotel des Mare" in Bordighera zu arbeiten.

Er hatte einen Fisch putzen dürfen und der Oberkellner sowie die Gäste waren zufrieden. Nun war er fröhlich und mußte sich mit-teilen. Nach ihm kam Ute mit ihrer Freundin, dann endlich das Auto mit den neuen Gästen.

Wir gingen ins „Stella" zum Abendessen und danach feierten wir in der Altstadt in der „Tavernetta" den 15. Hochzeitstag der Ankömmlinge, die damals ihre Hochzeitsreise nach Bordighera gemacht hatten.

Über diesen Tag schrieb Arno:
„Mittagessen schwer verdaut, da der Bauch vom schweren, fetten, butterreichen Essen des Vor-

abends immer noch blockiert ist. Am Strand mit Bauchweh ruhen, baden im kalten Wasser, das durch einen Sturm aufgewühlt ist. 16.50 Uhr auf Toilette erbrochen, danach Cognac getrunken. Abendessen einigermaßen verdaut, dennoch schwerer Bauch.

21.50 Uhr mit G. auf der Promenade über meinen Vater geredet, dem ich positiv begegnen soll. Ich soll beim gemeinsamen Essen wie mein Vater und mein Bruder Rudi mithalten, ohne aufzufallen. Dann treffen wir noch die neuen Gäste mit Ute und Rita. Als sie in die Tavernetta gehen, schlendere ich heim, esse Haferflocken, Milch und Honig, lese und trinke dazu Vodka bis 24 Uhr."

*„Ein Arzt, der selbst massiert, kann gar nicht anders, als daß er sich nach und nach seine eigene Methode psychotherapeutischer Behandlung aufbaut.*
*Jeder massierende Arzt wird von seiner eigenen Arbeit zum Psychotherapeuten ausgebildet. Gewiß sind seine Methoden sehr oft verdreht, aber das ändert an der Tatsache nichts, daß der Masseur in sich eine weit bessere Grundlage für die Lehren der Psychotherapie hat, als sie der beste theoretische Unterricht über Psyche und Kranksein geben kann."*

(aus Georg Groddeck: Krankheit als Symbol, Fischer Verlag)

Während die neuen Gäste (die Hochzeitsgäste) sich nach dem Abendessen einquartiert und umgezogen hatten, war ich mit Arno zum Meer gegangen, um ihn bei diesem Spaziergang nochmals auf die Ankunft seines Vaters vorzubereiten.

Am nächsten Tag, in der Mittagspause Arnos, nachdem er Vater und Bruder am Zuge abgeholt und mit
ihnen gegessen hatte, rief er mich an und klagte,
daß er sich mit seinem Vater nicht unterhalten
könne, er wüßte einfach nichts zu reden, und er bat
mich, daß ich zum Abendessen ins „Stella" komme.
Ich könnte sicher dieses peinliche Sichnichtszu-
sagenhaben überspielen. Dies tat ich und kam dann,
da Vater und Bruder von der Reise müde waren,
früher zu Bett.
Doch morgens gegen fünf Uhr weckte mich Arno. Er
litt an krampfartigen Bauchschmerzen. Ich machte
ihm die Bauchmassage nach Dr. F. X. Mayr, worauf
er gut schlief. Nach dem Frühstück trug Arno seinem
Vater und Brunder das Hesse-Gedicht „Stufen" vor.

*Stufen*

Wie jede Blüte welkt und jede Jugend
Dem Alter weicht, blüht jede Lebensstufe,
Blüht jede Weisheit auch und jede Tugend
Zu ihrer Zeit und darf nicht ewig dauern.
Es muß das Herz bei jedem Lebensrufe
Bereit zum Abschied sein und Neubeginne,
Um sich in Tapferkeit und ohne Trauern
In andere, neue Bindungen zu geben.
Und jedem Anfang wohnt ein Zauber inne,
Der uns beschützt und der uns hilft, zu leben.

Wir sollen heiter Raum um Raum durchschreiten
An keinem wie an einer Heimat hängen,
Der Weltgeist will nicht fesseln uns und engen,
Er will uns Stuf′ um Stufe heben, weiten.
Kaum sind wir heimisch einem Lebenskreise
Und traulich eingewohnt, so droht Erschlaffen;
Nur wer bereit zu Aufbruch ist und Reise,
Mag lähmender Gewöhnung sich entraffen.

Es wird vielleicht auch noch die Todesstunde
Uns neuen Räumen jung entgegen senden,
Des Lebens Ruf an uns wir niemals enden...
Wohlan denn, Herz, nimm Abschied und gesunde!


Es hinterließ keinerlei Eindruck, und Arno vermißte das Echo. Nachmittags führte Arno seinen Besuch nach Ventimiglia auf den Wochenmarkt und erhoffte Lob. Doch sein Vater strebte unruhig durch die Zeltstände, die an arabische Märkte erinnern und der Bruder schaute unzufrieden und gelangweilt.


## Donnerstag, 21. Juni

Arno schrieb über diesen Tag folgendes:
„Morgens 4 Uhr mit starkem Durchfall auf die Toilette. Verdauungspulver genommen. Morgenarbeit mit starkem, krampfartigem Bauchweh. Mit Vater und Rudi im Ristorante Lasagna gegessen. 14 Uhr zum Strand. Vater setzt sich in den Schatten, Rudi und ich lesen im Liegestuhl. Kein vernünftiges Gespräch mit Vater, nur Gesprächsbrocken von nichtigem Inhalt. Später will Vater in der Altstadt einen Hut gegen die Sonne kaufen. Er ist unzufrieden und mit den Verkäufern barsch und unfreundlich.
Daheim spreche ich mit G. über Vater, dann über Dummheit. G. sagt, nicht alle Menschen könnten informiert oder gar gebildet sein. Das Wort Elite würde existieren, weil es eine Auslese gäbe. Trinke Tee und nehme Verdauungspulver.Ute, die letzte Nacht mit einem Kellner weg war, kommt 0 Uhr 40 heim."
Über den nächsten Tag berichtete er:

Freitag, 22. Juni
Rudi erzählt mir auf der Promenade, er würde schon zweimal wöchentlich bis zur Ejakulation onanieren, jedoch weder mit Freunden noch sonst jemandem darüber reden." Arno überredete Rudi, in der Küche mitzuarbeiten. Rudi kam. Die Eintragung vom 23. 6 darüber lautet: „Rudi hilft von 8 bis 15 Uhr in der Küche. Danach ist er lustlos und müde. Nachmittags nach gemeinsamer Zeit am Strand kommt Rudi nicht zum Arbeiten, obwohl er sich langweilt. Abends läßt mich mein Chef früher gehen, damit ich mit Familie und Freunden den Abend zusammen verbringen kann. Die Freunde ziehen meinen Bruder etwas auf, weil er so ernst und ohne Kraft dabeisitzt und auch nichts zur Unterhaltung beiträgt. Als man dann auch wieder von Liebe spricht, sagt Vater, man dürfe nicht aufklären, das müsse die Natur von selbst einbringen. Ich erwidere, das sei nicht für jeden einfach, man müsse vielleicht doch in dieses Thema eingeführt werden. Über diese meine Rede ist Vater sehr erzürnt und Rudi bekam Furcht, wie er an sein Onanieren dachte. Vater ging erzürnt und böse heim."

Der Besuch von Arnos Vater und seinem Bruder ähnelte einer Pubertätsgeschichte aus der Jahrhundertwende wie bei *Thielicke*. Am nächsten Tag, einem Sonntag, erzählte mir Arno, daß er in dieser Nacht – wohl aus Trotz auf Vaters Reaktion – onanierte, daß er es als schön empfand und nach fünf Minuten eine Ejakulation hatte. Es war seine erste auf diese Art. Sein Vater redete am nächsten Tag wenig mit ihm, ja, wollte ihn nicht sehen und ging mit Onkel Leo auswärts essen. So mußte ich am Nachmittag erneut ein Gespräch mit Arno führen, um meine bisherige Arbeit an ihm nicht in Frage gestellt zu sehen. Ich erzählte hypothetisch, daß sein Vater in der Jugend wahrscheinlich mit einem schlechten Gewissen schlechte Erfahrungen gemacht habe. Sein Verhalten zu diesem Thema zeige die Verbitterung, mit diesen Begierden nicht fertig zu werden, und daß diese Sache wohl trotz Ehe und Familie nicht verarbeitet sei. Er wolle sicher seine Söhne vor gleichem Übel und Frust schützen, sähe aber nicht durch.[1] Ich riet ihm, solchen Themen in Gesellschaft seines Vaters besser auszuweichen. Sein Bruder solle das Büchlein „Von Mann zu Mann" von dem Schweizer Theologen Bovet lesen. Sein Vater könne bei diesem Büchlein keinen Einspruch erheben und für seinen Bruder sei die Lektüre sicher hilfreich.

(158)

Arno war nun 14 Monate hier und weil ich mit dem bisherigen Ergebnis zufrieden war, hatte ich gehofft, daß auch sein Vater über die Rückkehr des Sohnes ins Leben Freude und Dankbarkeit empfände. Nun bemerkte ich, daß dieses Wiedersehen zu früh war.

Auch am nächsten Tag, als Arno in größerem Kreise einer der Damen einen harmlosen Kuß gab, wie er in Italien üblich ist, und wie er es dort gelernt hatte, war sein Vater darüber sehr bestürzt.

Zwei Freundinnen aus dem Bekanntenkreis, die das beobachteten, kamen zu mir, um zu sagen, daß der Vater einen schlechten Einfluß auf Arno ausübe. Arno reagierte prompt mit neuen Eßproblemen, und

---

[1] Im Pubertätsroman von Hans Fallada „Der junge Goedeschal" findet sich folgende Erklärung gegen das Aufklären: „...Warum sind die jugendlichen Bestraften immer aus den unteren Volksschichten? Weil die Kinder dort sexuell aufgeklärt sind! Zu frühes sexuelles Wissen ist Verlockung, verleitet zur Haltlosigkeit, zur Genußgier. Und der Weg von da zum Verbrechen ist kurz." Sollte es möglich sein, daß Arnos Vater von solchen Ansichten beeinflußt war?

ich mußte ihn bitten, doch vernünftig zu sein. Um Reibungsmöglichkeiten zu verhindern, organisierte ich für den freien Dienstag einen Ausflug, bei dem der Vater mangels Platz im Auto nicht mitfahren konnte. Natürlich war er darüber betrübt. Mehr als die moralische Begrenztheit schien es eine Art Eifersucht auf die Vertrautheit seines Sohnes mit diesem hiesigen Leben und den Menschen.

Ziel unseres Ausfluges war die Schwefelquelle in Pigna. Ich wollte dort im Bassin Wassergymnastik machen. Ständige Ausgleichsübungen für Arno waren mir wichtig, sie regulierten auch seinen Bewegungsdrang. Im Fond des Wagens sitzend, dachte ich darüber nach, ob Arno mein Quasi-Verbot, mit seinem Vater nicht über Sexuelles zu reden, auch so verstehen könnte, daß an diesem Thema doch einiges zweifelhaft sei, und daß ich folglich nicht so recht hätte, wenn ich es als selbstverständlich und zum Leben gehörig besprach. Ich war älter als sein Vater, warum belehrte ich nicht den Vater.

Arno würde meine Erklärungen (falls er fragte) nicht verstehen können und so baute ich vor. Während wir an einer römischen Wasserleitung oberhalb des Flußbettes der Nervia entlangfuhren, brachte ich das Thema von der bevorstehenden Wassergymnastik auf den Körper und seine Faszination auf das menschliche Auge, die seit Jahrtausenden anhalte, sprach von der Verpflichtung zur Schönheit und Gesundheit, auch wegen der Nachkommenschaft, was schon die alten Griechen forderten, und zitierte dann gezielt einen Satz des *Erasmus von Rotterdam*:

„Das Leben kommt nicht aus dem Kopf, dem Gesicht, der Brust, der Hand, dem Ohr oder sonst einem sogenannten edlen Körperteil, sondern aus dem Penis."

(aus *„Lob der Torheit"*)

Der Ausflug wurde ein voller Erfolg der Fröhlichkeit und des Übermutes. Arno sprang nach den Übungen im Thermenwasser in den danebenfließenden kalten Nerviafluß und war stolz, es dort länger auszuhalten als sein Bruder. Er wollte beachtet werden, gelobt werden, nur seine eigene Familie merkte das nicht.

(159)
Um Arno eine Perspektive zu geben, die ihm Mut für den immer wieder auftauchenden Eßkampf geben sollte, hatte ich ihm gesagt, daß wir im Herbst, wenn die Saison zu Ende ist, nach Marokko fahren würden. Das ginge nur, wenn er kräftig genug sei, denn Afrika sei anstrengend. Am Abend nach unserem Ausflug bat ich ihn, diesen Plan mit seinem Vater zu besprechen, denn das würde umständliche Briefe ersparen. Es ging mir dabei um das Gespräch Arnos mit seinem Vater, denn es lag mir fern, den „emotionalen Dialog" zwischen den beiden gestört zu sehen. Arno notierte: „ ... rede geduldig und freundlich mit meinem Vater über das Motorradfahren, die Versicherung und die geplante Marokkoreise."
Die Ferienwoche von Arnos Vater ging zu Ende. Lesen Sie selbst, wie Arno den vorletzten Tag beschrieb.

Aus Arnos Journal am 28. Juni:
„G. schaut um 13 Uhr ins Ristorante, trinkt einen Espresso und geht mit Ute heim, denn sie sagt, ihr sei übel. In der Mittagspause mit Vater und Rudi am Meer. Muß mit ihnen in einer „barca" rudern. Gespräche über Geld-Probleme. Bin froh, daß ich 17 Uhr 30 wieder zur Arbeit kann. 22 Uhr nach der Arbeit zur Altstadt. Ute hat auch abends nicht gearbeitet, und nun sitzt sie auf der Piazza und ißt Pizza. G. erklärt

gerade die Therapie gegen Heuschnupfen. Vater verfällt in „alkoholische" Fröhlichkeit und zwingt mich zu trinken. Andere trinken mit und benörgeln dann mein Nicht-Betrunken-Sein, spaßen über magere Menschen und über mich, sagen: ich müsse essen und solle trinken. Bin wie ein kleines Kind behandelt worden. Die dumme Gesellschaft kritisierte auch Renato. Dieser saß mit Freunden am Nebentisch. Er verstand meine Unzufriedenheit und fand das Verhalten Vaters nicht gut. Bin froh, daß er wegfährt."

Es bleibt ein weiteres Phänomen bei der Magersucht, daß nicht nur der Anorektiker sich nicht als krank erkennt, sondern auch die Umwelt nicht bereit ist, diese Art von Krankheit zu akzeptieren. Endlich war der Abreisetag für Arnos Vater und Bruder da. In der Küche fand er die Arbeit „nervenanstrengend". In der Mittagspause bekam er vom Vater die üblichen Ermahnungen, die Ohren steif zu halten (warum die Ohren?) und keinen Unsinn zu machen. Auch verbot ihm der Vater, mit dem Bruder in Briefen über Sex zu diskutieren. Ich kam erst nach diesem Gespräch zum Strand, holte Arno zu mir und zusammen mit einer Patientin ließ ich ihn tauchen und an den Felsen Muscheln pflücken, die man mit etwas Zitrone direkt aus der Schale schlürfen kann.
Um 18 Uhr kochte Arno nochmals für alle, erhielt wieder „moralische Ermahnungen" vom Vater, die er als „Moralspredigt" notierte. Aber dann drückte sein Vater doch noch seine Zufriedenheit über Arnos Fortschritt aus. Als man eine Stunde später dann am Bahnhof Abschied nahm, registrierte Arno, daß „Vater kindisch weint".
Da ich abends Verpflichtungen hatte, war Arno allein daheim und erbrach einen halben Liter Milch, den er

während des Lesens getrunken hatte. Es ist einfach, hier das Wortspiel zu gebrauchen, daß er wieder einmal alles zum Kotzen fand.

(160)
Warum habe ich eigentlich noch nicht *S. Freud* zitiert? Auch er hat etws zur Magersucht gesagt. Nach ihm ist sie die „Melancholie der sexuell Unreifen". Die Melancholie war im Mittelalter die achte Todsünde. Schade, daß man sie gestrichen hat.

Aber ist Arno melancholisch? Ist er überhaupt magersüchtig im genauen Sinne des Wortes?
Eigentlich sah er immer nur seinen Bauch (Arno spricht zwar von schlank, doch bringt er später Bauch gleich nach schlank, fast wie ein Synonym.) Nachdem er endlich eingesehen hatte, daß durch das Fasten der Bauch nicht kleiner, sondern größer wurde (was ich auch durch Bilder von hungernden (Neger-)kindern beweisen konnte), wurde sein Schlankheitswahn zu einem Eßproblem.
Ob hinter diesem Eßproblem aber nicht doch die Gier nach Magerkeit stand, lasse ich dahingestellt. Jedenfalls sprach er nie von seiner Knochigkeit im Schultergürtel oder dem dünnen Hals, sondern stets störte ihn der Bauch. Dort schien – wissenschaftlich ausgedrückt – der Sitz seines Anankasmus (Denkzwang und daraus entstehende Zwangshandlung oder Zwangsneurose) zu sein. Was hatte ich erreicht?
Die Hungeratrophie der Sexualdrüsen, die bei Beginn der Behandlung vor 61 Wochen zweifellos vorhanden war, schien regeneriert. Damit war der Weg in die Pubertät frei. Eine herrliche Zeitspanne, aber nicht für den Mitmenschen, und für den Betroffenen

auch erst im Nachhinein, wenn alles längst vorbei ist. Der Glanz, den Weimar durch Goethe erhielt, war das Verdienst des Herzogs Karl August, der als Siebzehnjähriger den acht Jahre älteren Goethe für sich einzunehmen wußte. Daß der junge Herzog dieses Gespür für Größe hatte, war das Ergebnis seiner Erziehung durch Görtz und Wieland. Der Vater von Herzog Karl August starb mit zwanzig Jahren.

In seinem Testament hatte er bestimmt:
„(...) so wollen wir vor allem, daß unser Erbprinz schon im vierten Jahre der Aufsicht der Frauen entnommen, einem Hofmeister übergeben und keine Mühe, Sorgfalt und Kosten gescheut werden, damit der Prinz ohne Pedanterie erzogen, im vor den Wissenschaften durch Zwang oder üble Methode kein Widerwillen gemacht, und er auferzogen werde in Gottesfurcht(...)"

An diese gedankliche Reife mußte ich denken, nachdem Arnos Vater abgefahren war, und er mir einen neu verwirrten und belasteten Arno zurückließ. Als zum Wochenende neue Freunde eintrafen, bat ich ihn und Ute, täglich abwechselnd die Küche zu kontrollieren und eventuell zu reinigen, damit kein Durcheinander aufkomme. Sofort sagte Arno, daß er das nicht verstehe, warum er das solle. Man sah, er war ungehalten und betrübt. Ich mußte ihn daran erinnern, daß Sauberkeit und Ordnung im Haushalt nur gewährleistet sind, wenn jeder mithilft. Eine längere Denkpause folgte, bei der er die Eßangst erneut vorbrachte. Ich erwiderte, er müsse das NEIN-Sagen aufgeben.
Arnos Stimmung erhellte sich, als wir am Abend auf der Terrasse Gespräche führten, wie er sie schätzte.

Als zwei weitere Freunde dazukamen, fühlte er sich gestört. Die Freunde, ein Ehepaar, waren leicht angetrunken. Der Hinweis, daß bei der richtigen Einstellung der Abend trotzdem unterhaltend weiterlaufen könne, half ihm nicht. Er konnte die Dinge nicht so annehmen, wie sie waren. Das Ehepaar brachte eine Einladung zum Geburtstag. Arno sollte auch kommen. Sofort war er verzweifelt, traurig und weinte, da er dann ja essen mußte.

Jede Hilfe, die man ihm abverlangte, registrierte er und erwähnte sie immer neu. Die Arbeiten, die andere für ihn verrichteten, machten ihm keinen Eindruck, schienen selbstverständlich. Wenn Ute seine Wäsche aufhing, war das normal und richtig für ihn; hätte er Ute Wäsche aufhängen sollen, würde man auf Unverständnis gestoßen sein. Trotz allen freien Lebens war er also noch stark ichbezogen und ungerecht. Die körperliche Konstitution war sichtbar besser, wenn auch die Mentalität noch an den alten Fixierungen hing. Es war das Mißverhältnis wie bei vielen Jugendlichen, bei denen die körperliche Entwicklung und die geistig-charakterliche nicht synchron gehen.

(161)

## 62. Behandlungswoche

Man hatte den Geburtstag mit Beginn dieses Tages um Mitternacht zu feiern begonnen, und so kam ich erst nach zwei Uhr ins Bett. Um vier Uhr wurde ich wachgeläutet. Ute kam von einem Dancing, wo man die Geburtstagsfeier fortgesetzt hatte. Den Hausschlüssel hatte sie vergessen. Um sechs Uhr wurde ich erneut, diesmal von Arno geweckt. Er hatte eine Pollution und teilte es mir freudig mit. Leider war ich zu verschlafen, um sein Ereignis entsprechend zu würdigen, was psychologisch nötig gewesen wäre. Er schrieb darüber in sein Tagebuch: „Ich träume von einer Schiffsreise im Hafen von New York mit G. und Ute. Ich folge den beiden beim Besteigen eines hohen Schiffssturmes, bin dabei mit Angst erfüllt. Immer zurückschauend, fühle ich das Vibrieren der Schiffsmotoren. Es ist ein angenehmes, himmlisches Vibrieren. Plötzlich bemerke ich eine Ejakulation."

Wir leben das heitere und sorgenlose Leben einer Wohlstandsgeneration – aber der Tod belauert uns. Um elf Uhr erhielt ich einen Anruf aus Deutschland. Eine Freundin, die bis vor kurzem hier war, teilte mir mit, daß die einzige, hochbegabte Tochter nach der Feier des Uni-Abschlusses auf dem Heimweg tödlich verunglückt war.
Arno, dem ich es mitteilte, berührte die Nachricht nicht. Er erwähnte sie auch nicht bei seinen sonst sehr peniblen Eintragungen. Er notierte über diesen Tag nach der Schilderung des Pollutionstraumes: „Küche säubern, Ute Jeans zum Nähen gegeben. Lese in Gottfried Benn „Auserwählte Gedichte", ist mir jedoch noch zu schwer."

Abends sagte er mir das, und so rezitierte ich scherzhaft von *G. Benn:*

> „Wir bringen von Cannes Mimosen
> für eine Stunde her,
> und hängen an uns´ren Neurosen,
> sonst hätten wir gar nichts mehr!"

Doch Arno verstand die Ironie nicht. Wir saßen im Freien, als der erste erfrischende Regen des Sommers fiel.

### 3. Juli
Arnos Chef, ein lebensfroher, unkomplizierter Mann, erzählte ihm von der Königin Margeritha, die in Bordighera ihre Residenz hatte.

Arno notierte: „Chef erzählt von der Freude der Königin Margeritha am Geschlechtsverkehr mit ihrem Mann Alberto Emmanuele. Des Chefs Frau und seine Schwägerin sind dabei, hören es mit und sind über den Sex erschüttert. Erzähle es abends G., als ich mich mit Ute und ihm an der „Nadja-Bar" treffe. G. meint, mein Chef hätte damit sicher eine Absicht verfolgt, was ich nicht verstehe. Dann reden wir über FKK und darüber, daß das Verbot, nackt zu baden, perverser ist als die Sache, da Gott den Menschen ja nackt erschaffen habe."

### Mittwoch, 4. Juli
Arnos Tagebuch: „Wieder Gottfried Benn-Gedichte angeschaut. Heute nach normalem Mittagessen in der Küche weitergegessen und zwar sehr viel.

Diese dumme Eßangst und –lust machen mir viel zu viel zu denken. Benn bezeichnet Kunst als Muse, nicht als engagierte Kritik.

G. bringt Öl für meine rissigen Hände. Er sagt, meine Beine seien viel zu dünn, ich müsse weiter an mir arbeiten. Auch mein Vater hat dünne Beine, doch das läßt G. nicht gelten. Er sagt, es sei eine Sache des Muskeltrainings und der Ernährung. G. ißt mit uns zu Abend, aber da er sehr wenig ißt, habe auch ich wieder Eßangst. Abends nach der Arbeit mit G. am Strand spazieren. Wir sprechen über Zeitungsberichte, Demokratie, persönliches Vorwärtsstreben und Kunst. Daheim esse ich noch Kartoffeln und Käse, muß es dann im Bett hochwürgen, erbreche aber nicht."

(162)

Vor genau einem Jahr hatte Arno auf ein DIN A5-Blatt, auf dem ich mir Notizen für die Autosuggestion gemacht hatte, folgendes in Rotstift dazugeschrieben:

„Als Ausnahme in der Natur
muß ich ständig übermäßig
essen, um so kräftig und
selbstbeherrscht zu werden
und zu bleiben wie der Gerhard."

Die unterstrichenen Wörter waren von ihm unterstrichen.

Wir hatten dann vom Säulenheiligen Symeon gesprochen, dessen „Energie und Willenskraft" ich als Eigensinn und Trotzhaltung übersetzte. Schaute ich nun zurück, so war trotz Arnos Autosuggestion der Erfolg sehr hart errungen. Oft mußte ich mehr essen, als ich wollte, um Arno beim Essen zu halten. Doch durfte ich nicht zunehmen, denn dann hätte ich mich in seinen Augen unglaubwürdig gemacht. Ich glich das durch gelegentliches Fasten aus, wenn wir nicht gemeinsam aßen.

Jetzt, nachdem die Libido erwacht war, blieb der Genesungsweg trotzdem schwierig. Der Sommer lag vor uns und zehrte bei Arno an den Kräften.

Der heiße Herd, die lange Arbeitszeit, das Schwimmen in der Halbtagspause, das abendliche Umherstreifen, alles erforderte Kraft, und dafür aß Arno dann im Verhältnis doch zu wenig.

Ich setzte also zunächst weiterhin auf Lernen und Gedächtnisübungen.

## Donnerstag, 5. Juli

Mein Prinzip, geistig etwas mehr zu fordern, als vorhanden ist, unterbrach ich, um Arno nicht einen wieteren Komplex zu setzen. Nach dem zu schwierigen Benn gab ich ihm Gedichte von *Wilhelm Busch*, von denen er auch sofort einige lernte. Abends fragte er mich nach dem Wort Knotenknittel.

„Wer möchte diesen Erdenball
Noch fernerhin betreten,
Wenn wir Bewohner überall
Die Wahrheit sagen täten

Ihr hießet uns, wir hießen euch
Spitzbuben und Halunken,
Wir sagten uns fatales Zeug
Noch eh wir uns betrunken

Und überall im weiten Land
Als langbewährtes Mittel,
Entsproßte aus der Menschenhand
Der treue Knotenknittel.

Da lob ich mir die Höflichkeit,
Das zierliche Betrügen.
Du weißt Bescheid, ich weiß Bescheid;
Und allen macht's Vergnügen."

Ich erklärte, daß Knote ein plumper, ungebildeter Mensch sei und Knittel ein Versmaß, beides aber damit nichts zu tun habe, denn mit Knotenknittel sei hier lediglich ein kräftiger Spazierstock gemeint, wie man ihn oft in den Alpen sieht.
Dann schaute ich zwei Bücher an, die Arno von seinem Bruder bekommen hatte. Eines war „Die Kunst des Liebens" von Erich Fromm.
Sofort dachte ich, die Leute schenken immer aus

ihrer Sicht und versuchen höchst selten, sich in den Anspruch des Beschenkten hineinzufühlen, denn Fromm schien mir für Arno nun wirklich verkehrt. Die Lektüre würde Arno von der körperlichen Gegenwärtigkeit wieder auf eine geistige Ebene verweisen, bei der mir das Beispiel Johannes des Täufers absolut genügte.

Ein Anruf wegen des Todes der Tochter meiner Freundin. Es war Bijuti, doch nach der Information kam sie auf den Kaiserschnitt ihrer Tochter und berichtete darüber ausführlich und lange. Das Ohr am Telefon, hörte ich gleichzeitig wie Ute zu Arno sagte, er müsse dicker werden, wenn er eine Freundin haben wolle.

Arno schrieb darauf in sein Tagebuch: „Ute sagte, ich soll dicker werden, und dann lamentiert sie bei G. vom Abnehmen."

Freitag, 6. Juli

Ute schien inzwischen wie Kinder, die, um gesund zu werden, die Kinderkrankheiten durchmachen müssen, ebenfalls ihre seelischen Probleme in körperliche Symptome umzusetzen. Im Auftrag der Eltern verwaltete ich ihr Geld. Gerade hatte sie mich um 50.000 Lire gebeten, als sie am folgenden Tag wieder 20.000 Lire wollte. Auf Grund ihrer Vorgeschichte war ich mißtrauisch, denn ihr Exfreund saß wegen Drogenbesitz im Knast. Ich mußte also fragen, für was sie schon wieder Geld brauche und hörte, daß sie ein neues Kleid gekaufte habe. Kontrollierte Eigenständigkeit – gibt es das? So wunderte ich mich nicht, als Arno um zwölf Uhr anrief und fragte, ob ich Ute nicht im Ristorante abholen könne, denn sie fühle sich schlecht. Ich holte sie, stellte fest, daß sie Fieber und einen niedrigen Blutdruck hatte und machte für beides kalte Wadenwickel nach Kneipp.

Aber auch Arno machte Sperenzchen.

In der Mittagspause wollte er wegen des Sommertourismus nicht mehr ans Meer. Ich antwortete mit Unmut, auf den Klippen wäre absolute Ruhe. Dort wäre auch eine angenehm-leichte Luftbewegung und man höre nur das Rauschen des Meeres. Arno ließ sich überzeugen und buk dann abends sein erstes Vollkornbrot. Ich aß es mit ihm und freute mich, daß es ihm schmeckte und er stolz war, daß er es selbst gebacken hatte.

(163)
Samstag, 7. Juli

Arno schrieb in sein Tagebuch: „Ich träume von einem Garten, wo eine Gruppe Soldaten spielerisch eine andere Gruppe Soldaten jagt und verfolgt. Ich, als spielende Person, flüchte unter eine Hecke. Dorthin flüchtet auch eine Frau, die aus ihrem Auto vertrieben wurde, welches an der Gartenmauer vorbeifuhr. Ich flirte mit der Frau. Sie zieht sich aus und ist zweigeschlechtlich. Vorne hat sie Glied und Hodensack. Sie dreht sich auf den Bauch. Ich nähere mein Glied von hinten und bekomme eine Ejakulation, bei der ich das angenehme Fließen bewußt wahrnehme. Jetzt bin ich wach und versuche zu onanieren, doch es gelingt nicht. Ich fühle mich geil und erregt. Drangerfüllt gehe ich zu Ute ins Zimmer, die ich diesen Morgen wecken sollte. Ute schläft. Ich küsse und streichle sie. Sie beginnt auch zu streicheln, von oben herab bis zum Glied. Ich küsse und lecke ihre Brust. Darauf streife ich meinen Slip herunter.

In diesem Moment schellt der Wecker. Ute wird ganz wach und bittet mich um ein Glas Wasser. Ich bringe es ihr, gehe danach in mein Zimmer und mach mich zur Arbeit fertig."

Ein Leser, dessen sexuelle Entwicklung normal verlaufen ist, wird sich vielleicht über den Mißerfolg des Onanierens wundern. Aber die Kenntnis, daß jeder Motor zuerst eingefahren werden muß, ist schon von *Freud* vermittelt worden. Ich weiß aus eigenem Erleben während der Zeit der Gefangenschaft, daß die erträumte Orgie nach der Entlassung nicht funktionierte, da das lange Aussetzen die Organe und Reflexe blockiert hatte. Muskeln erschlaffen, wenn sie nicht betätigt werden. Ohne geistige Tätigkeit kann sich das Gehirn nicht entwickeln. Fehlt die Muße, verkümmert das Gemüt.

Ute war nach der Behandlung des Vortages wieder in Ordnung und ging zur Arbeit. Ich bekam während der Sprechstunde den Besuch von Frau Templeton, einer englischschreibenden Schriftstellerin, die verschiedene Bücher mit Erfolg veröffentlicht hatte. Sie holte bei mir das Wochenmagazin „Der Spiegel", das sie zusätzlich zu ihren englischen Literaturzeitschriften anzuschauen pflegte.

Sie interessierte sich mit schriftstellerischer Neugier sehr für Arno und empfahl ihm später Bücher von Fontane. Die „Effi Briest" wird Arno lange Zeit beeindrucken.

Arno schrieb noch folgendes über diesen 7. Juli: „Nach der Pollution heute morgen fühle ich mich kräftig, aufgeweckt, gemütsstark und fröhlich. Gehe auf G.´s Rat zu den Klippen. Dort liege ich hart, aber gut und ruhig. Wirklich hörte ich nur, wie das Meer von Zeit zu Zeit glucksend an die Felsen schlug. Abends gegen 23 Uhr gehe ich mit G. am Strand spazieren. Er will meinem Chef zwei Pfannen schenken, da der auf mich so viel Rücksicht nimmt. Ich bespreche mit ihm meinen Traum. Danach setzte er logisch meine Eßangst ins Unsinnige. Daheim hörte ich mit ihm noch eine Schallplatte „Jazz und Lyrik" mit Gedichten von Benn. Er schätzt diese Platte und sein Freund Urs hat sie zur Zeit meiner Geburt in der Zeitschrift „DU" besprochen. Wir reden darüber, und ich finde es schön.

Ute nahm heute fröhlich und gutgestimmt eine Einladung vom Sohn unseres Villenbesitzers an. Sie ging deshalb früher als ich weg. Habe heute allein eine Pizza gemacht und auch G. probieren lassen, dem sie schmeckte."

(164)
Die Juni-Freunde waren abgefahren. So hatte wir wieder mehr Zeit für uns selbst. Arno las mir aus einer Zeitung vor. Der Abschnitt lautete: „Das Unbewußte besteht, stark vereinfacht dargestellt, aus verdrängten infantilen Triebtendenzen, vorwiegend sexuellen Inhalts, die in seelischen Krisen unausgewogen, meist in Form von Ängsten, wieder hervortreten können."

Darüber diskutierten wir dann nachmittags und abends. Ich dachte, als ich den Abschnitt nochmals selbst las, daß Murphy und sein Schüler Freitag über diese Interpretation des Unbewußten wahrscheinlich entsetzt wären. Das ungeheure Kraftpotential, das im Unterbewußtsein schlummert, wissen die wenigsten zu wecken und zu schätzen. (Tiefgründiger als Murphy finde ich jene Lyrik, die gleichzeitig das Gemüt ergreift, also jene Gedichte, die ich Arno lernen ließ.)

Arno ging es vor allem um die Ängste und er fragte sich, wieso sie in seinem Unterbewußtsein sind.

Der Satz brachte nicht viel, war aber doch wieder

Anlaß zu neuen Gesprächen über sein Eßproblem. Augenblicklich übergab er sich nicht, würgte aber Essen hoch, und der Geschmack im Mund verschaffte ihm Genuß.

Er berichtete, daß er im Ristorante wieder kritisiert wurde, weil er nicht wie die anderen aß. Man verulkte ihn, da er wieder von Kalorien sprach. Deswegen war er schlecht gelaunt.

Ich ließ ihn ein Gedicht von Busch vortragen, fragte nach seiner sonstigen Lektüre und, weil er den Simmel beendet hatte, gab ich ihm vom Camus „Der Fremde". Er las das dünne Büchlein in drei Tagen, verstand es aber nicht, auch als ich versuchte, das Gefühl der Verlorenheit und Indifferenz, die schon im Titel liegt, verständlich zu machen.

Das Hochgefühl Arnos vom 7. Juli hielt nicht an, und täglich gab es neue seelische Verletzungen für ihn.

Eva Evers, meine Freundin, die anfangs bei seinen Hypnosesitzungen dabei war, war aus Kenia gekommen und wohnte bei uns. Wir saßen abends am Meer, sprachen über ihre Abenteuer, über Bücher und mischten dabei die Unterhaltung mit Witzen. Eva Evers erlebte alles sehr souverän und zeigte das auch in ihrer Haltung. Arno, der zugehört hatte, notierte danach, daß er die Bücher und Orte der Plauderei nicht kennt und „sich von Eva Evers nicht als Mensch genommen fühlt, aber auch von meinem Chef und anderen Leuten nicht." Sein Unwissen machte ihn unruhig. Er ging wütend zu Bett, beruhigte sich aber mit dem Hypnoseband.

(165)

Ute nahm ihre Arbeit nicht so ernst wie Arno und hatte sich für einen Ausflug freigeben lassen. Ein neuer Freund zeigte ihr Monte Carlo und führte sie danach ins Ristorante „Pirat" in Mentone, ein Lokal, in dem reiche und berühmte Leute verkehrten. Als sie Arno fragte, ob er schon dort war, beinhaltete diese Frage für ihn bereits wieder einen Vorwurf.

Eva Evers hatte am Abend das Essen auf der Terrasse serviert. Wir saßen mit Freunden, als Arno von der Arbeit kam und sich dazusetzte. Eva sprach gerade von der Humorlosigkeit, Trägheit und Langsamkeit der Menschen, die ihr als Reiseleiterin viel Geduld abverlangten. Als Arno das hörte, beinhaltete das für ihn einen persönlichen Vorwurf. Ich mußte ihm danach versichern, daß bei dieser Feststellung keiner an ihn gedacht hat, und daß es ja reiner Zufall war, daß er in diesem Augenblick auf die Terrasse kam.

Eva Evers wollte am nächsten Tag eine Schau abziehen und kleidete sich in ein arabisches Gewand, das sie von ihren Auslandsreisen mitgebracht hatte. Damit ich der passende Begleiter dazu wäre, zwang sie mich, eine Galabia anzuziehen, wie sie Männer in Afrika tragen. So angezogen besuchten wir einige Lokale am Meer und da gerade ein heißer Wind aus Afrika wehte, fanden wir das sehr angenehm und passend. Gegen 23 Uhr holten wir Arno im Ristorante ab und nahmen ihn mit nach Hause. Eva hatte Erdbeeren, Himbeeren und Sahne gekauft, die wir nun gemeinsam aßen. Als wir herumalberten, lachten und auch Arno zum Lachen bringen wollten, „fühlt er sich gehänselt und geht – traurig gestimmt – schlafen."

Noch war es ihm nicht möglich, sich einzufügen.

Noch bezog er alles, was gesprochen wurde, auf sich. Noch legte er jeden Satz negativ aus.

Jeder Scherz kränkte ihn, und er sagte, daß man ihn „herumzieht", womit er meinte, daß man ihn zwänge, an den Albernheiten der anderen teilzunehmen. Er sah nicht, daß er die sorglos-sommerliche Fröhlichkeit der anderen beeinträchtigte und schmälerte.

Um ihm Pubertierende in einer schweren Zeit zu zeigen, gab ich ihm von Grass „Katz und Maus" zu lesen. Als Arno am folgenden Tag wegen der „beleidigenden Scherze" des Vorabends fragte und auch gleich noch wissen wollte, ob Utes Vater wirklich mit nach Marokko fahren würde, konnte ich nicht antworten. Die Erklärungen, die er wollte, würden zu viel Zeit in Anspruch genommen haben, und die hatte ich nicht, da ein Patient wartete. Sofort notierte Arno: „Niemand versteht mich!"

### 63. Behandlungswoche

Arno schrieb: „Renato erklärt mir, das Gleichgewicht von „Confidenza" und „Piacere" ergäbe „Amore". Wenn eines der beiden fehle, sei es keine Liebe.

Auf meine Bitte erlaubt er mir, bei ihm schlafen zu dürfen, wann ich wolle. Auch das Wort „Obulus" habe ich mir von Renato erklären lassen.

Um 22 Uhr sagt man mir im Lokal, daß G. mich mit seinen Freunden in der Konditorei „Mille Luce" erwartet, wo ich notgedrungen hingehe. Als ich komme, essen sie Eistorte. Ich begrüße sie, gehe aber gleich weiter nach Hause. Dort esse ich Haferflocken und lese. Um 23 Uhr 45 kommen die „Eisesser" heim.

Sonntag, 15.7.
Morgens um 8 Uhr durch das sehr stille Bordighera zur Arbeit bis durchgehend um 16 Uhr. Ute war wieder nachts im teuren Ristorante „Pirat" in Mentone auf den Felsen im Meer. Sie findet es nicht besonders teuer, obwohl es ein sehr teures Ristorante ist. Zum Mittagessen kommt ein Freund G.´s, den ich mit Backenküssen begrüße. Danach sagt mein Chef, daß dies in Italien nur bei Frauen und zwischen Frauen üblich ist.
Abends ißt G. mit seinen Freunden bei uns. Da sie danach noch irgendwo den Digestivo (in Italien üblicher Verdauungslikör) nehmen, gehe ich heim und esse Haferflocken. Bald danach, um 23 Uhr, kommen sie auch. Ich muß mich dazusetzen, Wein trinken und dumme Gespräche führen."

(166)
Wie durch ein Vergrößerungsglas sieht man beim Anorektiker, wie die Welt nur von seinen Vorstellungen erlebt, gesehen und beurteilt wird, und daß kein Raum für Toleranz, Eingehen auf die Mitmenschen oder Anteilnahme am Erleben der anderen da ist.
Auch die Neugier, wie leben andere oder psychologisches Interesse, was tun und lieben andere, ist nicht vorhanden. Man macht sich selbst zum Maßstab jeglicher Existenz.

Arno hat noch immer die Gewohnheit, nach der Arbeit daheim Haferflocken mit Hirse und Honig zu essen, statt etwas aus der Küche, wo er schafft. Wahrscheinlich war es eine Sache der Atmosphäre, aber auch vielleicht ein unbewußter Zug, zu gefallen, denn er wurde dafür von mir gelobt bzw. erhielt freundliches Interesse. Seine Sorgen, die früher

Ängste waren, richteten sich jetzt auf die Marokko-Ferien, wobei er meinte, er würde vielleicht nicht mitgenommen. Erstmals notierte er: „ich sorge mich, da ich immer noch nicht gesund bin, was dann aus mir wird." Sein Chef und seine Frau hänselten ihn, weil er meist „alte Sachen" aus dem Kühlschrank aß.

Er notierte „Nervenkraft gezeigt, jedoch viel Nervenkraft verbraucht."

Da Arno empfindlich auf die Hänselei reagierte, wäre es ja einfach gewesen, er wäre ihr dadurch ausgewichen, daß er sich frische Sachen aus der Küche geholt hätte. Doch wahrscheinlich steckte dahinter der Wunsch gelobt zu werden, weil er haushälterisch war, was aber in einem Ristorante, in dem täglich sehr viel weggeworfen wird, nicht funktionieren konnte. Aber das sah er, da ich vom Wert der Lebensmittel sprach, als er aß und dann erbrach.

Es ist schwer, in einer Wohlstandsgesellschaft vernünftig zu leben, besonders für Arno, der noch nicht differenzieren konnte.

64. Behandlungswoche

Es war weiter nötig, mit den immer gleichen Erklärungen Arno am Essen zu halten, aber genau so wichtig, alles, was um ihn vorging zu erklären und zu ordnen, damit er es ablegen konnte.

Ute sagte eines Abends beim Essen zu ihm, als er sich wie oft nicht entschließen kann, etwas zu nehmen: „Du bist verwöhnt. Du hast ja noch niemals eine Ohrfeige bekommen!" Dieser Satz machte ihm „Gedankenkämpfe", mit denen er nicht fertig wurde. Er sprach mit mir darüber und schrieb dann: „G. zeigt mir Utes Sichtweise, aber auch die Versäumnisse in meiner Entwicklung. Er macht mir auch unseres Kellners Guiseppes Bosheit verständlich. Fühle mich nervöse und denke an mein fehlendes Wissen und an meinen Motorradführerschein, den ich demnächst mache."

Ute, die nun häufiger mit dem Sohn meines Hausherrn ausging, fühlte sich bei den Mitgliedern seiner Familien ausgeschlossen, da sie noch kein Italienisch konnte. Wenn alle im Garten zusammensaßen, langweilte sie sich, und so saß sie an diesem Abend, als ich spät abends von einer Ischiasbehandlung kam, wartend in der Küche. Ich nahm sie auf einen Nachtspaziergang mit und hörte ihr zu.

Etwa zur gleichen Zeit schrieb Arno: „Als ich abends wie immer Haferflocken mit Hirse esse, kommt Ute und schimpft mit mir, weil ich nicht im Lokal esse. Dann klagt sie über Kopfweh, doch als Marco auftaucht, hat sie kein Kopfweh mehr. Die Kellner hänseln mich, als ich Tagebuch schreibe, worüber ich erregt werde. Nachher sind sie froh, daß ich da bin, denn ein Engländer kommt, den sie nicht verstehen."

## 65. Behandlungswoche

Arno notierte: Wache morgens nach einem Traum auf, in welchem ich mit meiner Großcousine Brigitt von der Badanstalt heimfahre. Wir fahren mit dem Motorrad. Das Motorradzittern erregt mich und macht mir Lust. Ich werde wach, versuche zu onanieren, aber es ist vergebens."

Man sieht hier, wie das Motorradfahren wegen des Führerscheines sofort Eingang ins Unterbewußtsein fand. Schon am nächsten Tag hatte Arno einen neuen Pollutionstraum und versuchte wieder vergebens zu onanieren. Da er es mit Gewalt erreichen wollte, stellte er später fest, daß sein Glied an zwei Stellen stark geschwollen war. Ich verordnete ihm kalte Sitz-bäder, nahm die Sache aber vor allem zum Anlaß, auf die Wichtigkeit der Proteine hinzuweisen.

Ich sagte, daß nach einer glaubhaften Theorie der Mensch zuerst Jäger, und somit Fleischesser gewesen ist, später erst Ackerbauer.

Wirklich befolgte er den Hinweis und notierte:

„Freitag, den 27. Juli

G.´s Rat befolgt und Fleisch gegessen! In Küche des Ristorante Vollkornreis gekocht und Lob empfangen. Über des Kellners Guiseppe Dummheit aufgeregt und bei Frechheit ihm Trockentuch abfällig hingewor-fen. Darauf erklärt mir der Chef meine Schwierig-keiten im Zusammenleben mit Menschen und sagt, ich müßte es bessern, auch wenn es schwer wäre. Onkel Leo ißt bei uns und beklagt meines Vaters Dummheit und Sturheit. Deshalb betrübt.

Nach 22 Uhr ans Meer zur Caranca-Bar. Renato ge-troffen, der von seiner Arbeit im Grande-Hotel, wo gerade Iva Zanicchi wohnt, erzählt. Seine Freundin schätzt mich auf 16 Jahre (statt 18), was mich be-drückt. Muß mit Renato über mein Streben nach ei-nem Liebesleben reden, und, wie er es macht erfragen.“

Am 28. notierte er: „Abends viel Fleisch gegessen, wie auch schon mittags. Die zwei-dreifache Portion der anderen. Abends verzweifelt und nervös wegen vieler Arbeit und auch wegen Sexversagen trotz Fleischessen. G., mit dem ich darüber sprechen möchte, ist bei Frau Feiner und tröstet sie wegen des Verlustes ihrer Tochter (Motorradunfall).“

(167) Am 31. Juli machte Arno seine Führerschein-
prüfung für das Motorrad. Er bestand sie ohne
Schwierigkeiten, blieb aber nervös. Die vielen Som-
mergäste gefielen ihm nicht, und er fühlte sich des-
halb „nervenschwach" und ging „weinend zur Arbeit."
Da abends ein Volksfest war, beschwatzte ich Ute,
Arno zum Tanzen mitzunehmen, um ihm Zerstreu-
ung zu bieten. Ute machte es gerne. Arno schrieb:
„Auf dem Fest in den „Giardini Publici". Ich m u ß mit
Ute tanzen und mich gegen G.´s Aufforderung, beim
Essen mitzuhalten, wehren. Dann mußte ich wieder
mit Ute tanzen. Um nicht in neue Zwänge zu kommen, gehe ich abseits und unterhalte mich über eine
Stunde mit Italienern, G. mit Ute allein lassend.
G. macht mich daheim darauf aufmerksam, daß das
nicht richtig war. Mich entschuldigend, nehme ich die
Lehre an. Während ich Hirse und Äpfel esse, spricht
er weiter mit mir über Leben und Verhalten zum Mitmenschen. So wird es zwei Uhr früh!"
Einen Tag später notierte er: "Ute, mit der ich mittags
plaudern will, ist stockig und indifferent. Erinnere sie
daran, daß sie am Mittwoch nicht gespült hat, obwohl es i h r Tag war. Daheim bei Milch, Hirse und
Pfirsich über G.´s Besuche geredet. Höre noch die
„Pastorale", die ich heute gekauft habe."


(168)

66. und 67. Behandlungswoche
Fast alle Italiener, die es vermögen, teilen die Ferien
so ein, daß sie die Hälfte der Zeit am Meer, die andere Hälfte im Gebirge verbringen. Der Grund: Der
Jodgehalt des Meeres macht nervös und erregt auch
manche Frauen – zum Seitensprung. Aus diesem

Wissen heraus nahm ich Arnos neue Launen nicht allzu ernst.

Er schrieb: „Wieder Verwirrung im Essen! Ute kommt heute in grellen Farben aufgemacht zum Strand. Sie hat sich mit Marco gestritten und will nach Deutschland zurückfahren. Als ich frage, wann sie fährt, reagiert sie verstockt. 24 Uhr, Ute vergebens gestreichelt. Sie sagt, sie sei zu müde. Als aber G. kommt, sitzt sie mit ihm noch eine Stunde in der Küche. Nachher sagt sie, daß sie doch bleiben wird."

Bisher fand keiner der Sterblichen, die mit Arno zusammenkamen, Gnade vor seinem Blick und Urteil. Überall fand er den Splitter und sah seinen Balken im Auge nicht. Deshalb war ich auch überrascht, als mein Freund Urs ankam, wie anders Arno plötzlich reagierte. Mit sicherem Instinkt fühlte er die integre Persönlichkeit und war von Urs´Allgemeinwissen, Bildung und Ruhe begeistert. Plötzlich war das m u ß weg. Er notierte: „23 Uhr kommt G. mit seinen Freunden (8 Personen). Urs Jenny schenkt mir Wein ein. Ich bringe Brot, das ich selbst am 4.8. gebacken habe. Alle loben es. Lachen, Fotos, Unterhaltung und Gespräche. Wir reden über die Ameisen, die vor 30 Jahren mit Palmen aus Südamerika kamen und sich wie eine Plage immer weiter verbreiten; von ichnen kommt man auf die Kartoffelkäferplage, die entstand, weil die Amerikaner 1943 Kartoffelkäfer abwarfen. Man spricht auch von dem Schweizer Waisenerzieher vor 300 Jahren. Ein Fotobuch über nackte schwarze Körper macht die Runde. Ich lerne viel."

Einen Tag später notiert er: „Unterhaltung über Zeitschriften (Spiegel + Stern + Geo + Life + Monat), über den Alkoholkonsum in Zeitungsredaktionen und beim Theater, weiter sprechen wir über Beamtenwesen. Dies gab es nur in Deutschland und im Zarenrussland in dieser Form mit Sicherheit und Pension; in anderen Ländern nicht."

Und wieder einen Tag später: „Erhalte mit der Post Buchgeschenk von Giorgio: Arb-Dru-Shin „Gralsbotschaft". Deshalb erzählt Urs viel vom Gral, der ursprünglich nicht christlich, sondern heidnisch war. Von da kommen wir zum Traum und den Einfluß des Filmes auf Traumbeschreibung. Urs sagt, er liebt das Komprimierte des Filmes in der störungsfreien Höhle, genannt Kino, was auch beim Theater so ist. Einen Film daheim im TV wäre nie das selbe Erlebnis. Da G. mit Urs am Nachmittag bei einem seiner Patienten Wein geholt hat, den dieser selbst produziert, sprechen wir auch über die Reinheit des Weines. Auch darüber, daß bei Casanova noch verschiedene Weine hintereinander getrunken werden konnten, während das heute meist Kopfweh verursacht. Deshalb soll man immer bei einer Sorte bleiben, mindestens aber bei einer Farbe.

Von da geht es zur Sprache und wie sie sich in den letzten zwanzig Jahren verändert hat. Modeworte, die manchmal bewußt von Zeitungen lanciert werden. Zum Ende landen wir wieder beim Gral und dabei, daß die wunderwirkende Schale vielleicht eine wunderwirkende Medizin gewesen sein. G. berichtet dazu, daß es im Altertum ein heilspendendes Doldengewächs gab, eine wohlriechende, afrikanische Pflanze, deren Stengel ein Leckerbissen und deren Saft Arznei waren und deren Blätter zu Speisewürze zerrieben wurden. Die Pflanze war ein gleichwertiges Produkt wie Gold und Silber. Sie hieß Silphio oder Silphium, im römischen Volksmund Laserpitium. Wegen dieses Wertes wurde sie ausgerottet und auch auf der Suche in Afrika nicht mehr gefunden.

G. meinte noch, daß sie wahrscheinlich auch ein Potenzmittel war, denn wieso sonst diese Nachfrage bis zur Ausrottung."

Arno verfolgte die Gespräche, die er bisher nicht in dieser Intensität erlebt hatte, aber sobald er aus dem Bann dieser Gedankenspiele kam, ließ er sich wieder von früheren Fiktionen beherrschen.

Er schrieb einmal: „Zuviel Fleisch nach Mittag gegessen" und am nächsten Tag: „Zuviel Peperonata gegessen, die mich mit Gedanken plagen."

Abends aber kamen wieder die Gesprächsfetzen: „Daheim auf Terrasse sprachen Dr. Templeton und seine Frau mit Urs. Templetons erzählen vom Leben in Portugal unter Diktator Salazar und von ihren früheren Wohnplätzen in Indien (Kalkutta). Dr. Templeton, der Arzt ist, berichtet vom Aberglauben der Inder und davon, wie der dort zu einem reichen Mann gerufen wurde, der Angst hatte, daß sein Penis immer mehr schrumpfen würde und schließlich nicht mehr da wäre. Auch von der Unehrlichkeit des Hauspersonals in Indien, das zuerst Dinge versteckt. Wenn sie vermißt werden, finden sie diese (wie zufällig) wieder. Wenn längere Zeit keine Nachfrage kommt, entwenden sie diese Sachen. Frau Templeton spricht vom Theater.

Urs hat den Rohmer-Film „Die Marquise von C." erwähnt. Frau Templeton sagt, dort wäre der wichtigste Gedankenstrich der Literatur, und zwar, wenn die Marquise in Ohnmacht fällt. Urs bestätigt das.

Ich lasse mir erklären, was man unter einer läßlichen Sünde versteht, die im Zusammenhang mit Balzac erwähnt wird. Urs sagt von den Büchern, daß man sie meist mit einem subjektiven Interesse liest, was aber das Erinnern an sie erleichtert."

11. August

Arno schrieb: „Als ich abends in die Villa komme, spricht man dort über Inzest, da das entsprechende Gesetz in der Schweiz gelockert wurde. Man erwähnt, daß Inzest bei den Pharaonen üblich war. Ich höre die These, daß der Inzest bei dummen Menschen natürlich potenzierte Dummheit ergibt, während er bei hellen Köpfen oft erstaunliche Ergebnisse an Geistigkeit bewirkt. Von da kommen wir auf die Königinnen, die bei dem Verlust des Gatten lieber einen neuen Mann nahmen, um weiterregieren zu können, statt die Herrschaft dem Sohn zu übergeben. Das mündet in der Feststellung, daß die heutigen Kinder durch TV ein Fachwissen, aber wenig Lebenswissen haben.

Ich frage Urs noch, warum Botticelli den Christus ohne Bart malte. Er meint, daß dieser, entsprechend dem Geschmack der Zeit, dem Mythos des Jünglings huldigte."

(169)

Arno beklagte sich bei mir über die Dummheit des Kellners, der ihm außerdem nie von seinem Trinkgeld abgab, obwohl das üblich wäre, da der Gast gewöhnlich nicht an das Küchenpersonal denke. Ute bemerkte das und teilte ihr Trinkgeld mit Arno. Das empfand er als freundschaftlich. Wegen eines neuen Besuches schlief Arno jetzt mit Ute in einem Zimmer. Sie erzählte, daß er nachts im Schlaf laut italienisch sprach.

Arno notierte: „Ute getrocknetes Seepferd geschenkt. Als ich abends ins Bett gehe, liegt Ute auch schon im Bett. Ich versuche sie zu streicheln. Sie weist mein Streicheln zurück, was mich enttäuscht."

Am Sonntag, den 12. August kam Arno erst um
23 Uhr erschöpft und nervös von der Küchenarbeit
heim. Wir saßen in der Küche bei Rotwein.
Arno setzte sich zu Urs und hörte zu. Er schrieb:
„Urs spricht vom Wunder der Fatima und sagt, die
seelische Kraft dieser Kinder sei bemerkenswert.
Wie sie standhaft diese Madonnenerscheinung be-
haupteten, obwohl ihnen dann nur noch ein Leben
im Kloster blieb. Sie starben alle im Alter von 20 und
30 Jahren. Man spricht noch von der Ursangst des
Menschen und daß sie programmiert sei, damit wir
überleben. Dann kommt man noch auf Erdstrahlen."

68. Behandlungswoche
Arno: "Lese in der Zeit einen Feuilletonbericht über
Musil: „Die Verwirrungen des Zöglings Törleß".
Leider habe ich trotz Lektüre des Buches im Mai den
Inhalt nicht mehr im Kopf. Lese noch einen Artikel
von Eugène Ionesco über Kultur und Politik. Der Artikel handelt vom Sinn des Menschenlebens als Kultur
und vom Unsinn der Politik. Diese als Ordnung einer
Organisation des Lebens, wobei das Leben vergessen wird. Der Artikel drückt viel von meinen Gefühlen
und Gedanken aus."

Arno am Mittwoch, 15.8.: „Fußnägel schneiden, Her-
mann meine neue Tanga-Badehose geliehen, wegen
deren kurzem Schnitt er sich schämt, sie verdeckt
oder ausdehnend hochzieht. Ute sagt zu ihrer
Freundin Gabi, die heute ankam, ich stänke – wie
mein Zimmer – nach Kernseife und Käse, was mich
verletzt. 23 Uhr nach Anruf, wo man sich trifft, zur
„Caranca". Dort war G. mit zu vielen Freunden, so
daß es kein vernünftiges Gespräch gab. Beobachte
bei den Frauen ein affektiertes kokettes Benehmen."

Donnerstag, 16. August:
„15 Uhr mit Ute zum Strand, mit der ich dumme Gespräche über Kartoffeln führen mußte. 23 Uhr daheim sitzt G. mit neun Personen um den runden
Küchentisch. Sie haben Spaghetti gegessen. Ich
setze mich zu Urs. Wir führen wunderbare Gespräche in heiterer Atmosphäre unter vielem Lachen. So
über die Anrede von Sie und Du (nur Aspekte, keine
Meinungsentscheidungen), über den Tod des
Psychoanalytikers Giese, der hier in S. Paul bei
Nizza in den Tod sprang. Als ich um zwei Uhr zu Bett
gehe, verspricht mir G., mir morgen wegen meiner
immer wieder aufflammenden Eßangst zu helfen."

Freitag, 17. August:
„Um 5 Uhr morgens bewußt aus Gedanken heraus
ejakuliert. 16 Uhr mit Ute zum Strand, dort aber nur
langweiliges Gerede, so daß ich lese. Abends mit G.
kurz nochmals über die Anrede „Sie" gesprochen,
was er als Nuancierung und Verfeinerung innerhalb
der Sprache gut findet. Beklage Utes Unordnung in
meinem Zimmer und im Badezimmer. G. gibt mir
recht, sieht es aber als Möglichkeit für mich, andere
in ihrer Art akzeptieren zu lernen."

(170)
An diesem Abend aßen wir im „Stella" Fischsuppe.
Urs erzählte dabei, daß Arno auch ihn nochmals wegen der Sie-Anrede gefragte hatte und bemerkte:
„Es war mir zu schwierig, da eine Perspektive auf
gesellschaftliches Leben herzustellen, und so sagte
ich, ich hätte dazu keine bestimmte Meinung."

Als Arno dann mit uns zusammensaß, ließ er uns
über Kaffee- und Zigarrettensucht diskutieren. Nach

diesem Abend notierte Arno: „Staune, daß G. über dreieinhalb Teller Fischsuppe aß!"

Sonntag, 19.8.: „Ute schimpft auf G., da er um Rücksicht für seine Praxis gebeten hat, als sie mit ihrer Freundin Gabi spät aufstand. Als ich abends auf Urs und G. stoße, reden sie über Erziehung und die unkontrollierbaren Nebeneinflüsse, von der Willensfreiheit und dem Entscheid zu Gut und Böse seit dem Sündenfall. Dabei stellt Urs auch die Frage: „Ist Gott ermüdbar?", denn es heißt doch „...da er am siebten Tag ruhte..."

69. Behandlungswoche
Renato besuchte Arno im Ristorante, denn seit Arno ans Meer ging, trafen sie sich in der Mittagspause nicht mehr bei mir, und Renato wurde im Grande Hotel sehr spät fertig. Arno sagte zu ihm, daß ihm seine Freundschaft fehle. Urs hörte es, und um Arno eine Freude zu machen, nahm er ihn am nächsten Tag zu einem Kaffee mit ins Grande-Hotel. Dort liefen sie um das kreisrunde Piscina und sahen, wie Renato nebenan im Speisesaal servierte.

Am 21. August war Abschiedsabend von Urs, und deshalb feierten wir ihn im Salon. Arno schrieb ausführlich: „Urs erzählt von der Lust, dicke Bücher zu lesen und wie schmerzlich es ist, wenn sie enden und man die Figuren verläßt, mit denen man gelebt hat. Er erwähnt, wie in seiner Dramaturgenzeit oft Studenten kamen, die Theaterwissenschaft studierten, und ihm helfen wollten, Manuskripte zu lesen. „Ich fragte zuerst, was sie kennen, also Balzac, Proust, Musil, Mann, usw. Dabei stellt sich meist heraus, daß sie ganz wenig kannten, und ich sagte:

Wann wollen sie das denn lesen, wenn sie es in der Jugend- und Studentenzeit nicht gelesen haben!"

Man plaudert über die Schwierigkeit des Übersetzens; über Fontanes „Effi Briest" und Verfilmungen oder Bühnenaufführungen, über Goethes Reise durch Italien, und endlich über den 99-Tage-Kaiser Friedrich II, der in San Remo in einer Villa neben Nobel wohnte."

(171)
Da Arno pflichtbewußt und immer am Rande der Erschöpfung arbeitete, ärgerte es ihn, wenn Ute verantwortungslos von der Arbeit hinter der Bar wegblieb, um ihrem Vergnügen nachzugehen. Die Liebe mit Marco pendelte zwischen hoch und tief, und jetzt war sie mit ihm in Cannes, hatte die Nacht durchtanzt und ließ im Ristorante ausrichten, sie sei krank.

Als wir am Abend ohne Ute zum Essen ins Stella kamen, mußte Arno brechen, was er lange nicht mehr getan hatte. Doch versuchte er es gutzumachen, indem der später in der Villa viele Haferflocken mit Honig aß.

Der Novara-Freund Michele war wieder eingetroffen und hatte eine Schallplatte mitgebracht. Wir hörten sie, tranken Sekt und Arno hielt mit. Freund Josef Karl lag mit einer leichten Bronchitis im Bett, die man im heißen Sommer – als Sommergrippe – hier bekommen kann, wenn man sich im Wasser zu sehr auskühlt. Jetzt stand er auf, um Michele zu begrüßen. Um ihn zu erfreuen, liest er ihm eine Stelle aus seiner Bett-Lektüre vor:

Es ist das Buch „Zu Fuß nach Syrakus", von Säume, 1802 in Neapel geschrieben. „(...) ich halte die Neapolitaner für eine der bravsten und besten Nationen, sowie überhaupt die Italiener. Was ich hier und da Schlimmes sagen muß, betrifft nur die Regierung und das Religionsunwesen."

Am 22.8. schrieb Arno, daß Ute lüge und sich als krank entschuldigen lasse. Am 23.8. notierte er erneut: „Ute arbeitet wieder, nachdem sie gestern wegen angeblicher Übelkeit daheim geblieben ist."

Anläßlich einer Zahnarztvisite kritisierte er: „Zahnarzt fand meine Röntgenaufnahmen erst nach langem Suchen, dann wußte er nicht, weshalb er sie gemacht hatte."

Nach einer Abendunterhaltung schrieb er:

„Man spricht von den Prägungserlebnissen in den ersten drei Lebensjahren – aber dann müsse die Liebe zu den Bezugspersonen ein Leben lang halten, sagt G. Ist das der Fall?"

Von Arnos Vater kam ein Brief, in dem er riet, aus „Sicherheitsgründen" an der geplanten Marokko-Reise nicht teilzunehmen. Wie konnte eine Vater an „Sicherheit" denken, dessen Sohn am Verhungern war aufgrund der bürgerlichen „Sicherheit".

Als wir abends wieder zusammensaßen, schenkte Josef Karl, der seine Sommergrippe auskuriert hatte, Arno eine Mozart-Schallplatte.

24. August: Josef Karl fuhr nach Nizza und flog nach München zurück. Arno sprach über die alte Eßangst, und man hatte den Eindruck, daß ihn jeder Abschied von einem Menschen, der es verstand ihn zu fesseln, erneut in sein Problem stieß. Denn auch mich begann der Sommer mit den vielen Festen nach der Arbeit zu ermüden. So bat ich ihn, bis zur Marokko-Reise nach bewährtem Muster durchzuhalten.

Am 27.8. rief Arnos Vater an. Arno hatte inzwischen zwei Briefe an seinen jüngeren Bruder geschrieben und keine Antwort erhalten. Er reklamierte deshalb bei seinem Vater, daß er auf Antwort warte, und nun wollte der Vater diese Briefe lesen, um „Arnos Denken zu sehen." Natürlich machte das Arno nervös, denn erstmals hatte er versucht, in diesem Brief zu erfragen, wie der Bruder die Reife erlebt, da er bemerkte, daß seine Eßprobleme mit der eigenen, verdrängten Pubertät zusammenhingen. „Aber ich bin ja schon 18 Jahre. Was soll das?" sagte er.

Im Tagebuch notierte er, dann „Gleichgewichtsstörungen", die er vorher nie hatte. War es sein Vater, der ihn mit seiner Forderung aus dem seelischen Gleichgewicht gebracht hatte? Abends sah ich, daß er seine Haferflocken mit Wasser aß, statt wie bisher mit Milch. Eine Protesthandlung mit Kompromiß wegen des Therapeuten?

(172)
Ich überspringe die letzte Augustwoche. Nach der Abreise von Urs und Josef Karl wurden die Unterhaltungen schal. Dafür versuche ich dem Leser zu erklären, wieso ich Arnos Familienbande nicht einfach abschnitt.

Das Weltbild, das ich Arno aufzubauen suchte, bestand einmal in der Erkenntnis, daß jede Heilslehre dazu diene, den Einzelnen zu retten. Für seine persönlichen Ängste und Zweifel sei das Kennen der Lehre Christi wichtig und hilfreich, erklärte ich. Außerdem gäbe es Reflexionen und Dialoge über die Familie, die Gemeinschaft innerhalb des Hauswesens. „Ökonomik" sei ein griechisches Buch darüber von Pseudeo-Aristoteles, ein anderes, in der Renaissance von L. B. Alberti geschriebenes Buch heiße „Della Famiglia" (auf Deutsch: Vom Hauswesen). Dort rette man nicht einen einzelnen, einmaligen Menschen; bei Alberti wolle man ein Familie, eine Geschlechterfolge über möglichst viele Generationen absichern und führen. Ein Buch aus dem letzten Jahrhundert versuche, die Schwierigkeiten des Miteinanderlebens zu eliminieren. Es heiße „Über den Umgang mit Menschen" und sei von Freiherr *von Knigge* geschrieben worden.

Das Ineinanderfließen dieser Ebenen Arno deutlich zu machen, beinhaltete für mich, daß er auch lernen sollte, mit der Familie zu leben, was möglich sein würde, wenn er über deren Niveau hinauswuchs. Diese angestrebte Harmonie im gemeinschaftlichen Leben war ein Grund.

Ein anderer, genau so wichtiger Grund war, daß ich nicht Abwendung oder Verachtung predigen konnte, wenn ich von der Kraft des Unterbewußtseins her das Leben in der Ordnung eines geistigen Prinzips erklärte. Natürlich stand hinter den Briefen an den Bruder der Wunsch, beachtet und anerkannt zu werden. Er hatte sie mir gezeigt, und ich hatte sie gelobt. Aber das gleiche Echo nun von dem jüngeren Bruder zu bekommen, war naiv gedacht und zeigte den noch fehlenden Überblick.

71. Behandlungswoche
Arnos Selbsterkenntnis nahm zu.
Ein Mädchen am „Caranca-Strand" hatte geknipst und zeigte ihm die Bilder. Er notierte: „Irene zeigt mir ihre Fotos von mir, auf denen ich dünn bin ... Beende den Simplicissimus. Mit der „Gralsbotschaft" kann ich nichts anfangen. Beginne „Madame Bovary" von Flaubert."

An einem Abend begegnete ihm auf dem Heimweg Frau Templeton, die mit ihrem Mann in ein Cafe ging, wo sie sich im Freien setzten. Er mußte sich dazusetzen und notierte nachher die Unterhaltung.

„Zuerst Gespräch über Konzentration und Autosuggestion beim Schlafen und Lesen. Dann über den „Simplicissimus", den Frau Templeton als Gesellschaftskritik sieht, während G. ihn als pralles Abenteuerbuch erlebt.

Danach spricht sie über Flaubert, der wohldurchdacht die Sprache konstruierte, weshalb er schlecht zu übersetzen ist. Danach kommen wir zu Fontantes „Effi Briest". Dieses Buch hat die besten Dialoge, da sie nicht sagen was gedacht wird, man aber das Gedachte erkennt. Sie spricht noch über die besten Kurzgeschichten und nennt Maupassant und den Russen Tschechov. Sie hält es für wichtig, die Intention eines Buches zu erkennen. Daheim lese und esse ich noch und muß auch wieder kurz würgen.

G. kommt um Mitternacht. Es wird 0 Uhr 30, bis wir nach Gespräch über den verbrachten Abend schlafen gehen."

Einen Tag nach dieser Eintragung berichtete Arno, daß ihm Frau Templeton im Ristorante besuchte, um zu fragen, ob er die gotisch Schrift lesen könne.

Arno las die Schrift anfangs etwas mühsam, doch bald fließend und lernte danach auch die deutsche Spitzschrift lesen und schreiben. Sie würde ihm dann „Effi Briest" leihen.

Danach fuhr er wieder mit Klagen über den Alltag fort: „Langweiliges, nervenschwächendes, mich betrübendes Gestänker des dummen Personals."

Aus solcher Unzufriedenheit heraus sprach er erneut von Eßangst, und ich mußte ihm einige Hypnosen versprechen. Eines Tages fragte ich Herrn Stella, wie das mit den Herbstferien werden solle. Er sagte, daß er wegen einer gründlichen Renovierung im Oktober für zehn Wochen schließen werde. Als Arno das hörte, war er nicht etwa froh, dadurch Zeit zum Lesen und Lernen zu gewinnen, sondern notierte: „Bin beunruhigt, wegen Versäumnis meiner Lehrzeit."

Michele aus Novara feierte seinen Geburtstag im Stella. Darüber notierte er: „Micheles italienischer Freund erklärt Wein- und Reisanbau in Novara und will mir ungeschälten Reis von dort mitbringen."

Arno hatte am 31. Juli die Prüfung für den Motorrad-Führerschein bestanden und bekam endlich den Ausweis, das „Patent", wie es in Italien heißt. Einer der Gäste, Mario Simon, studierte in Paris und fuhr per Autostop zurück. Ich nahm es zum Anlaß, Arno auf dem Motorrad fahren zu sehen und ließ ihn, während Mario auf meinen Rücksitz aufstieg vorausfahren. Arno fuhr konzentriert und freute sich. Als Mario in Ventimiglia an der Grenze abstieg, sagte ich zu ihm: „Eigentlich hatte ich nicht viel von dir, aber Ute wird mir sicher alles erzählen!" Er grinste! Als ich mit Arno zurückkam, hatte uns Ute fränkische Klöße gemacht. Wir aßen in guter Laune, Arno – wie meist – verspeiste sie mit Parmesankäse.

Am folgenden Abend hielt Hans Breinlinger Hof in Vallebona, d.h. er versammelte seine Freunde um sich, um Tagliatelle in Kaninchensauce zu essen und dazu reichlich Rotwein zu trinken, der aus dem Dorfe stammte. Die Abende mit Hans waren stets unterhaltsam und voller Fröhlichkeit. Ohne ernsthaften Grund konnte man die Aufforderung mitzukommen, nicht ausschlagen. Da Arno nun mein Zweitmotorrad benutzen konnte, bat ich ihn, doch nach der Arbeit nachzukommen, der Weg sei ja nur zwei Kilometer lang.

Arno schrieb: „G. telefoniert, daß er mit Freunden von Hans und Gisela B. und diesen selbst nach Vallebona fahre, und ich mit seinem Motorroller nachkommen solle. Das tat ich um 22 Uhr 15, jedoch waren die Gespräche ein nichtssagendes Plaudern beim Käseessen. So ging es bis 23 Uhr 15. Als die anderen danach zum Tanzen fuhren, fuhr ich heim und las im Reiseführer über Marokko."

Auch dieser Abend war witzig, und Hans provozierte einige brave Eheleute mit seinen Ansichten über freie Liebe und offene Ehe. Dann, im Laufe des Abends erzählte Hans B. von einem Interview mit dem Münchner Humoristen Karl Valentin. Sie trafen sich in einer Bildergalerie, und Karl Valentin saß mit dem Rücken zu den Bildern. Hans B. fragte, weshalb er sich nicht so gesetzt hätte, daß er während des Wartens die Bilder betrachten könne. Karl Valentin antwortete, die Gesichter der Besucher zu sehen sei für ihn viel interessanter gewesen. Während des Interviews stellte Hans B. auch die Frage, welcher Witz, den man ihm, Valentin, zuschrieb, der aber nicht von ihm sei, wohl für ihn der Beste wäre.

Darauf erzählte Karl Valentin diesen: „Ich treffe in München im Tal einen Bekannten und sage zu ihm: „Als ich Sie zuerst ganz da oben sah, dachte ich, Sie seien Ihr Bruder. Als Sie näher kamen, erkannte ich Sie. Jetzt, wo Sie vor mir stehen, sind Sie ja doch Ihr Bruder!"

(173)
Dienstag, 4. September
Da ich beim Geburtstagsessen Micheles eine Gitarre ausgeliehen hatte, um eine humoristische Ballade vorzutragen, brachte ich sie an diesem Abend mit Arno zurück. Dabei sprachen wir über sein Problem, und ich konnte es selbst nicht fassen, warum er immer wieder die gleichen Antworten hören wollte, die er doch auswendig kannte. Heute sagte er, er hätte Angst vor der körperlichen Kraft und er wolle nicht so sein wie die anderen.

Jeder Leser wird inzwischen selbst erkannt haben, wohin dies Reden führten. Arno konnte immer noch nicht das Leben so akzeptieren, wie es ist, verstand die wundervollen Möglichkeiten nicht, die ihm seine Existenz bot, die so einmalig und unwiederholbar ist. Aber als die alleingelassene Ute ihn abends versöhnlich streichelte, notierte er, daß es „sehr angenehm" war, und er träumte am nächsten Morgen um 5 Uhr 30 vom Beischlaf mit einem Mädchen und hatte eine „geringe Pollution", bei der „das Traumgerüst zusammenbricht".

Am nächsten Tag tauchte Marco, der italienische Freund Utes wieder auf, und sofort war Arno nervös und erbrach die Haferflocken, die er abends gegessen hatte. Nach einer Behandlung in San Remo winkte mir ein blonder Stopper. Ich ließ ihn aufsitzen und hörte während der Fahrt, daß er aus der Rhön komme, also aus meiner Gegend. Da Bordighera keine Jugendherberge hat, ließ ich ihn bei mir übernachten und lud ihn zum Essen ein. Der Hintergedanke war, Arno eine andere Art des Jungseins vorzuführen.

258

Auf den Felsen des Cap Ampelio hatte ich vor einigen Jahren ein Buchhändlerehepaar aus Florenz kennengelernt; Deutsche, die es dorthin verschlagen hatte. Er, ein ruhiger, etwas pyknischer Mann, sie eine lebhafte, begeisterungsfähige Frau, die meist das Gespräch lenkte. Obwohl von Florenz aus genug Badestrände zu erreichen gewesen wären, die näher lagen, waren sie sich bewußt, daß nur Bordighera den richten Rahmen für ihre Art der Persönlichkeit abgeben würde.

So traf ich beide jedes Jahr im Sommer wieder am Strand oder auf der Piazza der Altstadt. An einem dieser Sommerabende auf der Piazza hatten sie mir erzählt, daß sie Jüdin sei, und um den Problemen im Dritten Reich auszuweichen, hätte sie Florenz als Wohnsitz gewählt. Dort hatten sie wirklich die Zeiten gut überstanden, aber aus der geheimen Furcht vor Verfolgung auf Kinder verzichtet.

Nun lernten sie Arno kennen, sahen seinen androgynen Reiz, und als ich aufbrach, um mit Arno heimwärts zu gehen, stand Frau Domsch auf, umarmte Arno, und wie unter Zwang schluchzte sie: „Nun bereue ich, daß ich keinen Sohn habe!"

Ich ließ ihr diesen Traum und dachte bei mir: „Wie gut, daß sie nicht weiß, wie er vor 16 Monaten aussah, und welche Probleme er mir immer noch macht."

Donnerstag, 6. September 1979
Arno: "Arbeit ohne Chef mit seiner Frau, die deshalb sehr nervenanstrengend war. Dabei bin ich schon nervös. Viele unwahre Beschuldigungen vom Personal empfangen. 14 Uhr heim. 15 Uhr 30 gibt mir G. Adresse von einem Friseur in San Remo, zu der ich mit Motorrad hinfahre. Lasse mir auf G´s Wunsch

eine Frisur machen, wie sie der Kellner-Student Vladimir aus Rom hat, der hier in diesem Sommer an der Caranca-Bar aushilft und dem G. irgendwas mit Akupunktur behandelt. Kostet mich 7000 Lire, also fast 20 DM. In San Remo auch Marokkoreiseerkundigungen. 19 Uhr zur Arbeit. G. ißt bei uns mit aufgelesenem deutschen Tramper namens Thomas, und beide gehen 22 Uhr mit mir in die Altstadt. Der Tramper erzählt von seinen Reisen und Gesundheitsgedanken. Auf der Piazza lerne ich ein Buchhändlerehepaar aus Florenz kennen. Sie reden über den Charakter der Deutschen und der Italiener. Dann über den Beruf und die Lust am Lesen.

G. sprach mit der Frau über Literatur an italienischen Universitäten, über moderne und klassische Kunst, abstrakte Kunst und Dadaismus. 23 Uhr 30 heim. Esse Haferflocken und spreche mit G. über Utes Unordnung und Florenz. Florenz hält er für die wichtigste Stadt der Welt und will mit mir im nächsten Jahr hinfahren."

(174)
Wie weit kann man sich um einen Patienten kümmern? Daß die Probleme oft in Alltagshandlungen stecken und nicht im großen Gefühl, hatte ich schon öfters bemerkt. Ich glaube, man kann zur Beurteilung einer Neurose nur dann einen guten Therapieansatz finden, wenn man mit dem Neurotiker wenigstens vier Wochen[1] auf engem Raum zusammengelebt hat. Wenn falsch eingesetzte Energie zur Neurose führt, dann muß diese Energie auch in Alltagsbeschäftigungen sichtbar werden. Bei Arno war mir

---

[1] Karin berichtet in „Die hungrigen Töchter" (Kösel-Verlag) vom Fall Karla (S. 127), bei der sie erst nach einem halben Jahr durch die Mutter von Karlas Bulimie erfährt.

aufgefallen, daß er mit seinem glatten, blonden Haar, das er nach der Mode relativ lang trug, einen ständigen Kampf vor dem Spiegel führte. Wegen der Küchendünste wusch er es täglich und stand, sich die Haare ordnend, mit mädchenhaften Bewegungen lange vor dem Spiegel. So kam ich auf die Idee, ihm eine Frisur anzuraten, die „pflegeleicht" war.

Die Veränderung der Frisur nützte aber nichts, denn es stellte sich heraus, daß Arnos Haar für diesen modernen Schnitt, den ich empfohlen hatte, nicht geeignet war, uns so kämmt er es bald wieder in der bisherigen Weise.

Am 7. September wurde Ute 19 Jahre alt.

Ich kam zum Mittagessen mit dem Tramper Thomas ins Ristorante, und Ute, die schon mit den anderen gegessen hatte, aß nochmals mit uns. Es war eine Geburtstagseinladung. Der Tramper fuhr in Richtung Nizza weiter. Ich ging zu meiner Arbeit.

Arno schrieb: „Der Tramper verabschiedet sich. Ich gehe schwimmen, kaufe dann Geschenk für Ute: ein Bild der San Ampelio-Kapelle. Als ich abends mein Bircher-Müsli esse, bemängelt der Chef mein Essen, redet dann von meiner Unfähigkeit des Zusammenlebens mit Menschen und von den Essensproblemen, die ich ihnen mache. Er verspricht mir, ab Dezember 79 aus mir einen Koch zu machen, wie er einer ist. In der Altstadt treffe ich auf G. Er ist allein. Spreche mit ihm darüber, was Chef sagte. Er nimmt mir Versprechen ab, mich in Marokko anzupassen. So wie der Laufzwang durch Anpassung vorbeigegangen wäre, ginge es auch mit dem Essen. Man könne nicht „gesünder als gesund" leben."

8. September
Arno beendete Flauberts Madame Bovary, schrieb aber daüber keinen Kommentar. Ich gab ihm als nächstes „Onkel Tom´s Hütte", denn jene Bücher, die man in der Jugend unbedingt lesen sollte, um die Strömungen innerhalb unserer Kultur zu verstehen, hatte man ihm nicht in die Hand gegeben. Dann überlegte ich, wie ich ihn weiter kräftigen könne, ohne die Essensfrage zu strapazieren.

Es war September, in Italien verkaufte man die ersten reifen Trauben. Deshalb rief ich ihn an, er solle Trauben kaufen. Ich gab ihm ein Büchlein der Naturheilkunde, und er las darin von der blutreinigenden Wirkung der Traubensaftkur.
Essen, Gespräche, Reisen, alles mußte bei ihm motiviert werden.


Sonntag, 9. September
Ute hatte einen Zettel im Haus gelassen, auf dem sie mitteilte, daß sie mit Marco für zwei bis drei Tage nach Turin gefahren sei. Arno hatte am Vormittag ein Gespräch mit seinem Chef, der, aus seiner Sicht, die Welt ideal fände, wenn folgendes eingeführt würde: Gleiches Einkommen für alle; Berufswahl nach Neigung, da Verdienst überall gleich, dadurch mehr Qualität. Weiter freier Markt, weshalb jeder in seinem Beruf gezwungen ist, etwas zu leisten.
Arno erzählte von den Ansichten seines Chefs und notierte über dieses Gespräch in sein Tagebuch:
„Chefs kommunistische Ideologie von morgen als irreal bewiesen, da Menschen nicht gleich sind. Meiner Generation wird Krise vorausgesagt, da bisher keine Generation glücklich lebte. Daheim verlangt

G., daß ich die Traubenkur mache, mit der ich gestern anfing. Nach Sträuben und Gedankenplage befolgt."


## 72. Behandlungswoche

Montag, 10. September
Arno machte einen Pflaumenkuchen und bekam vom Personal viel Lob. Immer schwankend zwischen zuviel und zu wenig Essen, wenn ihm niemand voraß, nahm er sich mittags zu viel Melanzane auf den Teller und erbrach sie später. Danach hatte er „ruhigere Gedanken". Er rief mich wegen des Pflaumenkuchens abends an, und so kam ich zum Essen. Da es frischen Thunfisch gab, aß ich diesen als Hauptspeise, um für Arno Vorbild zu sein.

Dienstag, 11. September
Arno hatte wieder frei, denn die Hauptsaison war vorbei. Der „Spiegel" besprach Thomas Manns Tagebücher, und so plauderte ich an diesem Morgen mit Arno über die verschiedenen Möglichkeiten ein Tagebuch zu führen, vom Alibi-, Stimmungs-, Ideen- und literarischen Tagebuch, von deren Sinn und Beitrag zu einem gelebten Humanismus.
Dann ging er ans Meer, badete, las und schrieb Briefe.
Abends waren wir bei Freunden zum Abschiedsessen eingeladen. Man sprach über den Platz des Bösen in der Schöpfung, den man als Anreiz zum Guten erkennen könnte. Arno notierte für sich, daß bei ihm das Böse die Eßangst sei, die er überwinden müsse.

Mittwoch, 12. September

Das Wetter war so klar, das Meer so durchsichtig, daß die Freunde einen Tag später fuhren und wir nochmals bei Arno im „Stella" Fisch aßen. Arno, der nicht mehr so gefordert war, mehr Zeit hatte, fiel sofort in alte Gedankenquälereien zurück. Da ich selbst infolge der vielen Festessen mich diesmal etwas zurückhielt, notierte er: „Aß nur Haferflocken und Trauben, denn auch G. aß nicht mehr."

Weiter notierte er, da fast alle Feriengäste abgereist waren: „15 Uhr am leutearmen Strand 15 Minuten Ruhe mit Gedankenplage. Abends Gespräche mit den letzten Besuchern über Geschlechtskrankheiten, denn Herr B. reist viel in östliche Länder und hat deshalb stets Penicillin dabei. Über die falsche Glorie des Heldentodes, da man ja nur lebend helfen und schaffen kann. Möglichkeiten, die Militärdienstzeit durch Beobachtung, Studium und Lektüre für sich trotzdem wichtig zu machen. Das ist auf mich gemünzt und G. erwähnt, daß ich dort Vergleichsmöglichkeiten hätte, die meine jetzige Unsicherheit beseitigen würden."(Arno wird aber später auf Grund der Vorgeschichte ausgemustert, muß auch keinen Ersatzdienst machen)

Am 13.9, die Freunde sind abgereist, bekam Arno für abends frei. Ich sprach mit ihm über das Reisegepäck für Marokko und riet zu so wenig wie möglich, da man jederzeit etwas kaufen kann und nicht aus Vorsorge zuviel mit sich herumzuschleppen braucht.

Bevor ich berichte, wie Arno die Marokkoreise erlebte, bevor Sie lesen, was er selbst schrieb, berichte ich zwei Fälle, die zeigen, wie sich ganz persönliche Beziehungen wegen Arno veränderten.

Von Hans Breinlingers anfänglichem Widerstand gegen Arno – wenn er mit mir auftauchte – habe ich schon gesprochen, und damals dachte ich an *August von Platens* Gedicht „Ghaselen":

„Es liegt an eines Menschen Schmerz, an eines
    Menschen Wunde nichts.
Es kehrt an das, was Kranke quält, sich ewig
    der Gesunde nichts,
Und wäre nicht das Leben kurz, das stets der
    Mensch vom Menschen erbt,
So gäbs Beklagenswerteres auf diesem weiten
    Runde nichts.
Einförmig stellt Natur sich her, doch tausendförmig
    ist ihr Tod,
Es fragt die Welt nach meinem Ziel, nach deiner
    letzten Stunde nichts.

Und wer sich willig nicht ergibt dem ehrnen Lose,
    das ihm dräut,
Der zürnt ins Grab sich rettungslos und fühlt
    In dessen Schlunde nichts.
Dies wissen Alle, doch vergißt es Jeder gerne
    jeden Tag.
So komme denn, in diesem Sinn, hinfort aus
    meinem Munde nichts!
Vergeßt, daß euch die Welt betrügt, und daß ihr
    Wunsch nur Wünsche zeugt,
Laßt eurer Liebe nichts entgehn, entschlüpfen
    eurer Kunde nichts!
Es hoffe Jeder, daß die Zeit ihm gebe, was sie
    Keinem gab,
Denn Jeder sucht ein All zu sein und Jeder
    ist im Grunde nichts."

(175)

Ich belehrte Arno über Gastfreundschaft. Einmal, als Bijuti auftauchte, und er sie weggehen ließ. Jahre später hat mir Bijuti verraten, daß sie, als sie Arno bei mir sah, wußte, daß ich mein Interesse nicht wie vordem auf sie richten könne, und eine Nebenrolle wollte sie nicht spielen. (Arno war ihr also trotz Cap Ferrat nicht interessant genug).

Dann schrieb ich von dem Besuch einer Freundin (Contessa), die Arno mit Tadzio aus dem „Tod in Venedig" verglich Von ihr berichte ich hier noch eine Episode, denn auch sie suchte andere Gesellschaft, als sie sah, daß mein Lebensrhythmus durch Arno verändert war.

Edith war die Tochter einer italienischen Gräfin und eines deutschen Botschafters. Aus einer gescheiterten Ehe hatte sie eine Tochter, die sie repressionsfrei und als wesentlicher Bestandteil der Ernährung mit geriebener, roher Leber aufzog. Gleich bei unserem Kennenlernen hatten wir gemeinsame Interessen und Einstellungen festgestellt und liebten das Gespräch. Ihre perfekte Erziehung, die mit angeborener Klugheit zusammenging, ermöglichte, daß wir uns überall wohlfühlten und nie langweilten. Im Sommer bewohnte sie eine moderne Zweitwohnung am Meer, Ihre Freunde waren namhafte Musiker und Sänger. Eines Abends kam sie mit diesen zu mir, nachdem wir irgendwo gegessen hatten. Ein Tenor sang zu fortgeschrittener Stunde in dem akustisch hervorragenden Salon. Es war wundervoll, nur nicht für die weniger musikbegeisterten Bewohner des benachbarten Hauses. Diese kamen dann auch, sobald Mitternacht vorbei war und baten um Rücksicht, bei aller Toleranz, die an der sonst so großzügigen Riviera herrschte.

Edith fuhr gegen Mittag meist ins Monte-Carlo-Beach nach Monaco. Kam sie am Abend zurück, tauchte sie bei mir zur Essenszeit auf und brachte den Nachtisch in Form einer Eistorte mit.

Da an der Riviera während des Sommers bis in den September in allen umliegenden Orten Feste sind, konnten wir dann tanzen gehen oder auf ländlichen Dorfplätzen Folklore genießen. Nachts um ein Uhr, wenn der volle Mond am Himmel hing, wollte sie dann die Grande Corniche bis oberhalb Beaulieu fahren, um das Cap Ferrat im Silberglanz des Meeres liegen zu sehen. Die Zeiten, in denen ich im Sommer auch bis vier Uhr morgens das Erlebnis einer immer neu hinreißenden Landschaft und Natur genoß, waren durch Arno einer vernünftigen Ordnung gewichen. Der Tag mit seinen Problemen und dem Eingehen auf fremde Menschenschicksale war nicht zu meistern, wenn ich nicht spätestens gegen Mitternacht ins Bett ging. So sagte ich in diesem Jahr Edith ab, die mich daraufhin einen „kleinen Bourgeois" schimpfte, der nichts mehr riskieren würde, womit sie in diesem Augenblick recht hatte.

An einem Abend in diesem Sommer erschien Edith zu meinem Erstaunen auf der Piazza mit einem Baron, dessen vergnügliches Leben ich mitgekommen hatte, da er drei meiner Patientinnen durch die letzten 20 Jahre sommerweise betreute hatte. Edith kam mit zwei teuren Hündchen an einer Leine, ganz in schwarz und einer wundervollen Perlenkette.

Wir saßen auf der Piazza und wechselten vor Mitternacht in einer Tavernetta. Dort tauchte Renato auf und setzte sich zu uns. Kenner werden wissen, wie in Beziehungen immer wieder Spielchen gespielt werden, die in ihrer Herausforderung und Erwiderung

weit über verbale oder körperliche Kontakte hinausgehen. So versuchte Edith an diesem Abend mich zu
halten, als ich im Mitternacht gehen wollte und
wandte sich dann plötzlich Renato zu, den sie von
seinen Besuchen bei mir kannte. Es entwickelte sich
ein Gespräch über Dante und Beatrice, bei dem sie
den ihr gegenübersitzenden Baron so sehr
ignorierte, daß dieser plötzlich den Sektkübel ergriff
und das Kühlwasser samt den Eisstückchen Edith
über den Kopf schüttete.
Auch der Leser wird zugeben, daß diese Art, die Aufmerksamkeit auf sich zu lenken, etwas übertrieben
war. Das dachte wohl auch Edith, denn darauf stand
sie auf und ging grußlos mit ihren beiden Hündchen,
von uns begleitet, zu ihrem Wagen. Ich konnte mir
nicht verkneifen nachher zu Arno zu sagen „Bei uns
wäre ihr das nicht passiert."

14. September 1979
Arno hatte am Donnerstag abend Pilze gegessen
und danach kurz erbrochen. Auch an diesem Freitag
morgen erbrach er etwas und fror beim Aufstehen.
Ich könnte das mit den Vorbesprechungen zur Marokkoreise erklären, mit der Angst vor dem Versprechen, sich anzupassen, ließ es aber lieber und sagte
ihm, es wäre das Vorurteil gegen Pilzgerichte, das
hier wirke. Ich riet ihm zu basischem Essen.
Er notierte, daß er nur Kartoffeln, Käse und Brot aß
und er sich danach besser fühlte. Trotzdem grübelte
ich noch einige Zeit über dieses erneute Brechen.
Ich hatte ihm für den Abendtreff die Caranca-Bar am
Meer genannt. Nicht immer hatte ich Lust, im Rauch
des Eßlokals auf ihn zu warten.
Die Abende, das schwindende Licht am Meer wollte
ich nicht ohne Grund versäumen. Diesmal saß ich

oben auf dem Geländer, das die Promenade vom Strand abteilt und erwartete Arno. Gemeinsam gingen wir zur Altstadt. Arno klagte über Müdigkeit, aber schickte ich ihn jetzt nach Hause, so schliefe er doch nicht, sondern wälzte unnötige Gedanken. Es war besser, wenn er in der Gruppe blieb. In der Altstadt trafen wir auf die Freunde. Ute, die mit Marco auf dem Münchner Oktoberfest war, erzählte davon und gleich danach, daß sie nun in Florenz die italienische Sprache lernen wolle. Man hörte heraus: Fernziel Ehe!

Einige Münchner Freunde waren zum letzten Mal da, verabschiedeten sich vor der morgigen Abreise. Man sprach noch über Bertoluccis Film „La Luna". „Das Pathologische wird zur Zeit vom Schicksalhaften abgelöst", sagte einer.

Obwohl die Leute ihr Elend selbst kreieren, tun sie, als sei es schicksalhaft. Als wir heimgingen und Arno nochmals auf seinen Magen zu sprechen kam, obwohl er – unwillig – inzwischen einen Magenbitter getrunken hatte, machte ich ihm noch eine Bauchmassage und stellte klassische Musik an.

Das beruhigte ihn endlich.


(176)

Die letzten zwei Wochen vor der Abreise nach Marokko fasse ich zusammen und bringe nur einige Sätze aus dem Tagebuch Arnos, die seine Rückfälle und seinen Kampf mit dem Eßproblem zeigen.

Die körperliche Reife, die sich gezeigt hatte, war durch die Anstrengungen des Sommers und den Wechsel der Bezugspersonen zum Stillstand gekommen. Mit diesem Nachlassen des sexuellen Interesses kamen die alten Obsessionen wieder hoch.

Er klagte bei mir über die „harte Arbeit" und wirkte dabei öfter depressiv. Im Tagebuch liest sich das so:

Sonntag, 16. September
„Daheim dummes Plaudern mit Ute, deren Freund Marco wegfuhr und die nun bemitleidet werden will. Seit Tagen esse ich vor Angst weniger als sonst, und seit heute habe ich Durchfall. Ute bietet mir Kuchen an, aber ihr Reden und das Essen ekelten mich an, so daß ich ohne viele Worte um 23 Uhr mit Apfel im Bett las. Bin jedoch so müde, daß ich vor Mitternacht verärgert einschlafe.

Montag, 17. September
Durch den Durchfall die Unterhose verschmutzt. Mittags zuviel Gnocchi gegessen so daß ich erbrach. Ein Höhepunkt des Wahn-Eß-Aktes.

Freier Dienstag
Gemeinsames Frühstück, auch mit Ute und ihren Eltern. Esse eine Scheibe Brot mit Butter von G. Nachmittags zu COOK nach Mentone wegen der Marokkoreise. Im Auto plaudern wir über Fremd- und Lehnwörter, deren Unterschied mir nicht klar war. Abends auf der Piazza diskutieren Freunde von der Caranca-Bar mit zwei netten Mädels über vaginalen und klitoralen Orgasmus – sehr ungeniert.

Mittwoch, 19. September
Nach der Morgenarbeit habe ich dumme Eßgedanken und leichtes Bauchweh.

Donnerstag, 20. September
Da es regnet, gehe ich nicht zum Strand, sondern heim. Treffe auf dem Weg Herrn und Frau Temple-

ton und muß mit ihnen plaudern. Gespräch: Max Frisch, Bühnenautor, der oft Belehrung beabsichtigt, vergleichbar mit Dürenmatt. Kaiser Wilhelm II. im hollländischen Exil in Doorn. Köln wurde als erste Stadt von tausend Bombern angegriffen, die Flugzeugführer waren am nervösesten. Bruder Fritz ruft an, daß mein Erfassungsbescheid vorliegt. Bin darüber beunruhigt.[1]

Freitag, 21. September
G. sagt, Kümmel sei gut gegen Blähungen und meine Zahnempfindlichkeit sei Nahrungsmangel; auch schwangere Frauen können sie bekommen, wenn sie sich nicht richtig ernähren. Er nennt Beispiele aus der Notzeit der Nachkriegsjahre.

Samstag, 22. September
Gespräch mit Chef. Dieser ist gegen das Jugendschutzgesetz und auch gegen das Verbot der Kinderarbeit. Früher hätten die Halbwüchsigen durch Ausläuferdienste sich ein Taschengeld verdient und wären beschäftigt gewesen, heute lungern sie herum, werden oft kriminell oder kommen gar mit Drogen in Berührung, da die Eltern sie nicht ständig beaufsichtigen können. Abends erzähle ich G. davon, der das bestätigt. Er selbst hat schon mit acht Jahren im Geschäft seines Vaters solche Ausläuferdienste regelmäßig gemacht und mithelfen müssen.

---

[1] Diese Mitteilung des Bruders zeigt das Kain-Abel Verhältnis. Die Nachricht war unnötig. Eine Eingabe der Familie an die Erfassungsstelle mit den psychiatrischen Unterlagen wäre logisch gewesen.

Sonntag, 23. September
Als Vorsorgetherapie massiert mir G. den Bauch und erklärt dabei, daß jede Akupunktursitzung nach östlicher Lehre mit der Nadelung des Bauches beginnt, ganz egal welches Krankheitsbild vorliegt.

Montag, 24. September
Wir besuchen ein neueröffnetes Lokal und bekommen Landwein angeboten, dabei Gespräch über den Charakter der Religionen und die in ihnen enthaltenen Begriffe von Liebe, wie matriarchale, patriarchale und wirkliche Liebe.

Freier Dienstag
Mit den Motorrädern wegen der Marokkoreise nach Mentone. Das Fahren gefällt mir.
Gespräch über Vegetarismus und Eiweißmangel. Abends erzählt G. von seinen ersten Italienjahren und davon, daß er lange brauchte, sich auf die italienische Mentalität einzustellen.

Mittwoch, 26. September
Letzter Arbeitstag. G. und Utes Vater essen abends bei uns. Dann verabschieden sie sich und nehmen mich mit. G. hat daheim schon alles gepackt und für die Abwesenheit das Haus versorgt."

(177)
**Reise ins Barbareskenland**

Alle Vorbesprechungen und Abmachungen schienen von Arno schon wieder vergessen, denn als ich mit Max Kraut, Utes Vater, den TEE nach Marseille nehmen wollte, weigerte er sich wegen des Zuschlages diesen Zug zu benutzen und fuhr lieber früher.

Wieder die gleiche Marotte wie bei der Reise mit Onkel Leo. Daß ich in der 74. Behandlungswoche nicht mehr die Geduld der Anfangszeit aufbrachte, sah ich daran, daß mir Cicero einfiel, der schrieb: „Als Jungens wußten wir alle, was passieren würde, wenn wir NEIN sagten. Also sagten wir Ja. Es war ganz einfach." Aber ich rief meine Gedanken zur Ordnung. Arnos Erklärung, er hätte dann Zeit in Bahnhofsnähe ein Zimmer zu suchen, nahm ich hin. Er schrieb: Donnerstag, 27.9. 1979 „Nach nur 6 ½ Stunden Nachruhe stehe ich auf und verlasse das Haus leise durch die Küchentür. Ich fahre mit dem Bus nach Ventimiglia und kaufe dort die Fahrkarte und französisches Geld. Tee trinken. Abfahrt 8 Uhr. Im Zug Augusto aus Bordighera, der zur Weinlese nach Les Arces fährt, weil man dort an einem Acht-Stunden-Tag 110 FF verdienen kann. 12 Uhr in Marseille, Stadtplan kaufen. Miete ein Dreibett-Zimmer. Mittagessen: Ein Apfel. 14.36 Uhr Ankunft G. und Max. Fahrt zum Konsulat wegen Marokko-Visum. Vergeblich, da nachmittags geschlossen. Stadtbesichtigung.

Freitag, 28.9:
Vermisse die Dusche im Hotel. G. zeigt mir, wie man sich nach Kneipp mit einem nassen Handtuch von Kopf bis Fuß abreiben kann, was von der Zirkulation her sogar noch besser ist. Frühstücksgetränk Milch, da – nach G. – Kaffee mich zu nervös macht.
9.10 Uhr im marokkanischen Konsulat, einem alten, vernachlässigten Bau im Keller (Arno meint Untergeschoß/Tiefparterre) wegen Visum negative Antwort von einem sich wichtigtuenden Mann bekommen. Im Reisebüro bessere Auskunft über mögli-

chen Erhalt von Visum in Tanger erhalten.[1]
Vorsichtshalber noch zur deutschen Botschaft gefahren, wo aber nur einer von uns dreien durch das abgeschlossene Eisentor eingelassen wird; wegen der Terroristen, wie man uns erklärt. Nach 40 Minuten Warten und ergebnislosem Gespräch zurück zum Reisebüro, das aber jetzt geschlossen ist, weil Mittagszeit ist. So fahren wir zum Käseeinkauf auf den Wochenmarkt. Dieser ist mit Dreck und frustrierten Gesichtern erfüllt. Wir essen Pommes, Ölsardinen, Brot, Käse und Wein mit Aussicht auf Hafen, der jedoch weniger luxuriös und boulevardähnlich ist, als im Reiseführer beschrieben. Im Reisebüro annulliert man unsere in Mentone gekauften Schiffstickets, da uns keiner sagen kann, ob wir bei der Ankunft das Visum bekommen.
Wir entschließen uns zu einer Zugfahrt nach Barcelona. Dort sollen wir auf das Konsulat. Abends im Zentrum „Salade nicoise" mit Bier (ich mache Ärger, weil ich nur ein kleines Bier will). Wir nehmen das Zimmer noch für die Nacht, wollen aber nach Mitternacht im Liegewagen weiterfahren. Während G. und Max vorschlafen, lese ich und würge dann am Essen. Endlich trinke ich Wasser und ruhe noch eine Stunde. 24 Uhr zum Bahnhof.

Samstag, 29.9:
13 Uhr in Barcelona. Dort in Fußgängerstraße gegangen und Reisgericht Paella gegessen (sehr kleine Portion: Butterreis 10 Minuten kochen, Gamberi,

---

[1] Die scheinbar unverständlichen Schwierigkeiten des Visums hingen mit dem Attentat der Münchner Olympischen Spiele zusammen. Da die BRD danach die Einreise für die Araber strenger überwachte, machten die Araber ebenfalls Schwierigkeiten.

Agnello, Erbsen, Peperonata und 1 Löffel Pernod hineinrühren und im Backofen 2 Minuten backen). Taxifahrt zum Aussichtspunkt Schloß, zu Fuß zurück. Abends bei Imbiß in gotischer Altstadt quälen mich Eßgedanken und Hunger (?).

Sonntag, 30.9.: Max spricht seit Tagen nur von Reiseplänen und Zugfahren, wie NOIOSO (=langweilig). G. liest beim Frühstück aus der FAZ „Leben als Drama"vor. Wir stellen die Uhren auf Winterzeit eine Stunde zurück. G. nennt es Normalzeit und ist gegen diese Zeitverschiebung im Sommer, da sie den Feierabend nähme. (Und weil es ihn an den Krieg erinnert) Gotische Kathedrale besichtigt (1300-1450), groß, prachtvoll. G. staunt, scheint überwältigt. Max interessiert sich weniger für unsere heute erfahrene Bildung, und er ist mehr auf bürgerliche Genüsse aus, wie Mittagessen (weshalb er bei einem Konzert am Nachmittag nach der Pause wegdrängt), Kuchen (weshalb wir zwanzig Minuten lang ein ihm passendes Cafe suchen) und Mädchen, denen er lüstern nachschaut, anstatt die Kathedrale zu betrachten. Trank wieder Bier, das mich spürbar beruhigte, wie auch die Tatsache, daß ich G. kurz sagen konnte, wie meine Eßangst wieder stärker wird."

(178)
Wegen des Visums fuhren wir nach Madrid weiter. Arno schien sich darauf zu freuen, denn er erzählte, daß er sich erinnere, in der Schule von der weiten Hochebene um Madrid gehört zu haben, und nun sei er gespannt, sie zu sehen. Doch als wir 40 Minuten vor Madrid durch diese Hochebene fuhren, las Arno, und ich mußte ihn auffordern, doch jetzt zum Fenster hinauszuschauen.

Arnos Tagebuch:

„Montag, 1.10: 7 Uhr nach durchgeschüttelter, unterbrochener Nachruhe aufstehen, spürbarer Kälteanstieg. Ich verärgere G. leider, da er mich zum Landschaftsschauen auffordern muß und ich nach der Ankunft in Madrid das Schinkenbrot, das er mir zum Kaffee bestellt, nicht esse. Das wiederholt sich am Mittag, als ich am Menü (drei Gänge) nicht teilnehmen will und für mich eine Kleinigkeit extra bestelle. Als wir nachmittags mit einem Stadtplan durch Madrid gehen, soll ich führen. Dann bemerkt G., daß ich den Stadtplan falsch lese und wundert sich, daß ich das nicht kann. 19 Uhr beginnt die Restaurantsuche fürs Abendessen, die sich wegen Max lange und „dramatisch" gestaltet. Dabei spricht G. über den Dichter Rühmkorf und den Schriftsteller Zola.

Als wir danach zum Nationalpalast bummeln, habe ich Hunger und Eßgedanken der denaturierten Nahrung wegen, die ich heute aß (dreimal Weißbrot).

G. verwirft dieses Argument, da im Mittelmeerraum seit Jahrhunderten Weißbrot gegessen wird, dagegen stellt er, daß ich zu wenig esse. Darüber bin ich sehr verwirrt und verzweifelt."

Dienstag, 2.10:

Wir hatten in Madrid Paßfotos für das Visum machen lassen, hätten es aber vom Konsulat erst in zwei Tagen bekommen. Das war meinem Freund Max zu lang, und so beschlossen wir, es beim nächsten Halt in Granada zu versuchen und dort die Alhambra anzuschauen. Wir wollten wieder die Nacht durchfahren und besichtigten an diesem Tage noch den Prado.

Arno schrieb: „Nach Prado zum Essen, wähle vollwertigere Kost, um nicht soviel wie G. und Max essen zu müssen. Nachher, im Park, etwas ausruhen, da ich sehr erschöpft und schlapp bin. Beim Nachmittagskaffee klärt mich G. über die Inflation der italienischen Währung auf, und rät mir, ein deutsches Bankkonto anzulegen (italienische Inflationsrate 16,8%), was ich mir für November 1979 vornehme. 19 Uhr zu Abend gegessen, ohne Probleme gemacht zu haben. Wieder herumlaufen und 22 Uhr 15 pünktliche Abfahrt. Drei junge Männer aus unserem Zugabteil reden im Gang laut und lustig mit anderen Leuten. Bin öfters wach, bis wir morgens um 7 Uhr aufstehen."

Mittwoch, 3.10.
Arno notierte: „7 Uhr 30 nach Aufstehen ein Stück Weißbrot essen müssen, wobei mein gezeigter Widerwille G. verärgerte. Landschaft betrachten, Baumkulturen, etwas Getreide, rotbraune Erde, Berge. 8 Uhr Bahnhof Granada, Frühstück mit Schinkenbrot wie G. Ich soll Hotelinformation erfragen und lasse mir einen Mann, einen „Abschlepper" aufschwätzen. G. wimmelt ihn ab und erklärt mir darauf die Nachteile dieser Leuteabschlepper. Er hat in Neapel Erfahrungen gemacht, die er nicht zu wiederholen braucht. Besichtigungen und Stadtrundfahrt. Als wir wegen der Weiterfahrt zum Bahnhof gehen, beginnt G. Gespräch wegen meines Essens. Ich würde zuviel Probleme ums Essen erfinden, die er Auswege (Ausreden) meines Schweinehundes nennt, so die Fettangst und die Weißbrotangst, welche unsere Harmonie des Zusammenseins stark stören. Ich würde auch das, was ich jetzt erlebe und lerne, dadurch zu schnell vergesen, da keine Energie für die Geisteskraft da sei. Gleichzeitig würden auch die Anstrengungen G´s selbst, der meinen Wissens-

mangel ja gerne verbessert, nichtig sein. Er fragt, warum ich mich nicht an die versprochene Einordnung halte. Dies alles sehe ich ein und will nun essen, um:

a) alles Gesehene, Gelesene und Gehörte lernen und behalten zu können;

b) um die Mühen G´s fruchten zu lassen, also sinnvoll anzunehmen;

c) weil alle natürliche Nahrung ein Geschenk Gottes an uns ist;

d) weil ich Astheniker bin und nicht dick werden kann.

Dies will ich nun erlernen und so auf dieser Marokkoreise mein Eßproblem auflösen.

20 Uhr Restaurantsuche, die schlecht ausfiel, da Essen nicht gut war. Nachher Gespräch über Essen vom Abend notiert und G. zu lesen gegeben, der es für gut befand."


(179)

Am Donnerstag, den 4. Oktober besuchten wir die Alhambra. Auch wenn sie für einen Abendländer ein Begriff ist, so bleibt doch noch genug an Staunen und Überraschung, wenn man sie das erste Mal besucht. Die Stalaktitengewölbe faszinierten mich. Ich glaubte, trotz Gotik, nie etwas so zauberhaftes gesehen zu haben. Vielleicht, daß sich ein Teil dieser Begeisterung auf Arno übertrug, vielleicht, daß sein schriftlich fixierter Vorsatz vom vorherigen Tag wirkte, vielleicht auch, daß die ständigen Wiederholugen seiner Eßängste und Unzufriedenheiten endlich den angestrebten Abnützungseffekt unterlagen, jedenfalls wurde Arnos Tagebuch positiv. Ich gebe diesmal den Text genau wieder, um einen Eindruck des Stils und der Vorliebe Arnos für lange Sätze zu geben:

„Königshaus der Araber besichtigt: wundervolle Verzierungsmuster, vielfältig, da Koran verbietet, Bildnisse zu machen; bedachte Unterteilung der Flächen und Gebäude bewirkt Geborgenheit des Individuums; im Löwenhof himmlische Decken verziert mit kleinen Torbögen und eine scheinbar wie ein Sternenhimmel schwebende Holzdecke; Bäder und Gärten; Palast Kaiser Karls V. nüchtern und seine auf der alten Moschee, die er zerstörte, errichtete katholische Kirche ist sicher nicht so schön (zumal sie geschlossen ist) wie ehemalige Moschee; Generalife (=Lustgarten) begangen, Zypressen in Formen beschnitten, Wasserbrunnen, Blumenvegetation und Gebäudeaufteilung geben geborgene Atmosphäre, die G. „lusterregend" nennt; Gespräch über Alchemie, Mönch Schwarz und Schwarzpulver über Orgien und Wasserangst im Mittelalter wegen Syphilis und Weihrauch in Kirchen wegen Volksgestank; Alcazalar (=Vorwerk der Alhambra) begangen, die sehr verfallen ist, aber einen Turm als Punkt zur wieten, herrrlichen Rundumsicht hat, auf dem wir in Sonne und Wind dreiviertel Stunden verweilten, die Harmonie der alten Stadt, die Schande der Neustadtarchitekten, die weite Landschaft der Felder und die durch Franco beforsteten Wälder und Berge der Sierra Nevada mit von Wolkenschweifen durchzogenen Himmel beschauten; später Kathedrale der Stadt und Kirchenmuseum besucht; nach längerer Suche im Ristorante um 19.30 Uhr gut und viel zu Abend gegessen bis 20.40 Uhr; ich aß typisches Gericht Paella, wovor andere sich ängstigen; Spaziergang in Altstadt mit eingefallenen Häusern; Weintrunk, lesen; Malaga-Wein trinken; durch starke Kühle ins Hotel."

(180)
Arnos Bericht: „Granada – Algeciras
Freitag, 5. Oktober
Kaffeefrühstück und Schinkenbrot. Im Zug Reiseführer über Marokko vorgelesen. 10 Uhr und 12.30
Uhr essen wir Brot und Schinken, Käse und Äpfel
und trinken Bier. Schöne Landschaft mit Bergen,
geometrische Baumanlagen, verschiedene Erd-
farben und im Süden einige braune Stiere und Kuh-
reihen gesehen. G. scheint zufrieden mit meinen Anstrengungen im Essen und ist sehr freundschaftlich.
In Algeciras im Reisebüro werden wir wegen des
Visums an die marokkanische Botschaft verwiesen,
vormittags von 9 bis 12 Uhr.

*(Sollte sich der Leser für die Alhambra und Granada
interessieren, so empfehle ich von Irving Washington
(1883-1859) „Erzählungen von der Alhambra“)*

Max ist über diese neue Verzögerung sehr aufge-
regt. 17 Uhr trinke ich Milch, die mir etwas später
Bauchschmerzen und Durchfall beschert.
Als wir abends Kartoffelsalat und Käse essen, er-
tränkt Max seine Wut über das Visumproblem im
Alkohol, wie er selbst sagt. G. zeigt mir an diesem
Beispiel die Philosophie Schopenhauers.“

Samstag, 6. Oktober: Algeciras – Malaga
„Unruhige Nacht, durch treibenden, starken Durchfall. Bett verschmutzt, dreimal aufstehen zur Toilette,
wenig Schlaf, Kopfweh und Schwindel. Seit Reise-
beginn wegen Weißbrot nur zweimal wenig steinhar-
ten Stuhlgang (denaturierte Nahrung!), nun Durchfall
wegen schlechter Milch.“

280

8.30 Uhr warteten wir schon beim Konsulat. Als es 9.30 Uhr noch nicht offen war, erfahren wir durch Herumfragen, daß das Konsulat Ferien machte und wir nach Malaga müssen. Max war darüber erbost. Er fürchtete, überhaupt nicht nach Marokko zu kommen und wußte nicht, wie er das dem Stammtisch daheim erklären sollte. Da es 2-Tages-Ausflüge nach Marokko ohne Visum gab, wollte er jetzt so eine Reise buchen, um überhaupt hinzukommen.

Um die folgenden Tagebuchaufzeichnungen oder Zusammenfassungen aus Arnos Notizen deutlich zu machen, braucht es einige Erklärungen.
Die Marokkoreise war ein langgehegter Wunsch von Utes Vater Max, aber er wollte sie nicht allein machen. Ihn interessierte Marrakech. Darüber hinaus war er neugierig, wie ein Bierbrauer unserer Heimatstadt, den er von Jugend auf kannte, dort lebte. Ihn wollte er in Fes besuchen. Diese Reise kam meinen Wünschen entgegen, da mich ein italienischer Freund, der in Agadir lebte, eingeladen hatte.
Er baute dort als Architekt mit einem Ingenieur-Team das Schloß für den König von Marokko. Ich war mit Max nie gereist, nahm aber an, da er sechs Jahre in Kriegsgefangenschaft war, daß er seit dieser Zeit Gelassenheit und Souveränität besitzen würde, die diese Reise angenehm machen könnten. Darin hatte ich mich getäuscht. Max lamentierte ständig über die Konsulate, so daß ich mich bereit erklärte, den Zwei-Tages-Ausflug mitzumachen. Arno seinerseits fand die Ausflugskosten (60 DM) unnötig, wenn wir nach Malaga sowieso nach Marokko kämen.
Wie der Leser weiß, brauchte es immer eine längere Anlaufzeit, um Arno von der Richtigkeit einer Sache zu überzeugen. Diese Zeit war an diesem Morgen

nicht mehr gegeben, denn das Schiff nach Tetuan fuhr in Kürze ab. Arno aber beharrte eigensinnig auf Malaga und wollte dort auf uns warten, denn wir müßten ja sowieso nach diesem Ausflug das Visum dort holen. Es war mir unmöglich ihn zu überzeugen, daß Trennungen nie gut seien, und so sagte ich nur noch, daß er bei unserem Nichterscheinen am Konsulat in Malaga nach uns fragen sollte, wir würden dann nach dort eine Nachricht schicken. So trennten wir uns.[1]

Nun passierte dies: Wir fuhren nach der Besichtigung von Tetuan über die spanisch-marokkanische Grenze und bekamen zu unserer Überraschung ohne Schwierigkeit das Visum in den Pass eingetragen. Max wollte nun nicht wieder nach Algeciras zurück. So telefonierten wir am Montag morgen mit dem Konsulat in Malaga und schickten vorsichtshalber noch ein Telegramm nach. Wir blieben noch einen Tag, und als Arno nicht kam, beschlossen wir, in Fes auf ihn zu warten, denn die Brauerei mußte er ja finden. Da täglich nur ein Zug am Abend in Fes eintraf, konnten wir außerdem auch am Bahnhof schauen. Daß an jenem Abend, als Arno dort eintraf, wir ihn nicht fanden, war die Schuld des Bierbrauers, der uns schon am Abend vorher mit seinem Auto zum Bahnhof gefahren hatte und an diesem Abend trödelte. Der Zug hätte doch immer Verspätung – doch an diesem Abend hatte er sie nicht.

---

[1] Deutsche Märchen erzählen schon vom Eigensinn junger Menschen, so im „Marienkind", das trotz Erziehung durch die Jungfrau Maria mit 14 Jahren nicht gehorcht und lügt, oder in „Rotkäppchen", das die Ermahnungen der Mutter, nicht vom Wege abzugehen, nicht befolgt.

Beim späteren Vergleich von Arnos und meinem Tagebuch stellte sich heraus, daß wir uns stets nur knapp verfehlten. Fast zur gleichen Zeit sprachen wir wegen Meknes im Touristenbüro vor, waren im Souk, flüchteten vor dem Regen in ein Cafe.

Noch in Fes verlor Max das Interesse an der Weiterreise und flog vorzeitig zurück nach Frankfurt. Ich blieb allein, und als Arno nicht auftauchte, nahm ich an, daß er vielleicht nach Agadir sei und setzte die Reise über Marrakech fort.

Wie sich später herausstellte, hatte Arno in seiner Hilflosigkeit die Reiseziele verwechselt und suchte in Fes das Schloß. Die Auskunft, hier würde kein Schloß gebaut, brachte ihn aber nicht auf den Gedanken, daß er etwas verwechselt haben könnte, auch half nicht das sichtbare Zeichen der „Storchen-Brauerei", der Schlot, ihn auf die richtige Spur zu bringen.

Gerne hätte ich das folgende Tagebuch Arnos ganz im Original gebracht. Doch da er über jede Stunde Regenschaft ablegte, wäre die Lektüre zu ermüdend. Ich beschränke mich also auf wichtige Stellen und fasse einiges zusammen, damit der Leser trotzdem die Übersicht über den Ablauf seiner Reise erhält.

(181)
Arno, alleingelassen, schrieb:
„Samstag, den 6. Oktober 1979
Der Zwei-Tages-Ausflug nach Marokko kostet mit Hotel 3.800 Pesetas pro Person. Wegen teurem Preis, den die Reise meiner Meinung nach nicht wert ist, fahre ich mit Bus allein nach Malaga. Wenig mit spanischem Sitznachbarn geredet (Sprachbarriere). In Malaga Hotelsuche; drittes Hotel genommen (sau-

ber, 405 Pts); Verlust meiner Jeansjacke am Busbahnhof gemeldet; mit Bauch- und Kopfweh vergebens ein geöffnetes Touristenbüro gesucht. 14 Uhr drängt mir ein deutscher Mann seine Begleitung auf, bin froh darüber. Der Deutsche wohnt in Torremolinos und erzählt mir glückstrahlend aus seinem Leben in Spanien, aber auch von seiner Einsamkeit und Menschensuche. Er lädt mich zum Essen ein. Kartoffeleieromelett und Bananen, die meinem Durchfall sehr gut tun. Dann zeigt er mir Malaga. Beim Panoramablick auf Gibraltar erzählt er von seinen sexuellen Erfahrungen. Nach allgemeinem Gerede sagt er plötzlich, ich sei seine Liebe auf den ersten Blick. Er würde alles für mich bezahlen. Bisher hätte er nur männliche Beziehungen gehabt, da hier weiblicher Kontakt schwer sei.

Ich besuche das Kunstmuseum, die Kathedrate, danach will er mit mir auf das Hotelzimmer. Ich verneine jedoch, da ich ihn nicht kenne, zumal er für mich ungebildet ist, denn in Alcazabar und der Kathedrale redete er so dumm und sich wiederholend wie mein Vater. Auch riecht er unangenehm. Mir erscheint dies Sexverlangen tierisch. Er schien enttäuscht, fuhr mich aber zum Konsulat und zeigte mir den weiten Blick über die Küste von Malaga.

Das Konsulat fanden wir allerdings nicht. Auch meine Jeansjacke fand sich an der Busstation nicht. So verabschiedete ich mich von ihm. Abends allein Spaziergang durch die Stadt. Brotkauf fallen gelassen, da er mir zuviel Eßgedanken gab und ich lieber portioniert in Bars esse.

Sonntag, 7. Oktober
Ein Glas Milch frühstücken. Durchfall auf Toilette. Vergebens Obst gesucht, und, da Kopfweh, Hasel-

nüsse gekauft. Kathedrale besichtigt und dort mit Durchfall Hose verschmutzt. Diese im Hotel gewaschen. Wegen Hunger (?kein Hunger, aber Nahrungsmangel) nicht ruhen können, deshalb im Ristorante vom Vorabend essen und lesen. Nach Altstadtrundgang, Amphitheater und Stierkampfstadion Wasser getrunken und erschöpft ausgeruht. Die Fliegen lassen mich weder ruhen noch lesen. Dazu Straßenlärm und –gestank. Finde keinen schönen und ruhigen Platz. Die armen Einwohner. Sie sitzen verdummt und verblödet herum. Die Kinder ahmen das Langeweilelaster der Erwachsenen früh nach (z.B. rauchen Achtjährige).
16 Uhr 30 wegen Kopfschwindel ein Bier getrunken, dann gelesen. Weiter herumgelaufen und Adresse des Konsulats erfahren. 17.35 Uhr im Hotel erschöpft Tagebuch schreiben. Malaga ist sehr laut und unwohnlich. Esse abends in der Altstadt Couscous. Dann erschöpft schlafen.

Montag, 8. Oktober
Lasse die Umhängetasche im Hotel und erkundige mich nach Schiffsverbindungen nach Tanger. Dann im Konsulat Visumantrag ausgefüllt. Muß warten und esse vor dem Konsulat Äpfel, lese dabei. Dann zur Busstation. Kein G. angekommen. Lasse schriftliche Nachricht beim Konsulat, daß ich 17 Uhr zurückkomme. Wasser trinken, da sehr heiß. Erneut zur Busstation, sie sind nicht da.
Miete erneut ein Zimmer und esse als Mittagessen einen Teller Bohnensuppe mit Kartoffeln. Zurück zur Busstation und lesend warten. Kein G. kommt.
Bis zum nächsten Bus versuche ich auf einer Straßenbank zu lesen, doch lassen mir die Fliegen keine Ruhe. Trinke Wasser. Ich bin ängstlich, betrübt

und schwermütig.
16.30 Uhr wieder kein G. im Bus, dasselbe auch um 17.45 Uhr. Im Reisebüro frage ich nach Ankommen von G´s Schiff, doch man weist mich unfreundlich ab. 18 Uhr erneut am Konsulat, doch keine Nachricht von G. Acht Haselnüsse gegessen. Zum Hafen. Dort sagt man mir, das Schiff sei sicher zurückgekommen. Bin verzweifelt und dem Weinen nah. Esse etwas im marokkanischen Restaurante und schreibe auf dem Zimmer. Was ist mit G? Wo ist er? Warum? Schaue nochmals zur Busstation. Vergeblich!
Lesen und Bier trinken. Bin nervös und die Ungewißheit macht es mir schwer, mich zu konzentieren. Beende Flauberts „Lehrjahre der Gefühle". Nachwort jedoch für später gelassen, da ich mich nicht darauf konzentrieren kann. Im Zimmer Äpfel gegessen und versucht zu schlafen, jedoch hin- und hergewälzt. Immer wieder wach werden und auf die Uhr sehen, Bett zu weich. Vier Uhr vor Unruhe aufgestanden. Verlasse das Hotel, laufe durch leere Straßen, durch den Park. Dann im Hausflur lesen, denn Regen und Luftfeuchtigkeit machen mir Kleidung klamm. 6 Uhr im Hausflur setzt sich ein Mann neben mich. Sehe, wie er mit seinen Händen in den Hosentaschen sein Glied bewegt. Plötzlich stöhnt er, steht auf und geht in die Hausecke (höre Reißverschluß aufgehen), dort stöhnt er zwei Minuten, dann kommt er ganz ruhig zurück und geht weg.
Nun erinnere ich mich, daß ich gestern die Männer sehr lange am Pißbecken stehen sah, die auch stöhnten und an den Handbewegungen erkannte ich, daß sie onanierten (2mal im Bahnhofspissoir). Ich staune, wie natürlich und selbstverständlich diese Männer es machen, sogar gierig, und ich schaffe den Orgasmus nicht. Im Cafe treffe ich den Mann

vom 7.10. wieder, der mich affektiert, kokett und albern unterhält.

Nochmals zum Konsulat, keine Nachricht. Es ist auch kein Verkehrsunfall gemeldet. Nehme um 13 Uhr 30 den Bus nach Algeciras. Dort zum Reisebüro, die bestätigen, daß G. und Max an der Rundreise teilnahmen. Löse Billet nach Tanger. Unfreundliche Paßkontrolle. Treffe auf dem Schiff drei Österreicher, die morgen im Zug von Tanger nach Fes fahren. Die Österreicher plaudern dumm. Schließe mich deshalb vier Marokkanern an, die mich in ein Ristorante führen, wo ich Couscous esse. Muß dann für alle bezahlen. Wir nehmen ein Zimmer für vier Personen. Ein Zimmergenosse raucht Hasch und bietet mir davon an. Ich probiere einen Zug, aber der brennt mir schmerzlich in der Lunge. Der eine der vier Marokkaner war ein Führer, der auf dem Zimmer von mir Geld wollte. Als ich ihm keines gab, da ich schon alles bezahlt hate, drohte er mir in englisch: „I break your face!" Dann zog er böse ab. Die anderen packten Schmuggelware aus. Vom Whiskey nahm ich drei bis vier Schluck. Er wärmte mich, denn ich fror. Als ich mich sehr müde aufs Bett legte, gingen zwei auf den Balkon und einer legte sich zu mir und streichelte mich brutal, doch merkte ich, daß er nach meinem Geldbeutel tastete. Als ich den festhielt, versuchte er, sein Glied in meinen Po zu stossen. Ich wehrte mich sehr und glücklicherweise kamen die anderen zwei vom Balkon herein. Dann ab ein Uhr konnte ich doch schlafen. Ein Marokkaner, der Malkin hieß, schien gut zu sein. Er gab mir am Morgen seine Adresse.

Tanger, Mittwoch 10.10
Ich ging allein durch nasse, verregnete Altstadtgassen, bis ich in die neue Stadt kam. Dort frage ich erneut im Reisebüro vergebens nach G. Auf dem deutschen Konsulat werde ich von einem netten Botschafter freundlich empfangen. Er sagte Unfall oder Tod werde ihm sofort gemeldet. G. wäre seiner Ansicht nach auf Reisen. Ich solle mir vorsichtshalber Geld schicken lassen, es würde in drei Tagen hier sein. Inzwischen soll ich die Umgebung bereisen. Esse um 13.50 Uhr eine Schüssel passierte Erbsensuppe. Suppe gut. Öl weggetan. Später ein Ei gegessen. Besichtigungen. 17 Uhr Apfel geschält gegessen. Am Grand Socco-Markt Tee ohne Zucker getrunken. Rezept angesehen:
1 Teelöffel schwarzer Tee und 5 Teelöffel Zucker in 1 Glas heißem Wasser in Metallbecher in Kohlefeuer 3-5 Minuten kochen und durchgesiebt in 1 Glas mit frischen Minzblättern gießen.
Haschkauf gesehen, der sehr offen vor sich ging. Der Haschhändler ging mit mir um 18 Uhr 10 auf den Markt und zeigte mir Haschpfeifen. Dem Kauf wich ich aus mit der Ausrede, ich müßte erst Geld von meinem Vater holen.
Besorge mir Zugfahrpan für Fes und Rabat. 20 Uhr Pfannkuchen und zwei Kartoffelklöße gegessen, danach noch ein Stück der gelben Honigmelone. Bummeln. 2 Fleischspieße und Paprikaschote gegessen. Gebummelt. Eine Schüssel „soup" gegessen (Pasta, Bohnen, Gemüse, Fisch, scharfe Gewürze). Bummeln. In Bar ein Glas Milch getrunken und Tagebuch geschrieben. Vorm Schlafen Apfel gegessen."

Donnerstag, 11.10.

Arno trank nur Milchkaffee, notierte aber:

„Neben mir ißt ein Marokkaner zwei Pfannkuchen aus Mehl, Öl und wenig Wasser, mit Butter und Honig beschmiert."

Arno kaufte ein Zugbillet nach Fes, aß wieder eine Suppe und etwas später Vollkornpfannkuchen mit Honig, Äpfeln und zwei Eiern. Er beschrieb die Zugfahrt und wie er bei der Ankunft um 21.30 Uhr sofort mit einer Australierin, einem Kanadier und einem Japaner ein Taxi nahm und in die Medina fuhr.

Ich war an diesem Abend zum weiten Mal am Bahnhof, aber etwas zu spät, da, wie schon gesagt, unser Freund, der Bierbrauer, der uns mit dem Wagen hinfuhr, trödelte. Wir versuchten zu erfragen, wer angekommen war, aber niemand hatte auf die Mitreisenden geachtet. Wir wußten also nicht, daß Arno hier war. Er nahm mit dem Japaner ein Zimmer und notierte: „Hungrig und mit Kopfschmerzen gehe ich Essen suchen. Finde am Medina-Eingang teures Ristorante und esse Couscous mit Fleisch. Bin sehr nervös, würge deshalb danach etwas Essen. Als meine Zimmergenossen ins Lokal kommen, verlasse ich es, laufe noch etwas herum und gehe um Mitternacht schlafen."

Freitag, 12.10.

Arno verließ morgens seine Reisegenossen, ohne sie zu wecken. Er trank Milchkaffee und notierte, was Schulkinder und Erwachsene aßen und schrieb in Klammern: „Marokko hat höchsten Zuckerkonsum der Welt". Dann bummelte er, und als er „einem kleinen, hübschen Jungen einen Kugelschreiber und Reiseprospekt schenkt", führte dieser ihn durch die Stadt, zeigt ihm die Gerberei und Färberei, das

Ofenhaus und anderes. Dann bettelte ihn der Junge um Kleidung an, und Arno schenkte ihm ein Oberhemd. Darauf übergab ihm der Junge einem anderen, der ihn weiter herumführte, ihm zeigte, wie Haschisch mit Tabak gemischt wird und ihn zum Kauf einer Dhellaba überredete, für die Arno 100 DM plus 200 Dirham zahlte und einen Wollpullover dazugab, den er in San Remo gekauft hatte. Er aß wieder Ei, Käse, Früchte, Joghurt und bummelte weiter. Irgendwo sah er einen Djellaba-Schneider und zeigte seine Djellaba. Dieser nannte als Kaufpreis 145 Dirham.

Arno notierte: „Sehr erschreckt und nervös über meine Dummheit. Hetze deshalb zurück, doch der Händler besteht auf seinem Preis und gibt mir kein Geld zurück. Nun suche ich nervös den Führer, der mich dorthin brachte, und weil ich ihn nicht finde, bekomme ich fast einen Nervenzusammenbruch und schreie alle an. Traurig an Einsamkeit und G. denken. G. würde wohl jetzt nicht mit „Geldtrauer" seine Ruhe zerstören, also auch ich nicht. Ich muß Lebensfreude haben." Er lief weiter herum, aß Berberbrot, Datteln, Ölbrot, ein Glas Milch und Fleischspieße. Er versuchte „seine augenblickliche Nervenqual zu beruhigen".

Er notierte: „21.45 Uhr in Hütte bei Vater, Sohn, Hund, drei Paviane, Djellaba angezogen. Beim Haschrauchen zugesehen (auch 13-jähriger Sohn), Harmonie zwischen Vater und Sohn. Teller mit geschlagenen rohen Eiern wurde durch Holztür hereingereicht, über Tontopf gekocht und mit weichem Brot gegessen. Ich hatte dem Vater zwei deutsche Pfennige geschenkt. Nun bot er mir Rührei an. Ich aß viel und so gab er mir auch noch kalte Paprika-Tajime mit Huhn. Als man um 22.30 Uhr das Licht löscht, liege ich lange auf dem harten Steinboden wach."

Samstag, 13. Oktober 1979
Nach Altstadtrundgang 15 Minuten bei Altem auf
Maultier mitgeritten, bis man ihn mir als Lastentrans-
porter vorstellte. So stieg ich in der Altstadt ab und
mußte einen Dirham zahlen. Kaufe Käsebrot und erbettelte Datteln. Esse vier Fleischspieße. Weiterspa-
ziert. Da es regnet, kehre ich wieder ein und esse Ei
und Brot. Dabei lesen. In der Regenpause nach Ver-
kehrsverbindungen fragen und dann zwei Soups essen. Lesen und nochmals zwei Eier-Brote essen. Zugesehen, wie Nachbar Tajime kocht und ein Ei mit
Nachbarn geteilt. Leute rauchen Hasch, einer kommt
in Trance. Bin sehr müde, habe kalte Füße und fühle
den harten Boden, weshalb ich schlecht ruhe."

Arno hätte uns in Fes durch ruhiges Überlegen finden können. Er mußte nur bei jenen Hotels fragen,
die für unsere Ansprüche in Frage kamen, wie er das
auf der bisherigen Reise bei der Hotelsuche gesehen hatte. Das waren in Fes nur zwei oder drei
Hotels.

Sonntag, 14. Oktober 1979
„4 Uhr 30 wache ich wegen unbequemer Lage auf.
Sehe die Sterne am Himmel und entschließe mich
ins Hamman (türkisches Bad) zu gehen, das abends
von 22 Uhr bis zum nächsten Nachmittag um 15 Uhr
geöffnet ist.
Als ich die Hose auszog, verlangte man von mir, daß
ich den Penis wegen der anderen Männer verdecke.
Für fünf Dirham wurde ich gewaschen und kurz mit
Seife massiert, sehr hart, nämlich mit Fingernägeln
und Stein. Es wurde so der Dreck aus der Haut ge-

kratzt. Zum Busbahnhof. Fettgebackenes gegessen, im Bus Apfel und rote Frucht. Fahre bis Meknes. Dort will mir ein 16-jähriger den Ort zeigen. Als ich mit ihm in einer Gasse bin, fordert er mit einem Freund Geld von mir. Er reißt mir sofort die Gürteltasche herunter und tritt mir dabei zwischen die Beine, dabei reißt auch mein Gürtel. Dann rennen sie weg. Ich lief weinend weiter, sprach vergebens mit einem Polizisten, der mich wieder zu einem anderen schickte. Endlich wendete ich mich an zwei Touristen. Diese gaben mir 25 Dirham und halfen mir, die Busstation zu finden. Beide erzählten, daß man ihnen ebenfalls 600 DM geraubt hat. Ihre Einladung nehme ich nicht an, da ich finde, das sei zuviel des Guten.

Danach überfällt mich Müdigkeit. Schließe ab und zu die Augen, esse drei Eier, Brot und Samenkörner. Auf der Busstation werde ich wieder von zwei marokkanischen Schülern angesprochen, und diese schenken mir 5 Dirham. Sie geben mir auch ihre Adressen. 1 Uhr 30 morgens bin ich wieder in Tanger."

Arno verbrachte die Nacht bei Kälte und Regen in Cafes, bis er morgens zur Botschaft gehen konnte. Von seinem Vater war das angeforderte Geld noch nicht gekommen, aber der Konsul streckte ihm Geld vor. Er traf dort einen anderen deutschen Jungen, ebenfalls ohne Geld, mit dem er zwei Tage in Tanger verbrachte. Einmal erbettelte er in Cafes in zehn Minuten 15 Dirham. Er machte keine Besichtigungen mehr, sondern bummelte herum, aß hier und dort, doch als er am Dienstag nachmittag wieder „negative Antwort auf Konsulat" bekam, notierte er auch: „Käsebrot kaufen und danach würgen."

Am Mittwoch früh – das Geld vom Vater war noch

nicht da – gab der Konsul Arno einen Fahrkartengutschein für die Rückfahrt und Reisegeld, das er später zurückerstatten mußte. Der Junge, den Arno an der Botschaft traf, heißt Hans und ist aus Berlin. Dieser erhielt am Dienstag einen Scheck und lieh Arno davon 50 DM. Zugleich spendierte er Arno und einem Marokkofreund ein Abendessen.

„Von Hans eingeladen, aßen wir von 22.30 Uhr bis 0.30 Uhr. Insalada nicoise, Rumpsteak, Kartoffeln und Wein: 50 DM für alle. Meine Genossen sind fröhlich, ich finde, daß es ein Wahnsinn ist, so teuer zu essen."

Die Abreise nach Algeciras am Mittwoch, den 17.10. begann um 12.40 Uhr. Arno kaufte noch einen neuen Gürtel und eine Haschpfeife.

In Algeciras fragte er sofort auf dem Reisebüro nach mir – vergeblich. So fuhr er mit Hans abends nach Madrid. Als er nachts um 2 Uhr wach wurde, notierte er: „Käsebrot wegen Hungerplage. Djellaba anziehen wegen Kälte. Unruhig und schlaflos gelegen bis morgens. Hans hat durchgeschlafen."

In Madrid bummelte er von 11 bis 20 Uhr. Keine Besichtigungen. Er versuchte, in einem öffentlichen Park auszuruhen, wurde aber von spanischer Militärpolizei vertrieben. Im Zug nach Frankreich schrieb er:„Mit Hans über Rauchen, gesundes Leben, Gesundheitsapostel geredet. Hans zeigt mir ein Buch „Mann, o Mann" (Bericht über Sexualnot des Mannes). Zwei Eibrote und Käsebrot essen. Hans raucht viel, auch etwas Hasch. Zugwechsel in Port Bou. Gespräch mit Hans über Ästhetik, Schönheit der Sprache, Kunst (schöpferische und reproduzierende) und Kommunikation. 14 Uhr 30 in Cerbere, wo wir alles öffnen müssen und ein Schäferhund alles abschnüffelt. Zum Strand gegangen; in Hafenbucht im

Sonnenschein liegen. Bade kurz in eiskaltem Wasser (man beachte das Wort „eiskalt" für das Mittelmeer). Weiterfahrt um Mitternacht. Schlechte Nachtruhe, Sitzschmerzen. 9 Uhr Ankunft in Ventimiglia,. 9.35 Uhr in der Villa. Kein G. daheim.

(182)
Neun Tage war ich gemeinsam mit Arno gereist, dann, nach der Trennung, war Arno zwei Wochen allein gewesen. Am Samstag den 20. Oktober trat er in die Wohnung. Er war 18 Jahre und 7 Monate alt, nach dem Gesetz also volljährig. Das war mit ein Grund, weshalb ich die Trennung hinnahm. Ein anderer Grund war der in meinem Kopf ständig nachrechnende Gedanke: was hast Du selbst in diesem Alter gemacht, wie hat man Dich gefordert?
Antwort: Ich war 17 Jahre alt als man mich zum Militär einzog, 18 Jahre alt, als ich in der Normandie nach heftigen Kämpfen in amerikanische Gefangenschaft geriet. Aus dieser Sicht konnte ich mein Ferienprogramm weiter verfolgen.
An jenem 20. Oktober, als Arno „mutterseelenallein" in die Wohnung zurückkehrte, war ich auf der Reise von Marrakesch nach Agadir, wo ich nach der Ankunft hören sollte, daß sich Arno dort nicht gemeldet hatte. Darauf schrieb ich sofort an meine Freundin Lella, die unsere Villa bewohnte, und bat sie, meine Agadir-Adresse Arno mitzuteilen, falls er in Bordighera auftauchen sollte.

## Arno zehn Tage allein in Bordighera

Am Morgen nach seiner Rückkehr ging er zu seinem Chef ins Ristorante. Dort fand man mein Verschwinden unmöglich. Arno aß viel Fleisch, begann aber gleich danach wieder zu würgen. Er rief in Deutschland Utes Vater, unseren Reisegenossen Max, an, um etwas über mich zu erfahren, und hörte von dem Telegramm nach Malaga. Dann telefonierte er mit dem eigenen Vater und notierte danach: „Traurig, ruhige Stille, Eßgedanken elende!"
Abends aß er bei seinem Chef zweimal Insalate Nicoise, wobei dieser zu ihm sagte, daß wir uns verloren haben sei „zigeunerhaft". Er schrieb nach Malaga, warum das Telegramm nicht weitergeleitet wurde und notierte: „Durchfall!"
Nachmittags besann er sich auf die Meditations-Cassette, hörte sie an und nahm später Musik von J.S. Bach auf. Abends ging er wieder zu seinem Chef ins Ristorante. Dieser ereiferte sich über Arnos Unmündigkeit und sagte, er solle morgen endlich wieder anfangen zu arbeiten. Arno hatte daraufhin eine schlaflose Nacht, und als er am Montag früh in der Küche stand, nörgelten die Chefin und eine Helferin an ihm herum. Arno notierte: „Mittags auch Spaghetti gegessen und viel anderes, ohne anders als andere zu essen; denaturierte Spaghetti machen mir Sorge. Clelia, die Chefin, ist verärgert über mich, obwohl ich mich verhalte, wie Chef es wünscht, und spricht nicht mehr mit mir." Inzwischen kamen auch sein Onkel Leo und seine Frau ins Ristorante, hörten sich die Geschichte an und klagten dann über mich. Meine Post an meine Freundin Lella war inzwischen auch in Bordighera eingetroffen. Lella brachte diese Post sofort Arno, der darufhin notierte:

a) Wie sehr interessiere ich G., da er mich ohne
Geld (nur 300,- DM) in Malaga ließ?
b) Warum suchte mich sein Freund Max nicht in B.
telefonisch zu verständigen, obwohl dieser schon
zehn Tage in seiner Heimat ist?"
Ich hielt die Frage b) für berechtigt. Die Erklärung:
Max liebt das Sparen mehr als den Mitmenschen.

(183)
Am Dienstag, seinem freien Tag, bekam Arno Besuch von Renato. Dieser brachte Freunde mit und
sagte ihm, daß er bald zum Militär müsse. Er hörte
„viel Kritik und guten Rat" und schrieb am 24. Oktober: „Erschöpft und müde ruhen; Gedanken ans Essen machen mir große Plage, zumal ich erschöpft
bin; auch habe ich keine Lebensfreude mehr. Lesen,
müde ruhen, lesen. Telegramm an G. aufgegeben,
daß ich in B. warte!"

25. 10. Donnerstag: „Clelia ist wegen meiner Äuße-
rung vom Montagabend noch böse mit mir und
stumm; ich arbeite gut und viel, ohne zu reden, und
entschuldige mich mehrmals. Mit den anderen lobt
sie nachher meine Arbeit, doch sagt sie dabei, mein
Geist sei aber schlecht. Daheim gegen Bauchweh
und Stuhlverhaltung Verdauungspulver trinken, da
ich das seit drei Wochen habe. Kaufe Vollkornbröt-
chen, doch traue ich mich dann nicht, sie am Tisch
mit den anderen zu essen. Angst!"

26. 10. Freitag: „Essen ist mir Gedankenplage, doch
ich esse gerne, bis es zum gierigen Fressen, allein
um des Würgens willen, wird. Stets werde ich wegen
Signor G. gehänselt, wegen seiner Ordnung,Lebens-
art, und weil er mich auf der Reise im Stich ließ.

Lebensfreude schwindet. Sehnsucht nach Liebe und Zuneigung. Träumend 50 Minuten gut geruht. Bin darüber erstaunt."

27. 10. Samstag: „Kaufe wieder Vollkornbrot und kann es später auch ohne Ärger essen. Esse nur bei Tisch, deshalb ruhigere Gedanken. Beende von Robert Landmann: ‚Ascona Monte Veritá'. Beginne dann von Samuel Beckett: ‚Murphy'."

28. 10. Sonntag: „Bei Mittagessen Primo Piatto nicht gegessen, da Spaghetti. Aber dann das Fleisch. In der Küche esse ich Fisch. Zuviel Eßgedanken und Angst vor Dickwerden. Die Gräfin meldet sich telefonisch für November an. Mein Chef spricht mit mir und möchte mich unabhängiger sehen. Er meint, ich würde schon Freunde finden, wenn ich bei G. auszöge. Becketts Buch wegen Unverständlichkeit weggelegt. Beginne dafür von Musil ‚Die Vollendung der Liebe'."

29. 10. Montag: „Trübe Stimmung wegen schweigsamer Clelia. Mittags verabschiedet sich Renato, der mich aber noch allein besuchen will, bevor er morgen zum Militärdienst fährt. G's Freundin Lella erzählt mir, daß Ute über Weihnachten bei Marco in Turin sein wird. Beende Teil II der ‚klassischen Sagen' von Schwab."
30.10. Dienstag (freier Tag): „Vergebens zu lesen versucht. Roggenbrei kochen, der trotz normaler Milch nicht schmeckt. Musil gegen Band 3 der ‚klassischen Sagen' ausgetauscht. Essen, würgen. Magerkäse gekauft. Über Essensmenge lesen, ohne Ergebnis für mich. Versuche von Balzac ‚Vater Goriot' zu lesen."

(184)

Am Mittwoch, den 31. Oktober kam ich mit dem Flugzeug in Nizza an. Arnos Telegramm hatte mich in Agadir erreicht und so mußte ich mir seinetwegen keine Gedanken mehr machen. Da der Flug über Paris ging, hatte ich dort die Rückreise für drei Tage unterbrochen, um wieder einmal den Louvre zu sehen. Nun, zurückgekehrt, ging ich sofort ins ‚Stella' essen und erzählte gutgelaunt von Paris. Doch statt der Wiedersehensfreude, die ich erwartete, bemerkte ich zuerst eine gewisse Zurückhaltung bis nach dem Essen von Arnos Chef doch die Frage gestellt wurde, wie das möglich war, Arno zu verlieren. Ich hörte den Vorwurf hinter dieser Frage und berichtete davon, daß Arno aus Sparsamkeitsgründen sich von uns trennte und nachher die während der Zugreise besprochenen Ziele nicht gesucht oder gefunden hatte, was eigentlich unverständlich wäre. Als ich dann mit Arno heimging, versuchte ich in humorvoller Art das Geschehene verständlich zu machen, denn Vorhaltungen, wie ‚Hättest Du...' waren ja unergiebig, aber ich konnte es auch nicht lassen, daraus eine gewisse Lehre abzuleiten und in einer Art Detektivdenken zu spekulieren, was in einem solchen Falle (gesetzt er würde sich wiederholen) zu tun wäre oder noch getan werden könnte.

Darüber schrieb Arno an diesem Tag: „G. beschwört zu Chef meine Unaufmerksamkeit und Besserwisserei, meinen Geiz auf der Reise. Ich bin sehr erbittert über diese Vorwürfe, von denen viele ungerecht übertrieben sind. Auf dem Heimweg fordert er mich lachend auf, genau den Hergang der Geschehnisse seit unserer Trennung am 5.X. zu schildern und stellt fest, daß ich sein Telegramm auf der marokkanischen Botschaft in Malaga nicht erhielt, weil ich unpräzise fragte, und daß ich nicht versuchte, den Bierbrauer in Fez zu finden. Ich bin betrübt und verzweifelt wegen dieser Vorwürfe."

Eine solche Reaktion lag nun nicht in meiner Absicht, und ich ging in mich und bemerkte, daß ich durch die Reise Arno in meiner Erinnerung verändert hatte. Durch gewisse Fortschritte im Sommer, die mir selbst Mut gemacht hatten, sah ich ihn reifer und souveräner, auch weniger empfindsam als er wirklich war. Meine sonnige Rückkehrstimmung verdüsterte sich, als Arno während des Gesprächs böse wurde und sagte, ich hätte ihn enttäuscht. Mir wurde klar, daß ich ihn zunächst hätte loben müssen, da er, erstmals auf sich selbst gestellt, die Reise trotz aller Mißhelligkeiten so gut zu Ende gebracht hatte. Ich mußte sein Vertrauen zurückgewinnen, und so begann ich, die gemeinsame Reisezeit erneut durchzusprechen, lobte diese und jene Aktivität und sein Interesse an Barcelona, Madrid und Granada und gab die Schuld an der Trennung Utes Vater, dessen plötzlicher Entschluß zum Ausflug nach Tetuan keine Zeit gelassen hätte, die Dinge vernünftig zu bereden.

Freitag der 2. November. Arno notierte nach unserem Gespräch abends: „G. legt mir dar, daß ich nicht klar genug nach Nachrichten für mich nach unserer Trennung in Spanien gefragt habe, daß ich ihn in Fez nicht unter der Adresse vom Bierbrauer gesucht habe und daß ich nicht logisch gedacht und dialektisch auf Sokrates' Weise überlegt hätte. Er bringt mich auch zur Erkenntnis, daß ich nicht vertrauensvoll, wie abgemacht, die Reise mitgemacht habe, sondern durch mein Abspringen aus Sparsamkeitsgründen ihn enttäuscht hätte. Schwer betrübt durch mein Erkennen dieser meiner Fehler erzähle ich ihm

von meinen nicht erfüllten Reisehoffnungen. Ich erwartete Eßfreiheit, Liebe, Lebens- und Menschenfreude. Dabei komme ich zum Weinen. G. nimmt daraufhin ein Lexikon und schlägt mir die Pubertätsbeschreibung auf. Er sagt, dieser Zustand sei typisch für die Pubertät, die bei mir jetzt begänne.
Den Wunsch meines Chefs nach eigener Wohnung hält er für verfrüht. Ich sehe das ein, da ich ja von G. noch lernen will." Trotz solcher Niederschriften konnte Arno das Thema damit noch nicht ablegen, wie ja auch jede Notiz zeigte, daß er immer wieder von den gleichen Vorstellungen gequält wurde. Eine Faszination, die wir in dieser Art des Wiederholungszwanges sonst nur bei der Sexualität erleben (manchmal auch bei Geld und Geiz). Am Sonntag den 4. schaute er dann (nach zwei Tagen) wieder ins Gesundheitslexikon und notierte: „...über Pubertät gelesen, und erkannt, da ich hier mein Verhalten jetzt erklärt fand, daß meine Pubertät beginnt. Abends empfiehlt mir G. ‚Stern'-Serie über berühmte Personen. G. will auch erklärenden Brief an meinen Vater schreiben."

(185)
Inzwischen hatte sich die Gräfin nochmals gemeldet und für den 15. November angesagt. Das hieß für mich: Frühjahrsputz. Nach dem turbulenten Sommer und den Ferien war einiges zu tun. Ich nahm einen 22-jährigen Bekannten, Enzo, der nur gelegentlich gerne arbeitete, zum Putzen. Wenn er aber etwas tat, machte er es gut und gründlich und war sehr geschickt. Arno spannte ich ebenfalls mit ein, sobald er Zeit hatte. Es wäre unsinnig gewesen, ihn in seiner Freizeit zu schonen, denn sobald der Zwang zur Tätigkeit bei ihm gelockert wurde, verfiel er in seine Grübeleien, Ängste, Würg-Gewohnheiten. Bei aller

moderner Psychologie mußte man dann doch den Altvorderen Recht geben, die verkündet hatten: Müßiggang ist aller Laster Anfang!

Montag 5. November.

Arno schreibt: „Clelia macht mir bösen Ärger, weil ich keine Spaghetti esse und man schimpft auf mich. Ich lehne jedoch weiterhin dies denaturierte Weißmehl ab, denn ich beginne mir in Gedanken ein ‚Credo' zu bilden. In diesem Credo habe ich eine göttliche Basis, d.h. alles ist von einer Kraft des Universums geschaffen und bestimmt, und es darf vom Menschen nicht zerstört oder deformiert werden, wie das Getreide zu Weißmehl deformiert worden ist. STERN-Bericht über deutschen Denker ‚Leibniz' und seine Monaden-Lehre gelesen. (=Die letzte, in sich geschlossene, vollendete Ureinheit). 16 Uhr 45 hat G. in meiner obigen Tagebuchnotiz von Eßstreit mit Clelia (Spaghetti) gelesen. Anhand eines Gesundheitsbuches von *Kahn* erklärt er mir den Wert des Weißmehls. Wiederholt, wie er sagt. Von da kommt er zu Leibniz, verbindet die Themen, indem er sagt, daß alles in der Schöpfung Zugelassene von Gott gegeben ist, so auch das Weißmehl. Verbittert über meine Fehler hadere ich mit mir und meinem Narzißmus. Warum widerspreche ich allem und allen und versuche nicht (und sei es aus Freundlichkeit) auf andere zu hören? Abends vor dem Schlafengehen erklärt dann G., wieweit Schicksal (Geworfensein) ohne unser Zutun abläuft und wo wir eingreifen und Einfluß nehmen können. So lange ich so mager herumlaufe, könne ich niemanden von meinen Ideen überzeugen, selbst wenn sie richtig sind, da ich als Persönlichkeit krank wirke. Das aber könne ich ändern, das sei nicht schicksalhaft."

Dienstag 6. November

Der Bruder meiner Freundin Lella war im Sommer hier gewesen und ich hatte an seiner Art der Hetze, seiner Unruhe und des Stetsbeschäftigtseins die Vorsymptome eines Infarktes erkannt. Kurz danach war er tatsächlich nach Houston in Amerika zu dem berühmten Herzspezialisten Dr. Cooley gekommen. Nun kam er per Flugzeug in einem Sarg zurück. Ich fuhr zur Beerdigung, die auf einem sonnigen Friedhof in La Mortola superiore stattfand.

Der Tag war von großer Klarheit, wenn auch schon herbstlich kühl. Von der Höhe des Friedhofs aus sah man über den berühmten Garten Hanbury auf dem Cap La Mortola weit hinaus aufs Meer, auf die Küste Frankreichs bis zum Cap Antibes. Als ich abends zurückkam, hatte Arno Reis gekocht, Enzo, der mit Arno das Messingbett für die Gräfin putzte, aß mit.

Beerdigungen erinnern uns an unsere Sterblichkeit und lassen uns Bilanzen ziehen. So erzählte ich Arno an diesem Abend von Federico, den Kindern, den Hoffnungen, dem zu frühen Tod. Bei Arno liest sich dieser Tag so: „G. bringt mir morgens zur freudigen Überraschung Haferbrei ans Bett, gerade als ich das Frühstücksproblem überdachte und dem Unterbewußtsein anvertraute." Ich sah das so: Es war 10 Uhr und ich wußte, wenn ich Arno jetzt nicht zum Frühstück zwang, würde es beim Mittagessen Probleme geben, da er ja erst vor kurzem gefrühstückt haben würde. „Abends Gespräch über Literatur (Simplicissimus und G. Keller). Erkenne, daß ich Vorbild sein muß im Leben und Essen!"

(186)

Sollte der Leser über die ständigen Wiederholungen verzweifeln, dann soll er sich an mir ein Beispiel nehmen, der ich es auch geschafft habe, zu Ende zu kommen. Eine Notiz, wie die vom 6. 11., gab keinen großen Grund zur Hoffnung auf raschen Fortschritt, wie schon der nächste Tag zeigt. Arno: „Mittagessen mit Pasta aus Weißmehl, das ich nicht verabscheute, als ich verantwortungsgeladen arbeitete und an G. dachte. Abends in der Küche viel gegessen, nach der Arbeit um 22 Uhr nochmals gegessen, Fressensgier bekommen und kurz erbrochen."

Der Leser sieht also, wie wichtig die ständige Gegenwart eines Menschen für den Anorektiker ist, an den er sich halten kann und der ihn zu klaren Verhaltensnormen anregt.

Am nächsten Tag freute sich Arno, „daß Chef mir viel Verantwortung übergibt. Ich arbeite mehr als Mario und andere, die indifferent sind. Gedanken an Weißmehl und Freßgier plagen mich noch. Mittags nach zuviel Fressen etwas erbrochen. Wenn ich an Verantwortung denke, die mir Chef in Küche übergibt, und an die Gespräche mit G., fällt mir die gedankliche Lösung dieser Probleme leichter. G. aß mit Enzo in unserem Ristorante, was mir hilft, da ich weiß, für wen ich gut kochen muß."

Freitag 9. 11:

„Erschöpft aufstehen. Rege Arbeit, verantwortungsvoll für mich, da viel allein. Nach Mittagessen zu viel in Küche gegessen, kurz dies ‚zuviel' erbrochen. Treffe Renatos Mutter, die mir erzählt, daß Renato am 18. XI. 79 den Vaterlandseid schwören muß. Um 22 Uhr erschöpft in mein Bett gegangen. G. später noch heimkommen gehört."

Auch am 10. gab es mit Arno Gespräche, die ich immer wieder einflochte, um ihn auf die große Linie zurückzubringen. Er schrieb darüber: „G. erklärt mir nochmals im Gespräch meine Unkonzentriertheit und mein mangelndes Nachdenken mit meinem Narzißmus. Er fordert mich zu konsequentem Handeln auf. Ich müsse das Selbstgespräch praktizieren wie die Gedankenarbeit beim Schachspiel, also denken, was ist der richtige Zug und was passiert, wenn ich das mache oder das. Meine Unkonzentriertheit hinge mit dem Nichtessen zusammen. Ich würde ans Essen denken, weil ich nicht satt sei, und könnte mich nicht konzentrieren mangels Nahrung, was eine Bewußtseinstrübung zur Folge hätte. Er selbst hat es im Krieg in der Gefangenschaft erlebt und wüßte, wovon er spräche."

81. Behandlungswoche
Montag 12. November:
„Vollkornbrotkauf. Rege Arbeit mit immer noch verärgerter Chefin. Abends nach Arbeit esse ich Kaki und plaudere mit G.: Lebensfreude durch Miterleben des Lebens mit seinen Erscheinungen, d.h. durch Bildung, die jedoch fundiert sein muß. Bilder muß man im Original betrachten, nicht in Bücherabbildungen. Nur mit der Originalgröße, dem Pinselstrich usw. bekäme man einen richtigen Eindruck. Bilder sind wortlose Sprache."

Dienstag 13. November (freier Tag):
„Koche Herzgulasch und Safranreis. Beim Essen erklärt G. Tischmanieren. Sagt auch, daß ich den falschen Topf gewählt habe, denn ich stelle ihn auf den Tisch, statt eine Eßschüssel zu nehmen. G. ißt nur die Hälfte von meiner Portion, weshalb ich viele Ge-

danken habe. Abends sehen wir im Kino ‚Jesus Christus – Superstar'.
G. meint, eine seltene Mischung aus Sentimentalität Kitsch und Geschmacklosigkeit."

(187)
Mittwoch 14. November:
„In unserer Villa wohnt im rechten Flügel ein Ehepaar Zavalishin. Während der russischen Revolution mit falschem Paß geflohen, wohnen sie in Bordighera, verbringen aber den Sommer in S.Moritz und kennen das ital. Königshaus. Eine russische Nichte des Mannes ist hier, sie durfte zu Besuch ausreisen. So sprechen wir über den Kommunismus in der UdSSR und von dem, was die Nichte berichtet. Die Wohnungsverhältnisse im Vergleich zu uns sind dort undenkbar u.a.
G. lobt mich, daß ich gestern trotz vieler Arbeit kein geistiges Versäumnis hatte. Da G. darauf dringt, daß ich langsam esse (nach dem Amerikaner Fletcher wird es fletchern genannt) hatte ich heute nach langsamem Kauen keinen Brechreizwunsch. Als ich ihm klage, daß er selbst gestern so wenig Reis aß entschuldigt er das damit, daß für seinen Geschmack der Reis zu geschmackvoll war." (Arno hatte den Reis viel zu stark gewürzt.)

Donnerstag 15. November:
„Müde aufstehen. Ankunft der Contessa. Zur Totenmesse von Herrn Brain, der über uns wohnte. Nach Messe gab jeder Besucher Mrs. Brain Händedruck, Kuß und Beileidsworte, auch G. und ich. G. und die Contessa essen bei uns gut zu abend. Da G. mit der Contessa abends spazieren geht, entschuldige ich mich wegen Müdigkeit, esse Haferflocken und erbre-

che. Lese im STERN über Emanuel Kant. Heimkommender G. entbindet mich wegen der Gräfin vom Frühstück bis Dienstag. Müde schlafen: 23.35 h."

Der Leser wird sich über die oft ungewöhnliche Ausdrucksweise Arnos wundern. Er hatte sie nicht nur im Tagebuch, sondern auch im Alltagsumgang. Manche Freunde fragten, warum er sich so ‚gewählt' ausdrücken würde, andere fanden ihn schlicht unmöglich.

Freitag 16. November:
„Da ich gestern abend wegen Müdigkeit den Spaziergang mit der Gräfin und G. nicht mitmachte, aber bei der Rückkehr der beiden um 23 Uhr noch auf war, fragt mich G. heute, warum ich dann doch nicht geschlafen hätte. In diesem Falle wäre der Spaziergang für meine Gesundheit vernünftiger gewesen. Abends mit G. und einem Bekannten aus der Schweiz, der hierherkam, um die neueröffnete Eisenbahnlinie durch das Roya-Tal zu fahren (sie wurde im Krieg zerstört) in der Altstadt im Ristorante ‚Marinaio'. Man will mir Spaghetti aufdrängen, da sie besonders gut wären (als paesto) doch ich lehnte ab. Trank jedoch Wein. Gespräch über das Spiel des Schinkenklopfens bei Jugendlichen und dessen Steigerung in Flagellanterie. Der Bekannte (Fritz) erzählt auch über ‚schwarze Messe' und sein sexuelles Erwachen mit dem 15. Lebensjahr. Der Bekannte bekommt beim Heimgehen eine Art Herzanfall und muß sich setzen. G. massiert den Herzpunkt D1 an der einen Hand, ich an der anderen. Dann macht G. leichte Atemübungen, indem er beim Ausatmen die unteren Rippen drückt. Nach einiger Zeit können wir dann in seine Pension laufen."

(188)
Samstag 17. November:
„Ute ist gutaussehend und fröhlich angekommen und begrüßt mich. Das WC, das die Gräfin benutzt ist seit ihrer Ankunft verstopft und die normalen Mittel halfen nicht. Nun fiel mir ein, daß ich nach meiner Rückkehr die Turnschuhe putzte, ein Teil der Bürste abbrach und ins WC fiel. G. läßt das WC abschrauben. Ich bin erleichtert und froh über meine Offenheit zur Arbeit und gestehe meine mangelnde Umsichtigkeit ein. Abends bei Rundgang mit G. zwei Weine getrunken, die in mir Gedankenplage über das Zuvielessen hervorrufen, die ich jedoch bezwinge.
G. erklärt mir eine Theorie, die den Sinn des Lebens in Pflichterfüllung der Moral in mir fordert, ohne Dank zu erwarten. Das verstehe ich nicht ganz, denn ich bin unmutig, wenn ich nicht gelobt werde, ja ich arbeite oft nur gut, um Lob zu hören."

Sonntag 18. November:
„Die Gräfin und G. essen bei uns zu Mittag. Chef beschimpft mich, daß ich ihnen Ravioli und Nieren empfehle, doch sie sind zufrieden und danken für den Rat. Lese Kant - Bericht im STERN auf dem Heimweg. Kants drei Menschheitsfragen:
1 Was kann ich wissen?
2 Was soll ich tun?
3 Was darf ich hoffen?
Gräfin erzählt mir die Vision des hl. Augustinus: Die Dreifaltigkeit zu verstehen, sei so unmöglich wie die Mühe eines Jungen, das Meer auszuschöpfen. Lese über Hegel und G. versucht, die bewegliche Begriffsformulierung (=Dialektik) zu widerlegen. Ein sich zu entwickeln beginnender Schöpfer kann keine perfekte Welt schaffen, sagt er."

Montag 19. November:
„Möchte nach Florenz fahren und die Gräfin dazu einladen. Komme zu spät zum Mittagessen ins Ristorante (wegen Besorgungen) als das Hauptgericht kommt. So muß ich keine Nudeln essen = gut! Clelia schimpft mich eigensinnig. In der Mittagspause unkonzentriert lesen. Abends macht mich G. darauf aufmerksam, wie wichtig die Abendspaziergänge sind. Ich soll mir das angewöhnen – wegen Florenz. Auch sagt er wieder, wenn ich im voraus das Essen bejahen würde, bräuchte ich nachher keine Eßgedanken zu haben. Dann erklärt er wieder die Notwendigkeit positiver Formulierungen."

(189)

Hans Fallada: Der junge Goedeschal

Bilder waren plötzlich da...:
Die anspringenden Brüste; ein geschlossener, roter, schmiegsamer Mundwinkel Ilses, den mit dem Finger zu durchdringen und auseinanderzutun Versuchung war; das Gesäß eines Jungen, an dem eine Sekunde lang seine Hand geruht – unter dem glatten Wollstoff schlug ein sich strammender Muskel wie der Schwanzschlag eines Fisches -, die rasende Lust überfiel ihn, sich hineinzukrallen in dieses Gesäß und es aufzubrechen wie einen mürben Apfel..."

(190)
Wie im Spätsommer angekündigt, schloß das Ristorante am 20. November für vier Wochen wegen Renovierungsarbeiten. Arno mußte nicht helfen, sondern bekam frei, so daß ich ihm sagen konnte, jetzt

könne er etwas für sein fehlendes Wissen tun, das er so oft beklage. Er solle auf Ausflügen die wichtigsten Orte und Museen an der „blauen Küste" kennenlernen, wozu er ja im Arbeitsalltag nicht komme, und nebenher lesen. Seine Frage an die Gräfin, ob sie mit ihm nach Florenz fahren wolle, lehnte diese wegen ihrer hiesigen gesellschaftlichen Verpflichtungen ab. Diese Ferienzeit liest sich bei Arno so:

„20. November
Frühstück mit Gräfin und G., Lektüre. am Meer, Gespräch über Harmonie von Körper, Seele, Geist, der schon die Griechen nachstrebten. Erkenne, daß ich meinen Körper kräftigen muß und werde. 13 Uhr kochen bereiten. Ich esse mehr als G. Wir hören zur Vorbereitung auf die Adventszeit den „Messias" von Händel und sprechen darüber. Einkaufen allein, wobei ich sehr zerstreut werde. Kartoffelsuppe kochen (erster Topf angebrannt weggeworfen, zweites Mal gemacht). Abends, beim Spaziergang, Gespräch über Qualität der Freunde, da uns mittags Enzo, Carla und Edmondo besuchten.

21. November
Nach Nizza. Hole Opernplan. Im Zug über Maler E.L. Kirchner und Schriftsteller H. Fallada gelesen und gesprochen. Abends bringt G. wieder Beispiele der negativen Formulierungen, zeigt mir Enzos Bescheidenheit, spricht von Max Frisch und Peter Bichsel, mit Bichsel war er befreundet, als dieser noch auf das Lehrerseminar in Solothurn ging.

Do 22.
Esse beim Frühstück mehr Haferbrei als G. (zuviel?).
G. zeigt mir, wie die Gräfin ihren Kleiderschrank ordentlich, übersichtlich und klar eingeräumt hat (bei mir liegt immer alles herum). Gespräch über Geld – Sparen und Existenzialismus. Enzo hilft immer noch bei Verbesserungsarbeiten in der Wohnung und ißt mit uns. Deshalb besuchen uns auch wieder Edmondo und Carla. Abends Klärung der Begriffe Fräulein – Frau. G. hält den Einheitsbegriff Frau nicht für eine Vereinfachung, da man immer nachfragen muß, wie der Familienstand ist, vor allem (wohl ironisch), wenn man flirten will. Viel Würgen des Essens.
G. sagt, ich solle mich entspannen und den Massagehobel auf Brust und Bauch legen und mich auf Körpergefühl konzentrieren. Denke aber an Malaga-Erlebnisse, (dann) an Ute und habe plötzlich ein angenehmes Gefühl, das endlich zum Erfolgserlebnis wird.

Fr. 23.
Lade Gräfin in die Oper nach Nizza ein. Kochbuch lesen verwirrt. Erzähle G. von meinem gestrigen Erlebnis, der mich darauf zu einem Drink einlädt, um es zu feiern. Essen kochen (Fegato alla Veneta und Purea di Patate, Torta di melle und Panna). Würgen des Essens. Lese in „Zeit" über Karl Popper. Mit G. in internationale Bibliothek. Pasolini-Film „Oedipus Rex" sehen.

24. Samstag:
G. läßt mich für die Gräfin Brötchen holen, die sie dann nicht ißt. Dies macht mich nervös und unruhig. Dann soll ich mit Moto nach Mentone, als G. aber meine Abneigung sieht, sagt er wieder ab.

Essen: Fisch, Kartoffeln, Apfelmüsli und Sahne (ohne Zucker). G. läßt mich Gedichte von Goethe abschreiben. Fühle wieder Verzweiflung wegen Essen und wenig Wissen, wegen Lesen und wenig Besserung; bekomme Nasenbluten."

(191)
Seit Rückkehr der Gräfin machte ich jeden Morgen mit einer Saft-Zentrifuge Gemüsesaft (meist aus Fenchel, Karotten, Äpfeln, Zitronen), während Arno den Hirse-Haferbrei kochte. An diesem Morgen wurde Arno nicht rechtzeitig fertig und so übernahm ich auch das Breikochen. Am Abend vorher hatte ich einer italienischen Patientin gezeigt, wie man Hustensirup aus Zwiebeln und Kandiszucker kocht. Von diesem Kandiszucker war etwas übriggeblieben. Den Brei kochend dachte ich, gib den Kandiszucker da hinein, bevor er zusammenklebt. Gedacht getan, mit der weiteren gedanklichen Begründung, Zucker sei ja auch ein Nervenmittel. Nach dem Frühstück bat ich Arno noch, die Saftmaschine abzuspülen, bevor sich die Teile verfärben. Arnos Tagesbericht:

„Sonntag, 25. November 1979
Saftmaschine aus Gefälligkeit waschen. Zucker macht mich noch unruhiger und verzweifelter, als ich seit gestern schon bin. Allein im Zimmer weine ich verzweifelt. Als G. kommt und das sieht, wird er böse, verweist mich wieder auf das Göttliche, da reiße ich mich zusammen. Gehe dann mit der Gräfin in die Messe. Sie erzählt mir von A. Dumas' „Kameliendame". Um 14 Uhr fährt sie uns in die Oper nach Nizza. Puccini „Manon Lescaut" gesehen, sehr schön. Durch die Gräfin lerne ich den Konsul von Dänemark kennen, den sie aus Schweden kennt."

(192)

Daß die Magersucht auch ein Verwöhnungs-Syndrom ist zeigt obige Eintragung. Viele seiner Arbeiten (hier das Reinigen der Saftmaschine) sah Arno als seine Leistung, die er freiwillig erbrachte (aus Gefälligkeit) aber eigentlich nicht machen müßte. Daß seine Umwelt auch für ihn ständig Leistungen erbrachte und, um ihm zu helfen, eigene Interessen zurückstellte, sah er nicht, konnte er noch nicht erkennen. Er klagte, fragte auch, war dann aber nicht bereit, den Rat anzunehmen, so daß man ihm befehlen oder ihn „zum Guten" zwingen mußte.
An diesem Tag hatte er geklagt, daß er nachts fröre. Ich gab ihm daraufhin ein Federbett, das er (wie meist) zunächst ablehnte, nach vielen Reden dann aber doch akzeptierte. Er schrieb:


„Montag, 26.11.79
Aufstehen nach schlechtem, obwohl warmen Schlaf. (G.'s Befehl des Federbettes gehorcht). Nach Mittagessen lesen und würgen. Als G. es bemerkt, schimpft er mit mir, ja verbietet es, da es gegen unsere göttlichen Gedanken ist.
Wenn mir Würgen einen Genuß bringt, sagt er, solle ich den lieber durch Freude, Pflichterfüllung und Freudemachen empfinden. Entschuldige mich und gebe Willenserklärung, mich zu bessern.


Als abends Onkel Leo zur Therapie kommt, läßt mich G. die Gymnastik mitmachen und einfache Behandlungsarten. Abends hört er mir die Typenlehre von Kretschmar[1] ab und fordert mich auf, zu sagen, wo ich mich einreihen würde. Als ich den Astheniker nenne, fragt er weiter, wie dieser aussieht und so beweise ich mir selbst, daß ich nicht dick werden kann.

Dienstag, 27. November
Fahre allein nach Nizza, um für kommenden Sonntag Opernkarten zu kaufen. Lese im Zug von Remarque: „Im Westen nichts Neues" (G. hat erzählt, daß eine von Remarques Frauen in Ospedaletti wohnte und von ihm behandelt wurde). Ich vergesse im Buch fast meine Umgebung. Schöner Erfolg. In Nizza Blumenmarkt, Promenade Anglais, Musée des Beaux-Arts Jules Cheret angeschaut. Esse Käse, Bananen, Äpfel. Abends zurück, esse ich viele Kartoffeln, was G. freut. Er lobt mich, worüber ich mich freue."

Mittwoch, 28.11.79
Arnos Chef hatte Olivenbäume, die beim Verjüngen Holz abgaben. Arno sollte dieses Holz für unsere Kamine holen. So warteten wir morgens auf seinen

---

[1] Die Typenlehre von Prof. Dr. med. Ernst Kretschmer (1888-1964) beruht auf der Naturell-Lehre von *Carl Huter*. Huter kennt (nach den drei Keimblättern): das Ernährungsnaturell, das Bewegungsnaturell und das Empfindungsnaturell. Danach entsprechende Mischtypen. Huter geht vom gesunden Menschen aus. Die Konstitutionstypenlehre nach Prof. Kretschmer geht vom kranken Menschen aus auf der Grundlage von Beobachtungen in der von ihm geleiteten Nervenheilanstalt. Was Arno bei mir lernte war: Pykniker = dick, Athletiker = muskulös, Leptosome oder Astheniker = mager. Bei Kretschmer heißt die Typisierung auch: Pykniker = Manisch-depressiv, Athletiker = Epileptiker, Astheniker = Schizophren. (Siehe dazu von E. G. Altmann: Einführung in die Krankenphysiognomik.)

Chef, der ihn im Auto abholen wollte. Er notierte: „Chef telefoniert, daß er mit Verspätung kommt. So lese ich. G. macht mich darauf aufmerksam, daß ich mit guter Haltung und bei gutem Licht lesen muß, um nicht Rücken und Augen zu verderben. Er nennt als Beispiel die Japaner, deren häufige Kurzsichtigkeit er verstand, als ihm ein japanischer Tramper, den er einige Tage bei sich aufgenommen hatte, damit er sich ausruhen und waschen konnte, ein Geschenk aus Japan schickte, das in eine japanische Zeitung eingewickelt war. Die vielen verschiedenen kleinen Schriftzeichen haben ihm das Problem klar gemacht. Die Gräfin erzählte mir beim Frühstück, daß man Gerede von Prominenz und Literaturklatsch nur erfahren könne, wenn man Zeitschriften läse. Information aus allen Gebieten sei wichtig. Auf meinen Chef wartend, lerne und wiederhole ich dann die Gedichte: „Noch kehrt in mich der süße...“, „Heute will ich fröhlich sein..“, „Ich danke Gott und freue mich...“. Fahren zur Campagna oberhalb Soldano. Holz wird gespalten und gesägt und nach Gewicht verkauft. Tochter des Chefs, Nadja, bringt Essen. Mit Überwindung schaffe ich etwas Nudeln und Weißbrot, auch Salami und Äpfel. G. war mit der Gräfin in Mentone und hat das Fahrgeld für das nicht benutzte Schiff von der Marokkoreise geholt, aber nur 50 % bekommen. Er geht mit mir ins Kino; „Alta Tensione“, eine Parodie auf Hitchcocks Psycho-Krimis. Danach darüber plaudern. G. stellt fest, daß die meisten Menschen die heutigen Möglichkeiten der Information, Bildung, körperlichen Betätigung usw. nicht wahrnehmen. Würden sie es erkennen, könnten sie ihr Lebensgefühl erweitern und vertiefen.“

## 83. Behandlungswoche

Der Leser erinnert sich an die Spiegel, die ich in der Wohnung aufgehängt hatte und an Arnos Weigerung, sich darin gründlich zu betrachten. Ich hatte dabei den Gedanken: Ändere ich Arno von außen, wird er sich auch im Wesen verändern. Deshalb hatte ich bereits im Sommer versucht, Arno durch eine neue Frisur von außen zu verändern. Der damals gewählte Stufenschnitt aber, wie er damals in Mode kam, hielt bei Arnos feinem blonden Haar nicht. Jetzt sah ich beim Lesen einer Wochenzeitschrift den Torwart Toni Schuhmacher auf einem Foto, wie er, unter der Trockenhaube beim Friseur sitzend, sich einen Lockenkopf machen läßt.

Ich zeigte Arno das Bild und meinte, wenn das ein so männlicher Torwart machen würde, könne er es auch. Die Pflege des Haares sei so einfacher, und er müsse dann nicht mehr so lange kämmen. An diesem Nachmittag fuhr Arno nach San Remo und ließ sich Locken machen. Als er zurückkam, lobte ihn auch die Gräfin. Tatsächlich sah er jetzt wie ein Botticelli-Engel aus. Noch heute glaube ich, daß dieser kleine Trick eine raschere Besserung seiner Anorexia zur Folge hatte, denn er sah und empfand sich danach anders.

An diesem Abend sahen wir während unseres Abendspazierganges das Ehepaar Templeton an der Bar Giglio (=Lilie) sitzen. Sie winkten uns heran, wir setzten uns. Herr Templeton erzählte gerne aus seinem Leben, und wir hörten ebenso gerne zu. Diesmal lobte er zuerst den Apfelstrudel seiner Frau und erzählte dann von Tibet. Er war lange Arzt des Dalai Lama gewesen und sagte unter anderem, er hätte mehr berichten können, als der Buchautor Harrar in seinem „Sieben Jahre in Tibet". Er kannte manche Schlafzimmergeschichte und welche Frauen oder Nebenfrauen er wo und wie behandeln mußte, wenn vorübergehend eine Theatergruppe dort gastiert hatte. Dann kam er auf die Internierung Deutscher in Indien nach Ausbruch des Krieges. Er selbst wäre als Wiener fast interniert worden, konnte dann aber als Arzt in einen Nobelort ins Gebirge ziehen. Bei diesem Umzug verbrannte ein 99-Seiten-Dossier, das er gerade fertiggestellt hatte, in einem Lkw. Anschaulich berichtete er dann von den vielen Toten, die man oft am Morgen auf den Straßen fand. Zuerst kamen die Geier und fraßen die Eingeweide, dann fraßen die Ratten das Fleisch, den Rest (an den Knochen) besorgten die Ameisen, so daß bald nur noch das saubere Skelett übrig war. Alles in der Natur hat seine Ordnung, schmunzelte er, aber einmal gab es wegen einer Seuche so viele Tote, daß die Leichen faulten und stanken, weil es zu viele für die Tierwelt waren.

Arno schrieb an diesem Tag: „Schon morgens bin ich betrübt wegen all der Versäumnisse in meiner Entwicklung, dazu Eßgedanken. G. richtet mich mit der Erlebensfreude des Augenblicks auf. Abends meint G. nach Unterhaltung mit Templeton, meine immer neue Unzufriedenheit sei Ausdruck unterdrückter Gefühle und des Fehlens einer echten Freundschaftsbeziehung. Unterdrücktes Eßwürgen macht mich unruhig-nervös.

Freitag den 30.11.79:
Die Gräfin, G. und ich besichtigen eine seit mindestens zwanzig Jahren verlassene Villa an der Via dei Colli, weil ein Gartenarbeiter uns hineinläßt. Sie gehört einem Deutschen. Man weiß nicht, warum sich niemand um das Anwesen kümmert. Vielleicht

Todesfall und Uneinigkeit der Erbengemeinschaft. Zum Dach regnet es herein. Wir wollen eine Buchablage erwerben, die sonst wegen der Feuchtigkeit kaputtgeht, aber der Arbeiter hat dazu keine Befugnis. Unruhe und Gedankenqual vergrößert sich in mir. G. will mir heute noch helfen. Koche Schaumomelette mit Hirse, Käse, Kartoffeln. Mittags mit der Gräfin nach San Remo ins Kino. „Manhattan" von und mit Woody Allan. Der Film zeigt, wie viele New Yorker einen Psychiater konsultieren, vor allem wegen selbsterfundener Probleme Auch wie sie den Rat des Psychiaters dann doch nicht befolgen. Eigentlich hängt auch meine Unzufriedenheit mit Nichtbefolgen von G's Ratschlägen zusammen. Ich werde nun viel essen müssen, um meine Gedankenplage auszulöschen. Muß durch mehr Essen meiner Eßangst trotzen. Kräftiger werden gibt mehr Lebensfreude und Geisteskraft. Mit Freude den Tag beginnen, da man fühlt, was man formuliert, nicht formulieren, was man fühlt!"

Ich selbst notierte: „... und immer wieder reden mit Arno, der sich gehen läßt und zuviel auf einmal will."

(193)
Arnos Onkel Leo, der von unseren Opernbesuchen hörte, besuchte uns, als wir am Sonntag gerade zu „Turandot" nach Nizza fahren wollten. Er wäre gerne mitgekommen, doch seine Frau hatte für Musik kein Verständnis. Nun bat er, wir sollten sie für die Oper interessieren, jammerte über ihren Eigensinn und die allgemeine Interessenlosigkeit kulturellen Dingen gegenüber. Als wir im Auto auf dem Weg nach Nizza waren, sagte Arno, er wäre mit ihnen ein Stück spazieren gegangen, leider wichen sie interessanten

Gesprächen aus.

Abends in der Villa war Arno fröhlich, weil er „im 2. Akt der Puccini-Oper ein göttliches Zufriedenheitsgefühl erlebte." Er sagte uns und sich selbst Gedichte auf und diskutierte über Kirchenglauben und Schopenhauers Gottesgedanken.

## 84. Behandlungswoche

Für die offenen Kamine in unserer Wohnung war Olivenholz gebracht worden, und gemeinsam mit Arno stapelten wir es im Schuppen. Gestern noch „vom göttlichen Zufriedenheitsgefühl erfüllt", schrieb er an diesem Tag: „G. bringt mich zum Holzstapeln, wobei ich in Verzweiflungsnähe wegen Gedanken ans Essen komme".

An diesem Montagabend hatten wir auch wieder Giesers zu Gast. Eine Einladung, die sich durch den Kurzbesuch am Sonntag ergeben hatte. Arno machte Kartoffelpfannkuchen und aß zum Schluß selbst. Dann kam der gemeinsame, abendliche Spaziergang. Nachdem sich Giesers verabschiedet hatten, klagte er mir, wie enttäuscht er immer wieder von den Mitmenschen sei, auch von ihrer Unterhaltung. Ich schlug ihm vor, morgen nach Cannes zu fahren, um sein Wissen zu erweitern. Über diesen Ausflug schrieb er:

„Dienstag, 4. Dezember

Kam gestern abend nicht dazu, G. wegen meiner neuen, alten Eßangst zu fragen. In Cannes auf die Burg gegangen. Eine Stunde lesen und würgen, da Museum geschlossen. Herumgeirrt. Picasso-Bilder vergebens gesucht. Bleibe trotzdem nach Bummelei zum Palais des Festivals etc. in Cannes und fahre am nächsten Morgen mit dem Bus nach Vallauris. Galerie Picasso/Dali, „La Guerre et la Paix" in der

Kapelle. Picasso-Stutue, Keramikwerkstatt. Von da mit Bus nach Antibes. Tagebuch auf alter Hafenmauer. Picasso-Grimaldi-Museum und Kathedrale geschlossen. Weinabfüllung beobachtet. 16 Uhr Zug nach Ventimiglia."

(Do. 6.12.) Arno erzählte beim Frühstück der Gräfin von seinen Besichtigungen. Man plauderte und sie sagte, sie möge Picassos Bilder, aber die nach 1930 entstandenen finde sie schrecklich. Nach dem Frühstück besuchte Arno Frau Templeton, die ihm „Effi Briest" zum Lesen gab und ihm eine Art Einführungsvortrag hielt. Trotzdem würgte Arno nach dem Essen. Am Nachmittag traf er auf der Straße einen Freund seines Chefs „der mein zu niedriges Gehalt beklagt", kam heim und erzählte es mir. Ich schüttelte den Kopf über diese Art von Freundschaft, erkannte aber auch wieder, daß er seine eigene Arbeit mangels Erfahrung nicht einschätzen konnte.

Ich zählte ihm all die Wohltaten und Freundlichkeiten auf, die er ständig von seinem Chef erhielt und sprach auch von den Kosten, die ein Betrieb verursacht, wenn er ordnungsgemäß geführt wird. Er würde ja genau nach Tarif bezahlt. (tatsächlich kontrollierte das Arno später).

Was ich ihm aber nicht sagte, um ihn nicht zu verletzen, war, daß mir sein Chef berichtet hatte, Arno habe in zwei Tagen eine ganze Flasche Fernet-Branca ausgetrunken, um seinen Magen in Ordnung zu bringen. Und das sei nicht das erste Mal gewesen. Er nähme die Flasche einfach an der Bar, natürlich ohne zu zahlen. Ein Drink sei ja gratis, aber soviel!

Abends berichtete er mir, daß Frau Templeton Romane aus der Jahrhundertwende bevorzuge, da die in ihrem Stoff nicht nur unterhalten, sondern ein reiches Wissen ausbreiten, also fundiert sind.

Freitag, 7. Dezember 79
Arno hatte noch abends in die „Effi Briest" geschaut und fragte die Gräfin bereits beim Frühstück nach verschiedenen französischen Ausdrücken, die er nicht verstand.
Beim Mittagessen sprach die Gräfin von der Essener Sekte, die schon 600 Jahr vor Christus christliches Gedankengut lehrte. Arno notierte dies, aber auch: „Fahrrad zur Reparatur bringen, jedoch das vierte Mal wegen zuviel Arbeit abgewiesen, dabei nervös zum Weinen gekommen (dieses Weinen zeigt die nervöse Erschöpfung, in der sich Arno immer noch befand). Fremdwörter lesen. Die Gräfin erzählt beim Abendessen von Ascona und dem Monte Veritá, da sie von dort Menschen kannte. Würgen. Onkel Leo und Tante Maura kommen, die mit uns 90 Minuten spazieren gingen. Zum Hafen und am Meer zurück. Gehaltlose Gespräche, G. schweigt. Danach nochmals allein mit G. zur Altstadt. Dabei erklärt er mir Fremdwörter und macht mir auch die gehaltlosen Abendgespräche psychologisch von den Personen her verständlich. Ich suche nach gebildeten Freunden.

Samstag, 8.12.79
Beim Frühstück ergänzt die Gräfin zum Monte Veritá, daß sie ästhetisch und moralisch reine Nacktheit schön fände. So wäre es auf der „Insel der Seligen" bei Ascona gewesen. Aber die heutige Pornonacktheit sei unästhetisch und unmoralisch. Mache mittags Truthahnschnitzel Valdostana und Linsenpüree. Kakki-Sahne-Kompott. Gut. Gespräch:

Oper, J. Cocteau, Pasolini. Abends bei Tisch liest G. einiges aus „Eckermann an Goethe" vor. Beim Abendspaziergang spricht die Gräfin über nötigen Respekt vor Persönlichkeit und Leistung. Ich berichte ihr, was ich von Nietzsche im „Stern" las. Später allein mit G., und er erklärt Nicht-Existenz von Raum und Zeit, Existenzphilosophie, wie Massage gegen Nervosität wirkt und daß Körpergymnastik, d.h. noch besser Body-building, gegen Nervosität und Depression hilft.

Sonntag, 9.XII.
In Nizza mit Taxi zum Museum Chagall: Biblische Botschaft (übersichtlich mit Führer, wenig Themen, schön).
Am Strand spricht mich deutsches Ehepaar an, dem Auto mit Geld und Paß gestohlen sein soll und verlangt unfreundlich Geld von mir. Frau hysterisch. Mein Mißtrauen und Vorschlag, im Hotel bis zur morgigen Banköffnung zu warten, wird hochnäsig abgetan und ich werde als Dummer ausgeschimpft.
Ich gehe weg. In der Oper: Charles Gounods „Mireille" (tänzerisch lustig, eifersüchtig und liebestrunken dramatisch). Danach Basilika Notre-Dame besichtigt, herrliches Predigerpodest aus Holz.
Im Zug zurück, Kopfübel kommt. Daheim holt G. mit der Gräfin eine Dame (Marquise) am Bahnhof ab, die aus Rom kommt. Ich esse Haferflocken in Milch mit Ei, danach Würgen. Beim Abendspaziergang erzähle ich G. den Tag. Er hält meine Abweisung der Deutschen für richtig.

Montag, 10.12.
G. gibt mir beim Frühstück mehr Brot, aber ich esse nicht alles. Dann zeigt er mir Gymnastik für den

Rücken. Nach dem Essen (Essen gut) liest G. aus Goethe-Eckermann vor. Auch Goethe hatte Dummheit der Leute zu bekämpfen. Als G. nachmittags mit zwei Jungens Skoliose-Gymnastik macht, darf ich zuschauen, um zu sehen, was sich am Körper bewegt. Als wir in der Dämmerung Händels „Messias" hören, komme ich wieder auf meine Eßangst, aber G. verweist mich auf Konsequenz meiner Vorsätze. Stattdessen läßt er mich aus der Bibel die Sprüche Salomons suchen und lesen, die ich von den Chagall-Bildern in Nizza notierte. Abends fotografiert mich Onkel Leo, damit ich sehen kann, daß meine Skoliose geheilt ist. Leider plaudert er wieder dumm und langweilig. Deshalb erklärt G. danach beim Altstadtspaziergang, daß man selbst Gespräche lenken kann, aber auch sonst durch eigenes Vorbild wirken muß. Zuviel Gesellschaft und Verpflichtungen hält er nicht für gut, da man durch Überbelastung zwangsweise die Arbeit an sich selbst vernachlässigt.

Dienstag, 11. Dezember
Vor dem Mittagessen kontrolliert G. meine Gymnastik. Koche dann Kohlrouladen, Karotten, Patate nuove und Bananenauflauf. Mein erstes Soufflé, gut! Mache Besorgungen. Als ich heimkomme, loben die Gräfin und G. mich überschwänglich, doch ich komme in gewohnte traurige Stimmung."
Ich selbst notierte: „Arno ist schlecht gelaunt. Zeige ihm am Beispiel Eckermann wie man an anderen Menschen wachsen kann, wenn man Geduld und guten Willen hat." „Ich bin zu ungeduldig, ich mache Fortschritte, ich muß erst Körper in Ordnung haben, um richtig lesen zu können, ich muß auch Weißmehl essen, da in den anderen Sachen genug Vitamine

sind. Ich muß wie alle Menschen alles essen lernen, denn Diät ist nur für Kranke da. Esse ich ständig Diät, hilft sie bei Krankheit nicht mehr."

## 86. Behandlungswoche
Am Sonntag den 16. sollte in Nizza das Opern-ensemble von Kiew den „Boris Godunow" spielen. Um die richtigen Plätze zu bekommen fuhr ich des-halb am Mittwoch mit Arno nach Nizza. Ich wollte bei dieser Gelegenheit seinen Museumsbesuch im Jules Cheret wiederholen und seine Eindrücke bestätigen. Arno war gut gelaunt, und so wagte ich es erstmals, ihn am Bahnhof auf eine Waage zu stellen, die eine Karte mit dem Gewicht auswirft. Ich ließ ihn verkehrt aufsteigen, damit er das Gewicht nicht sah. Zu Be-ginn habe ich erwähnt, daß er seit seinem Kommen 1968 zehn Kilogramm zugenommen hatte.

Ich sagte Arno das Gewicht nicht, sondern nur, daß er, und das sähe man ja, immer noch Untergewicht habe.
Zum Mittagessen fuhren wir mit dem Fahrstuhl auf das Chateau. Arno notierte:
Mittwoch, 12. Dezember
„...auf dem Chateau, wo wir herrliche Aussicht ge-nossen und auf der Terrasse Friedrich Nietzsche sahen.[1]
Im Musée Jules Cheret erklärt G. mir schon Gesehenes besser, als ich allein es am 27.11. aufgefaßt hatte. Leider gibt es Zeichnungen, die zei-gen, wie deutsche Soldaten im Ersten Weltkrieg klei-ne Kinder essen. Zu allen Zeiten Greuelpropaganda

---

[1] Arno meinte die Nietzsche-Büste, die dort auf dem Nietzsche-Platz steht.

sagt G.[1] Im Zug zurück las ich aus Hölderlins „Hyperion" den Brief über die Deutschen vor (Wunsch von G.). Wie recht hatte Hölderlin. Dadurch Gespräch über Kunst, Geschichte, Ästhetik, Menschenphilosophie."

(194)
Auch der nächsten Morgen verlief harmonisch, als ich mit Arno einen Morgenspaziergang machte und das Gesehene noch einmal durchsprach. Dann bat ich ihn, mit dem Motorrad noch einige Einkäufe zu machen. Als er losfahren wollte, versagte die Zündkerze und er schob die Lambretta bis zum Mechaniker, um eine neue einsetzen zu lassen.
Diese Mühe raubte ihm die Lebenskraft, denn er notierte: „Schieben bis zum Mechaniker, dabei verzweifelt geworden. Dann Chef in Ristorante begrüßt. Daheim verschwitzt angekommen, waschen.
Dann Gymnastik vor G. Bereite Nizza-Salat und Kartoffelsalat. Abends erklärt mir die Gräfin auf Frage Theaterorganisation des Ensembles. Später auf Abendspaziergang bekomme ich System des „Geldeinfrierens in Amerika" erklärt und Natur des Menschen, der Tageswerk vollbringen muß zur Selbstbefriedigung. Die Gräfin ist lustig und scherzt mit mir."

---

[1] Klaus Mehnert schreibt in seiner Autobiographie „Ein Deutscher in der Welt" über den Krieg von 1914/18: „Wie oft habe ich mich gegen die Greuelmär über die angeblich von deutschen Soldaten abgehackten Hände belgischer Kinder wehren müssen!" (S. 150). Diese Greuelbilder sind jetzt aus dem Meseum entfernt, wie ich bei einem erneuten Besuch mit Urs Jenny 1987 feststellte.

Freitag, 14.12.

Arno sollte heute ins Maeght-Museum nach S. Paul fahren. Ich riet ihm beim Frühstück, auch das Colomb' d'ore anzuschauen, das vor einigen Jahren ausgeraubt worden war. Arno fährt mit Zug und Bus und notierte: „12.30 h in alt hergerichteter kleinen Stadt Käse und Obst kaufen. Kirche besichtigen, Stadt und Stadtmauer abgegangen, frische Weintrauben und himmlische Landschaftsaussicht im aufkommenden Sonnenschein. 14.30 h im 10 Minuten abgelegenen Museum Maeght moderne Kunst betrachtet, schön, Sinn schwer verständlich. 16.30 h im Bus zurück mit südafrikanischem Jungen, der Südafrika für moderner hält. Hastig zum Bahnhof rennen, Zug erwischt. Abends erzählt die Gräfin, daß ihr der Maler van Doughen, von dem in Nizza Bilder hängen, erzählt habe, ein Kunstexperte hätte seine Pinselabstrichleinwand für sein bestes Bild gehalten. Sie hält die moderne Kunst für Neurose. 22 Uhr 30: Käse erbrechen."

Samstag 15. Dezember 79

Mit „gutem Frühstück, da G. mir gleichviel gibt", begann Arnos Tageskalender. Wir sprachen von seinem Maeght-Besuch und ich berichtete vom „Imaginären Museum" Malraux's, das dort 1973 eröffnet wurde. Es war nach Meinung meines Freundes Urs, mit dem ich dort war, vor allem eine Ausstellung über Malraux. Arno hatte inzwischen verstanden, daß solche Mitteilungen zu einem Puzzlespiel gehören, das irgendwo oder irgendwann ein Bild ergibt. Ich ließ ihn wieder Gymnastik machen, und dann kochte er „glasierter Kalbsmichner, Porreegemüse, mißlungenes Kakkisouflé."

Ferner notierte er: „G. liest Goethes Ansicht von Tod und Weiterleben vor.[1] Zweieinhalbstunden Spaziergang mit der Gräfin und G. von Vallebona aus auf und um den Berg über Vallebona. Das Castello Gabiani nach schwerem Überklettern eines Tores allein besichtigt, viel Wind, Fröhlichkeit, wunderbare Landschaftssichten. Ich bekomme leichter als gewohnt Fröhlichkeit in mich hinein und aus mir heraus. Beim Abendessen frage ich Fremdwörter."

Sonntag 16.12.79
Arno: „Mit der Gräfin, die plaudert und unaufmerksam ist, in der Kirche. Sie hält den Besuch aus Tradition und Stolz für nötig. Der Freund der Gräfin, Dr. Giribaldi (Arzt des Fürstenhauses von Monaco), erklärt mir nach der Messe auf der Meerpromenade „Harmonie und Kontrapunkt" als Musikbase. Nach Mittagessen Autofahrt nach Nizza bei weitem, schön klarem Landschaftsblick, zur Oper „Boris Godunow". Gewaltige, mächtige Inszenierung gesehen, gehört, himmlisch erlebt, klare kräftige Russenstimmen. Heimfahrt fröhlich. Abends erzählt G. vom Existenzphilosophen Jaspers, den er in Basel hörte. Seine dünne Stimme, die Frauen als Bewunderer. Auf dem Spaziergang erzähle ich stolz, daß mir Spaghetti gestern abend zwar Gedankenqual machten, ich sie aber beim Goethelesen vergaß. Dennoch hungrig unzufrieden."

Erfreulich eine solche Eintragung, wenn da nicht die Kritik an der Gräfin wäre. Woher nimmt ein junger Mensch, der anscheinend seine Unwissenheit er-

---

[1] Arno meinte wahrscheinlich die Stelle: „Für Goethe ist Entelechie ein Stück Ewigkeit, das den Körper belebend durchdringt (was sein Ziel in sich selbst hat).

kannt hat, den Mut, einer Dame der Gesellschaft Unaufmerksamkeit vorzuwerfen? Wäre es nicht logischer und positiver gewesen, zu erkennen, daß in den italienischen Kirchen allgemein auch während der Messe ein Betrieb wie auf einem Bahnhof herrscht? Daß das „Messegehen" dort zum Gesellschaftsspiel gehörte, weil man sich anschließend an einer Bar am Meer trifft.

Wenn ich einen Halbwüchsigen präzise frage, ob er seit seiner Kinderzeit im Denken und Handeln weitergekommen ist, so bejaht er das stets und gibt zu, daß er jetzt mehr weiß und sieht als damals. Versuche ich dann klarzumachen, daß er in weiteren zehn Jahren auch wieder neue Maßstäbe besitzt, so gibt er das, wenn auch oft etwas widerwillig, als Möglichkeit zu. Arno hatte die Gräfin nach Florenz einladen wollen, er wußte viele Geschichten von ihr, die sie als Frau eines Botschafters überall in der Welt erlebt hatte. Fuhren wir nach Nizza, so zeigte sie immer wieder mal auf Villen, in denen diese oder jene berühmten Menschen gewohnt hatten oder wohnten, und unterhielt uns mit Schilderungen aus deren Leben. Etwa von den letzten Hanburys oder Axel Munthe auf Capri, der seine Frau eifersüchtig einsperrte bis sie an Tuberkulose starb. All das wurde Arno wohl nicht immer lebendig. Kinderermahnungen, in der Kirche still und aufmerksam zu sein, dominierten hier noch.

Montag 17.12.79
Arno: „Frühstück mit Islam-Gespräch. Erst Fußbad, dann Totalbad. G. erklärt, der Effekt des Fußbades würde durch das Ganzbad zerstört. Schon in der Bircher-Benner-Klinik habe er Patienten gehabt, die nach einem gezielten Teilbad meinten, sie könnten sich gleich anschließend ganz waschen. Dabei gehe

die beabsichtigte Wirkung des Teilbades verloren. Das Blut könne doch nicht überall gleichzeitig sein. Beim Mittagessen liest G. aus *A. Saint-Exuperys „Der kleine Prinz"* vor:

Vom Zähmen des Fuchses

„Nichts ist vollkommen!" seufzte der Fuchs.
Aber der Fuchs kam auf seinen Gedanken zurück: „Mein Leben ist eintönig. Ich jage Hühner, die Menschen jagen mich. Alle Hühner gleichen einander, und alle Mensachen gleichen einander. Ich langweile mich also ein wenig. Aber wenn du mich zähmst, wird mein Leben wie durchsonnt sein. Ich werde den Klang deines Schrittes kennen, der sich von allen anderen unterscheidet. Die anderen Schritte jagen mich unter die Erde. Der deine wird mich wie Musik aus dem Bau locken. Und dann schau! Ich esse kein Brot. Für mich ist der Weizen zwecklos. Die Weizenfelder erinnern mich an nichts. Und das ist traurig. Aber du hast weizenblondes Haar. Oh, es wird wunderbar sein, wenn du mich einmal gezähmt hast. Das Gold der Weizenfelder wird mich an dich erinnern. Und ich werde das Rauschen des Windes im Getreide lieb gewinnen."

Der Fuchs verstummte und schaute den Prinzen lange an:
„Bitte...zähme mich!" sagte er.
„Ich möchte wohl", antwortete der kleine Prinz, „aber ich habe nicht viel Zeit. Ich muß Freunde finden und viele Dinge kennenlernen."
„Man kennt nur Dinge, die man zähmt", sagte der Fuchs.
„Die Menschen haben keine Zeit mehr, irgend etwas kennenzulernen. Sie kaufen sich alles fertig in den Geschäften. Aber da es keine Kaufläden für Freunde gibt, haben die Leute keine Freunde mehr. Wenn du einen Freund willst, so zähme mich!"
„Was muß ich da tun?" sagte der kleine Prinz.
„Du mußt sehr geduldig sein", antwortete der Fuchs. „Du

setzt dich zuerst ein wenig abseits von mir ins Gras. Ich werde dich so verstohlen, so aus dem Augenwinkel anschauen, und du wirst nichts sagen. Die Sprache ist die Quelle der Mißverständnisse. Aber jeden Tag wirst du dich ein bißchen näher setzen können..."

Am nächsten Morgen kam der kleine Prinz zurück.

„Es wäre besser gewesen, du wärst zur selben Stunde wiedergekommen", sagte der Fuchs. „Wenn du zum Beispiel um vier Uhr nachmittags kommst, kann ich um drei Uhr anfangen, glücklich zu sein. Je mehr die Zeit vergeht, um so glücklicher werde ich mich fühlen. Um vier Uhr werde ich mich schon aufregen und beunruhigen; ich werde erfahren, wie teuer das Glück ist. Wenn du aber irgendwann kommst, kann ich nie wissen, wann mein Herz da sein soll... Es muß feste Bräuche geben."

„Was heißt ‚fester Brauch'?" sagte der kleine Prinz.

„Auch etwas in Vergessenheit Geratenes", sagte der Fuchs. „Es ist das, was einen Tag vom andern unterscheidet, eine Stunde von den andern Stunden. Es gibt zum Beispiel einen Brauch bei meinen Jägern. Sie tanzen am Donnerstag mit den Mädchen des Dorfes. Daher ist der Donnerstag der wunderbare Tag. Ich gehe bis zum Weinberg spazieren. Wenn die Jäger irgendwann einmal zum Tanze gingen, wären die Tage alle gleich und ich hätte niemals Ferien."

So machte denn der kleine Prinz den Fuchs mit sich vertraut. Und als die Stunde des Abschieds nahe war:

„Ach!" sagte der Fuchs, „ich werde weinen."

„Das ist deine Schuld", sagte der kleine Prinz, „ich wünschte dir nichts Übles, aber du hast gewollt, daß ich dich zähme..."

„Gewiß", sagte der Fuchs.

„Aber nun wirst du weinen!" sagte der kleine Prinz.

„Bestimmt", sagte der Fuchs.


Nachmittagsspaziergang mit der Gräfin und G. am Strand entlang bis Vallecrosia. Gespräch: Goethe sagt, Aristokratie- und Demokratie-Diskussionen haben kein menschliches Interesse. Viel Geplauder, was mich nervlich sehr reizte, da ich geistig dürstete. Abends koche ich Kartoffelklöße und Fleischsoße und Apfelkompott. Besuch von Onkel Leo und Tante Maura, die sich behandeln ließen und dann mitaßen. G. liest dabei wieder etwas aus Eckermann-Goethe vor, doch keine Reaktion und kein Interesse bei unserem Besuch. Mit den beiden zur Altstadt zum Schriftsteller Breinlinger. Daheim Gespräch über Abend, erneut Fußbad wegen starkem Schnupfen."

Dienstag 18.12.
Arnos letzter freier Tag. Nach meiner Arbeit machte ich mit Arno einen Meerspaziergang. Er versuchte ein Gespräch über Lesezeit, Frohsinn, Frühstück und Spaghetti, doch kamen wir damit nicht zu Ende. Er glaubte, feste Zeiten und Regeln bekommen zu können. Ich versuchte ihm Mut zu machen, sagte, daß sich diese Dinge aus der Situation ergäben, wenn er lernt „den Augenblick zu ergreifen". Auch wiederholte ich, daß man den Dingen nur die Bedeutung geben dürfe, die ihnen zukomme. Er brauche sich zunächst nur weiterhin den Dingen zu öffnen, die täglich auf uns zukämen. Auch wir täten nichts anderes und würden nach Arbeit und anderen Verpflichtungen die Stunden so verbringen, daß wir Freude dabei hätten.
In der „internationalen Bibliothek" lieh er sich am Nachmittag Goethes „Faust" und „Pandora" aus. Über den Abend schrieb er: „Spaziergang mit der Gräfin und G.; viel Goethe beredet – schön."
Nach dem Spaziergang mit der Gräfin ging ich mit Arno meist nochmals allein in die Altstadt. Teils, um Gelegenheit zu Aussprachen zu geben, teils weil Freunde im „Ristorante Romano" saßen, mit denen

wir uns noch etwas unterhalten wollten. So auch an
diesem Abend. Wir trafen im „Romano" Hans Breinlinger und hörten zu, wie er gerade von seinem ersten Sexversuch mit zwei käuflichen Mädchen erzählte, bei denen er versagt hatte. Das Thema
wurde immer weiter ausgebaut nach dem Wilhelm-
Busch-Vers:

> „Liebe, sagt man schön und richtig,
> Ist ein Ding, was äußerst wichtig.
> Nicht nur zieht man in Betracht,
> Was man selber damit macht.
> Nein, man ist in solchen Sachen
> Auch gespannt was andre machen."

Arno notierte danach: „Über Sex- und Pornofilme ge-
sprochen, und über Penislänge und den Genuß bei
Frauen. Hans hält 15 cm ideal für die Frau und seine
Frau Gisela sagt, ein zu langer Penis schmerzt.
Daheim vor dem Schlafen Faust „Zueignung"
gelesen."

Mittwoch, 19. Dezember 1979
Arbeitsbeginn Arnos
„7 Uhr 30 Frühstück, wobei ich erst nach G.'s Sagen
ihm zuliebe auch noch Brot esse. Lese vorm Weggehen noch den „Faust" von gestern abend vor.
Im Ristorante nur ca. 20 Gäste. Mittagessen gut,
doch ohne Spaghetti-Prüfung, die ich bestehen will.
Ich bringe noch kein interessantes Gespräch zustan-
de. In der Mittagspause am Meer „Faust" laut lesen,
nur das Meeresrauschen und Goethe hörend – gött-
lich. Später Gymnastik und ruhen. Als ich vor 18 Uhr
wieder ins Ristorante laufe, gehe ich mit G., der den
Sonnenuntergang mit seinen wechselnden roten
Farben anschaut."

Donnerstag, 20.12.79
Arno: „Morgens 6.30 Uhr frierend lesen. Beim Frühstück einige Begriffe von „Effi Briest" erklären lassen. Wegen Arbeitserlaubnis im Rathaus. Beim Warten Faust gelesen. Komme zu spät zum Essen, und kann so wieder die Spaghetti vermeiden, obwohl ich sie eigentlich als Prüfung will. Dadurch beginnen Gedankenqualen, die ich in Büchern zu ersticken versuche. Daheim zeigt mir G. amüsiert den Bericht eines „Stern"-Reporters, der sein Glück in der Baghwan-Sekte zu finden glaubt. Abends beim Heimgehen über Faust geredet, über dessen drei Vorspiele und schweren Teil II. Ich sage die „Zueignung" auf. Daheim beende ich „Effi Briest".

Freitag 21.12.79
Man sieht morgens die weißen Bergspitzen der Seealpen, während hier immer Frühling ist. Beim Frühstück freut man sich lachend über meine Fragen nach Wörtern aus „Effi Briest". Wir bekommen einen neuen Kellner. 16 Jahre. Dunkel wie ein Marokkaner. Er ist fleißig, flink und aufgeweckt. Nachmittags lehrt mich G. das ansteigende Fußbad nach Kneipp. Abends holen wir Renato am Zug ab. Er ist in La Spezia bei der Marine und kommt in Marineuniform, Heimweh habend und glücklich, wieder daheim zu sein. Ich offeriere, im Stella zu trinken. Auch sein Bruder Roberto ist dabei. Dieser bringt ihn heim. Als ich mit G. zur Villa laufe, macht er mich darauf aufmerksam, daß Schauspiele und Opern viele Aufführungen hintereinander haben, während Konzerte meist nur einmal gegeben werden. Es regnet leicht, und nachts hört man das starke Rauschen des Windes."

Samstag 22.12.79
Da Arno jetzt wieder im Ristorante aß, kochte ich selbst, wenn wir nicht ausgingen und als Arno nach der Morgenarbeit kam, probierte er meine Minestrone. Er notierte: „G's. Minestrone probiert – gut, sehr verschieden zu unserer, da auch Fenchel."

(22.12.79)
„Am Kaminfeuer allein Goethe lesen – schön. Nadja, die 16-jährige Stieftochter des Chefs wehrt sich gegen scherzhaftes Streicheln. Mein Chef sprach abends über Sexualerziehung und glaubt, daß er seine Kinder natürlich erzieht. Ich spreche mit Freunden G's. darüber und glaube, daß er im Irrtum ist. Lese „Der kleine Prinz" v. Saint-Exupery.

Sonntag, 23.12.79
Frühstück mit G's. Minestrone, wobei ich „Der kleine Prinz" zu Ende lese. Je mehr ich mich selbst überwinde und dem Essen gegenüber weniger ängstlich bin, desto mehr Freude am Leben habe ich, und das „Ja-Sagen" zu G. macht mir viel Freude dabei und hilft. Lese am Meer. Schöner Kontrast von blauem Himmel und wolkenverdeckter Sonne überm Meer. Auf Spaziergängen lerne ich nun „Faust", was mir das Leben beruhigender macht, da ich so die Zeit doppelt nutze: Lernen und sehen. Abends mit G.'s Freunden in der „Tavernetta" erklärt mir Luisa Feiner das Gesetz der drei Einheiten (Zeit, Ort, Handlung) bei Theaterdichtung. G. gibt mir abends noch „Das Eisenbahnunglück" von Mann zu lesen.

Montag 24.12. (Weihnachtsabend)
G. gibt mir mehr Brei auf den Teller als sich selbst, worüber ich sehr nervös werde, später jedoch erlan-

ge ich wieder Frohsinn und vergesse das Essen. Beim Mittagessen esse ich viel mit Appetit, mein Frohsinn und meine Lebensfreude ermöglichen es mir, die vorhandenen Gegenwehren des Schweinehundes aufzuspeichern, die ich dann später mit G. zusammen auflösen will... Es ist schön, daß ich nach außen keine Probleme beim Essen mache. Als ich abends Frau Templeton zum Weihnachtsessen einlade, erklärt sie mir „Effi Briest" als ersten Emanzipationsentwurf der Frau. Sie empfiehlt mir die „Nora" von Ibsen.

„Weihnachten 24.12.79

Während ich Goethe lese, unterhalte ich die drei Kaminfeuer. Die Gräfin schenkt mir ein Konzert von Tschaikowsky, ich ihr ein Taschentuch. Harmonischer Dank zwischen uns. G. hat abends zehn Personen zu Gast. Von Luisa Feiner erhalte ich das Buch „Felix Krull" von Thomas Mann.
Ich muß abends im Ristorante arbeiten, kann aber vor 22 Uhr heim. Als ich zu den Gästen komme, erlebe ich gerade, wie G. das Gespräch von Mrs. Templeton, die vorher über Fontane-Gedichte plaudert, auf eine einfachere Thematik lenkt, damit sich die übrigen Gäste nicht langweilen."
Später erklärte ich Arno, daß Frau Templeton vorher über das Buch „Effi Briest" gesprochen hatte, in der der Chinese die Gemeinschaft zerstört. Sie bezeichnete die Liebe als destruktiv und sagte den Satz: „Das Schicksal schickt mit der Liebe den Feind!" Von da war sie auf Fontanes Gedichte gekommen.
Dann fahren wir gemeinsam nach Vallebona. Dort brennt schon das Feuer aus Olivenholz, das am 24. angemacht wird und das man bis Neujahr unterhält.

Wir treffen dort Breinlingers mit anderen Freunden, gehen in zwei Kirchen, trinken den Gratis-Wein und fahren von da noch nach Vallecrosia vecchia, um auch dort Freunde zu begrüßen.

Dienstag, 25.12.79
„Beim Frühstück frage ich die Gräfin, wie viel ich denen schenken müsse, die mich beschenkt haben. Sie hält dieses Problem der Geschenke mit der Frage 'Wieviel' für irreal. Chef schenkt mir Schiffchen aus Muscheln, über das ich mich nach G's Vorbild freue (weil eine gute Absicht dahinter ist), obwohl ich es kitschig finde. Daheim erklärt mir G. das Chef-Geschenk aus dessen Mentalität; spricht von der „heilen Bilderwelt" und Ludwig Richter. Auch über das Beispiel von gestern, als sich die Unterhaltung meist am niedrigsten Niveau orientierte. Beginne ein Buch von Master: „Quelle der Erotik". G. scheint durch die vielen Besuche abgespannt."

Mittwoch, 26.12.79
„G. weckt mich um 7.30 Uhr, da ich verschlafen habe. Gutes Frühstück. G. ist fröhlich. Seine Abgespannt-heit von gestern sieht man nicht mehr. Nachmittags rede ich mit Mrs. Templeton in der Mokka-Bar. Sie redet über „Effi Briest". Viele Personalcharaktere analysiert. (Effi ist verwöhnungsbedürftig – Instetten folgt den Normen der Gesellschaft zu genau. Sie erklärt den Chinesen als Symbol verbotener Liebschaften. Dies reizt Effi auf geheimnisvolle Art, während Instetten Effi damit ängstigen will.). Mrs. Templeton erzählt, daß Effi nie zu Selbstständigkeit hätte gezwungen werden können, so wie sie, Frau Templeton, als Kleinkind gezwungen wurde, zu essen. Sie wäre sonst auf

ihrem Landschloß verhungert. Doch nach ihrer „ersten Pubertät" etwa im vierten bis sechsten Lebensjahr, wäre ihr Appetit von selbst gekommen. Daheim erklärt mir G. seine gestrige Abgespanntheit als Folge der Weltverbesserungsgespräche. Er hält es wie Goethe, der sich nicht darum kümmerte. Er zeigt mir das in einem Buch (Eckermann, Gespräche mit Goethe). Als wir um 23 Uhr Luisa Feiner heimbringen, schüttet sie uns ihr Herz aus und spricht über den Tod ihrer Tochter. Diese hatte alles erreicht, was die Mutter nie erreicht hatte. Ich versuche sie zu trösten, indem ich ihr sage, daß ich meine Mutter verloren hätte. G. sagt später, daß das gut war, was mich erfreut."

Donnerstag, 27.12.79
„Beim Frühstück sagt die Gräfin, sie sei überzeugt, sie könne Luisa Feiner durch ein Gespräch aus ihrer nicht gottesglaubenden Verzweiflung heraushelfen. Befrage G. später zu den langgezogenen Wiederholungen in Masters „Quelle der Erotik", die ich nicht gut finde. Er gibt mir recht.
Mein Chef hatte am Vorabend von der mangelnden Arbeits- und Lernlust Jugendlicher gesprochen. Heute sagt er, der Grund sei, daß die Kinder von den Eltern keine Aufgabe zugeteilt bekämen. Nachmittags Anatomie-Lexikon mit Geschlechtsorganen gesucht. Dann Goethe gelesen. Als Beauty anruft und G. mich ans Telefon ruft, damit ich sie begrüße, ist sie über meinen Frohsinn erstaunt. Wegen Müdigkeit entschuldige ich mich für den Abendrundgang, lese dann aber mit Musik aus dem Kopfhörer. Als ich G. mit seinem Besuch heimkommen höre, mache ich schnell das Licht aus."

Samstag, 29.12.

„Wie gestern gutes Frühstück. Im Ristorante mache ich allein Ravioli. Heimweg am Ufer entlang. Zimmer von G's Besuch aufräumen, der sehr wüst und dreckig gehaust hat, selbst die Beine des Bettes wackeln jetzt. Als Renato kommt, erzähle ich von Nietzsche und seinem Gedicht: „Oh Mensch! Gib acht!" und von der gelebten Philosophie, die ich hier sehe und lernen will."

*Oh Mensch! Gib Acht!*

Oh Mensch! Gib acht!     *Eins!*

Was spricht die tiefe Mitternacht?     *Zwei!*

    *Drei!*

„Ich schlief, ich schlief-,     *Vier!*

Aus tiefem Traum bin ich erwacht:-     *Fünf!*

Die Welt ist tief,     *Sechs!*

Und tiefer als der Tag gedacht.     *Sieben!*

Tief ist ihr Weh-,     *Acht!*

Lust – tiefer noch als Herzeleid:     *Neun!*

Weh spricht: Vergeh!     *Zehn!*

Doch alle Lust will Ewigkeit-,     *Elf!*

will tiefe, tiefe Ewigkeit!"     *Zwölf!*

*(Friedrich Nietzsche)*

Abends frage ich die Gräfin nochmals wegen Luisa Feiner. Sie meint, der ständige Schmerz um die Tochter würde deren Seelenruhe stören, und deshalb müßte sie deren Tod annehmen. Abends auf dem Spaziergang reden wir noch über Brechts „Kreidekreis". Der Mond steht dabei groß am Himmel mit einer Aureole in allen Regenbogenfarben.

## Sonntag, 30.12.79

„G. rät mir, selbstbewußter und sicherer bei Renzo (Chefsohn) und Fellice (Kellner) aufzutreten, denn sie seinen jünger und außerdem dumm. Auch erklärt er, daß nach Goethe der Fatalismus dem Menschen die Freiheit nehme, zu handeln, und also falsch sei."

## Montag, 31. Dezember 1979

„Wegen Silvester besonders viel Arbeit. Sowohl Kellnerjunge Fellice als auch Giovanni und Renzo sind arrogant, frech und fühlen sich mir überlegen. Nur mit Chef komme ich im Ristorante mit Scherzen und Harmonie zurecht. Doch trotz aller mir entgegengebrachten Frechheit achten sie im Stillen meine gute Leistung. Doch meine Anstrengung gibt Kopfweh, Müdigkeit, Muskelschmerz im Arm. Mittags Renato getroffen, der einen Tag später zum Militär fährt und dafür zwei Tage Arrest bekommen wird.

Abends harte Arbeit bis Mitternacht. Chef scherzt über Giovannis dummes calabresisches Verhalten, was heitere Stimmung in Küche bringt. Nach Mitternacht daheim Gräfin ein gutes Neues Jahr gewünscht. Dann sitze ich noch zehn herrliche, gemütliche Minuten mit G. im dunklen Saal vorm Kaminfeuer. Frage, was der Mensch bei Zeitvertreib fühlt, da ich viele dumme Gespräche mithörte und dummes Benehmen sah. G. meint, er könne es vielleicht erklären, aber er wisse nicht, ob es stimme."

## 22. Behandlungsmonat

Das neue Jahr begrüßte Arno auf seinem Weg zur Arbeit, den er meist am Meer entlang wählte, mit dem Blick auf Korsika. Das Meer mit „dem purpurnen, orangen und blauen Himmel" zu sehen ist wirklich ein Erlebnis. Verse wie

> Du bist Orplid, mein Land!
> Das ferne leuchtet;
> Vom Meere dampfet dein besonnter Strand
> Den Nebel, so der Götter Wange feuchtet.
>
> Uralte Wasser steigen
> Verjüngt um deine Hüften, Kind!
> Vor deiner Gottheit beugen
> Sich Könige, die deine Wärter sind.

*(Eduard Möricke: Gesang Weylas)*

fallen einem dann ein, wenn man am Horizont Korsika sieht, auf dessen hohen Bergen die ersten Sonnenstrahlen liegen. Doch schon am 2. Januar stieß er sich an der Umwelt, an dem Kellnerjungen Fellice, von dem er schrieb: „...ist sehr grob und hochnäsig gegen mich. Noch fühle ich mich schlapp und schlecht."
Aber in der Nachmittagspause hörte er die Gedichte G. Benns, die dieser einmal für eine Schallplattenaufzeichnung selbst gesprochen hatte. Wenn er in der Küche nicht zuviel zu tun hatte und ihn sein Chef allein ließ, versuchte er den „Faust" zu lernen und

machte sich Weizengerichte.

Mit der Gräfin besuchte ich möglichst oft das „Stella" und er notierte: „Die Gräfin und G. essen gut bei uns."

Die Ferien vor Weihnachten hatten Arno gut getan, doch jetzt nach dem Festtagsbetrieb plagte ihn erneut Müdigkeit, begleitet von erhöhter Infektionsanfälligkeit. Arno litt an einer Erkältung, die er mit ansteigenden Fußbädern bekämpfte. Er schrieb am 4. Januar:

„Morgens müde, verliere ich die Kontrolle und weine 5 Sekunden, reiße mich wieder zusammen, so daß G. nichts merkt beim normalen Frühstück. Clelia redet wieder mit mir und ist normal zu mir – schön. Nach Morgenarbeit sehr müde – wenig Kraft. Kaminfeuer machen, Molières „Misantroph" lesen, Beethoven hören. 18 Uhr einer im Jahre 1943 evakuierten Russin in der Telefonzentrale und im Reisebüro geholfen. Sie war nervös geworden, da sie vergebens versucht hatte zu telefonieren. Mit mir gelang es. So wurde sie ruhig und aß später bei uns.

Ute kommt mit Marco und ihrer Freundin Andrea zu uns zum Essen. Wir gehen nachher zusammen heim, wobei mir sexuelles Verlangen nach Sexy-Andrea kommt. Vor Kaminfeuer auf G. warten, der mit seinen Freunden in der Altstadt ist. Er erläutert nach seiner Rückkehr das Vorwort zu Ibsens Nora, was ich auch lesen will."

Samstag, 5.1.1980

„Beim Frühstück Fremdwörter aus Molière erfragt. Nach der Morgenarbeit müde, erschöpft, habe starke Erkältung mit Kopfweh und Lippenekzem, sexuelles Verlangen besteht. Als ich abends heimkomme, ist G. mit der Gräfin noch spazieren.

Fache das Kaminfeuer wieder an und lese „Der Misantroph" bei Stille, Feuerknistern, Dunkelheit mit engem Lampenschein. So kann ich mich eine Stunde in das Stück hineinfühlen – herrlich.

Sonntag, 6.1.1980
Wir plaudern beim Frühstück über den Film „Apocalypse now", den G. gestern nachmittag mit der Gräfin sah. Im Ristorante hektische Arbeit. Erkältung ist stärker. Nasenlaufen und Gefühl des Kopfplatzens behindern mich physisch und vor allem geistig. Dennoch versuche ich, mich nicht bemerkbar zu machen."

Montag, 7.1.
„Beim Aufstehen Nasenbluten. G. sagt, ich solle meine Erkältung auskurieren, dasselbe sagt Clelia im Ristorante. Zwar gibt es viel Arbeit in der Küche. Doch die starke Erkältung macht mich nervös. Als ich abends bei Dunkelheit wieder allein am Kaminfeuer sitze, stört es mich, daß ich wieder würgen muß. Trinke empfohlenen Glühwein und höre die Schallplatte mit „Jazz und Lyrik" von G. Benn. G. hatte vor, mir am Kamin Gesellschaft zu leisten, konnte dann aber doch nicht, da er mit der Gräfin nach Monte Carlo fuhr. Er meldete mich für morgen im Ristorante krank."

(195)
Das Tagebuch Arnos, das zu jener Zeit offen auf dem Schreibtisch lag, las ich damals nicht, obwohl er damit rechnete, es vielleicht sogar beabsichtigte und manchmal hoffte. Das tägliche Kontrollieren seiner Aufzeichnungen hätte mich unnötig belastet und irritiert. Die Gespräche wären noch weiter ausgeufert

und hätten ihren therapeutischen Sinn verloren.

Das eine Mal, als ich mehr zufällig hineinsah, um die Verbesserung seiner Schrift zu sehen (da ich mir von der Mühe des Schönschreibens etwas versprach) und Spaghetti als „denaturierte Nahrung" aufgeschrieben fand, sprach ich mit ihm darüber, weil es mir wichtig erschien. Doch das war die Ausnahme. Zurück zu Arnos Erkältung in seinem Tagebuch:

Dienstag, 8. Januar 1980
„Um 9 Uhr allein frühstücken, denn G. wollte mich länger schlafen lassen, was schön war. Danach schickt mit G. erneut zu Bett. Lese dort „Der Misantroph" zu Ende. Danach „Faust" auf Tonkassette gesprochen. Als ich 11.30 Uhr kochen will, schickt G. mich statt dessen auf Spaziergang ans Meer. Beginne dabei „Nora" von Ibsen. Am Meer schönes Wetter. Die Luft öffnet mir die Lungen. Die Promenade ist von Pensionären erfüllt, die nach zwölf Uhr verschwinden. Mit der Gräfin und G. um 13 Uhr essen. Reis mit ganzen Artischocken ohne Salz. Sehr gut. Erstaunt, daß ich keinen Brechreiz spüre, auch Essen weniger wichtig nehme. Aber vor Spaghetti habe ich noch Furcht. Kaffee am Kaminfeuer. Dabei erklärt G., daß es manchmal nicht ohne Unwahrheiten im menschlichen Zusammenleben geht, daß man sie aber so gebrauchen soll, daß sie zum Nutzen und guten Zweck sind. Also nicht sagen, Du sieht übermüdet aus, sondern: Dir sieht man den Fleiß an. Da ich nicht müde bin, gehen wir abends in den Film „Un Americano in Parigi". Danach wieder bei Glühwein am Kamin, erklärt G. erneut Goethe. Anlaß sind die Gespräche mit Eckermann. Es geht um das Wort „Entelechie", und ich schreibe mir

nachher die Stelle vom 11. März 1818 ab."[1]

## Mittwoch, 9. Januar 1980
Bleibe bis 9 Uhr im Bett und beende „Nora" von Ibsen. Heißes Zitronenwasser trinken. Reibe die Hände der Gräfin warm, während sie bei mir sitzt und mich unterhält. Sie plaudert über Zeitschriften und Verabredungen. Luisa kocht uns mittags Gemüsesuppe, zusammen mit ihrer Freundin Erika. Diese redet sehr borniert von der Emanzipation.
Nachmittags in San Remo zwei Pullover bei „Cremieux" gekauft, nach G.´s Geschmack, aber sie gefielen mir auch. Dabei Wichtigkeit der Kleidung beredet. Hier in den Kreisen der Riviera schaut man viel auf Hersteller und Namen der Geschäfte. Die Gräfin etwa schenkt nur Krawatten von „Hermes". Dann schaue ich noch im Kino „Der eingebildete Kranke" nach Molière an (G. muß zurück zur Arbeit). Daheim Apfel essen und lesen. Beginne „Nathan der Weise" (Lessing).

## Donnerstag, 10.1.80
Müde und nervenschwach hoch. Wieder Arbeit, wobei ich sowohl vom Kellnerjungen als auch von anderen (negativ) kritisiert und beschimpft wurde (z.B. Haare mit Flöhen). Morgens oft Schwindel gehabt. Benns Gedichte auf Schallplatte gehört. Lesen. Hellster Fixstern ist Sirius und Morgen- und Abendstern Venus. Nachgeschlagen im Lexikon. Abends getrocknete Pflaumen essen bis die Gräfin und G.

---

[1] Jede Entelechie nämlich ist ein Stück Ewigkeit, und die paar Jahre, die sie mit dem irdischen Körper verbunden sind, machen sie nicht alt. ....sie erleben eine wiederholte Pubertät, während andere Leute nur einmal jung sind. Es versteht sich, daß bei den Gesprächen manche Themen öfter kamen und wiederholt wurden.

heimkommen. Lesen. Goethe sagt: Widerwärtiges durch noch Widerwärtigeres verdrängen. Heißes Fußbad. Lessing lesen. Im Bett „Faust"-Kassette hören – Schlaf.

Freitag, 11.1.80
Beim Frühstück erzählen mir die Gräfin und G. vom Johannis- oder Sonnwendfeuer am 21. Juni. Im Ristorante hilft mir Clelia und verurteilt die Lästerungen vom Kellnerjungen Fellice. Auch der Chef hilft mir. Später aber ärgern mich Clelia und Margherita aus Lust am Schimpfen."
Ich muß den Leser nicht darauf hinweisen, daß ein friedfertiger, schwacher Mensch gerne ausgenützt wird. Geringer Widerstand fördert sogar Aggressionen bei boshaften Menschen. Es macht ihnen Freude, andere zu verletzen bis sie eingeschnappt sind. Mobbing gehört zu den Vergnügungen unserer Spaßgesellschaft.
„Sorge wegen Essen und Mißachtung meiner Person von vielen Seiten. Abends im Cafe Romano empfiehlt mir Luisa Feiner Lessing, aber als ich mehr wissen will, kann sie dazu nichts sagen. G. zieht ihre Freundin Erica wegen ihrer Emanzipationsreden auf. Als diese immer wieder von Macho und dem männlichen Drang zur Gewalt spricht, sagt er: „Ich weiß, was sie suchen: Den Koitus ohne Berührung, die Erektion ohne Versteifung und den Orgasmus ohne Ejakulation." Auf dem Heimweg spricht G. von der Boniertheit mancher Menschen; ihrer Naivität und ihren Ansprüchen, die meist so dahergeredet sind, ohne durchdacht zu sein. Daheim noch „Faust" hören.

Samstag, 12.1.80
Beim Frühstück läßt die Gräfin eine Frage der Moral (es geht um Dank sagen) aus „Nathan der Weise" unbeantwortet, da zu so früher Stunde das Thema nicht abgeschlossen werden kann. Wieder kommt der Kellnerjunge mit Schmähworten, so daß ich nervös werde und Schweißschauer bekomme. Bin so erregt, daß es mir beim Essen schwer fällt, Fleisch zu schneiden und die Gabel ruhig zu halten, was auch gestern abend schon kritisiert wurde. Sehr nervös und viele Gefühle und Schwächen unterdrückt. Kalte Dusche. Die Russin, der ich am 4.1. half, gibt mir ihre Adresse und lädt mich nach Berlin ein. Sie fährt heute zurück. Aber sie ist mir zu frauenhaft, und ich merke, sie versucht mir zu gefallen.
Abends geht G. auf die Sorgen ein, die sich bei mir angesammelt haben.

Trinkmaß?
    Viel Saft und Brühe, kein Wasser!
Weißmehlangst?
      Es enthält viel Eiweiß!
Vitamine?
   Nehmen wir morgens zu uns, wenn wir vor dem Hafer-Hirsebrei Gemüsesaft trinken.
Nervosität?
    Mehr Gleichgewicht zwischen Arbeit, Lesen und Ruhe!
Fehlende Sexualität?
Laut meinem Vater hat man bei mir im Krankenhaus Hormonmangel konstatiert. G. sagt, die Hormonproduktion wird sich steigern, und damit wird auch die Eßangst vergehen. Ich müßte Geduld haben."

Unter dieser Zusammenfassung schrieb Arno dann mit großen lateinischen Druckbuchstaben:
„Aber ich bin und bleibe ASTHENIKER!"
Und dann kommt der Nachsatz: „Bei Wein daheim bis 23 Uhr gab mir dies Erkenntnis, doch wenig Lösung."

(196)
Sich über Arnos Charakter klarzuwerden, war und blieb schwierig. Welche Züge würden bleiben, wenn er genesen war? Würde das negative Denken und Urteilen abfallen?[1]
Deutlich wurde immer wieder, daß er die sogenannten „durchschnittlichen Leute mit ihren Normalunterhaltungen" ablehnte. Dagegen erkannte er Menschen, die über den Durchschnitt hinausragten an und ließ sich von ihnen motivieren.
Aus diesem Grunde erzählte ich ihm immer wieder Geschichten, die ihm das Gefühl gaben, bei wichtigen Leuten zu sein. Dieses Wissen drängte wohl die eigene Unsicherheit zurück und gab ihm ein größeres Selbstwertgefühl.
In diesen Winterwochen hatte ich einen Patienten, der mit einem schweren Wagen immer direkt an das Eisentor der Villa fuhr und sofort in den Garten trat, als ob er Angst hätte. Arno, der sich darüber aufhielt, daß dieser Herr ja den Gehsteig blockiere, erzählte ich deshalb seine Geschichte. Der Patient war eines jener Entführungsopfer (ostaggio), die damals in Italien recht häufig zu Erpressungszwecken

---

[1] Mit den Spekulationen, ob das Negative im Charakter Arnos mit seinem Hormonmangel zusammenhängen könnte, ging ich soweit, daß ich mich informierte, welche Charaktereigenschaften bei Kastraten vorherrschend sind. (Sie sollen boshaft und grausam sein.)

verschwanden. Er hatte auf Sardinien Land verkauft und zwar dort, wo Ali Khan sein Touristenzentrum für die Reichen baute. Sein Wagen wurde auf der Insel angehalten, man nahm ihn mit (nicht die anderen Insassen) und forderte für seine Freigabe 1,5 Milliarden Lire, was damals einigen Millionen DM entsprach. Während der Verhandlungen um das Lösegeld versteckten ihn die Erpresser nachts auf einem Friedhof in einem der Wandgräber, in die man Särge hineinschiebt. Die Freilassung erfolgte aus einem Heuschober an einem Abhang, von dem aus die Banditen verfolgen, also sehen konnten, daß die Geldübergabe erfolgt war. In diesem Augenblick stießen sie ihn aus dem Heuschober auf die Abhangseite. Bis er sich nach diesem Fall aufrichten konnte, waren die Erpresser verschwunden. Nun war er dabei so unglücklich gefallen, daß sein Rücken Schaden genommen hatte. Auch die Nächte auf dem Friedhof hatten Spuren hinterlassen: Herzbeschwerden, Hypertonie.

Arno war von diesem Bericht nicht beeindruckt, auch meine Spekulation, daß ein Gefühl von Dankbarkeit aufkommen könnte, da das Schicksal mit ihm gnädiger war, ging nicht auf.

Sonntag, 13. Januar 1980

„Da Gräfin und G. länger schliefen, ohne Frühstück ins Ristorante, wo ich Brühe, Apfelsine und Lakritze aß. Nach reger Arbeit sehr erschöpft heim. Auch Chefs Sohn Renzo mokiert sich über mich. Daheim Vivaldi hören, ruhen, lesen.

Um 17 Uhr im „Palazzo del Parco" Opernarien gehört von zwei Sängern, zwei Sängerinnen und einer Pianistin. Stimme und Klavier haben eigenen Reiz, wenn auch nicht alle Sänger gut waren. Bei Auszug aus „Il trovatore" kam mir Opernerlebnis mit G. im Herbst 78 in Frankfurt wieder in Erinnerung. Abends läßt mich die Gräfin auf einer Schallplatte ein englisches Weihnachtslied vorspielen, wegen dem nicht schnulzenhaften Text, der die Geschichte der Jesusgeburt erzählt. Herrliche 40 Minuten.

Noch später, chinesische Akupunkturlehre gelesen (12 Meridiane, Ying- und Yang-System). Vor dem Einschlafen „Nathan der Weise" von Lessing."

Montag, 14. Januar 1980
„Gutes Frühstück, bei dem die Gräfin und G. über Theaterbesuche sprechen. Nachmittags erhalte ich mit Verspätung mein Weihnachtsgeschenk von G.: Ernst H. Gombrich, „Die Geschichte der Kunst".
Das Buch kam erst jetzt, da die Post nicht funktioniert. Beginne gleich zu lesen. Abends ruft mein Vater an, der im Sommer kommen will. G. ist dagegen, was mir recht ist. Lese Shakespeares „Was ihr wollt".
Abends vor dem Kaminfeuer mit G. geredet. Dummes Gerede im Ristorante nicht ernst nehmen. Nur wenige Menschen machen Epoche. Im Theater und in der Kunst scheinen zwar alle Wege schon beschritten, doch für jeden einzelnen Menschen ist das Erleben und Nacherleben immer wieder neu.

Dienstag, 15. Januar 1980 (freier Tag)
Gombrich lesen und dabei Notizen machen. Kochen: Gianchetti, Salat, Kartoffelpuffer, Apfelbrei. Die Gräfin sagt, mein Thema vom 12. aufgreifend: Man müsse für alles danken, doch hätte der Tempelherr in „Nathan der Weise" auch recht, der der Liebe zu Willen nicht dankt.

15 Uhr Ruhe, da voll müde. Erstaunlich: vor Frühstück keinen Lebenswillen gehabt, zum Aufstehen gezwungen, danach Lebensfreude bei Lesen und Arbeit. Nach Mittag schlechtes Würgen – unsatt, wenig Lust. Nach Ruhe besser, lesen.
Freunde der Gräfin sind im Hotel „Jolanda" abgestiegen. Sie ist dort am Abend eingeladen. G. begleitet sie, so bin ich allein. Goethe lesen bei Musik. Als G. mit Gräfin kommt, vorm Kamin Gedichte von Morgenstern lesen und Bild von A. Menzel betrachtet (aus Gombrich). Dann noch mit G. spazieren, der mir von der Pflege seiner Mutter erzählt, und daß Freunde oft hilfsbereiter als Brüder sind. Ich bin sehr müde und deshalb ein schlechter Redepartner.

Mittwoch, 16. Januar 1980
Frühstück mit unbeantworteter Frage nach „Fuchsprellen". Das Fuchsprellen bestand im Emporschnellen eines Netzes in dem Augenblick, in dem ein gefangener Fuchs darüber hinweglief. (Ich mußte das selbst erst nachschauen). Nach Morgenarbeit wegen Schwitzschauer kalte Dusche. Gombrich lesen. Gerste kochen ausprobiert: gut!
20 Minuten Ruhe, jedoch innerlich aufgeregt. Etwas Goethe. 17 Uhr in Bücherei Shakespeare in elisabethianischem Englisch herausgesucht: „Wie es euch gefällt"; späteres Lesen jedoch zu schwer. Ich erkenne Schönheit der Sprache nicht. G. rät zu Schlegels deutscher Übersetzung, englisch eventuell später. Abends Bericht im STERN von 1978 über Schweden „Carl Larrson" – Maler vom Familienglück gelesen. Nach dessen reformierten Prinzipien wurde G. erzogen.

Bericht über Hans Küngs Buch „Existiert Gott" gelesen, den G. unlogisch findet und als in Redeschwafeleien sich begebend aufdeckt. Auf Meerspaziergang darüber gesprochen. Abends bringt die Gräfin den Witz über Afghanistan: Russen verteidigen es gegen äußere Angriffe, also gegen sich selbst!?"

Donnerstag, 17. Januar 1980
„Shakespeare-Übersetzung beim Frühstück erwähnt, aber ohne Diskussion. Rege Arbeit. Chef vertraute mir viel an. Kaffee am Tische von Ehepaar Zonin genommen, mit dessen sprachstudierter Frau interessant geredet." Sieben Jahre später schickte ihm dieses Ehepaar Grüße. Arno erinnerte sich nicht mehr an den Namen, wußte nicht, wer das sein soll. Dies ist um so erstaunlicher, als die hier niedergeschriebenen Begegnungen damals für ihn auch Stolz vermittelten, weil jeden Abend im Fernsehen Zonin für seine Weinkellereien Reklame machte. Arno selbst bekam von Herrn Zonin einige Male Kisten mit Wein, die er bei ihm abholte.
„Heim. Diese geistige Freude bringt mir viel Frohsinn! Bei Arbeit abends viel mokiert gegen mich. Nachts Erektion und Orgasmus. Nachher fühle ich keinen Abfall, aber ein schönes Zufriedensein (Nirwana)."

Freitag, 18.1.
„Beim Frühstück nimmt die Gräfin ein Gespräch von gestern abend auf, nach dem südliche Völker ausdrückendere Kunst nach außen haben, mehr dies als die innere Gefühlswelt des Dichters. Mit Chef Arbeit in Harmonie und ohne Schimpfwort, doch als andere hinzukamen, ging die Flucherei los. „Porco dio" usw. Renato kommt nachmittags zu Besuch. Er

war in Militärhaft, da er unerlaubterweise mit Matrosen-Uniform Autostop machte, und ist jetzt ebenso unerlaubt aus der Militärhaft abgehauen. Er spricht von Masturbation im Soldatenleben. Die Methode der Kasernierung erzöge zur Onanie. Mache man es allein, hätte man oft einen Abfall des Gefühls, doch bei gemeinsamen Sexualpraktiken hätte man ein Be-friedigungsgefühl. Noch „Tasso" lesen."

Samstag, 19. Januar 1980
„Nach dem Frühstück liest mir G. aus dem Buch des zeitgenössischen Philosophen A. Poper „Meine intellektuelle Entwicklung" vor, wie er schon in der Kindheit Uendlichkeit als philosophische Frage fühlte.
Bei der Arbeit die mich sehr schimpfende Margherita mit Geduld versöhnt. Daheim zeigt mir G. einen Artikel über Schmerz-Akupunktur-Punkte. Gombrich lesen. Abends zähe Arbeit, dann „Tasso" lesen, der mich aus meinem bornierten Ambiente in ein poetisches Reich führt. Lese, bis die Gräfin und G. nach 23 Uhr heimkommen."

Sonntag, 20. Januar 1980
„Margherita lästert mich nach anfänglichem Gutsein, und nachdem sie sich beim Chef über mich mokiert hat, macht sie vor mir Freudensprünge mit schmähendem, spottendem Lachen, wie ich es nur aus Filmen kannte, wo ich es stets für übertrieben hielt. Chef bestätigt mir später Margheritas Falschheit und Schlechtigkeit. Nachmittags lese ich im Gombrich und vergesse dabei meine Ruhezeit. Abends lese ich „Tasso": herrlich.
Die Gräfin hat angerufen und mich in die Altstadt

bestellt, doch finde ich sie nicht. Dann suchte ich Renato und finde ihn am Bahnhof, wo er mit dem Zug zum Militär nach La Spezia zurückfährt. Er verabschiedet sich, mich warm drückend, herzlich. Daheim finde ich die Gräfin mit G. Lese ihr das Gespräch Tassos mit geliebter Prinzessin über „goldene Zeit, die nur in guten Herzen existiert" vor:


„Sein Rat in tausend Fällen! Er besitzt,
Ich mag wohl sagen, alles, was mir fehlt.
Doch – haben alle Götter sich versammelt,
Geschenke seiner Wiege darzubringen,
Die Grazien sind leider ausgeblieben;
Und wem die Gaben dieser Holden fehlen,
Der kann zwar viel besitzen, vieles geben,
Doch läßt sich nie an seinem Busen ruhn.
PRINZESSIN Doch läßt sich ihm vertraun und das ist viel.
Du mußt von einem Mann nicht alles fordern,
Und dieser leistet, was er dir verspricht.
Hat er sich erst für deinen Freund erklärt,
So sorgt er selbst für dich, wo du dir fehlst.
Ihr müßt verbunden sein! Ich schmeichle mir,
Dies schöne Werk in kurzem zu vollbringen.
Nur widerstehe nicht, wie du es pflegst!
So haben wir Leonoren lang besessen,
Die fein und zierlich ist, mit der es leicht
Sich leben läßt; auch dieser hast du nie,
Wie sie es wünschte, nähertreten wollen.
TASSO. Ich habe dir gehorcht, sonst hätt ich mich
Von ihr entfernt, anstatt mich ihr zu nahen.
So liebenswürdig sie erscheinen kann,
Ich weiß nicht, wie es ist, konnt ich nur selten
Mit ihr ganz offen sein, und wenn sie auch
Die Absicht hat, den Freunden wohl zu tun,
So fühlt man Absicht, und man ist verstimmt.
PRINZESSIN. Auf diesem Wege wedern wir wohl nie
Gesellschaft finden, Tasso! Dieser Pfad

Verleitet uns, durch einsames Gebüsch,
Durch stille Täler fortzuwandern; mehr
Und mehr verwöhnt sich das Gemüt und strebt,
Die goldne Zeit, die ihm von außen mangelt,
In seinem Innern wieder herzustellen,
So wenig der Versuch gelingen will.
TASSO. O welches Wort spricht meine Fürstin aus!
Die goldne Zeit, wohin ist sie geflohen,
Nach der sich jedes Herz vergebens sehnt?
Da auf der freien Erde Menschen sich
Wie frohe Herden im Genuß verbreiteten;
Da ein uralter Baum auf bunter Wiese
Dem Hirten und der Hirtin Schatten gab,
Ein jüngeres Gebüsch die zarten Zweige
Um sehnsuchtsvolle Liebe traulich schlang;
Wo klar und still auf immer reinem Sande
Der weiche Fluß die Nymphe sanft umfing;
Wo in dem Grase die gescheuchte Schlange
Unschädlich sich verlor, der kühne Faun,
Vom tapfren Jüngling bald bestraft, entfloh;
Wo jeder Vogel in der freien Luft
Und jedes Tier, durch Berg und Täler schweifend,
Zum Menschen sprach: Erlaubt ist, was gefällt.
PRINZESSIN Mein Freund die goldne Zeit ist wohl vorbei:
Allein die Guten bringen sie zurück;
Und soll ich dir gestehen, wie ich denke:
Die goldne Zeit, womit der Dichter uns
Zu schmeicheln pflegt, die schöne Zeit, sie war,
So scheint es mir, so wenig, als sie ist;
Und war sie je, so war sie nur gewiß,
Wie sie uns immer wieder werden kann.
Noch treffen sich verwandte Herzen an
Und teilen den Genuß der schönen Welt:
Nur in dem Wahlspruch ändert sich, mein Freund,
Ein einzig Wort: Erlaubt ist, was sich ziemt."

Darauf erzählt sie von der deutschen Sage mit Ritter
Tankred.

Montag, 21.1.80

Rege Arbeit, viel erfolgreich allein. Beim Spazieren-
gehen stets Gedichte sprechen, die mir viel Frohsinn
geben und mein Ausdrücken in Worten gut schulen;
froh gesprochene, schöne Worte lassen Unange-
nehmes (Kälte, Schmerz) leichter ertragen; tägliche
Gymnastik; „Faust"-Beginn auf Tonkassette gesprochen. Gombrich gelesen. Abends höre ich, wie G.
der Gräfin von G. Benns Meinung als Arzt berichtet,
daß Krankheit mit Tod nicht verbunden ist (viele
Gesunde sterben, Kranke leben). Bei Wein erklärt
mir G. wegen Tasso, der Haß verspürt,um Liebe fühlen zu können, daß jeder Mensch alles in sich hat,
nur einige durch Arbeit an sich versuchen, das Gute
zu fördern, das Negative zu meistern. Doch allgemein ist ein Freigebiger auch geizig, je nach Fall usw
Deshalb stimmen Horoskope oft und auch
Charakterbilder der Graphologie. Beende „Torquato
Tasso."

Arnos freier Tag, Dienstag, 22.1.

„Nochmals „Tasso" sprechend, wiederholt die Gräfin,
kein Mensch wäre frei, selbst Rücksicht auf andere
nehmen, ist Beschränkung. Lese im Lexikon über
griechische Geschichte. Kaufe in der Apotheke Kon-
dome. Warten und der Zeitverlust durch Alltagsarbeit
machen mich verzweifelt, nervenverlierend. Mittags
sprechen wir über Realismus in der Literatur, wobei
G. sagt, nicht nur die Literatur von 1830-80 sei rea-
listisch, auch schon vorher, etwa der Simplizissimus.
Dann erzählt er das Grimmsche Märchen vom Butt
und hält G. Grass für gescheit, aber langweilig.
Abends kommt Onkel Leo mit Tante Maura zum
Essen, sofort zieht langweiliges Geplauder ein. Vorm
Schlafen probiere ich erstmals einen Kondom, lese

dann aber noch bis 24 Uhr Gedichte."

Mittwoch 23.1.
„Nachnahmesendung mit Kochkleidung bei der Post abgeholt, dabei wartend „Faust" lesen. Hosen sind zu eng. Brief zum Umtausch der Kochhosen geschrieben, den die Gräfin bis auf einen Rechtschreibfehler gut befand. Das freut mich für mein Italienisch. Gedichte von Nietzsche notiert. G. sieht mit mir im Duden das Wort „Versatzstück" nach.[1]
Abends erklärt G. mir Körpererlebnis, was eigentlich Organerlebnis sei (er nennt's Organlust!); die Freude an seinem Körper und seinen Empfindungen (z.B. bei Massagen), da er Träger des Geistes ist. Falsch ist Organlust in Schopenhauers Sinne: Freßlust, Trinksucht, Rauchen. Durch Pflege des Organerlebnisses könnten psychologische Krankheiten vermieden werden. Ich erzähle von meinen Freuden am Körper, vom göttlichen Gefühl des Körpers bei Gedichten in Natur gesprochen; Eßangst behindert dies, wird aber vergehen. Auch Sexualität kann nicht nur Sinnenerlebnis, sondern Organerlebnis sein.

Donnerstag 24.1.
5 Uhr morgens nach Pollution wach. Im wirren Traum mit minderjährigen Mädchen Liebe gemacht in Hausecke, dabei den Orgasmus doch bewußt

---

[1] Versatzstück = bewegliche Bühnendekoration. Arno hatte nicht gelernt, Worte, die er nicht kannte bzw. deren Sinn er nicht verstand, sogleich im Duden oder Lexikon nachzuschlagen. Deshalb hielt ich ihn dazu an. Er kannte lange nicht den Unterschied der verschiedenen Nachschlagewerke und so mußte ich kontrollieren, ob er zum Nachschlagen das richtige Buch zur Hand nahm.

erlebt. Beim Frühstück mit G. „Faust" gesprochen, der mich ergänzt, wo ich noch unsicher war. Fluortabletten geholt, die ich täglich nehme, da die Zähne durch mein früheres Hungern geschädigt sind. Abends lese ich von Aischylos: Die Perser. Da das Licht auf der Meerpromenade ausgefallen ist, sieht man den klaren Sternenhimmel und himmlischen Mondschein, dazu warmer Scirocco. Gehe mit G., der unter anderem erklärt, daß jede Kunst einer Epoche zurückblickend ein Stil ist und rückblickend anders gesehen wird als im Augenblick. So wurde der Jazz zuerst von der Gräfin verpönt, jetzt toleriert. Beim früheren Sklavenhandel sehen wir oft nur humane Gesichtspunkte, ohne damalige ökonomische Gründe zu berücksichtigen. Ähnlich halten wir uns heute Gastarbeiter und es sei eigentlich erstaunlich, daß gerade unterentwickelte Länder es sich leisten, ihre besten Arbeitskräfte ins Ausland zu lassen."

(197)
Ich mache eine Pause, um bigotte bzw. prüde Leser wachzurütteln, wegen des an diesem Morgen niedergeschriebenen Pollutionstraumes. Man könnte hier die Gefahr verbotenen Sexualkontaktes wittern. Dem ist sicher nicht so. Man muß sich vorstellen, daß Arnos Eintragungen ja nur ein Bruchteil von dem sind, was er während des Tages hört, liest und sieht. Zwei Tage vorher probierte er erstmals ein Kondom und natürlich gab es auch darüber Gespräche, die wahrscheinlich immer wieder zu dem Punkt seiner verpaßten Knabensexualität führten, denn öfters wurde in unseren Kreisen von kindlichen Doktor- spielen gesprochen. In diesem Sinne haben wir alle einmal mit Minderjährigen Sexualkontakt gehabt und

wir waren ja selbst minderjährig. Für diese These spricht (im Vergleich mir früher notierten Träumen), daß der Traum „wirr" ist und er in einer Hausecke stattfindet, nämlich dort, wo Kinder meist spielen. Ich selbst habe (wie schon erwähnt) über ein Jahr meine Träume notiert und kann auch jetzt noch nach Traumerlebnissen mit Sicherheit sagen, wodurch die Träume ausgelöst wurden und wie sie sich mit anderen Erlebnissen verbinden. Lediglich nach Alkoholgenuß geht das nicht, was verständlich ist. Überhaupt wird das Traumgeschehen oft überbewertet, weil man die Physiologie vergißt. Der Mensch träumt nicht nur, er verändert im Schlaf auch seine Lage und rollt die Augen. Warum: Weil der Körper sich von der Spannung des Alltags nachts erholt, d.h. fehlendes korrigiert. Nicht nur die „embryonale Lage" wird zur Muskelentspannung eingenommen, sondern wie auch der Embryo schon im Mutterleib tritt, bewegt der Mensch seinen Körper. Unsere Augen unterliegen heute ebensosehr einer Anspannung, die früher fehlte oder anders war, bis in den Bereich der Farbe. Vor Erfindung der Fotografie hat sicher niemand gefragt: „Träumst Du schwarz-weiß oder farbig". Die bekannten Augenschulen gegen (etwa) Kurzsichtigkeit, lehren das Augenrollen in verschiedenen Spielarten. Genau das scheint die Natur aus eigenem Antrieb nachts mit uns zu exerzieren. Mit der ständigen Speicherung von Erlebnissen wird wahrscheinlich auch mit dem Alter das Träumen komplizierter, wobei noch hinzukommen mag, daß auch die Verbindungen nicht mehr so genau gesetzt werden und ein falsches Ganglion angetippt wird. Wichtiger wird der Traum dadurch nicht.
Jedoch ist beim erotischen Traum interessant, wieweit Begehren oder Zensur die Oberhand behält.

Der Körper erledigt mit der Pollution eine körperliche Funktion, wie durch Husten Schleim abgesondert wird. Die Achse Hirn = Hoden funktioniert also auch nicht anders als der Traum von der Quelle, dessen Wasser wir trinken, weil wir Durst haben. Daß es auch eine „kalte Erektion" gibt (nach W. Reich), die nachts (und auch tags) eine Kreislauffunktion erfüllt, erwähne ich hier der Vollständigkeit halber nochmals. Folgender Satz mag obige Ansicht absichern. Bier sagt: „Der Blutkreislauf gehorcht der physischen Kausalität." Gleichzeitig bewies Bier, daß selbst auf diesem „physikalischsten" aller Vorgänge im menschlichen Leibe, die psychische Kausalität in gleicher Weise anzuwenden ist."

(198)
Ich fasse einige Tage zusammen. Arno sagte mir, seine Chefin Clelia hätte ihn nach einer Abmagerungsdiät gefragt, was ich, da durch Arno übermittelt, etwas makaber fand. Aber es war vielleicht typisch für Arnos Selbstbild, daß er nicht etwa antwortete, sie müsse sich nur, wie er bisher, um das Essen drücken, die Spaghetti weglassen usf., sondern daß er zu mir kam und sich eine solche Diät aufschreiben ließ, die seine Chefin dann natürlich doch nicht befolgte.

Arno schaute im Lexikon unter Pollution nach, was ich begrüßte. Begann er seinen Körper als Existenzgrundlage zu verstehen und ernst zu nehmen?

Wir redeten von der Brunelleschi-Ausstellung in Florenz, zu der auch Edith Templeton fahren wollte. Arnos Chef war bereit, ihm dafür eine Woche Ferien zu geben. „Wir werden zusammen hinfahren", sagte ich. Arno freute sich und wollte sich intensiv mit dem Gombrich darauf vorbereiten. Über das Reden beim Essen im Ristorante notierte er (früher hätte er das überhört): Bei der Musterung des Kellners für das Militär wurden nur die Hoden befühlt, darauf wurde er ohne weitere Untersuchung tauglich geschrieben.

Daheim tippte er sich Gedichte auf der Schreibmaschine ab, um diese zum Auswendiglernen bei sich zu haben so etwa *Hölderlin's „Menschenbeifall"*:

> „Ist nicht heilig mein Herz, schöneren Lebens voll,
> Seit ich liebe? Warum achtetet ihr mich mehr,
> Da ich stolzer und wilder,
> Wortereicher und leerer war?
>
> Ach der Menge gefällt was auf den Marktplatz taugt,
> Und es ehrt der Knecht nur den Gewaltsamen;
> An das Göttliche glauben
> Die allein, die es selbst sind."

*(Friedrich Hölderlin, Menschenbeifall)*

(199)
Regelmäßig in den Mittagspausen, meist bevor Arno zum Ruhen nach Hause kam, machte ich mit der Gräfin Spaziergänge. Das reizvolle Hinterland mit den blühenden Mimosen, dem Ginster (der für den Export gefärbt wurde) und der reichen Mittelmeervegetation bot unzählige Ausflugsmöglichkeiten mit immer neuen Ausblicken auf die Seealpen oder das Meer. Trotz dieses ausgeglichenen Lebens bemerkte ich am Sonntagabend (27.1.) ein leichtes Frösteln, eine leichte Schwäche. Ich machte sofort ein ansteigendes (heißes) Fußbad, um eine mögliche Erkältung abzuleiten, und schlief danach leidlich.
Am Montag morgen arbeitete ich, doch plötzlich

überfiel mich erneut eine so große Schwäche, daß ich Arno, der gerade kam, bat, alle Behandlungen für den Nachmittag abzusagen, da ich mich selbst für's telefonieren zu schwach fühlte. Das Thermometer zeigte 40 Grad Fieber.

Arno notierte: „G. schüttelt sich vor Schüttelfrost, wie ich's noch nie gesehen habe. Bitte Chef um Erlaubnis, daß ich daheimbleiben darf, um mit der Gräfin zusammen G. kalte Wadenwickel zu machen."

(200)
Über Fieber als Heilfaktor weiß die Naturheilkunde viel zu sagen. Diesen Heilprozeß, den der Körper selbst in Gang setzt (um etwa im Blut- oder Lymphsystem vorhandene Viren oder Bazillen zu vernichten) hat man versucht, auch künstlich einzuleiten. So etwa Frau Schlenz mit den Überwärmungsbädern. Den Körper anzuhalten, aus eigener Kraft Krankheitsgeschehen zu bewältigen, ist heute, durch die Krankheit der Immunschwäche, besonders wichtig, aber auch bei Krebs, Allergien usw.

In meinem Falle ließ die Gräfin sofort den Arzt Dr. Giribaldi kommen. Dieser Arzt hatte u.a. auch in Freiburg studiert und war der Naturheilkunde gegenüber aufgeschlossen. So war er einverstanden, daß ich mir als fiebersenkende Mittel kalte Packungen machen ließ und heiße Zitronenlimonade trank. Abends, nachdem ich reichlich geschwitzt hatte, wusch mich Arno ab, damit ich mich nicht anstrengte. Ich fastete, da ja auch essen für den Körper eine Anstrengung ist.

Am nächsten Tag war das Fieber auf 38,5°C heruntergegangen. Auch an diesem Tag trank ich nur Tee ohne zu essen. Am dritten Tag abends war die Temperatur 37,4°C. Halbstündlich trank ich

Fleischbrühe. Die Zufuhr von Flüssigkeit ist wichtig. Am vierten Tag war ich fieberfrei. Nun machte ich zweimal täglich Arm-Überwärmungsbäder und abends ein Fuß-Überwärmungsbad nach Kneipp. Von Arno ließ ich mir das erste Essen aus dem Stella mitbringen: Gianchetti, Salzkartoffeln und Karottenpüree.

Am 1. Februar konnte ich meine Arbeit wieder aufnehmen.

### 23. Behandlungsmonat

Ich komme auf Arno zurück. Was mir die vier Krankheitstage zeigten, war, daß sein Genesungsweg noch stark vom Therapeuten beeinflußt war und daß ich an ein Nachlassen meines Bemühens noch nicht denken konnte, denn er zeigte sich verwirrt.

Er wollte, während ich krank war, einkaufen, versuchte vergebens das Motorrad anzubekommen und schob es endlich in die Werkstatt. Dort mußte er hören, daß er den Zündschlüssel nicht eingesteckt hatte. Als er für die Gräfin die Espressomaschine aufs Gas setzte, vergaß er, Wasser in die Kanne zu tun, so daß der Gummiring schmolz.

Er kochte am Dienstag, seinem freiten Tag (29.), für die Gräfin und notierte dabei: „Essen mit Gräfin, die nur die Hälfte Animella und Salat ißt, wovon ich die andere Hälfte essen muß, am schlimmsten jedoch ist, daß mir die Gräfin vom Hotelbetrieb und Hotelessen plaudert." Und am nächsten Arbeitstag (30.) „Rege Arbeit, wobei mir Kränkelein des Personals sehr auffallen und ich gesund bleiben will. Daheim erklärt mir G. die abwehrbildende Wirkung seiner Influenza, die man nicht mit Medizin bekämpfen dürfe; meine vegetativen Schweißausbrüche würden nach der Pubertät aufhören. Meine Stimmung wird melancholisch. Traurig, lustlos lesen. Essen mit der Gräfin; ich esse unter Gedankenqualen wenig. Später bei Lektüre quälerisches Eßwürgen ohne Lebenslust mit Sehnsucht nach Geist und G. Beginne Thomas Manns „Felix Krull".

Und am 31.1.: „G. bekam Bücher und schenkt mir davon „Charmides-Sokrates" sowie die Apologie und Kriton. Als ich lese, daß die Weissagerin Buchela wahr vorausgesagt hat, kommentiert er, daß man damit den Lebensreiz nimmt – oder sich – bei Unrichtigkeit – falsch einstellt, da man nicht mehr offen dem Schicksal gegenüber ist."

(201)
Arno hatte an jedem meiner Krankheitstage am Nachmittag frei bekommen und so konnte er am Donnerstag, als ich fieberfrei war, ein Thema anbringen, das ihm durch studierende Gleichaltrige immer wieder hingeschoben wurde: die Selbst-verwirklichung. Er notierte: „Diese neue linke For-derung setzt eine Idee, einen Plan seines Lebens voraus, der verwirklicht werden soll. Planende Reiche werden nicht glücklich durch erlangten Reichtum. Man hat kein festes Selbst; der Mensch hat nur ein Streben nach dem Göttlichen, wobei ihn Daimon, die warnende innere Stimme der Gottheit bei Sokrates, leitet, und wobei er Befriedigung erlangt; daher keine Selbstverwirklichung, sondern Selbstbefriedigung. Bei Kaffee über Lebenspläne geredet, die im Zeitlauf sich ändern. Abends Essen mit der Gräfin und G. Schön. Vor Mitternacht quälendes Würgen."

Freitag 1. Februar 1980
„G. verbessert mich beim Breikochen. Man müsse stets eine Rührrichtung beibehalten, damit es nicht klumpt. Mittags gebe ich bunte und weiße Wäsche in die Waschmaschine. Dabei färbt sich ein weißer Seidenpulli von G. rosa. Obwohl teuer, kaufe ich G. einen neuen und gebe ihn ihm am Abend. G. ist das peinlich, aber ich dränge ihn ihm auf. Tief gemütsbewegt und traurig ins Bett."

Samstag 2.2.
Vor 6 Uhr morgens ohne Vorstellung oder Traum ergiebige Pollution. Müde, bei mangelnder Lebensenergie harte Arbeit. In Bücherei Gedichte von Mörike gesucht: „Herr schicke, was Du willst..."[1]
Bin ergriffen. Abends liest G. aus der Autobiografie von Popper vor: über Marxismus und Oktoberrevolution von 1917. Dabei von Popper eine ungenaue und eine präzise Definition des Wortes Idee gelesen.

Sonntag 3.2.
Müde aufgestanden. Sehr nervös. G. gebeten, von meinem Breiteller etwas abzunehmen, da mir scheint, ich habe mehr als er. Um mich „auf den Boden zurückzuholen", nennt mich G., als ich von meinen Gedanken an Hetze spreche, einen „arbeitenden, gestreßten Jungen". Darauf fragt die Gräfin nach meinem Chef, doch das paßt mir nicht, denn ich will nicht immer von Arbeit reden und hören. Dabei habe ich Gedanken an körperliche Schmerzschwächen der letzten Woche (Frieren,

---

[1] Dieses Gedicht hatte ich Arno schon im März 1979 aufgeschrieben, aber erst jetzt war er für die Aufnahme bereit. Dieser „Langzeiteffekt" sprach für seinen Fortschritt.

Schwitzen, Rückenschmerz, Überanstrengung) und an meine innere Unruhe und Eßqual (nach Essen muß Würgen folgen, was Körper verlangt, aber ihn doch auch quält, besonders den Geist).

Verwirrt auf Straße weinen, da ich mich ohne Nerven fühle. Erneutes, stetes Mokieren der Spülfrau. Abends, als ich heimgehe, klarer Mondhimmel. Am Kaminfeuer die Gräfin und G. Lesen am Kaminfeuer, wo ich G's. Bier heute annehme. Mondscheinsonate bei Feuerschein erinnert mich nicht an den Mond. Nach 23 Uhr, als die Gräfin in ihr Bad geht, meine Gedanken von heute G. erzählt, worauf er nur Geduld empfahl und Fortschritt lobte.

Montag, 4.2.

7 Uhr Frühstück. Wohlgelaunt, da das Sagen meiner Gedanken an G. mich befreit hatte. In der Mittagspause Buch über Isenheimer Altar gesehen. Lese Aischylos' „Die Perser". Zehn Minuten entspannt ruhen, was G. gestern abend empfahl. Abends heim, verschwindet meine frohe Stimmung, da ich G. noch in der Küche helfen soll, sauber zu machen. Danach mit ihm und der Gräfin am Kaminfeuer. G. erklärt der Gräfin, daß das Y-Chromosom das männliche Geschlecht bestimmt. Zwei X-Chromosome ergeben ein Mädchen, aber nicht zwei Y-Chromosome einen Jungen, sondern ein X und ein Y. Erschöpfung oder Übermüdung beim Mann scheint das Y-Chromosom zu begünstigen, weshalb nach Kriegen und in armen Familien mehr Knaben zur Welt kommen. Er nimmt als Beispiel Süditalien. Als wir dann auf Goethe zu sprechen kommen, trägt G. das *Lied der Parzen aus der „Iphigenie"* vor und wie Iphigenie die Entstehung der Atridenverfluchung schildert, durch Brüder Arteus und Thystets, klar, wie es in keinem Buch zu lesen ist.

„In unsrer Jugend sangs die Amme mir
Und den Geschwistern vor, ich merkt es wohl.

Es fürchte die Götter
Das Menschengeschlecht!
Sie halten die Herrschaft
In Ewigen Händen,
Und können sie brauchen,
Wie's ihnen gefällt.
Der fürchte sie doppelt,
Den je sie erheben!
Auf Klippen und Wolken
Sind Stühle bereitet
Um Goldene Tische.

Erhebet ein Zwist sich,
So stürzen die Gäste
Geschmäht und geschändet
In nächtliche Tiefen,
Und harren vergebens,
Im Finstern gebunden,
Gerechten Gerichtes.

Sie aber, sie bleiben,
In ewigen Festen
An Goldenen Tischen.
Sie schreiten von Bergen,
Zu Bergen hinüber:
Aus Schlünden der Tiefe
Dampft ihnen der Atem,
Erstickter Titaten,
Gleich Opfergrüchen,
Ein leichtes Gewölke.

Es wenden die Herrscher
Ihr segnendes Auge
Von ganzen Geschlechtern,
Und meiden, im Enkel
Die ehmals Geliebten,
Still redenden Züge
Des Ahnherrn zu sehen.

So sangen die Parzen;
Es horcht der Verbannte
In nächtlichen Höhlen,
Der Alte, die Lieder,
Denkt Kinder und Enkel,
Und schüttelt das Haupt.

(202)
Um mit der Gräfin und Arno an dessen freien
Dienstag einen Ausflug zu machen, bestellte ich
meine Patienten früher. Gerade, als ich hinter dem
letzten die Tür schließen wollte, kam der Postbote
und reichte mir einen Brief mit schwarzem Rand. Er
enthielt die Todesanzeige eines Herrn Kurt Göritz,
der mit 91 Jahren als Junggeselle gestorben war.
Seiner blinden Schwestern zuliebe war er ledig und
für sie verfügbar geblieben. In unzähligen Gedichten
in der Form der Spätromantiker, hatte er sein
Gefühlsleben gepflegt und Lebensträume vergeistigt.
Bis zuletzt hatte er sich geweigert, einen Fernseher
anzuschaffen, da er diese Art von Information zu
oberflächlich fand. Ich hatte ihn vor 17 Jahren in
Bordighera kennengelernt, als man mich in eine
kleine Pension gerufen hatte, um seine Wünsche zu
übersetzen. Nie hätte ich geglaubt, daß bei einem
74-jährigen noch so viel Zeit für eine Freundschaft
bleiben könne.
Nun fiel mir ein Spaziergang ein, den ich damals mit
ihm gemacht hatte, auf dem er über Güte und
Gutmütigkeit sprach, die oft verwechselt würden,
aber auch über die Kunst der Gesprächsführung.
Er zeigte den Aufbau eines Gesprächsthemas,
betonte wie man dabei bleiben müsse und stellte
das Schwätzen der Allgemeinheit dagegen, das von
einem Punkt zum anderen hüpft, wobei dann im

Endeffekt nichts gesagt werde. Auch sprach er vom Glück, das jeder sucht, und fragte rhetorisch: Glück, was ist das? Und wo steht, daß wir ein Anrecht darauf haben? Mit Dankbarkeit und Wehmut dachte ich an ihn.

Aus diesen Bildern riß mich die Gräfin, die Arno versprochen hatte, ihn heute nach Eze zu fahren. Dort war auf dem Weg ins Dorf eine Gedenktafel, die daran erinnerte, daß auf dem Weg von Nizza hierher Nietzsche[1] an seinem „Zarathustra" gearbeitet hatte. Dies wollte sie Arno zeigen. Arno notierte am Dienstag, 5. Februar 1980:

„Erst 15 Uhr 30 in Eze, da die Gräfin die Abfahrt von der Autobahn übersah[2] und wir so über Nizza fuhren. Da mir beim Autofahren immer noch schlecht wird, sitzt G. hinten und ich vorne, da es mir dann fast nichts ausmacht. In Eze verhüllte Kakteen die

---

[1] Ich finde es erwähnenswert, daß *Nietzsche* in seinem „Willen zur Macht" Zeugung und Ernährung als gleichwertiges Problem nebeneinandersetzt: „Gesetzt endlich, daß es gelänge, unser gesamtes Triebleben als die Ausgestaltung und Verzweigung einer Grundform des Willens zu erklären – nämlich des Willens zur Macht, wie es mein Satz ist -; Gesetzt, daß man alle organischen Funktionen auf diesen Willen zur Macht zurückführen könnte und in ihm auch die Lösung des Problems der Zeugung und Ernährung – es ist ein Problem – fände, so hätte man damit sich das Recht verschafft, alle wirkende Kraft eindeutig zu bestimmen als: Wille zur Macht. Die Welt von innen gesehen, die Welt auf ihren „intelligiblen Charakter" hin bestimmt und bezeichnet – sie wäre eben „Wille zur Macht" und nichts außerdem."

[2] Da es hier um die Psychologie des Magersüchtigen geht, muß ich der Gerechtigkeit halber sagen, daß Arno der vorn bei der Gräfin saß, ihr die Abfahrt hätte anvisieren sollen, das aber nicht tat, weil er sie ebenfalls übersah.

Christo eingepackt hat.[1] Da von Tourismus erfüllt, war mein Erwarten einsam und verfallen. In La Turbie die „Trophée des Alpes" von Kaiser Augustus gesehen: wunderbar, Abends gutes Essen."

**Mittwoch, 6.2.80**
„Müde aufgestanden, als ich nach 14 Uhr schnell fertigputzen will, bremst mich Chef, was Spülfrau gehässig freut. So arbeitete ich umsonst schnell. Viel Dummheit erduldet, die mich unruhig und schwermütig macht, auch meine Dummheit, die ich wegbilden will. Nach 15 Uhr daheim „Spiegel"-Bericht über Film „Caligula" lesen. Dabei bekam ich Geilheit und probierte wieder ein Kondom an, das ich neulich kaufte. Abends mit G. in der Bar Giglio. Wir treffen dort das Ehepaar Templeton. Sage Frau T. meine Freude an Ibsens „Nora", die sie mir empfahl, konnte es aber sprachlich nicht formulieren. Ich sprach nur von meinem Unverständnis der Frauenemanzipation, was Frau T. etwas enttäuschte. Sie fühlt sich von ihrem Mann unterdrückt, der darüber noch nicht nachgedacht hatte. Dr. T. sprach von Nymphomaninnen, die er in seiner ärztlichen Praxis behandelte. Als wir dann unseren Spaziergang über die Altstadt machen, erklärt G. die Beeinflussung Th. Manns und Hesses durch S. Freud. Er meint auch, daß ein Strebender, der sich ständig weiterzuentwickeln versucht, Genuß im Sinne Schopenhauers nicht sucht, ja unfähig ist, ihn bewußt zu erleben, zu suchen oder zu begehren."

---

[1] Mein eigenes Diarium sagt, daß ich Arno einen Satz von Urs Jenny weitergab, der bei einigen Christo-Verfremdungen einmal sagte: „Eigentlich interessiere uns dabei doch immer, was er verpackt habe und wie der Gegenstand aussähe, nicht aber die Verpackung selbst."

Donnerstag, 7.2.
„Vorm Aufstehen kleine Pollution erlebt. Als ich abends heimkomme, ist die Küchenarbeit von G. schon beendet und alles sauber, worüber ich froh bin. Lese in „Die Gralsbotschaft"[1], ein Buch, das mir ein Freund G's. schenkte. Gefällt mir sehr, da formulierte Lebensweisheiten."

Freitag, 8.2.80
„Gutes Frühstück mit Gesprächen über Architektur. Seit gestern neuer Kellnerjunge aus Mailand. Er lästert über zuviel Arbeit. Abends Tee am Kamin, da viel Stockfisch gegessen."

Samstag, 9.2.80
„Frühstücksgespräche über Bucheinbände und handgebundene Bücher und über Wert und Aufgabe des Schutzumschlages. Dann vom Schlagerfestival in San Remo, das heute beginnt.
Chef erklärt mir Tarifbezahlung, die nach Alter geht und ich erzähle, daß man mir sagte, seine Zahlung sei ungerecht.[2] Darauf sagt er, ich könne es ja nachprüfen, aber ich glaube ihm.
Abends essen die Gräfin und G. bei uns und schauen im Fernseher etwas vom Festival, um einen Eindruck zu haben."

---

[1] Dieses Buch erhielt Arno schon im August 79, und es wurde erst jetzt von ihm verstanden.

[2] wie früher erwähnt, ließ sich Arno die Richtigkeit bestätigen.

Montag 11.2.
Die Gräfin ist nicht am Frühstückstisch, da sie einmal ausschlafen will. So frühstücke auch ich nicht.
In der Küche viel Arbeit, viel zu säubern; erschöpft und müde. Daheim finde ich ein Gedicht von Fontane, das Edith Templeton für mich brachte: schön. Es heißt: „Die Frage bleibt".

*Die Frage bleibt*

Halte Dich still, halte dich stumm,
Nur nicht forschen, warum? warum?

Nur nicht bittre Fragen tauschen,
Antwort ist doch nur wie Meeresrauschen.

Wie's dich auch aufzuhorchen treibt,
Das Dunkel, das Rätsel, die Frage bleibt.

*(Theodor Fontane)*

Abends Arbeit von 17 bis 22 Uhr, danach müde erschöpft. Würgen, obwohl ich es leid bin. Habe mit G. abgemacht, daß ich ab morgen viele kleine Mahlzeiten nehme, statt drei Hauptmahlzeiten, zum Abgewöhnen des Würgens. G. hält das für gut.
Beim Heimgehen klarer Sternenhimmel, der mich beruhigt. Da ich etwas verschnupft bin, geht G. allein spazieren, und ich nehme heißes Fußbad. Ich fühle zum ersten Mal nicht mich krank, sondern die Krankheit als Fremdes in mir. Ich erlebe sie objektiv, da G's. Erziehung mich gelehrt hat, subjektive Äußerungen zu verschweigen. Schwitzend im Bett.

Freier Dienstag, 12.2.80
Verschwitzt erwacht und kalt geduscht, ohne die

Kälte als Schmerz zu empfinden. Frühstück: ein roh-geschlagenes Ei mit Zitrone, drei Knäckebrote mit Käse und Honig, Milchkaffee. Nach Frühstück stets gewürgt, trotz Flüssigkeit. Schade."

(203)
Nach dem *Frankl-Effekt der „Paradoxen Intention"* war dieser Willensakt falsch – wie man ja sieht. Aber nach 93 Wochen intensiver Therapie wagte ich nicht, den Vorschlag, der vom Patienten selbst kam, abzulehnen, da die Sicherheit und das Vertrauen in sich selbst, das der Anorektiker und Jugendliche braucht, nicht ständig durch „Besserwisserei" des Therapeuten untergraben werden kann. Ich hielt es für richtig, das Experiment zu wagen, um dann beim Versagen andere Vorschläge zu machen, ohne den Eindruck der Bevormundung entstehen zu lassen.
Im übrigen nahm ich Arno daraufhin sofort zu einem Spaziergang mit, der hinter der Altstadt ins Beado-Tal führte. Ein schmaler Fußweg durch Gartenfelder und Palmenhaine, blühende Mimosen, Ginster und Rosen. Wir liefen bis zu einer alten römischen Bogenbrücke und stiegen dann bergan nach Sasso, um über einen anderen Weg durch Blumenkulturen (Nelken) zurückzugehen. Arno nannte ihn im Journal einen „himmlischen Spaziergang" und schrieb darüber einen gesonderten Spaziergangsbericht.
Trotzdem würgte er nochmals nach dem Mittag-essen an den Artischoken und notierte am Abend, als ich frischen Feldsalat auftischte, den ich aus dem Garten einer Patientin holen durfte: „Essen mit der Gräfin und G., der mir zuviel Feldsalat gibt. Nachher am Kaminfeuer fast ohne würgen."

Am nächsten Tag (Mittwoch, 13.2.) fuhr er fort: „Obwohl morgens nur Brei gegessen, kam Würgen, dann auch bei „reger" Arbeit nach Mittagessen. Um 15 Uhr sagt mein Chef, daß ich ja immer würge und ich solle das mit G. besprechen. Er hält es für eine vegetative Nervenreaktion. Ich sage ihm, daß ich schon mit G. gesprochen habe und er einverstanden ist, daß ich keine Hauptmahlzeiten mehr zu mir nehme, sondern nur Zwischen- häppchen, so daß ich nach drei bis vier Wochen den Reflex des Würgens verlernt habe. Chef ist einverstanden. Abends esse ich im Ristorante nicht am Tisch, da ich nebenbei gegessen und auch Bier getrunken habe. Gutes Gefühl ohne Würgen. Abends Spaziergang mit Gräfin und G. Sage *Mörikes Gedicht „Neue Liebe"* auf.

Neue Liebe

Kann auch ein Mensch des andern auf der Erde
Ganz, wie er möchte, sein?
-In langer Nacht bedacht ich mir's und mußte sagen,nein!

So kann ich niemands heißen auf der Erde,
Und niemand wäre mein?
-Aus Finsternissen hell in mir aufzückt ein Freudenschein:

Sollt ich mit Gott nicht können sein,
So wie ich möchte, Mein und Dein?
Was hielte mich, daß ich's nicht heute werde?

Ein süßes Schrecken geht durch mein Gebein!
Mich wundert, daß es mir ein Wunder wollte sein,
Gott selbst zu eigen haben auf der Erde!

Daheim Wein und Käse. Die Gräfin erklärt mir die französischen Wörter aus „Felix Krull" (Th. Mann).

G. zeigt mir ein Foto der Prinzessin von Luxemburg. Eine Frau Till hat es nachmittags gebracht. Sie war vom Fürstenhaus geschickt. G. sagt: „Hoheit ist am 9. September 79 gestorben; ich habe dir davon erzählt, als ich dir den verlassenen Besitz zeigte." Leider erinnere ich mich nicht mehr an diese Unterhaltung."

Donnerstag, 14. Februar 1980
„Frühstücke weniger, trotzdem etwas gewürgt. Chef ist wütend, weiß nicht warum. Die Gräfin ißt mit einer befreundeten Familie gut bei uns. Ich esse nicht bei Tisch, würge auch nicht. Fühle mich trotzdem gut, während ich mich sonst vom Würgen geschwächt fühle. Daheim lehrt mich G., wie man Fingernägel feilt. Morgen streiken in Italien die Ristoranti, habe also frei. Schlug G. vor, in eine Pension essen zu gehen, doch meint er, ich solle erst die „Stets-Eß-Kur" (immer etwas, aber wenig essen) durchführen. Ich merke, daß er sich deshalb auf mich einstellt und mache mir Vorwürfe."

Freitag, 15.2.80 Streiktag der Ristoranti
„Um 8 Uhr 10 nach guter Ruhe mit Musik aufgestanden. Gutes Frühstück. Die Gräfin hatte G. ein Buch zur Beurteilung gegeben, weil es sie enttäuscht hatte: Morris L. West: Insel der Seefahrer. G. spricht darüber. G. sagt, ich solle „Stets-Eß-Kur" fortführen, doch empfinde ich, daß sie ihn stört.
Seit 1 ½ Tagen ohne Würgen, wobei ich mich gut fühle. Im Markt mache ich einer Gemüseverkäuferin ein Kompliment wegen ihres guten Aussehens, dabei höre ich, wie die neben ihr stehende Frau zu einer anderen sagt, daß ich wie ein Engel aussähe. Mittags essen wir Gianchetti in brodo, Kartoffelbrei

und Blumenkohl in Butter. Die Gräfin erzählt dabei vom eigenen Charakter der Russen, der unvereinbar mit Europa ist. Sie hat selbst viele Jahre mit und unter Russen gelebt.

Nachmittags fahren wir alle nach Sam Remo.

Dabei sagt mir G., ich würde bei Tisch viel zu wenig essen, auch die Zwischenmahlzeiten seien nicht ausreichend, und ich solle erstmals aus Rücksicht auf ihn, da er nervlich sehr gefordert sei, mit dieser „Stets-Eß-Kur" aufhören. In San Remo kaufe ich ein Hemd, das der Gräfin gefällt, wieder „Viyella", ein englisches Produkt.

Abends esse ich normal, weil G. es wollte, würge aber nachher. Auf dem Abendspaziergang erklärt mir G., warum die „Stets-Eß-Kur" nun doch nicht geht. Die Gräfin sieht es nämlich aus ihrem Blickwinkel der Edukation und macht ihm wegen meines Eß-verhaltens Vorhaltungen. Sie sieht darin den „Schweinehund der Magersucht", der ein neues Ven-til gefunden hat, sich von den normalen Tischsitten abzusetzen. Meine vielen kleinen Mahlzeiten seien objektiv weniger als das bisherige normale Essen. Deswegen gehe ich betrübt zu Bett."

Samstag, 16.2.80
„Normales Frühstück mit folgendem gewohntem Würgen. Arbeit bis 14 Uhr 30, nehme aber keine Hauptmahlzeit. Ich fühle mich gut und würge nicht, bin aber schwermütig ohne G.´s bejahende Hilfe."

Salvador Dalí:
„Die Abscheu ist der Wachtposten
vor der Tür zu den Dingen,
die man am meisten begehrt!"

„Daheim besucht mich wieder Rocco. Ich lese auf dem Couchbett (G. nennt es Dormeuse). Da legt er mir ein Pornoheft auf das Buch und beginnt mich zu streicheln und sich auszuziehen. Ich solle mit ihm Liebe machen. Er drückt sich an mich, kam aber nicht, da er abends nochmals Liebe machen will und es lieber aufspart. Es gefiel mir nicht, und ich badete mich danach, mich ekelnd. Abends lese ich Goethes Trauerspiel „Clavigo". Die Gräfin schickt mich zu Bett, da G. müde sei. Ich höre ihn um 24 Uhr heim-kommen."

Zu dieser Eintragung muß ich länger ausholen. Es geht zuerst um das Wort „ekelnd" bei Rocco, das Arno in diesem Zusammenhang gebraucht.
Als Arno bei mir einzog, trug er stets eine Jeanstasche über der Achsel, die nie richtig ge-schlossen war, und die er nach dem Eintreten in die Wohnung einfach auf den Boden fallen ließ, statt sie an der Kleiderablage aufzuhängen. Ich stolperte verschiedene Male darüber und bat ihn, die Tasche richtig zu versorgen, denn ich könne mir bei einem Sturz wehtun, ja mich verletzen. Trotz dieser Bitte dauerte es Monate, bis sich Arno diese forsche Geste abgewöhnt hatte (viel schneller hatte ich selbst gelernt, den Fußboden zu kontrollieren.) Diese Gewohnheit, einfach den Fußboden als Tisch oder Stuhl zu benutzen, hatte er auch im Eisenbahn-wagen oder auf der Straße. Ich mußte ihn daran erinnern, daß hier der Schmutz unzähliger, unbe-kannter Menschen sei, der an seiner Tasche oder dem Hosenboden ankleben würde.
Zu gleicher Zeit – und deshalb beschreibe ich dieses Detail – war er bei einem normalen Kontakt mit anderen pingelig.

So stellt ich einmal überrascht fest, als ich in das gemeinsame Bad ging und er die Türe nicht verschlossen hatte, daß er über den nur von uns benutzten Deckel (WC-Brille) haufenweise Abortpapier gewickelt und gelegt hatte, um mit der Brille nicht in Berührung zu kommen.

Oder: Als ich einmal zwei schöne, alte, wertvolle Stühle ins Haus brachte, sah ich abends, daß sich beim Holz etwas gelöst hatte. Arno hatte sie in der Badewanne eingeweicht und abgebürstet, wozu diese Stühle nicht geeignet waren. Ich mußte ihm erklären, daß man in einem solchen Falle mit Spezialmitteln den Stuhl reinigen kann. Bei einer ähnlichen Sache nahm er gar das ganze Sitzfutter weg, immer ohne Auftrag, ohne zu fragen oder sich vorher mit mir darüber verständigt zu haben.

Ein andernmal warf er sogar den Ziehgriff der Wasserspülung des WC's weg, ohne vorher einen Ersatz gekauft zu haben, der dann nur mit Mühe zu bekommen war, weil das Ziehsystem nicht mehr im Handel war.

Ein weiteres Beispiel an dem ich sah, wie weit er sich von der Natur entfernt hatte, war das Pinkeln. Stellte ich mich auf unseren Abendspaziergängen abseits, versuchte er mich mit den Worten zurückzuhalten: „Aber das stinkt doch!" Ich antwortete, was er rieche, sei das Ammoniak und das sei weder giftig noch schädlich. Mit dem Ammoniak der Kühe würden im Allgäu die Wiesen gedüngt, was man „b´schütten" nennen würde. Im Jemen und in Afrika würde jeder sein Wasser dort abschlagen, wo er gerade stehe, und auch Goethe hätte man auf seiner Italienreise einfach ins Freie geschickt, um seine „Geschäfte" zu erledigen.

Solche Argumente gingen Arno nur schwer ein. Mir zeigte dieses Verhalten die unklare Linie seiner Lebensvorstellung (oder Erziehung), denn eigentlich ging ja alles nicht zusammen.

Nun zum vorletzten Satz „die Gräfin schickt mich zu Bett...", der durch Arnos Kommentar des nächsten Tages ein Licht auf Arnos Überempfindlichkeit wirft, wenn es sich nicht um ihn selbst handelte.
Als Rocco Arno besuchte, war ich mit der Gräfin in San Remo, um einzukaufen, da wir am Tage zuvor durch Arnos Entschlußlosigkeit, das Empfohlene auch zu kaufen, zuviel Zeit verloren hatten. Die Gräfin hatte das Zureden als anstrengend erlebt, sich aber durchgesetzt, da sie nicht zulassen konnte, daß Arno in ihrer Gesellschaft schlecht bzw. geschmacklos gekleidet erschien.
Wie viele Erwachsene begriff sie nicht, warum er sich nicht beraten lassen wollte, da er doch offensichtlich nichts von Qualität verstand.
Auf der Heimfahrt schlug die Gräfin vor, direkt in die Altstadt zu fahren und dort im „Romano" zu essen.
„Ich will, daß sie einmal ohne Arno sind!" sagte sie.
„Immer wieder findet er einen neuen Grund, wenig zu essen, wie jetzt diese „Stets-Essen-Kur". Statt an sich zu arbeiten, nimmt er Sie ganz in Beschlag."

Nach dem Essen ging sie allein in die Villa, während ich in einer Altstadtkneipe noch ein kleines Bier trank, damit sie Zeit hatte, Arno zu Bett zu schicken. Auch für den folgenden Tag suchte die Gräfin eine Möglichkeit, mich von Arno abends zu entlasten. Da sie ihn aber aus Feingefühl nicht nochmal ins Bett schicken wollte, gab sie das Zeichen zum Aufbruch am Kaminfeuer, indem sie sagte, sie wolle ins Bett gehen, was normalerweise das Zeichen des Aufbruchs für alle war. Arno, der noch mit mir sprechen wollte, blieb aber sitzen.

Dieser Tag mit den Aufforderungen der Gräfin liest sich bei ihm so:

Sonntag, 17. Februar 1980
„Müde auf. Normales Frühstück bereitet mir Würgen. Reden über Hochhuths Theaterstücke. Langsames Essen ohne Würgen. Die Spülfrau mokiert sich, doch ich ertrage es gut. Chef will mir mittags freigeben, doch nehme ich das Angebot nicht an, da es Ärger mit dem Essen gegeben hätte. Abends gutes Essen. 22 Uhr daheim, mit Gräfin und. G. vor dem Kaminfeuer. Lese über Freiheit (Lust an der Last der Freiheit = Sartre) im Handeln sich erkennen (Goethe) ausartende Freiheit führt zu Selbstzweck und zu Tyrannei (Platon).
G. gibt mir den „Querelle" von Jean Genet zu lesen. Die Gräfin war vertrottelt, verschlafen, unaufmerksam und sagte stets, sie wolle ins Bett, ging aber dann nicht."

Da Arno mir während des Tags vom Besuch Roccos erzählt hatte, kam ich auf den Einfall, ihm den „Querelle" zum Lesen zu geben, denn Rocco, den ich am Badestrand öfter gesehen hatte, erinnerte mich in seiner Figur und in der Ausdrucksfähigkeit seines Körpers an den Matrosen in Genets Buch.

Montag, 18. Februar 1980
„7 Uhr beim Frühstück wieder würgen müssen, aber schon besser. Essen macht Fortschritte. Nachmittags kontrolliert G. meine Gymnastik, dann Fremdwörter nachschlagen. Nach 21 Uhr holt mich

G. wegen des Regens mit Regenschirm ab. Über Altstadt heim. G. sagt, daß Entelechie nur die feinfühligen, denkenden Menschen empfinden. Der Chor im Theater der Griechen fehlt in der Neuzeit, da die Erklärungen durch Programmhefte gegeben werden. Die wenigsten Menschen nehmen ihr Schicksal (Geworfensein) froh an. Die Jugendlichen heute verbürgerlichen wieder und sitzen am Stammtisch wie ihre Großväter und machen die gleiche lachhafte Stammtischpolitik.

Daheim bei Wein und Käse erklärt er mir am Beispiel Roccos die natürliche Freude am eigenen Körper, die durch falsche Erziehung und Vorurteil (Verachtung des anderen) zum Narzißmus wird."

Dienstag, 19.2.80 (freier Tag)
„Müde auf, doch frohes Frühstück mit Karnevals-Erzählung und Bericht von G. über Zeit und Lebensbedingungen, als er 1946 aus amerikanischer Gefangenschaft entlassen wurde. Vor Brotefrühstück (Frühstück mit Butterbrot) viel Wasser getrunken, weshalb ich es nicht gewürgt habe; wunderbar.

Koche bei Musik: Gianchetti in brodo (winzige, eben ausgeschlüpfte Fische, also eine Art lebendiger Kaviar und nur wenig billiger), Rösti, Salat, Blumenkohlpüree.

Dummes Geplauder um Gesellschaftsanknüpfung der Gräfin mit ihrer Freundin Edith. Das Gespräch ging um eine Dame, die durch den Verkauf des väterlichen Besitzes zur Millionärin geworden war und nun zu ihren Millionen einen Baron heiraten wollte, um den richtigen gesellschaftlichen Status zu haben. Dabei wurden die verschiedenen Aspekte einer solchen Verbindung betrachtet. Diese Dame war (trotz oder wegen ihres Geldes) voll Hilfsbereitschaft der Mitwelt gegenüber, und, da der Fall Arno unübersehbar war, wollte sie ebenfalls zur Stärkung seines Selbstbewußtseins beitragen. Sie bat mich, sie mit vier Freunden im Ristorante „Stella" zum Essen anzumelden. Sie wollte dann Arno rufen lassen und ihn begrüßen. Sein Chef würde so sehen, daß durch ihn Gäste kamen. Das würde seinem Ansehen bei den Mitarbeitern sicher nützen. Ich freute mich nur, weil ich wußte, daß ich dies Essen nicht würgen werde, was mir gelang.

Nach dem Essen die „Apologie des Sokrates" von Werner Krause – gesprochen auf Schallplatte – gehört. Nachmittags Spaziergang hinter Camporosso über den Nervia-Fluß am Berge hoch. Kein Gespräch außer über Bibelbeweis des Autors Keller. Abends kommt eine Signora Pucci zur Gymnastik. Ich darf mitturnen. Dabei Vagina in Slip gesehen, was mich faszinierte und anzog. Abendessen: Kotelett und Bratkartoffeln.

Abends in einem Altmann-Film mit Geraldine Chaplin und Anthony Perkins. Danach Geplauder am Kamin bei Käsebrot und Wein mit der Gräfin."

Mittwoch, 20. Februar 1980
„G. schickt uns Gäste. Daß ich sie begrüßen soll, regt Chef auf, der mir von Gleichheit von Adel und Proletariat spricht. In italienischer Konstitutionsverfassung gäbe es kein Anerkennen von Adel.

Später kommende Karnevalsgesellschaft rühmt Chef als gutes Proletariat, und er und Spülfrau beschimpfen mich. Doch dann „versaut" dies Proletariat den Saal wie Schweine und verärgert die Gäste. Mit verbrauchten Nerven zu Signor Zoni, der mir Marsala-Wein anbot und mich 45 Minuten auf dem Klavier Beethoven spielen ließ. Freude erfüllte mich

„Für Elisa" (Beethoven), wobei ich alles vergaß und allein in Musik lebte. Himmlisch!"

21.2.80 Donnerstag
„Müde nach unterbrochener Nacht auf. Plauderfrühstück langweilig. Gutes Verdauen, was aber Unruhe erzeugte, weshalb ich Kaffee nahm, da ich auch sehr schläfrig war. Rege Arbeit, fröhlich mit Chef, die Dummheit der anderen schwer ertragen, aber objektiver. Langweiliges Zusammensein ertrage ich, indem ich denke, mich in Dichterhöhen bewege, neues Körpererlebnis ohne Würgen empfinde und Gedichte aufsage.
Abends mit dem Architekten Elio aus Agadir (den ich in den Ferien verfehlte) und seiner Frau zusammen. Er sprach geistreich über Olympia, Amerika und UdSSR (Waage USA – UdSSR, restliche Länder dazwischen). G. lädt sie für morgen abend zu uns ein."

Freitag, 22.2.80
„Bei gutem Frühstück erzählt die Gräfin von der Nichtanerkennung der Adelsnamen in der italienischen Verfassung und einige Vergleiche zu anderen Ländern (in Deutschland ist er ein Teil des Namens). Mein Chef sagt nachher, jeder Italiener könne nach Verdienst ausgezeichnet werden, z.B. Cavalliere und Commendatore. Als ich nachmittags unsere Zeitschriften Frau Templeton bringen und von mir erzähle, sagt sie, das Mörike-Gedicht „Herr, schicke was du willst..." sei nicht für die Jugend bestimmt, da Mörike es im hohen Alter resigniert schrieb.
Dazu erklärt G. später, man könne Dichtung erstens geschichtlich und zweitens subjektiv sehen.
Als G. mit den Elios zu uns zum Essen kommt,

bekoche ich sie gut und setze mich ab 21.30 zu ihnen an den Tisch. Elio erzählt geistreich unterhaltend gut.

a) Päpste sind durch Manipulation immer aus fünf gleichen Familien gewählt worden.
b) Auf philippinische Säule in Rom heftete man Protestblätter gegen den Papst, daher „philippinische Schriften"
c) Romanische Literatur in römischem Dialekt handelt interessant vom Streit um Päpste.
d) Dadaismus (dada – franz.: Manie, Tick) wurde in Paris durch Deutsche begründet. Der Futurismus ähnelt ihm, aber nur in Italien.

Als wir den Digestivo dann im Cafe Romano nehmen, sagt der Besitzer Davide, die Brigade Rosso hätte Verbindungen zum Katholizismus. Um 23 Uhr taucht Renato auf, der Militär-Urlaub hat und schenkt mir ein Buch über die italienische Marine. Sehr lieb."

Samstag, 23.2.80
„Erst nach Kaffee um 8 Uhr verdaut. Chef erzählt von Amerigo Vespucci. Renato hilft bei uns beim Bedienen und erzählt, Edmondo, zu dessen Freundeskreis er Beziehungen unterhält, lache nie, da er sich um die Unterdrückten kümmere. Verstehe das nicht. Abends nach Spaziergang mit G. (die Gräfin ist erkältet) daheim Käse und Portwein (gut!!) Mir bleibt unklar, was Menschen denken, wenn sie sich nicht um geistige Dinge bemühen."

Sonntag, 24.2.80
„Gutes Frühstück, aber wieder erst nach Kaffee verdaut. Nach der Arbeit am Meer entlang gegangen, das nach warmem Wind überall weiße

Schaumkronen zeigt. Renato kommt auch und erzählt wieder von Edmondo, der gerne eine wichtige Person werden will, um öffentliches Ansehen ringt, aber impotent sei. Abends im Kino sehen wir den Film „Ernesto" nach einem Buch von Umberto Saba. Der 18-jährige Ernesto hat mit einem Mann ein Liebeserlebnis, dann mit einem 14-jährigen Jungen, dessen ähnelnde Schwester er schließlich heiraten soll. G. sagt, Sabe sei ein anerkannter, ernsthafter Literat in Italien. Als wir in einer Bar den Bagnino Pierro treffen, der auch im Film war, sagt dieser, daß er alles abscheulich fand. Nachmittags sagte Renato, er wolle das nächstemal mit mir Liebe machen, damit ich endlich auch an etwas anderes dächte als das Essen."

Montag, 25.2.80
„Gutes Frühstück, mittlere Verdauung mit Wille. Rufe Tante Maura wegen eines Fotoapparates an, da G. zwecks Kontrolle mich nackt fotografieren will. Will meinem Chef und seiner Frau morgen hier ein Abendessen richten und lade sie ein. In der Mittagspause deshalb großer Küchenputz mit geschwächter Nervenkraft, der Verzweiflung nahe.
Abends am Kaminfeuer läßt mich G. in Poppers Autobiografie über Reflexe lesen. Pavlovscher Reflex ist kein Reflex, sondern Hunde haben entdeckt, auf ein Zeichen Nahrung zu erwarten, d.h. es ist eine Assoziationshandlung, die konditioniert, d.h. bedingt ist. Die moderne Lerntheorie glaubte irrtümlich, es sei ein Reflex. Die Gräfin muß wegen der Erkältung das Haus hüten, und so sitzen wir abends am Kamin und hören die Pastorale und New World Symphony. Apfel/Käse und Portwein. Um die Gräfin zu schonen keine Gespräche."

Dienstag (freier Tag), 26.2.80

„Die Gräfin soll immer noch das Haus hüten und klagt, daß sie nicht hinauskann. So zitiere ich ihr „Faust", 1. Teil im Zimmer, der auch über sein Eingeschlossensein klagt. Sehr gutes Frühstück und Kaffee gut verdaut. Lese u.a. über die Entstehung Bordigheras 1470. Als G. von 15 bis 17 Uhr Zeit hat, fahren wir mit beiden Motorrädern nach Vallebona und laufen dann einen Feldweg über den Hügelgrat in die Nähe Perinaldos. Herrliche Landschaft. Auf dem Rückweg nehmen wir 10 Flaschen Soldano-Wein mit heim. Frohgelaunt nach himmlischer Fahrt mit G. kochen bis 19.30.

Mein Chef, seine Frau Clelia und die Tochter Nadja kommen, dazu Onkel Leo und Tante Maura. Das Essen verläuft lustig. Brühe mit Markklößchen, Kohlrouladen und Hirse und Salat. Käse, Obst und Wein. Alle zufrieden. Der Gräfin serviere ich das Essen ans Bett."

An diesem Nachmittag kam ein junger Mann aus San Remo in meine Praxis, den man wegen eines (angeblichen) Bandscheibenvorfalls operieren wollte. Aus Angst vor der Operation suchte er mich auf. Ich nutzte diese Gelegenheit, Arno die Schüttelmassage des schwedischen Majors Thure-Brandt zu zeigen (der körperliche Kontakt blieb mir wichtig).

Nachher erzählte ich ihm von dem Buch „Das tyrannische Gehirn" des Arztes Dr. Siemeons. Auch dieser hatte herausgefunden, daß viele Bandscheibenvorfälle ohne Operation therapiert werden können.[1]

---

[1] Ich konnte dem Patienten wirklich helfen. Er besuchte mich einige Jahre später, um mir nochmals zu danken und zu zeigen, daß er wirklich in Ordnung war.

Mittwoch, 27.2.80

„Müde auf. Bei der Arbeit verhöhnt und beschimpft mich falsche Spülfrau so lügenhaft, daß ich sehr erschöpft dusche. Nachmittags ergreift mich Verzweiflung, ich weine, bzw. zerbreche innerlich kurz und wasche mich dann kalt. Bin sehr trübsinnig und erschöpft. Abends müde heim. Am Kaminfeuer lese ich, daß in der Antike die Olympiade immer im Frieden war und daß heute die 20- bis 30-jährigen in Amerika ihre Freiheit und Bequemlichkeiten ohne Mühe wollen.

Oskar Kokoschka tot. G. spricht von der Wichtigkeit des Schlafes: Besser das halbe Leben verschlafen und die andere Hälfte intensiv leben, als mies und unzufrieden zu sein. So würde der Arzt Schleich irgendwo schreiben."

Donnerstag, 28.Februar 1980

„Gutes Frühstück. Die Gräfin erzählt vom Hunger in Europa im Jahre 1921. Rege Arbeit, erschöpft heim. G. hat die Kamera besorgt und fotografiert mich mit einem Jungen meines Alters nackt, damit ich den Vergleich habe. Der Junge, Giovanni, sucht sein „Erkenne dich selbst." Ich rate ihm, da er zwischen Schule und Arbeit schwankt, eines nach dem anderen auszuprobieren, um sich im Handeln zu erkennen. (Hier und auch später gibt Arno souverän Ratschläge, die weit entfernt vom eigenen Verhalten sind. Es scheint aber, als ob er durch Lehren sich selbst motivieren will.) Abends gibt mir G. Milchsäuretabletten gegen meinen starken Durchfall, den ich seit Nervenplage gestern abend habe."

Freitag, 29.Februar 1980
„Beim Frühstück von germanischen Göttern erzählt
(Freia ähnelt Hera). Diesen Sagen fehlt der griechische Eros. G. gibt mir ein Buch von Peter Weiss,
„Die Ästhetik des Widerstandes", um den geträum-
ten Sozialismus zu verstehen. (Auf Rat von Frau
Templeton hört Arno mit dem Lesen auf Seite 142 im
Juli 1980 auf.) Daß G. immer so freundlich ist, finde
ich schön. Abends bekomme ich wieder zwei Milchsäuretabletten. Gespräche über Lebenshilfe und
lebensnahe Philosophie, worunter G. praktische
Lebensbewältigung versteht und nicht das Gerede
und Geschreibe an den Universitäten, ohne Beziehung zur eigenen Natur."

Samstag, 1. März 1980
„Müde auf. Starker Durchfall schwächt mich, stete
Würgegewohnheit macht mir schwere Willensqual,
dagegen zu kämpfen. Lese den Anfang der
Beschreibung des Reliefs des Altars des Zeus im
Pergamon-Museum in Berlin (Gombrich S. 81)
wegen Weiss' „Ästhetik". Gefiel mir sehr. Abends mit
der Gräfin und G. wieder am Kaminfeuer, bekomme
ich Perenterol für meinen Durchfall."

Bei Nennung eines Medikamentes fragt sich
vielleicht mancher Leser, weshalb ich als Heilpraktiker nicht öfter Homöopathie oder Phytotherapie
erwähne bzw. verordne. Später wird Arno Fuman-
tergyl erwähnen. Eine Zigarette aus den Blättern der
Tollkirsche (Belladonna), die ich bei Schnupfen,
allergischem Asthma und auch bei Einschlaf-
schwierigkeiten rezeptiere. Sie wird in den
französischen Apotheken verkauft. Die Antwort: In
Italien ist der Beruf des Heilpraktikers noch nicht

anerkannt, ich darf hier also nicht rezeptieren. Bei meiner persönlichen Einstellung, daß „Behandlung" von „Hand" kommt, ist das nicht weiter tragisch. Mein Therapieziel erreiche ich meist trotzdem.

Neben den Gesprächen, wie den hier angeführten, wurde Arno auch über das Tagesgeschehen unterrichtet, was sich automatisch durch die Lektüre von Wochenzeitschriften ergab. Auch dazu notierte er oft das Gehörte oder Gelesene, da er zwischen zeitloser Information und Tagesneuigkeit schlecht unterscheiden konnte. Lesen Sie:

„Sonntag, 2. März 1980
Beim Frühstück höre ich von Mussolinis Kampf in Äthiopien 1936. Die katholische Kirche unterstützte ihn, um sich die äthiopische Kirche eingliedern zu können, was bisher nicht gelungen war. Als Haile Selassie in Genf vor dem Völkerbund um Hilfe bat, rührte es niemanden. Das gab Hitler den Mut, seine Eroberungen zu beginnen. Das schreibt Speer in seinen Erinnerungen, die er in Spandau schrieb.

Bei der Arbeit erklärt mir Chef, daß vier Großmächte 1945 Europas Grenzen festlegten, weshalb die heutigen Schulatlanten die ehemaligen deutschen Ostgebiete als Polen zeigen müssen. Nach der Arbeit am Meer auf einer Bank die Entstehungsgeschichte des „Faust" gelesen, wobei ich mich in dessen Bildern einlebte und nur das Meereswogenrauschen hörte – herrlich.

Gymnastik, Tagebuch bei Musik. Gombrich lesen.
Die Gräfin kommt mit G. von einer Fahrt nach La Mortola superiore. Dort waren sie in dem im Krieg zerschossenen Ort Ciotto, wo man einen prachtvollen Blick auf Mentone hat. Sie sind begeistert.

Sage ihnen, daß ich frei bekommen habe. Da die Gräfin nur Gatsch (Haferbrei) zum Abendessen will, gehe ich mit G. ins Cafe Romano. Wir essen Pfefferfilet und Spinat und trinken Nebbiolo, einen schweren 76er Wein. Sprechen darüber, wie Literaturwissen von Dummen oft verpönt wird, da sie neidisch sind und auch Dichtung oft nicht nachempfinden können. Später erzählt G. noch von den Lebenskosten als Student in München.

Mein Würgen ist besser, w i r d besser. G. zitiert dazu seinen Kollegen Josef Karl: „Warum soll das Leben leicht sein?"

Montag, 3.3.80
„Aufgestanden nach zwei Stunden Wachsein; ohne Müdigkeit. Gutes Frühstück. Heiter mit Personal und Clelia gescherzt. Wegen Lebenshaltungskostengespräch von gestern läßt G. mich heute die Lebensmittelkosten vom Februar ausrechnen. Werde dadurch nervös und durch 15 Minuten Ruhe noch nervöser. Als ich G. dann das Ergebnis zeige, verwirft er es als falsch, was berechtigt ist. Deshalb weiter nervös.

Bei Abendarbeit sofortige Hetze und Kritik. Werde noch unruhiger. Da ich 20.30 Schluß machen kann, nimmt G. mich mit ins Kino: „Crazy Horse" Tanzschau aus Paris mit nackten, Lust heuchelnden Frauen. Die Gräfin war für den Besuch, da es nicht obszön sei, obwohl ich viel Geschlecht sah.

Nachher sprechen wir über Genußgier der Menschen, die schon Schopenhauer erkannte. Ich verstehe der Menschen Gefühle dabei nicht.

G. meint, sie fühlten auch nichts, es wäre nur die Einbildung, etwas Besonderes zu erleben oder zu genießen. Seit Kindheit werde ich als Außenseiter betrachte, als Andersmachender."

Dienstag, 4.3.80 (freier Tag)
„Beim Frühstück sprechen wir über „Crazy Horse" und auch „My Fair Lady". Beides findet die Gräfin gut. Mit G. laufe ich barfuß auf den Kieseln am Meer. Er sagte, wie wichtig das für die Beine sei, denn die Muskeln drücken das Blut in den Venen hoch. Läuft man nur auf glatten Böden, bekommt man Krampfadern, wie die Kellner und Köche. Ich fühle die Anregung nachher auf dem Pflasterasphalt angenehm in den Beinen. Wir sprechen dabei über das Besitzgefühl der Menschen, den Trieb nach Reichtum und dessen Befriedigung. All dies verstehe ich theoretisch wohl, habe es aber noch nie selber empfunden. Später erklärt G. mir ausführlich seine Geldbuchführung, die ich nun auch praktizieren soll und will.
Zum Mittagessen koche ich Markklößchen in Brühe, Kohlsalat. Eieromelette. Abends kommt Onkel Leo und Tante Maura. Sie kocht. Langweiliges Gespräch. Nach 22 Uhr noch mit G. spazieren. Er erklärt mir Dummheit und wie man mit ihr lebt und sie meidet."

Mittwoch, 5.3.1980
„Clelia beschimpft mich, da ich Giovanni sage, er lebe nur in Arbeit. Abends erklärt mit G., daß fast alle Menschen an den anderen herumnörgeln, da sie eigentlich mit sich selbst unzufrieden sind und das auf andere übertragen. Aus Langeweile würde kritisiert, bis hin zu den Berufskritikern, die auch alle wissen, wie man es besser hätte machen können. Ich solle das nicht ernst nehmen."

Donnerstag, 6.3.1980

„Besorgungen für den Chef gemacht, wobei ich den Weg am schönen Meeresstrand zurücklegte. 13.30 h beginnt vom bornierten Chef und gehässiger Spülfrau Mokieren über mich, da ich „zu früh" aufräume. Schwermütige Dusche. Als ich noch Kaffee trinke, sagen drei Frauen „ich sähe wie Jesuskind aus", was Giovanni bestätigt, der mich gewöhnlich „nicht schön" heißt (welche Falschheit). Daheim auf Toilette, Stuhlgang endlich normal. Abends am Kaminfeuer erklärt G. die Limerick-Verse."

Freitag, 7.3.

„Morgens müde beim langweiligen Frühstück. Aussprache mit Chef wegen gestern und falscher Spülfrau ergab, daß wir bis 14 Uhr die Küche bereit halten, notfalls sogar lesend warten dürfen. Abends leider etwas Würgen."

Samstag, 8.3

„Müde aufgestanden. Seit fünf Tagen sage ich Giovanni, daß die Kaffeetassen dreckig sind, wenn ich Kaffee mache. Nun wütet er mir mit Kaffeeverbot. Wer Unrecht hat, schreit!

Faust:

Die uns das Leben gaben, herrliche Gefühle, erstarren in dem irdischen Gewühle.

Daheim deutet G. diese Gefühl als Liebe. Abends müde am Kamin Beine hochgelegt, macht mich das wieder munter. Höre Mussorgsky und Ravel.

G. kommt mit der Gräfin erst um 23 Uhr."

Sonntag, 9. März 1980

„Müde auf. Bei Frühstück zitiere ich Goethe, doch die Gräfin scheint es nicht zu bemerken. Wäre gerne gelobt worden. Arbeit bis 14 Uhr. Warum ist man zu mir stets negativ?

Treffe Renato, der ein wenig leidet, weil er Heimweh hat. Daheim vor Kamin lesen. Nur hochgelegte Beine halten mich wach. G. macht nochmals Fotos mit Giovanni zum Vergleich. Halte meinen Körper für unästhetisch, fürchte mich dennoch vor Verschönerung durch Mehr-Essen, aber G. wünscht es. Abends Gespräch über Frohsinn durch Verstand, statt durch Triebbefolgung. Mitternacht vor Schlafen Eßplage, da wieder hungrig und Schauerwechsel von kalt und heiß."

Ich will den Leser nochmals auf den Tagesablauf Arnos hinweisen.

Wir frühstückten um 7.30 Uhr gemeinsam, wobei es immer Haferflocken mit gemahlener Hirse gab, ich aß mit, die Gräfin nicht. Dann lief er ins Ristorante Stella, meist am Meer entlang, um laut Gedichte aufsagen zu können. Die Arbeit ging bis 14.30 h, manchmal länger. Vor dem Servieren, um 11.30 bzw. 12 Uhr aß der Chef mit dem Personal.

Um 17.30 mußte Arno erneut antreten. Auch abends wurde vor dem Servieren um 19.30 gegessen, dann richtete sich die Arbeitszeit nach der Anzahl der Gäste.

Da Arno morgens etwa sieben Stunden arbeitete und abends vier Stunden, gab der Chef, je nach Betrieb, ihm gelegentlich frei, ließ ihn früher gehen oder später kommen. Aus diesem Rhythmus ergaben sich für Arno die freien Stunden am

Nachmittag, in denen er Tagebuch führte, las, ruhte (worauf ich viel Wert legte) und meist allein war. Aber wenn es möglich war, ließ ich Arno bei der Therapie zusehen, damit er sich ein neues Körperbild aufbauen konnte. Für die Zeit abends, nach der Arbeit, machte ich ein Vorprogramm, damit seine Gedanken in eine bestimmte Richtung gelenkt wurden, die das Eßproblem zurückdrängte. Er brauchte täglich Ablenkung, mußte gefordert werden. Entweder ließ ich ihm sagen, wo wir waren, so daß er nachkommen konnte, oder wir holten ihn ab. Stets ging ich mit ihm nach Möglichkeit auch noch nach 22 Uhr spazieren, um die sich bei ihm anstauenden Fragen zu besprechen und um ihm wieder Sicherheit für den nächsten Tag zu geben. So kam er meist erst um Mitternacht zu Bett.

Eine meiner Reflexionen fußte auf meinen Erfahrungen aus der Kriegsgefangenschaft. Unsere Gedanken und Gespräche (Obsessionen) waren eindeutig durch bestimmte Umstände bedingt. In Zeiten des Hungers sprachen wir nur vom Essen und tauschten Kochrezepte aus. Hatten wir genug zu essen, sprachen wir von Liebe und Sexualität.
Ich schlief damals mit einem älteren Stabsgefreiten namens Latuske in einem Zelt. Wenn ich mir alle seine Berichte über amouröse Abenteuer in Cafes, Nachtbars und französischen Bordellen notiert hätte, wäre die Literatur um einen neuen Boccacchio reicher.
Arno brauchte in seiner Unsicherheit Vorbilder, und Literatur konnte ihm manches Fenster öffnen. Aber auch wenn ihm etwas gedanklich einleuchtete, hieß das noch lange nicht, daß er es umsetzen konnte oder wollte. (Man denke an Rauchverzicht).

Manchmal aber überraschte er durch Einfälle, aus denen ich dann schließen konnte, daß ruhiges Überlegen zeitweise die Oberhand bekam.

Am Montag, den 10. März beendete Arno Genets „Querelle". Er kam etwas verschlafen zum Frühstück und um ihn wachzurütteln, machte ich einen Scherz von der Ehe zwischen dem Frost und der Kälte.

Er erwiderte im Italienischen hieße es il freddo und il gelo, beide seien also männlich, und ich spräche demnach von einer homo-erotischen Beziehung (deutsch: der Frost und die Kälte).

Arno notierte: „Sehr eklatant wird aus Freude am Hänseln und Mokieren an mir herumgemeckert: wegen dreckiger Kaffeetassen, weil ich Markklößchen für alle mache (die am 26.2. aber gut waren) usw. Ich werde innerlich verwirrt, fühle Temperaturschwanken wie heiß und kalt, doch dies ertrage ich durch Schweigen. Meine Traurigkeit ersetzt mir aber Würgen, das nicht kam!

15 Uhr daheim höre ich die Messe von Mozart ganz laut und räume dabei die Küche auf. Abends bei der Arbeit wieder stetes Mokieren. Als ich abends G. davon erzähle, rät er mir, zu versuchen, einen eigenen Ausweg (wegen des lästernden Personals) zu suchen, etwa mit Humor zu reagieren oder ihnen ständig recht zu geben. Mit der Gräfin rede ich abends bei Käse und Wein noch über die sieben Musen."

Dienstag, 11.3.80 (freier Tag)
„10 Uhr Espresso mit G., dem ich Schopenhauers „Aphorismen zur Lebensweisheit" als Erklärung von Fromms „Haben und Sein" zeige. Koche Omelette und Blutwurst und Zwiebeln und Kartoffeln. Überlege: Fromms Sein in Freiheit ist falsch, da

weder Tier noch Mensch frei sind; auch in bin von G. abhängig, aber froh dabei. Mache Feuer im Kamin, lese Gombrich – leider Würgen.

Zu meinem 19. Geburtstag schenken mir die Grafin und G. ein Schallsplattenalbum von Corelli: Zwölf Concerti grossi. Wunderbare Musik.

Abends mit Ute, ihren Eltern, der Gräfin und G. im „Romano" essen. Nach einer Stunde tödlicher Langeweile diskutiere ich mit Utes Vater über Gottesexistenz, die er sophistisch verneint, was ich gut widerlege. Auf dem Heimweg, allein mit G., sprechen wir über die Borniertheit der Menschen und den Unglauben, den auch mein Vater hat. Daheim esse ich hungrig Obst. Eßproblem verschwiegen. Beginne von Anais Nin „Uccellini" in italienischer Sprache."

Mittwoch, 12.3.80
„Müde auf. Frohes Frühstück. Eßproblem. Bereite in der Küche alles allein vor. Bekomme wenig Hilfe von Chefs Frau Clelia. Sie schimpft, was später vereint mit anderen fortgesetzt wurde. Ich schweige zu allem. Chef erklärt mir um 14 Uhr, ich sei asozial, würde nie Freunde finden, höchstens zwei bis drei, ich würde mich nie wie Gleichaltrige verhalten (dies wurde mir vorgeworfen). Schwermütig heim. Abends dummes Essen ohne Chef. Abends vor dem Kamin ein Guiness-Bier trinken.G. erzählt dabei vom Tage."

Da Arnos Fragen immer wieder dahin zielten, was andere Menschen fühlen, denken und tun, berichtete ich an diesem Tag von einer Einladung, die in einer Villa beim Grafen Chiusano stattfand. Ich war mit der Gräfin dort zum Mittagessen. Frau Steinbrecher, eine Wienerin, in deren Garten der Rennfahrer Niki

Lauda als Junge gespielt hatte, und schon damals behauptete, daß er Weltmeister würde, war mit Baron di Toma dort. Außerdem wurde mir ein Maler namens Targhetta aus San Remo vorgestellt. Dieser Maler, Homo, wie mir die Gräfin sagte, wurde überall eingeladen, da er Konversation machte, wenn die anderen nichts zu reden wußten. So sprachen wir an diesem Essen über Tierschutz, dann über die neue Partei-Oberschicht der Ostblockstaaten. Beim Kaffee über Jugendstil und Möbelwerte und Möbelpreise. Endlich über den Mietpreisstop der Regierung und die dadurch leerstehenden Wohnungen.

Ich wollte ihm damit zeigen, daß auch dort nicht viel anders geredet wurde als anderswo, daß aber Informiertheit und weites Interesse unumgänglich sind. Auf diese seriöse Schilderung versuchte ich, ihn zum Lächeln zu bringen und fügte hinzu, daß der Maggiordomo (Butler, Hausdiener, Hofmeister) beim Servieren weiße Zwirnhandschuhe trug, um seine schmutzigen Hände zu verbergen.

Donnerstag, 13. März 1980

„Mit Eßplage rege Arbeit, sehr müde. Chef  gab mir für Nachmittags frei, doch bin ich zwiespältig, da G. mit Utes Eltern auswärts essen will. G. erklärt, ich müßte die Menschen in ihrer Unbedarftheit erkennen, sie tolerieren, um mich „hindurchzuschlängeln". Er entwirft ein Traumziel, indem ich nach der hiesigen Lehre bei Bircher-Benner in Zürich arbeiten soll (er war selbst dort), wo ein anderer Geist herrsche und angenehme Menschen mit guten Umgangsformen wären.

Mein momentanes Würgen sei nur ein Protest auf die Hänseleien im Ristorante. Würde er die Billig-Argumente der Freud-Schüler benutzen, müsse er sagen, ich fände alles zum Kotzen. In einem Jahr wäre die Kochlehre zu Ende, und ich müsse doch schon jetzt erkennen, wie unsinnig mein Verhalten zu den kindisch-lächerlichen Verhaltensweisen meiner Mitarbeiter sei. Er bringt noch Beispiele von hiesigen Freunden, die sich nicht auf andere Menschen einstellen können und deswegen leiden. Ich werde es aber schaffen. Abends zeigt mir G. , wie man Getreidekörner röstet, um sie zu essen. Er hat das in Afrika gelernt. Es werden Getreidekörner in einer leicht fettigen Pfanne mit wenig Salz hin- und hergeschoben, bis sie springen. Sie helfen (gut gekaut) bei allen Magenbeschwerden, auf Reisen gegen Übelkeit und zur Verdauung (Stuhlgang).

Da Utes Eltern zum Essen kommen, nehme ich das Gespräch von vorgestern wieder auf und lese Immanuel Kants „Gottesansicht" vor. Doch ist Utes Vater im Denken ungeübt und kann und will Kant nicht recht geben.

Eine Stunde lang Sauerkraut gewürgt, worauf G. sagt, daß auch die Verdauung durch das Unterbewußte, also Suggestion, beeinflußt werden könne. Beende „Iphigenie" von Euripides."

Freitag, 14.3.
„Müde auf. Frühstück langweilig. G.´s Rat, die Aggressionen des anderen zu unterlaufen, indem ich JA sage, wie selbstverständlich das tue, was man fordert (gehorchen), dem anderen Recht gebe, weil dessen Ansicht für mich sowieso unwichtig ist (klein beigeben) und ich mich auf dessen Launen einstelle, ohne meine Gelassenheit aufzugeben, zeigt Früchte. Ich glaube, ich habe den Personalkontakt gut gemeistert. Viel gegessen ohne zu würgen. Wein getrunken, bis mir schwindlig wurde.

Daheim Körner rösten und essen ohne geringstes Würgen. Lese die „Zeit" und höre nach Mitternacht, wie die Gräfin mit G. heimkommt. Sie waren zum Orata-Fisch-Essen bei Frau Steinbrecher eingeladen."

Samstag, 15.3.80
„Müde auf. Die Gräfin und G. reden über das gestrige Abendessen, plaudern, lachen und machen einen Tagesplan, wobei ich ignoriert werde. Bin tief enttäuscht. Enttäuscht auch, weil Eßproblem mich sorgt. Gestern erfuhr ich G.´s Wahrheit, daß ich Würgen verlerne durch Mehr- und Sattessen, aber Eßangst macht mir Furcht.
Im Ristorante stellt mich Spülfrau als dumm hin und sagt, ich müsse lesen. Doch tat sie dies, um durch Schreien ihre Unterlegenheit zu übertönen, denn ich las gerade. Ein Erfolgszeichen. Daheim muß ich wie auch vorgestern und gestern in der Küche nachräumen, da G. unordentlich war, was mich vergrämt."

Der Leser sieht an diesen Eintragungen der letzten Tag, wie unstet Arnos Gefühlsleben war und wie der geringste Anlaß seinen Groll heraufbeschwor, auch gegen seinen Therapeuten.
In diesem Falle erinnere ich, daß die Abmachung mit Arno u.a. darin bestand, auch unsere Küche zu überwachen. Wir hatten noch keine neue Zugehfrau gefunden und wollten Arno auch das Gefühl für seine Wichtigkeit in unserer Hausgemeinschaft nicht nehmen. Sicher bemerkt der Leser, daß durch das Zusammentreffen zweier Einladungen, Arno ein wenig ins Abseits gedrängt wurde, und er die Situation nicht rational verkraften konnte, sondern

nur mit seiner Überempfindlichkeit reagierte.

Er schrieb über diesen Tag: „Abends am Kamin schaue ich zwei Folianten an. „Liebe in Griechenland" und „Liebe in Rom". Also hat man schon damals alle Liebestechniken gewußt und für den Alltag dargestellt.

Als G. nach 22 Uhr mit der Gräfin aus San Remo kommt, esse ich mit ihm in der Küche Käse und höre zu, wie er von Gleichheit spricht und der Vererbung der Intelligenz."

Sonntag, 16.3.80
„Müde auf, nachts einen Tropfen Pollution gehabt – unbewußt. Die Gräfin und G. essen bei uns. Bei Tisch wird erzählt, daß wegen der Fremdwörter dem italienischen Alphabet in den letzten Jahren vier Buchstaben hinzugefügt wurden. Chefs Sohn Renzo interessiert sich nicht für A. Nins erotische Geschichten – hoffnungslos dumm. Daheim ruhe ich zur Musik und sezte den Massagehobel auf Brust und Bauch und Lenden, was „unerträglich angenehm" ist. Abends treffen wir Freunde von Renato: Edmondo und Carla. Sie haben einen 18-jährigen Jungen dabei namens Germo. Er komme aus Coldirodi, suche Selbstverwirklichung und will sich viel vom Herzen reden. Ich gebe ihm meine Adresse und lade ihn ein mich zu besuchen."

Montag, 17.3.80
„7 Uhr müde auf, übermüdet, nervös, was stärker wurde, als G. mir mehr Brei aufgab als sich, weshalb ich ihn bat, etwas davon zurückzunehmen. Wegen Eßangst nervös. Verzweifelt geweint auf Straße. Unruhig und schnell gearbeitet und so Wut (?) abreagiert.

Nachmittags hole ich in Mentone die Akt-Fotos von mir. (Da Arno in Bordighera als einziger Gastarbeiter Lehrling aus Deutschland überall bekannt war, ließen wir die Aktfotos in Frankreich entwickeln). Schaue dabei den Cocteau-Hochzeitssaal an im Rathaus. Linien geschwungen und spiralenförmig. Orpheus dargestellt, wie er seiner Frau bestohlen wird. Daheim mit G. die Fotos betrachte, die schön und gut meine Besserung der Figur und Skoliose zeigen. Habe abends freibekommen und koche Kartoffeln, dabei stets Schwindel und Eßangst. Nachher lasse ich mir von G. meine Frage nach Eßangst beantworten.

1) Ich habe verstanden, daß Angst (besser wäre Furcht) absurd ist.
2) Meinen Willen muß ich an dieser Furcht üben
3) Ich soll mir Zeit setzen (1 Jahr), in der ich ohne Grenzen esse (unbegrenzt essen kann)
4) Auf genügend Schlaf achten (bekomme dazu einen Artikel, den ich mir aufhebe)
5) Ich soll mich wie Renato für Sexualität und Liebe interessieren.

Höre noch von der Gräfin, daß Ende März eine Gräfin Bolza bei uns wohnen wird. G. kennt sie, da sie Begleiterin der Prinzessin von Luxemburg war."

Dienstag, 18.3.80
Arnos freier Tag – Geburtstagsfeier – 19 Jahre
„Beim Frühstück empfängt man mich singend mit „Happy Birthday". Zu Mittag kocht uns Utes Mutter Knödel, Sauerkraut und Gulasch. Gut verdaut mit Kaffee und Wein. Danach machen wir alle eine Wanderung von S. Biagio in Cima über die Höhen. Blumen, Sonne, weite Ausblicke auf die Alpen und nach Frankreich. Fühle dabei die geistige Anstren-

gung, die mich ein Brief kostete, den ich vor dem Essen geschrieben hatte. Dadurch vielleicht mehr Kraft verbraucht als bei Sport. Bin erschöpft, aber froh. Ute verspricht mir eine Schallplatte. Abends kommen Onkel Leo und Tante Maura, bringen eine Schallpltte mit ital. Hirtenmusik mit und kochen für mich das Abendessen: Artischockentorte, Topinambur, Ei, Käse, Wein. Fröhliches, dummes Geplauder von Essen und Grundstücks-spekulationen. Wein ließ mich Geplauder durch-halten.

Mittwoch, 19.März 80
Vom Wein schwitzend und benommen auf. Im Ristorante Spülfrau-Ärger. Essen viel, Verdauung zu-frieden. Daheim bitte G. mich, ihm beim Säubern der Küche zu helfen (von gestern), dadurch nervös über die verlorene Zeit. G. las meinen gestern geschrie-benen Brief und lobt ihn als nahezu wissenschaftlich. Nervosität läßt mich schwitzen und bin nicht ruhig. Kleider wechseln nach Bad. Zur Nachmittagsarbeit, die unter Ärger bis 22 Uhr verlief. Im „Spiegel" lese ich über große Florenz-Exposition (Brunelleschi-Jahr). Nach 23 Uhr Whisky und Schlaf."

Donnerstag, 20.März
„Aus Neid, Dummheit, und weil sie mich als Gegen-stand zu vereinigendem Mokieren benötigten, schimpfte und lästerte mir das Personal, vor allem Clelia. Ich mache nichts richtig in meiner Lebensart, da ich keine Mädchen und Gleichaltrigen suche. Chef brachte ich dann auf politische Meinung, die ich seinem Denken nach haben müßte. Ich leide wie Goethe unter Neid und Dummheit, was mir eine tröstende Ehre ist.

Klage es daheim G. Er macht mir Mut auszuhalten und rät, mich ironisch hindurchzuschlängeln. Abends arbeite ich im Ristorante allein, obwohl Chef da ist. Lese im „Spiegel" über Amerikas dicke Frauen. Daheim noch Käse und Honig."

Freitag, 21.3.80 (Abreise der Gräfin)
„Die Gräfin verabschiedet sich von mir und sagt, ich solle immer ehrenvoll bleiben!
Dumme Spülfrau scheint ihre Dummheit langsam zu spüren, als sie mich bat, ihr eine Atomreaktion zu erklären. Nachmittags beim Ruhen Massagehobel. Nach zehn Minuten wurde Organlust so angenehm, daß ich mir Ejakulation wünschte, die auch kam.
Als ich es G. sagte, meint er, es sei eher eine Pollution. Schaue im Kahn-Buch nach. Dort steht: Pollution = Reiz geht vom Samenüberdruck aus, Onanie = Reize von außen auf's Gehirn. Lese dabei von Tissot 1760 und von ihm gegründeten Glauben an krankmachende Onanie, dem auch Voltaire und Kant anhingen."


„Es gibt nicht eine einzige Art von Widerwillen,
in der ich nicht eine Affinität zum Verlangen erkenne."
*Georges Bataille*


Zu dieser Stelle (Tissot) ist auch heute noch einiges zu sagen, wenn Sie an die Äußerungen von Thielickes Vater (Theologe) oder Arnos Vater in Betracht ziehen. Ich vermute, daß Tissot Krankheiten wie Tuberkulose (deren Errreger noch nicht entdeckt war) einfach auf das Konto der Sexualität setzte. Es bleibt aber trotzdem unverständlich, warum eine Sache, der jeder gesunde junge Mensch frönt, von einem krititschen Beobachter nicht schon damals als harmlos erkannt wurde. Die Erklärung hierfür scheint mir im Tabu zu liegen, das über den gesamten Bereich der Sexualität gelegt war. Menarche und Defloration: Das Gegenstück bei den Mädchen ist die Periode und die Entjungferung. Auch über diese Einschnitte im Leben des jungen Menschen las man nichts, hörte man nichts. Heute weiß ich von vielen Frauen, wie sie als Mädchen litten und Ängste ausstanden, als plötzlich, unvorbereitet die Menarche kam. Frage: Waren diese Erwachsenen nicht auch einmal jung? Was verdrängen sie? Gibt es deshalb so viele schlechte Liebhaber, wie die Frauen erzählen, versichern?!

Das trifft auch auf die Literatur zu. Ich zitierte hier die wenigen Stellen, die mir im Laufe eines Leserlebens untergekommen sind.

Zuerst *Michel Foucault*. In seinem Werk „Sexualität und Wahrheit" steht in Band 3 „Die Sorge um sich" über die Geste der Masturbation:

„Man kann bei der Gelegenheit darauf hinweisen, welch diskrete Stelle die Masturbation und die einsamen Vergnügen in diesen medizinischen Leibordungen einnehmen – wie überhaupt in der gesamten Moralreflexion der Griechen und der Lateiner über ihre sexuelle Aktivität. Wenn die Masturbation erwähnt wird, was ziemlich selten ist, geschieht es in positiver Form: Eine Geste natürlicher Abtuung, die zugleich als philosophische Lektion und notwendige Arznei gilt. Denken wir an den Bericht, den Dion von Prusa von Diogenes gibt, der lachend das Lob der Geste sang, die er vor aller Augen tat: eine Geste, die, zur rechten Zeit getan, den Trojanischen Krieg unnötig gemacht hätte; eine Geste, die die Natur selbst uns am Beispiel der Fische lehrt; eine vernünftige Geste, denn sie hängt von uns allein ab, und wir brauchen niemand, um uns das Bein zu kratzen; eine Geste schließlich, die wir den Göttern verdanken, denn es war Hermes, der das Rezept dem Pan gab, hoffnungslos verliebt in die unerreichbare Echo; von Pan lernten es dann die Schäfer. Es ist die Geste der Natur selbst, die, fern von Leidenschaften oder Kunstgriffen,frei von aller Abhängigkeit, dem schieren Bedürfnis entspricht. In der abendländischen Literatur bleibt – seit dem christlichen Mönchtum – die Masturbation mit den Chimären (Hirngespinsten) der Einbildung und ihren Gefahren verknüpft; ja, sie ist die Form der außernatürlichen Lust, die die Menschen erfunden haben, um die ihnen gesetzten Grenzen zu überschreiten. In einer medizinischen Ethik, die, wie die der ersten Jahrhunderte unserer Zeitrechnung, besorgt war, die sexuelle Aktivität an die elementaren Bedürfnisse des Körpers zu binden, bildet die Geste der einsamen Reinigung die am strengsten vom Unnutz des Begehrens, der Bilder und der Lust gelösten Form."

Wie die Griechen über die „sexuellen Begierden" dachten, um diese Kraft nicht „aufständisch" werden zu lassen, zeigt folgender Abschnitt aus Foucault: Lüste, Band 2

„Wenn sich die sexuellen Begierden zeigen, soll man sie befriedigen können, aber nicht neue Begierden schaffen, die über die Bedürfnisse hinausgehen. Für junge Leser: Gedacht ist, daß man sich wegen des tollen Gefühls der Liebe und wegen der Begierde nicht von einem anderen Menschen abhängig macht, also auch nicht mit der „großen Liebe" in einer „Beziehung" (wie man das heute nennt).
Das Bedürfnis ist das Leitprinzip in dieser Strategie, die, wie man sieht, nie die Form einer strengen

Kodifizierung oder eines Gesetzes annehmen kann, das auf alle unter allen Umständen gleich anzuwenden wäre. Sie ermöglicht ein Gleichgewicht in der Dynamik des Vergnügens und des Begehrens: sie verhindert, daß man sich „überfahren" läßt und einem Überschwang verfällt, indem sie als innere Grenze die Befriedigung eines Bedürfnisses festsetzt; und sie verhindert, daß diese natürliche Kraft aufständisch wird und einen Platz usurpiert, der nicht der ihre ist: denn sie gesteht nur das zu, was für den Körper notwendig und von der Natur gewollt ist – nicht mehr."

Foucault zitiert dort auch diese Stelle über den Philosophen Diogenes, der hier, wie viele spätere Autoren, Essen und Sexualität gleichwertig beurteilt und versucht, beide durch einfache und schnelle Befriedigung ihren Stachel zu nehmen.

„Diogenes Laertios berichtet von seiner Gewohnheit, „alles in der Öffentlichkeit zu tun, das Essen und das Lieben", sowie von seiner Überlegung: „Wenn es nicht schlecht ist zu essen, dann ist es auch nicht schlecht, in der Öffentlichkeit zu essen." Aber durch diese Annäherung an das Essen gewinnt die Geste des Diogenes auch noch eine andere Bedeutung: die Praktizierung der aphrodisia, die nicht schimpflich sein kann, weil sie ja natürlich ist, ist nicht mehr und nicht weniger als die Befriedigung eines Bedürfnisses. Und so wie der Kyniker die Nahrung suchte, die seinen Magen am einfachsten befriedigen konnte (er soll versucht haben rohes Fleisch zu essen), so fand er in der Masturbation das direkteste Mittel, um sein Gelüst zu stillen; er bedauerte es sogar, daß es nicht möglich sei, Hunger und Durst ebenso einfach zu stillen: „Ach wenn es doch genügte, sich den Bauch zu reiben, um seinen Hunger zu stillen!"

Bei Strindberg gibt es dunkle Andeutungen, und

genauso geheimnisvoll bei H. Hesse und H. Fallada. Die Bekenntnise jener Schriftsteller ähneln in ihrer Deutlichkeit einem Satz, den Oskar Kokoschka geschrieben hat: „...und ich war ein Taumelnder, als ich mein Fleisch erkannte."

Vielleicht ist der Expressionist *H. H. Jahnn* der erste gewesen, der in seinem Werk *„Fluß ohne Ufer"* deutlicher darüber schreibt. Wenn Sie die Abschnitte lesen, bemerken Sie aber doch, mit welchen Windungen, Verklausulierungen, Vor- und Zurücknahmen er schreiben mußte, um das Thema literaturfähig zu machen:

„Was ist eigentlich vorgefallen?" fragte ich Ragnvald.

„Er hat sich das Leben nehmen wollen", antwortete statt seiner Tutein, „er ist von hier abgesprungen. Unbegreiflich, wie Aall hat so schnell zur Stelle sein können."

„Eine ganze Stadt ist abgebrannt. Er bildet sich ein, die Stadt in Brand gesteckt zu haben", warf Ragnvald ein.

„Ist er denn krank?", fragte ich.

Ragnvald bewegte nur die Schultern.

„Lebensmüde ist er", sagte Tutein still.

Am Nachmittag dieses Tages begegnete Ragnvald mir abermals, Er schien vor dem Hotel gewartet zu haben. Wir gingen zu zweit den Weg nach Vinjes Hof hinan. Wir gingen weiter über Viehtriften in die Einöde hinein, die sich bis nach Oyjes Hof erstreckt. Ich begann Ragnvald auszufragen.

„Was ist mit Jonathan? Ich bin sicher, du weißt es." Ragnvald machte keine Umstände.

„Er tut es zuviel mit sich selbst", sagte er mit gleichgültig leiser Stimme. Ich verstand ihn nicht, denn er redete im breitesten Dialekt, und fragte deshalb laut: „Was tut er?"

„Mit sich selbst zuviel macht er es", wiederholte

Ragnvald.

Jetzt hatte ich verstanden und blickte Ragnvald unentschlossen in die Augen. Derlei Gespräche waren niemals zwischen uns gewesen, und ich wußte nicht, wie wir voreinander bestehen würden. Ragnvald aber redete ruhig weiter.

„Einmal am Tage, das ist das Maß. Das müßte er doch wissen."

Ich glaubte, meinen Ohren nicht trauen zu können. Es bedurfte einiger Zeit, ehe ich mich gesammelt hatte. Das Geständnis Ragnvalds schien mir untauglich und ungeheuerlich.

Ich suchte nochmals seinen Blick, sein Gesicht. Ich prüfte den erwachsenen Ausdruck seiner Augen. Ich dachte an die Zeichnungen Tuteins. Kein Zweifel, er war der arglose gesunde Bursche mit dem breiten Pferdegesicht, der mir die erprobte Lehre einer Knabenschaft mitgeteilt hatte, eine Lehre, die den armen Jonathan nicht erreicht hatte. Unser Gespräch war schon zuende. Der Schrecken des Erstaunens schloß meinen Mund. Wir schritten schweigend weiter aus. Meine Gedanken, die Rosse, die schnell an allen Orten sind und ihre Hufe nicht in die Zeit setzen, sondern in das Moos der Träume, stoben davon.

Wir wissen zu wenig von den Menschen, wir wissen zu viel von ihren Lügen. Sie lügen, weil es notwendig ist. Wir werden von der Wahrheit der Tatsachen überrascht, als wären es schmähliche Geständnisse. Aber die Wahrheit, sobald sie Ding und Fleisch geworden ist, ist doch wohl unüberwindlich. Wir alle haben Lehren für unser tierisches Dasein empfangen. Wir unterdrücken sie, als schwelte in ihnen die unheimliche Absicht eines Verführers. Ertragen wir es wirklich nicht, einen Karakter ganz zu erkennen? Verzichten wir ein für allemal darauf, uns selbst zu kennen? Müssen wir den kleinen schmächtigen Körper Mozarts mit dem übergrossen Kopf immer nur im Spinnweb seiner

Wundermusik, verklärt und todmüde, vom Biß der Krankheit vergiftet, hängen sehen? Da wir doch ahnen, fast mit Sicherheit wissen, er war der Leidenschaft, der tierischen Wollust fähig; er suchte sie, er fand sie – er verging wie irgendeiner der Herde. Und der billige Fichtenholzsarg umschloß doch neben dem Gekröse das unauslotbare Hirn, die Hände, die mit nervösen Spielereien die Gedanken beschützt hatten – und auch, was er verschwiegen, was er unvollendet zurückließ. – Wir alle sind von Kindern zu Eingeweihten geworden. Das Ritual ist für die meisten schäbig genug gewesen. Mich, den behüteten Gymnasiasten, hatten die jungen Böcke aus der armseligen Nachbarschaft an einem dunklen winterkalten Sonntagabend in ihre Mitte genommen und mit Harn berieselt, damit ich der Preisgabe ihrer unkindlichen Erfahrung würdig würde. Aber ich fühlte mich nur besudelt und nicht neugierig. Ein Abtrünniger. Abtrünnig auch dem tierhaften Wohlergehen. – Jetzt war ich neben Ragnvald wie ein verkleideter Bettler. Ich war einfach nicht vorbereitet, zu hören, daß das gesunde Fleisch dies Maß an unbändiger Kraft hat. Ich hatte niemals von soviel Gesundheit Kenntnis gehabt, von soviel grundsätzlicher Notwendigkeit, sich vom Kind zum Erwachsenen zu verändern. Mit beladenem Herzen fragte ich Ragnvald inmitten der steinernen Einöde: „Wie oft ist Jonathan versucht?"

„Vielmals am Tage, und in der Nacht auch", antwortete Ragnvald."


*Gavino Ledda*, den ich schon erwähnte, überrascht in seinem „Padre, Padrone" im Vergleich zu H. H. Jahnn jeden nordischen Leser. Ich bringe auch hier die markantesten Stellen:

„Bei einer dieser Gelegenheiten schloß ich mich einer Gruppe von Jungen an, die größer waren als ich. Und beim Herumstreifen mit diesen Streunern, die fast alle die Schule geschwänzt hatten so wie ich die Rückkehr auf die Schafweide, stießen wir auf die Hütte von Tore.

„O compa! He, Kumpel!"

„Was denn?"

„Gehen wir in die Hütte und sehen wir mal, wer sich als erster einen abziehen kann. Das letztemal hat Baingio gewonnen, aber jetzt bin ich doch mal neugierig!"

„Gehen wir", sagte Juanne, „heute fordere ich euch alle heraus!" Und die ganze Bande ging in die Hütte. Wir hockten uns im Kreis auf den Boden vor die Rundwand der Hütte. Die Größeren machten sich die Hosen auf zum Erstaunen der Kleineren, die wie ich noch nicht wußten, was da geschehen würde. Ich und zwei, drei andere, die so alte wie ich oder noch jünger waren, saßen als verlegene Zuschauer da. Dieselbe Verlegenheit hinderte uns aber, fortzugehen. So mußten wir den bevorstehenden Wettkampf miterleben. „Wir sind fertig...Keiner darf vorher anfangen."

„Ich spiel nicht mit....Du hast schon vorher angefangen...Hör auf...!"

„Schon gut! Fangen wir noch mal an!"

„Los!"

Alle masturbierten in dieser unbequemen Stellung eine halbe Minute lang um die Wette. Dann kamen einander widersprechende Rufe.

„Ich hab gewonnen..."

„Was hast du gewonnen.? Ich war der erste! Ich hab vor dir die Hand hochgehalten!"

Zwei Tage danach kam mein Vater nach Siligo zurück und verprügelte mich, was das Zeug hielt. Er brachte mich wieder zum Pferch, und als ich allein mit den Schafen war, wollte ich auch versuchen, was Tore und seine Kumpane mir in den Kopf gesetzt hatten. Ich hockte mich hinter den Busch in den Windschatten und begann, mit meinem Spätzchen zu spielen. Zu meinem großen Vergnügen bekam ich gleich ein so angenehmes Kribbeln, daß ich mich schier besinnungslos und Bauch nach oben auf der Erde ausstreckte. Voller Seligkeit mitten im Gras. Ich versuchte es noch einmal nach drei oder vier Minuten: die gleiche Seligkeit. Und ringsum diese große Stille, in der nur das Schafsgeläute mich von Zeit zu Zeit daran erinnerte, daß ich ein Hirtenjunge war. Den ganzen Nachmittag wiederholte ich die Sache mindestens zwanzigmal, mal hier, mal dort hinter einem Busch, wo gerade eben die Schafe weideten: Mit knapp sechs Jahren hatte ich das einzige wirkliche Vergnügen der Einsamkeit entdeckt. Wenn ich nichts anders zu tun hatte, zog ich mich hinter meine Lieblingsbüsche zurück, und meine dreißig, vierzig kleinen Masturbationen pro Tag nahm mir keiner."

Wie sehr die Problematisierung dieser „Geste" auch noch in einer Literatur wirkt, die nach S. Freud kam, zeigt folgender Abschnitt aus „Fluchtpunkte" von *Peter Weiss* (Suhrkamp):

„Baahl versuchte, ein primäres Verhältnis von Vater und Sohn herzustellen, doch mein Mißtrauen war zu groß, und sein Vertrauen glich zu sehr den Gesten eines Naturheilkundigen. Er glaubte, daß meine Unruhe erleichtert würde, wenn ich lernen könnte, tief und gleichmäßig zu atmen und meinen Körper nach indischen Meditationsgesetzen zu ent-spannen. Und wenn er seine Freimütigkeit darstellte, und bei einem Gespräch über die Onanie die Alltäglichkeit dieser Handlung demonstrieren wollte, indem er seine Hose aufknöpfte und mit halbschlafendem Gesichtsausdruck sein schlaffes, verschrumpftes Glied befingerte, so zeigte mir dies kindliche, bis zur Lächerlichkeit rührende Geste, wie groß die Kluft war zwischen der stillen kleinstädtischen Klause des Meisters und meiner eigenen Wildnis, und als ich unsere Untersuchungen abbrach, hatte ich die Masse des Schreckens noch vor mir."

Ergänzen könnte man diese Literaturangaben durch einen Satz aus Alma Mahler-Werfels Tagebuch, die schreibt, daß sich Franz Werfel seit seinem zehnten Lebensjahr täglich dreimal masturbiert habe.

Um dem frigiden Leser, ich denke dabei an die „Bürgermoral der Angst", die Essen statt Sex wählt, einen Eindruck zu geben, zitiere ich noch einen Abschnitt von *Ledda* aus „Padre, Padrone". Er zeigt, wie beherrschend das erwachende Gefühl der Lust ist, und wie es nach Wiederholung schreit.

„Wir Jungen unter zwanzig (vielleicht war es ein Scherz, den uns Milch oder Käse spielten) befriedigten unseren Überschwang auf jede nur mögliche Weise. In den Senken im Buschwerk, im Wald und auf den Hügeln, überall gab es wütende, nimmersatte Masturbationen. Die Büsche wurden wie vom Unwetter erfaßt und schwankten unter unseren stürmischen Händen. Wenn wir bei den Schafen oder auch bei der Arbeit waren, überkam es uns: Schwerer Atem, ein Würgen im Hals, der Penis stocksteif und noch härter als der Stiel der Hacke, die wir in Händen hielten.

Waren wir allein, verkrochen wir uns in das nächste Gebüsch. Zogen die Hosen herunter und bearbeiteten das Tier mit Leidenschaft, legten uns mit geschlossenen Augen hin, um die Schönheiten oder gar die Schenkelansätze irgendeines Mädchens zu „schauen", die wir zufällig einmal gesehen hatten. Dann existierte nichts anders mehr, keine Herde und auch keine Hacke, die wir im Boden stecken ließen, ehe wir uns zurückzogen, kein Regen und kein Eis, genauso wie es Thiu Antoniccu und Thiu Diddia widerfuhr.

Ob unter der Sonne oder im Schweigen des Waldes, wir streckten uns der Länge nach aus, um in den Genuß der Masturbation zu kommen.

Oft schwankte und seufzte der Busch unter den ruckartigen Bewegungen der unermüdlichen Rechten und des zuckenden Körpers, der sich stets von neuem wand.

Hatten wir Gelegenheit uns zu treffen, wurde unter uns Junghirten um die Wette masturbiert. Auch dies war eine Art, unsere Kraft zum Ausdruck zu bringen und dem anderen zu beweisen, wozu man imstande war.

„Ciao, Freund! Heute schlag ich dich. Ich trainiere. Wenn mein Vater weg ist, leg ich mich unter den Baum und rühr mich nicht mehr von dort weg. Ich rutsch nur immer dem Schatten nach, wenn mich die Sonne trifft."

In Deutschland habe ich nur einmal eine Bemerkung eines Lehrers zu diesem Thema gehört, der die Lahmheit seiner Schuljungen beklagte und sagte: „Als ich so alt war wie meine Schüler, habe ich jede Nacht das Bettuch wegradiert."

Der Anorektiker braucht einen Menschen, der ihm vorißt, an dessen Essensmenge er sich halten kann, und er braucht auch ein Bild, das ihm zeigt, wie er aussehen soll, weshalb ich den David von Michelangelo als Foto an Arnos Bett gestellt hatte.

Nun – vor Florenz – kam die Lektüre von Gombrich dazu. Arno sollte Sehen lernen. Bei solchen Unterhaltungen über Kunst vergaß ich nie den

Hinweis auf die Nacktheit, auf die Wichtigkeit des Geschlechts bei der Darstellung des männlichen Aktes als Pendant zum Kopf, auf den unterschiedlichen Haarschmuck hier und dort, auf die Veränderlichkeit des Ausdruckes beim Geschlecht, und darauf, daß man selbst auf im Freien gemachten Aktfotos sehen könne, ob das Wetter kalt oder warm gewesen sei, und auf das Wunder der Vielfalt in Aussehen und Größe des Membrun virile.

Ich erklärte ihm, daß das Gefühl der Griechen für Schönheit und Harmonie deshalb in der bildenden Kunst stets das Geschlecht des Mannes zeige. Falsche Scham (die es in Florenz nicht gäbe) hätte das Wissen um männliche Schönheit verdrängt. Mit solchen Reden wollte ich erreichen, daß er sich körperlich selbst akzeptierte. Geist, Bücher, Gespräche, Gefühl, Musik, Kunst würden auf die Dauer nicht genügen, das Eßproblem in Schach zu halten. Auch sie unterlagen einem Abnutzungseffekt, aber nicht der Trieb.

„Man sollte alles, was sich im Liegen oder Umhergehen tun läßt , auch so ausführen, etwa den Unterricht möglichst ins Freie legen und im Wandeln, peripatetisch[1] erteilen. Die Alten taten es vielfach. Sie aßen auch liegend, und wir täten gut, ihnen darin nachzuahmen."

*(Georg Groddeck: Die Natur heilt)*

---

[1] Peripatetiker = Philosoph aus der Schule des Aristoteles. Die meisten Gespräche mit Arno wurden bei Spaziergängen geführt, wobei das Gehen gleichzeitig beruhigend wirkte.

„Die löbliche Sitte der Antike, die vielfach im Liegen tat, wozu wir sitzen, ist abgekommen, und man kann sich der Einsicht nicht verschließen, daß das fatale Folgen für unser Dasein hat, vielleicht sogar für unser Denken..."

*(Georg Groddeck: Krankheit als Symbol)*

## 100. Behandlungswoche

Arno:

„Samstag, 22.3. 80

Müde auf. Direkt zur Arbeit. Ohne Frühstück! Putzen, wofür keine dankende Geste, keine Anerkennung kam. Während ich mit G. im Salon liegend, Bircher-Müsli esse, sprechen wir über den Satz: „Was man kauen kann, soll man nicht trinken (Obst)" und dessen Wahrheit durch Erfahrung aus der Naturheilkunde. Später am Kamin sprechen wir über das Symposion Seite 84. Platon sagt, das einfache Volk glaube in seinen Kindern weiterzuleben. Platon selbst erkennt aber nur das Weiterleben des Geistes an.

Abends nach der Arbeit im Kino Film „Apocalypse Now" von Coppola, nahm mich so sehr ein, daß ich Zeit nicht mehr empfand. Ergriffen von „Walküre-Musik" Wagners um Mitternacht heim am schönen, blau-erleuchteten Meer. Daheim noch Körner essen.

Sonntag 23.3.80

Müde, verschlafen auf. Körner und Käse zum Frühstück und Apfelschalen. Deprimierende Stimmung des Personals für mich. Bilder des gestrigen Films steigen in mir auf, so daß ich keinen „Faust" lernen kann. Mittags beim Ruhen Massage mit Massagehobel und Wunsch nach Orgasmus.

413

Nach längerem angenehmen „Fast-Kommen" kam Ejakulation – herrlich. Nach der Arbeit am Meer allein heim. Nächtlich blaues Licht bewundert. Faust aufsagen. Über Goethe-Stelle zur Elite und Florenz als 2. Höhepunkt der europäischen Geschichte nach Athen gesprochen. Weiter über Freuds „Wolfsmensch", dessen Psychoanalyse nicht half. Nach dieser himmlischen Diskussion schlafen.

Montag, 24.3.80
Kräftig auf. Bei Haferbrei mit G. erzählt er von seinen Besuchen bei den Autoren Th. Mann und H. Hesse und von einem Brief André Gides, dem er nach dem Kriege schrieb. Mache morgens Lasagne, die alle lobten.

Dienstag, 25.3. (freier Tag)
Frühstück mit G. und Utes Mutter Kraut, die lästig plaudert. Ich lese aus Goethes „Iphigenie" dreimal vor, daß Wohltat zu Dank verpflichtet, was G. mir nicht erklärt, weil es selbstverständlich zu sein scheint.
Bekomme von Frau Kraut Utes Geburtstagsgeschenk, eine Schallplatte von Bartok. Frau Kraut bekocht uns: Kartoffelsalat und Bratwurst. Leide unter Krauts lästigem Geplauder. Bartok hören.
G. lehrt mich, Bücher richtig einzubinden, da ich nach seiner Ansicht die Bücher schlecht behandle. Dabei reden über Konstruktivismus.[1]
G. macht Müsli und wir essen wieder auf dem Bauch liegend. Wein, Salami und Gespräche. Der Wert von Büchern und einer Bibliothek im Hause, ohne die

---

[1] Kunstrichtung, die ihre Formen an modernen Zweckkonstruktionen orientiert.

vernünftiges Leben nicht möglich ist
Er zeigt mir, daß meine häufige Melancholie vom
Unwissen herrührt und daß ich mich von dummen
Leuten hemmen und beeindrucken lasse. Ich werde
mich bessern.

Mittwoch, 26.3.80
Haferbrei mit G., der Sterbehilfe (Euthanasie) für
falsch hält, da es jeder in der Hand habe, durch
Erfrieren oder Hungern aus dem Leben zu scheiden.
Kann das bestätigen und auch, daß der Hungertod
sehr angenehm sein muß. Orpheus-Sage lehrt:
Schaue nie zurück und verachte nie die Frauen (Tod
durch die Furien).
Chef will mir vom 3.5. bis 1.6 frei geben und im Juli
eine Woche für die Opernaufführung in der Arena
von Verona. Könnte dann bei der Gräfin wohnen.
Unser Saal-Oberkellner (Maestro) will Rocco, Rena-
tos Bruder, als Kellnerlehrling anstellen.
Ein Muskeltrainiergerät, das ich bestellt hatte, ist
angekommen.[1] Fahre nachmittags mit dem Motorrad
nach Mentone und schaue das Jean-Cocteau-
Museum an. Auf dem Rückweg nach Mortola-
Superiore. Dort eine Votivkirche mit Gaben aus 500
Kirchen Italiens und eine Gemeinschaftskirche mit
Christi Kreuzweg von 14 Malern aus acht Ländern.
Abends besucht mich Germano, der Junge vom
16.3. Es zeigt sich, daß er Hypochonder ist, da
Beschäftigung und Erotik fehlt."

Nach seinem Orgasmus-Erlebnis am Sonntag klagte
Arno vier Tage lang nicht. Er war aufgeschlossen,

---

[1] Dies zeigt klar den Fortschritt nach der ursprünglichen
Einstellung, die den Körper ablehnte und Muskeln haßte.

positiv. *Sheila MacLeod* erwähnt in ihrem Buch „Hungern, meine einzige Waffe" (Seite 61), daß magersüchtige Jungen vor Beginn der Pubertät erkranken, d.h. daß sie erkranken, bevor sie die Sexualität entdeckt haben.

Das scheinen auch Berichte wie die von Mester (Mester: Anorexia nervosa) zu bestätigen.

Diese These stärkt weiter die Therapie-Hypothese, daß die Heilung beginnt, wenn das Denken an Sexualität das Denken ans Essen verdrängt.

„Donnerstag, 27.3.80

Morgens körperlich sehr erschöpft. Würgen verstärkt, besonders nach G´s großem Müsli mit Broten. Daheim Gymnastik mit Eisenschuhen von G. lernen. Durch das Gewicht solle Wirbelsäule noch gerader, gleichzeitig Beinmuskulatur gekräftigt werden und durch Anheben der Beine auch Hüftlinie und Leistengegend wie bei den griechischen Plastiken. Massage mit Lust zum Orgasmus, den ich dann angenehm erlebte. Selleriesaft machen. Euripides „Iphigenie". Inhaltsaufbau zusammenzufassen begonnen. Nachmittags ruhige Arbeit. Bekomme Lob von einem Stammgast. Treffe abends G. mit Freunden im Cafe „Romano". Sie werden gerade von einem angetrunkenen deutschen Reiseleiter belästigt. Ich bringe ihn hinaus, wobei er mir Geld und Liebe anbot. Mensch wurde zum Tier.

Ich hatte nach 3 Stunden lästigem Würgen verzweifelt etwas erbrochen. Auf dem Heimweg sagt G., ich solle vor Chef, der sich stets über mich mokiert, meine kleinen Freiheiten verteidigen und die anderen nicht ernst nehmen.

Freitag, 28.3.80

Haferbrei bei italienischer Musik. Außer stets verdautem Frühstück würge ich erneut alle Speisen. Dusche mit Zitronensaft gegen Juckreiz.

Daheim ist Renato zum Wochenendurlaub da. Er hat Porno-Magazine dabei und den „L'Espress", in dem ein Artikel über die Homosexualität in Italiens Schulen steht. Er sagt, das könne man auch von den Kasernen schreiben. Was solle man schon täglich tun als Soldat voller Saft und ohne Geld.

Da G. in San Remo arbeitet, also nicht hier ist, will mir Renato zeigen, wie das geht. Er streichelt und drückt, nach „Carezza", albert auch etwas mit Lustigkeit, bis er plötzlich stöhnt und vor Lust zuckt. Doch ich empfinde nichts Schönes dabei. Seine Umarmung ist so kraftvoll, ganz ohne Zärtlichkeit. Auch hat er durch den Dienst bei der Marine ganz harte Muskeln. Warum muß man das zu zweit machen? Nachher bade ich kalt und mache meine Übungen mit den Eisenschuhen am Trapez. Trotzdem Nervosität. Endlich Inhaltsangabe von Euripides machen.

Habe frei bekommen und gehe abends mit G. und seinen Freunden ins „Romano". Mit G. esse ich Forelle, dazu Nebbiolo-Wein. Hans Breinlinger hält die christliche Religion für die Beste, obwohl er „freigläubig" ist. Dann dummes Gerede vom Essen. Essensthemen sind für dumme Menschen. Literaturgespräch entwickelt und baut Geist und Lebensgefühl auf. Zusammenleben mit borniertem Menschen läßt geistige Entelechie abstumpfen. G. spricht noch davon, wie kompliziert und risikoreich die Hetero-Liebe vor der Pille war.

Samstag, 29.3.80

Beim Frühstück erklärt mir G., was Freigläubige sind, und daß man das in der Hitler-Zeit „gottgläubig" nannte (ohne Kirchenzugehörigkeit).

Weniger Würgen, da ich Bier trinke und wenig Fleisch esse. Germano kommt nachmittags, sagt, er müsse heim, bleibt aber dann doch.

Als G. von einer Gicht-Behandlung kommt, zeigt er mir an ihm die Bauchmassage. Dann macht Germano indische Atemtechnik, wobei G. darauf aufmerksam macht, daß der Brustkorb dadurch nicht kräftiger atmet. Dann zeigt Germano noch Karate-Übungen. Gut auch für meine Beinmuskel-Stärkung.

Als G. zu neuer Arbeit weg ist, erzählt mir Germano in meinem Zimmer von seinem Selbsterlebnis bei „Selbst-Körperbeherrschung" bei Karate. Auch sagte er, er habe noch nie sexuellen Verkehr gehabt, weder mit Mädels noch mit Jungen, wünsche es aber. Germano ist ein schlanker Junge mit langen Beinen, wirkt aber eher wie 16 statt 18. Hat sehr freundlichen Gesichtsausdruck und ist mit dem dunklen Lockenkopf südländisch-schön.

Abends mache ich Pfannekuchen aus Sojamehl, da frei. Fühle mich danach nervös, da G. viel Butter an die zu trockenen Soja-Pfannkuchen tat. Finde in Goethes „Egmont" Ruhe. Fühle mich verbraucht und erschöpft und habe Eßbegier. Viel Honig ermöglicht Lesen. G. kommt spät, war mit den Freunden weg, die ihr „davonlaufendes Leben" beklagen."

Sonntag, 30.3.80

Am Flughafen Nizza holte ich Gräfin Bolza, die einige Jahre Gesellschaftsdame der Prinzessin von Luxemburg war, ab. Da die Gräfin im Winterhalbjahr als Begleiterin der Prinzessin nicht viel unternehmen konnte, zeigte ich ihr auf dem Weg von Nizza nach Bordighera das Cap Ferrat und den Rothschild-Park mit seinem spanischen Garten.

In Monte Carlo blieben wir kurze Zeit im Spielcasino und tranken danach einen Fernet im „Cafe de Paris". Gräfin Bolza wollte während ihres Aufenthaltes bei mir die Riviera nochmals erleben und erkunden.

Arno schrieb über diesen Tag
„Müde auf. G. erzählt beim Frühstück von H.H. Jahnn und seinem Roman „Perrudja" (Expressionismus).

Nachmittags stellt mich G. Gräfin Bolza vor. Mache eine Inhaltsangabe von Goethes „Iphigenie". Kann dann G. zuschauen, wie er eine Jugendliche mit Gymnastik und Massage wegen Haltungsschaden korrigiert. Er erklärt dabei Bedeutung der Muskelkräftigung und Lockerkungsmassage in Regelmäßigkeit. Mit Gräfin Bolza Müsli, dann Brot und Bier. Fast kein Würgen.

Abends mit G. bei seinen Freunden im „Romano". Heftige Diskussion über die Abschaffung der Feiertage in Italien, da die Leute zu oft „Brücken" bauten, also zwischen Feiertag und Samstag/Sonntag nichts taten. Dann auch über Schlaf und innere Uhr. Diese Reden zeigen mir, daß bei unbedeutenden Gesprächen jeder begeistert ist, da er gespannt seine Worte und Gefühle hinzugibt, oft ohne andere anzuhören. Auf dem Heimweg am Meer bestätigt mir G. dies Ansicht. Ich erzähle ihm von Goethes „Egmont".

Montag, 31.3.80
8 bis 14 Uhr rege Arbeit allein mit Clelia. Nörgeleien genug ertragen. Mit Renato heim. Sehr erschöpft,

nervös und schwer betrübt. Germano kommt, als ich Gymnastik mache. Er zieht sich auch aus und macht Krafttraining. Während er die Übungen macht, massiere ich mich mit dem Massagehobel. Bei Orgasmus fließt Entspannung durch mich und alle Muskeln erschlaffen – angenehm, da ich stets Muskelspannung habe. Als Germano geht, lese ich."

## 25. Behandlungsmonat

„1. April 1980
In der Mittagspause fahre ich nach San Remo. Lasse Haare kürzen und neue Dauerwellen machen. Die Friseuse ist sehr fröhlich. Dabei himmlisches Lesen von „Egmont". 19 Uhr erneut bei der Arbeit, Chef will mich nach Zögern heimschicken. Ich bleibe, um ihn fürs Zögern beim Freigeben zu strafen und weil daheim Arbeit wartet.

2. April 1980 Mittwoch
G. sagt unter anderem, daß der Mensch mit seinen Aufgaben wächst. Germano kommt, erzählt lange, wie er sich heute morgen gut fühlte nach seiner inneren und äußeren Reinigung. Ich erkläre ihm, er müsse seine Ich-Gedanken durch Interessen verdrängen. Wir fanden dabei heraus: Biologie-Urwald, Biologie-Gymnastik, Gymnastiklehrer. Ich malte ihm mögliche Zukunft als Entwicklungshelfer oder Gymnastiklehrer aus.
Dann mache ich Gymnastik und schreibe ein Gedicht von Fr. v. Schiller ab. Als G. kommt, fragt Germano ihn nach der Bedeutung der Liebe und flirtet mit ihm, d.h habe den Eindruck, daß Germano um ihn wirbt. Abends noch Massagehobel wegen Bauch und dabei gutes Gefühl wie Orgasmus."

Donnerstag, 3. April 80

„Bei Haferbrei morgens erklärt mir G. auf Frage den Orgasmus. Sagt, was die meisten Menschen kennenlernen, sei eine einfache Lustlösung, angenehm, entspannend. Den wirklichen Orgasmus erlerne man nur über die altindische Methode Tantra. Am Anfang stehe die gekonnte Masturbation. Diese verlange aber viel Übung und sei fast mit dem Erlernen des Kochberufs zu vergleichen. Er zeigt mir in einem Büchlein[1], mit Anleitungen zum Tantra die Stelle, die ich lesen soll, um eine Ahnung zu haben.

Man muß sich nackt mit dem Rücken auf ein Bett legen und die Füße angewinkelt gegeneinanderdrücken, wenn man masturbiert. Dazu erklärt er, daß wir beim Beten die Hände falten, geschähe, damit der geistige Stromkreis geschlossen wird. Drücken wir die Fußsohlen gegeneinander, schlösse sich der Empfindungskreis. In den Fußsohlen wären viele Reflexzonen, wie ich von der Fußreflexzonenmassage wisse. Würde ich gleichzeitig, auf dem Bett liegend, die Hände gegeneinanderdrücken sowie die Fußsohlen, könne ich bei der isometrischen Anspannung auch bemerken, wie sich die Bauchmuskulatur kräftige bzw. nach innen ziehe, unter der ja das

---

[1] Ausschnitt aus: Ashley Thirleby: Das Tantra der Liebe
Der yantrische Körper
Als Kali Mahakala die Freuden des Tantra lehrte, wies sie darauf hin, daß er jeder Facette seines eigenen Wesens gewahr werden solle, so daß er alle Lust daraus zu gewinnen vermöge. Er lernte für sich allein wiederholte Erektionen seines Penis zu erzeugen und sich an den Empfindungen zu ergötzen, die er ihm gewährte. Denn Kali wußte, daß der Mann, so er Lust gewann, nach mehr Lust verlangen und lernen würde, um seiner eigenen Befriedigung willen Lust zu geben.

Sonnengeflecht für unser Wohlbefinden sorge. Für mich wäre diese Übung neben der sonstigen Gymnastik sicher gut.

Es gäbe zwar Menschen, die würden das Händefalten als eine Geste erklären, welche zeigen solle, daß man als Sklave, also als Gefesselter vor Gott träte, aber das wäre eine kindliche Interpretation."

*Ausschnitt aus Ashley Thirleby: Das Tantra der Liebe*

Dies ist ein Ritual der Yantra-Imagination, jedoch verbunden mit körperlicher Muskelkontrolle.

Zuerst das Bild: Der Penis ist ein Schaft, von Muskeln gestützt, die tief aus dem Inneren hervorkommen und das Organ umgeben. Er hat Kanäle, die die Muskeln kreuzen – Kanäle, die darauf warten, sich zu füllen, um eine Erektion zu erzeugen.

Schließen Sie die Augen beim Sitzen oder Liegen – ohne Ihren Körper zu berühren – und konzentrieren Sie sich auf dieses Bild Ihres Penis, wobei Sie das Wahrnehmungs-Mantra wiederholen. Ist das Bild gefestigt, so spannen Sie alle durch den Penis[1] verlaufenden Muskeln an. Achten Sie darauf, daß die analen Muskeln und die Muskeln der Oberschenkel

---

[1] Die Übung, die durch den Penis verlaufende Muskeln anzuspannen und zu fühlen, ist für viele sicher nicht einfach. Es ist genauso schwierig, sie zu lernen, wie das Bauchrollen mit den Muskeln (also nicht das Baucheinziehen) oder die Bewegung der Zehen des Fußes, nämlich nicht alle Zehen zu bewegen, sondern jeden einzeln, wie wir es alle mit den Fingern oder Daumen können. Ein ähnliche Übung ist das willentlichen Hochziehen der Hoden, und zwar jeden für sich oder gemeinsam. Mit jeder dieser Methoden können Sie kontrollieren, wieweit Sie Herr Ihrer Muskeln sind.

und des Magens nicht ebenfalls angespannt werden. Wenn die Muskeln gespannt sind, sprechen Sie einmal das Wahrnehmungs-Mantra und entspannen sich dann.

Wiederholen Sie diesen Vorgang von Spannung-Entspannung dreimal. Dieses Ritual kann so oft wiederholt werden, wie man will; und man kann es überall praktizieren, sobald man das Yantra beherrscht. Nach und nach werden die Penis-muskeln konditioniert. Man wird fähig sein, die Anspannung einer jeden Muskelgruppe zu spüren, die beteiligt ist, und man wird sich der komplizierten Struktur des Penis bewußt. Das Ritual ist sinnlich erregend und wird sich als Hilfe bei der Kontrolle über die Erektion erweisen.

Sammlung der Konzentration

Der tantrische Meister sprach zu jedem seiner Schüler und sagte: „Die Rituale in der Einsamkeit erzeugen die Wahrnehmung des Seins. Von der Wahrnehmung in der Einsamkeit wirst du die Freuden deines Körpers erlernen. Denn du mußt zuerst die Sinnlichkeit kennen, die Lust erzeugt, bevor du jemand anderen dazu anleiten kannst, Lust für dich zu erzeugen. Und du mußt deine eigene Lust kennen, bevor du die Macht erhältst, jemand anderem Lust zu geben.

Dieses Ritual sollte liegend ausgeführt werden, allein und vorzugsweise bei Nacht. Obwohl es sexuell außerordentlich anregend ist, sollte es nicht zur Masturbation oder als Vorspiel zum sexuellen Akt benutzt werden. Wir haben es hier zum ersten Mal mit der tantrischen Ein-Stunden-Regel zu tun.

Legen Sie sich nackt auf den Rücken auf ein Bett und heben Sie die Knie zu einer bequemen Haltung, die Füße nebeneinandergestellt. Lassen

Sie dann die Knie langsam auseinandergleiten, wobei die Fußsohlen aneinandergedrückt werden. Die Sohlen des rechten und linken Fußes sollten während des ganzen Rituals in Kontakt bleiben."

Der Schriftsteller Graf. L. N. Tolstoi hat in seinem Leben einen aussichtslosen Kampf gegen seine Libido geführt. Dieser Kampf erinnert sehr an Arnos Kampf mit seiner Magersucht.

Bei Tolstoi ist man ebenfalls versucht zu denken, daß seine ständigen Selbstvorwürfe und Verhaltensmaßregeln ziemlich unnötig waren, oder doch gewesen wären, wenn er Tantra gekannt hätte und seine körperliche Vitalität als dankbares Geschenk des Lebens angenommen hätte. Der Gedanke, daß wir nicht aus eigener Kraft leben, sondern uns die Lebenskraft zugeteilt ist, wird oft übersehen. Wie beim Essen und Atmen hätte Tolstoi auch im Erleben seiner Manneskraft den Vollzug eines göttlichen Willens sehen (erkennen) müssen.

## 101. Behandlungswoche

Donnerstag, 3.4.80
„Bei Arbeit schwermütig. Essen macht mir Problem: die Mengen, die andere verschlingen, ekeln mich an, da ich wenig bei Tisch esse, vermeide ich Würgen.
Wieder daheim, zeigt mir G. im Pschyrembel-Wörterbuch die Stelle über Sympathicus und Parasympathicus. Nerven und ihre Gegenspieler. Er erklärt, wie eins das andere ohne unser Zutun ins Gleichgewicht bringt, doch sei es eine Illusion, wenn man glaube, daß man von diesem Wissen her leicht therapieren könne. Entladung von Energie würde aber die Kräfte in Gang setzen, die die Energie

wieder aufladen (Fließgleichgewicht). Überhaupt brauche Leben nicht Ruhe, sondern Gebrauch. Ein Mensch, der nur im Bett liege, verlöre sehr schnell Muskelumfang und Muskelkraft."

An dieser Stelle scheint es mir an der Zeit zu sein, dem Leser zu erklären, warum trotz erster, sexueller Aktivitäten, das Eßproblem noch nicht gelöst ist. Die Erklärung ist, daß die Magersucht eine Sucht ist und sich das Eßverhalten verselbstständigt hat. Diese zu überwinden, hat Parallelen zum damaligen Rauchverzicht, der auch seine Zeit brauchte. Da der Patient aber weiß, daß seine bisherige Impotenz aus dem Eßverhalten kam, wird er, nachdem er die Libido als Entspannungsmöglichkeit kennengelernt hat, von selbst bemüht sein, die Eigendynamik der Sucht zu überwinden. Den Weg bis dahin zeige ich im Folgenden auf.

An diesem Donnerstag behandelte ich in der Altstadt von Bordighera (im vierten Stockwerk eines Hauses mit ausgetretenen Stiegen) eine 81-jährige Süditalienerin. Sie hatte kein einziges graues Haar und ihre Zähne waren noch alle in Ordung. Einen einzigen Zahn hatte sie durch einen Unfall verloren. Sie war Analphabetin. Ihr Leben: Acht Kinder und immer Arbeit. Jetzt hatte sie einen Schlaganfall bekommen und der rechte Arm war unbrauchbar (nach einem Jahr war er wieder leidlich in Ordnung). Sie lebte mit einer unverheirateten Tochter zusammen, ebenfalls Analphabetin, die aber trotzdem den Führerschein gemacht hatte (der Staat nimmt in solchen Fällen Rücksicht). Ich nahm mir vor, Arno gelegentlich mitzunehmen, vielleicht würde das sein „Verwöhnungs-Syndrom" beeinflussen.

(204)

Nochmals zu *Sheila MacLeod* aus ihrem Buch „Hungern, meine einzige Waffe". Die Autorin überwindet die Magersucht durch Heirat eines bekannten Stars, der wohl zunächst obige Ansprüche nach interessanten Menschen befriedigt. Doch hat sie später einen Rückfall, den ich darauf zurückführe, daß das Lustproblem im Sinne von Tantra nicht gelöst war. Der von mir im Abschnitt 199 geschilderte Abnützungseffekt war eingetreten, der Trieb (Libido) nicht stark genug, die ich im Abschnitt 200 zitierte, um dem Laien das Geschehen erneut deutlich zu machen.

Sie schreibt weiter: „Durch meine Tagebücher aus der Zeit der Magersucht und unmittelbar davor ziehen sich zwei wiederkehrende Sätze: „Wenn ich doch nur ein paar interessanten Menschen kennnenlernen könnte!" und „Wenn ich doch nur jemanden hätte, mit dem ich reden könnte!"

„Ich sehnte mich nach der Gesellschaft anderer, die vom Gros der Menschen abstachen...."

Weiter schreibt sie: „Doch immer noch konnte ich selbst nicht beurteilen, wieviel ich zu mir nehmen sollte."

Diese Sätze scheinen mir im Bezug auf Arno sehr richtig. Wie Sie aus seinem Tagebuch sehen, war er sehr schnell bereit, jene abzuurteilen, die nicht in seinem Sinne „tiefe Gespräche" führten.

Wenn ich bei der Aufarbeitung dieser vielen Wochen so oft notierte, über was geredet wurde, so geschah es, um zu zeigen wie und welche Gespräche bei Arno ankamen.

Der andere Satz, der sich auf die Unsicherheit der Essensmenge bezieht, forderte den Therapeuten natürlich in seiner Anpassungsfähigkeit, doch was sollte er tun, wenn er heilen wollte?

Arno hätte im Ristorante frühstücken können, doch hielt ich weiter darauf, daß er morgens mit mir den Hafer-Hirsebrei einnahm. Allzuleicht hätte er Gründe gefunden, das Frühstück zu umgehen. Dabei war – wie Sie gelesen haben – immer wieder die Menge ausschlaggebend, die ich selbst aß. Hatte er nur die Spur mehr auf dem Teller, begannen bei ihm die Schwierigkeiten. Da ich mit Fortschreiten der Therapie darauf bedacht war, die ursprünglich geringen Mengen, die ihn nicht erschrecken sollten zu vergrössern, mußte ich auch selbst diese Mengen aufessen.

Nun war Arno ausgehungert und 19 Jahre, ich selbst war aber n i c h t ausgehungert und 35 Jahre älter.

Ich mußte also fasten, wenn Arno nicht da war, denn hätte ich zugenommen, so wäre das für Arno ein Anlaß gewesen, das Frühstück zu verweigern. So aber konnte ich mit Hinweis auf meine eigene schlanke Linie Arno überzeugen, daß die bei unserem Frühstück servierte Menge keinesfalls dick machen würde.

Freitag, 4. April 80
Arno: „Unfreundlichkeit der Spülfrau und Schimpfworte machen mich niedergeschlagen. Saalkellner sagt, daß Baron di Toma mit Frau Steinbrecher hier war, er habe mich aber nicht im Saale sehen wollen, obwohl G. sie wegen mir geschickt hatte.

Daheim höre ich von G., daß ich im Mai in Florenz die Fremdenuniversität (Arno meint die Ausländer-Universität) besuchen solle – wunderbar. Florenz-

Stadtplan heraussuchen. Abends gehe ich in die Tavernetta. Dort G. mit Freunden. Dummes Geplauder. Daheim nach etwas Essen – Erbrechen. Gedanken jagen nervös durch meinen Kopf. Goethe lesen.

**Samstag, 5. April 80**
G. erklärt beim Brei-Essen Zeiteinteilung der Menschen im Tagesablauf, die sehr viele nicht beherrschen. Deshalb auch Zuspätkommen. Dann Hitlers Kenntnis der Massenpsychologie.
Bei Arbeit: Mokieren, Nörgeln und Lästern über mich verstärkt sich, da besonders Spülfrau hetzt. Sehr schwermütig, erregt und böse, den offerierten Kaffee nicht genommen. Abends erklärt Chef, ich sei asozial, kindisch und kein Mann, hätte schlechten Charakter und sei bös antwortend., würde nie Freunde finden, würde stets auf Arm genommen werden, wie auch vom Saalkellner. Daheim Erbrechen.

**Sonntag, 6. April 1980**
Sommerzeit: Nachts wilde Träume, die nicht von meiner Wirklichkeit handelten. Rege Arbeit, erschöpft durch Personal, aber ohne Plagen der Gedanken. Nach Essen etwas erbrechen, schaffe es aber, etwas zu behalten. G. kommt mit vier Freunden und ißt bei uns am runden Tisch drei Stunden lang. Osteressen.
Daheim allein, was schön ist. Höre Passion aus Händels Messias, dann Messe von Mozart. Gymnastik und Massage mit Massagehobel, aber Lust nicht ausgekostet. Abends im Ristorante Tischessen erbrochen. Nachher mit G.´s Freunden vor dem Kamin im Salon. Michele aus Novara, der wieder mal bei uns wohnt, ist ein lauter, energischer,

heftig erregter Unterhalter, doch dummes Geplauder. Nachher nervös, da nervöse Gedanken mich jagen ohne Entspannung.

Ostermontag, 7. April 80
Gräfin Bolza schenkt mir Bonbon-Ei aus ungarischer Tradition. Dumme Spülfrau, erbrochenes Essen. Massagehobel lustlos benutzt. Esse abends langsam, dennoch etwas Würgen. G. und seine Freunde essen wieder bei uns und nehmen mich mit heim. Im Bett ohne erbrochen zu haben – Schlaf.

Dienstag, 8. April (Freier Tag)
Mit Schmerzen im Rücken, Muskeln, Körper auf.
Mit Gräfin Bolza und G. Frühstück. Die Gräfin erzählt von Ungarn, ihrer Heimat, von Puszta und Guijasch (ungar. = Rinderhirte), vom Verfall der Tracht und Tradition. Michele zeigt mir, wie er seine Butter-Tomatensoße kocht. Essen mit allen. Ich habe Couscous gemacht, der gut gelungen ist.
Fahre mit G. nach Soldano, wo er behandelt, während ich lesen kann. Bekommen von seinem Patienten eine Flasche Wein geschenkt. Daheim wartet Germano, dem ich von meiner Lektüre erzähle. Mache die Gymnastik, die G. mit einem Mädchen macht, mit. Müde.
Bei Rösti erzählt abends die Gräfin von Ungarn-Revolte 1956. Als ich abends mit G. spazieren gehe und von meiner Nervosität spreche, erklärt er sie für geistige Ungeduld. Ich müsse Kocharbeit geduldig hinnehmen.

Mittwoch, 9. April 80
Empfinde die Atmosphäre in der Küche trüb und bin sehr erschöpft, als ich heimgehe. Abends holt G. mich ab und wir laufen in die Altstadt. Treffen dort Frau Feiner. Man diskutiert über Lesen. Als wir bei ihr noch einen Abschiedstrunk nehmen, entdecke ich Thomas Manns „Tod in Venedig". Sie leiht es mir. Will es lesen, denn eine Gräfin Edith hat mich Weihnachten 1978 in diesem Roman wiedererkannt. Auf dem Heimweg meint G., daß es vielleicht gut sei, wenn ich beim Militär Kampf und Verteidigung erlernen müsse, um zu leben, da ich einen zu weichen Charakter hätte. Deshalb Ei und Käse „gefressen" und im Verzweiflungsanfall erbrochen.

Donnerstag, 10. April 80 (Nachmittags frei)
Haben wegen Erbrechen Gewisssensbisse. Renatos Bruder Rocco fängt als Kellner bei uns an. Kein Erbrechen, da wenig Essen, auch keine Erschöpfung. Vor 19 Uhr unter Anleitung der Gräfin Bolza Gulasch gekocht. Sehr nervöse Verzweiflung, Tische vorbereiten. Breinlingers und Frau Feiner kommen. Essen in der Küche am runden Tisch. Laut Gräfin gutes, richtiges Gulasch. Bei Wein und Käse Gespräche:
1) Heutiger Jugend fehle ein Ideal zum Menschsein, deshalb Delinquenz. Hans ist froh über seine Jugend, trotz Krieg und Armut
2) Werner Finck (1902) dt. Kabarettist und Schriftsteller machte Sozialkritik, indem er Politik lächerlich machte.
3) Judennamengebung im 17. Jahrhundert.
4) Politische Witze aus Österreich und Balkan.
5) Jesus liebte das Essen als Würdigung Gottes (Agape)

6) Bayer. Mundartdichter mit sozialer Prosa-Poesie dichtete:
„Macht das Fenster für die alte Frau größer,
damit sie wenigstens die Sonne besuchen kann,
denn auch der Regen klopft nur an."

Bin froh über den gelungenen Abend, zu dem ich durch mein Kochen die Grundlage gab."

Arno hatte zu dieser Eintragung einen Ausschnitt aus dem „Zeit"-Magazin geheftet. Dieser lautet:

„Essen und Trinken waren Zeichen und Beweis wirklichen Lebens, und Nahrung wurde als Gabe Gottes angesehen. Nicht genug zu essen zu haben oder nicht essen zu könne, galten als Folge von Gottes Zorn, das heißt als Strafe. Die religiösen Schriften lehrten, daß der Gerechte und der Fromme sich ums Essen nicht zu sorgen brauchten, da sie das rechte Verhältnis zu Gott haben. So waren Essen und Trinken Ausdruck der Verbundenheit mit Gott und zugleich mit anderen Menschen. Übrigens fanden Archäologen heraus, daß der Wein, der zu jener Zeit in Palästina getrunken wurde, süß war."

Freitag, 11. April 80 (Nachmittags frei)
„Rege Arbeit ohne Chef. Clelia und andere mokieren. Gräfin Bolza und G. essen bei uns. Saalkellner Giovanni verbietet mir, Rocco täglich ein deutsche Wort zu schreiben und zu lehren. Daheim kommt Germano, von seiner leidenden Person erzählend. Er zieht sich aus, macht Gymnastik und sagt dann, er habe Bauchweh, ich solle ihn massieren, was ich tue. Als G. kommt, macht er uns Gemüsesaft, worauf Germano auf die Toilette rennt, wohl um zu erbrechen. 18 Uhr geht er, leidend an

sich selbst. Er hatte Musik von Elton John mitgebracht. Lese unkonzentriert, fühle mich erschöpft und voll negativer Gedanken.

Abends spricht G. von Germano. Seine Gymnastik sei von großer Anmut, ja Schönheit, was ich nicht sehe. Ich könne an ihm erkennen, wie auch er zu sehr auf sich selbst konzentriert sei und auf seine Art einen Weg zu menschlicher Nähe suche. Auch müsse ich erkennen, daß Frohsinn aus Ruhe käme und ich das Mokieren leichter ertragen würde, wenn ich ausgeschlafen wäre. Ich wolle zuviel gleichzeitig tun, zuviel auf einmal nachholen.

Samstag, 12. April 1980 (abends frei)
Nachmittags mit Breinlingers an der Caranca-Bar. Hans spricht von der französischen Literatur des 18. Jahrhunderts. Abendessen mit Gräfin Bolza, die viel vom Fühlen von Erdbeben plaudert und von Eßgewöhnung der Kinder in Erziehung, wozu G. aus Afrika erzählt. Abends im Cafe Romano langweiliges Plaudern mit Breinlingers und Freunden. Später verteidigen sie Emanzipation der Frau, was mir Widerspruch ist, da in Ehe Frau und Mann EINS sein sollen und so keiner Vorrechte hat. Unterverständlichkeit der Freiheit – für mich. Auf dem Heimweg sage ich G., daß Gräfin Bolza mich mag, und ich sie auch, ohne Muttergefühle.

Sonntag, 13. April 1980 (abends frei)
Ruhe mich mittags aus, höre Musik und benutze Massagehobel bis Orgasmus. Danach Gymnastik. Notiere Zitate aus Goethes Egmont, lese im Gombrich. Abends alle im „Romano" essen. Durch Gräfin Bolza sehr unterhaltend. Daheim mit G. esse ich etwas, da ich vorher allein wenig erbrochen hatte.

Dabei Gespräch über Freiheit, Freunde und Essen, was mir alles oft wider den Strich geht. G. meint, ich müsse dann eben dulden lernen, denn Vorbild werden könne ich nur, wenn ich selbst körperlich intakt und gesund sei.

Montag, 14. April 1980
Clelia sucht nach Gründen zu nörgeln und sagt, meine geplante Florenz-Reise sei falsch. Kein Erbrechen, da Wein und Käse. Gräfin Bolza reist ab und fährt nachmittags mit Taxi zum Flughafen. Am Strand über Florenz lesen. Abends rege Arbeit."

(205)
Ich überspringe drei Tage, denn die Selbstbespiegelungen Arnos wiederholen sich:
„wobei Unruhe mich ergriff....nervös auf....unruhig Arbeiten....müde auf....nervöse Ungeduld"

„Freitag, 18. April 1980 (abends frei)
Rege Arbeit, Lästern der Leute und Clelia ertragen. Nervosität ist groß. Eßgedanken und Unlust am schalen Leben. Dabei bringt Verlangen nach Literatur und anderem mir tiefbewegte Gedanken. Nachmittags Lesen und Musik. Massagehobel gab mir Orgasmus, der gut tat, da erste Entspannung der Muskeln an diesem Tag.
17.30 Uhr: G. assistieren bei Massage und Akupunktur eines pensionierten Italieners, der Rückenleiden hat und Witze erzählt. Abends zuviel Käse gegessen, danach etwas erbrochen und deswegen mit Gewissensplage zu Bett. Der Leser bemerkt, daß sich das Gewissen manipulieren ließ. Früher hatte er Gewissensplage wegen des Essens, jetzt hat er sie, weil er der Lust des Erbrechens nachgegeben hat.

Beginne „Apologie" von Platon.

> „Es scheint, der Mann tut unrecht, wenn er ihn erwähnt oder zeigt und sich dabei schämen muß. Er verdeckt und versteckt ihn, wo er doch gerade im Gegenteil ihn feierlich vorzeigen und schmücken müßte, wie ein Szepter."
>
> *Leonardo da Vinci*

Samstag, 19. April 1980

Arno bekam in seiner Mittagspause Besuch von Rocco, den er deutsche Wörter lehren wollte. Doch Rocco interessierte sich mehr für Porno-Hefte, die er mitgebracht hatte und versuchte erneute, Arno zu gemeinsamer Masturbation zu überreden. Trotz Streicheleien von Rocco ließ sich aber Arno nicht darauf ein. Doch als dieser gegangen war, erlebte er beim Massieren mit dem Massagehobel einen Orgasmus. Er notierte immerhin, daß Roccos Glied dick und 21 cm lang war, viel größer als das eigene.

Diese erneute Zurückweisung einer Handlung, die er dann allein vollzieht, entspricht in etwa einer Feststellung *Selvini Palazzolis*:

> „Nur eine geringe Anzahl Magersüchtiger, auch der, die offenbar genesen sind, führten ein normales Geschlechtsleben, wobei das Hauptproblem in der Abneigung besteht, sich auf den Geschlechtsakt einzulassen."

Sonntag, 20. April 1980 (Nachmittags frei)

„Müde auf. In der Mittagspause liest G. von Goethe vor, wie dieser unter dem Haß der Menschen litt, als diese seinen Charakter bemängelten, trotz seines Talents. G. will mir damit zeigen, daß auch große

Menschen unter ihrer Umwelt litten und es ertragen mußten, denn mein Chef hatte mich wegen Gnocchi geschimpft, obwohl sie gut gerieten.
Unruhige Nervosität, die mir Lesen verübelte, zu Schweißanfall sich steigerte. Dusche, Gymnastik. G. nimmt mich zum Tee bei Baron di Toma und Frau Steinbrecher mit. Dort auch Templetons und ein Ex-General mit Frau. Mit Templetons wird es eine interessante Unterhaltung, da Frau Templeton von ihren Reiseerzählungen und Romanen spricht (sie hat ihr Buch „Capricci Italiani" als Geschenk für Frau Steinbrecher mitgebracht, betont aber, im englischen Original sei es witziger). Zu mir sagt sie, ich werde mich in Florenz wie im Spiegel sehen und sei ein Ephebe. Wieder spricht sie von „Effi Briest" als Ehebefreiungsroman, hält aber Frauenemanzipation für Unsinn. Als sie hört, daß ich „Die Ästhetik des Widerstandes" lese, meint sie, das wäre noch nicht für mich und ich solle es sein lassen, was ich tun werde. Dr. Templeton erklärt medizinische Statistiken für unsinnig, erklärt Medizin mit Logik, nicht mit Wissenschaft. War für mich erster Nachmittagsempfang im eleganten Rahmen mit Erwachsenen, die etwas auszusagen haben."

104. Behandlungswoche

Montag, 21. April
„G. hat sich das Templeton-Buch sofort ausgeliehen und liest mir beim Frühstück daraus vor. In der Küche rege Arbeit. Da viel Putzen, zerstörendes, tierisches Menschenklima für mich.
Daheim eine Stunde Ruhen mit Gedankenjagd. Unruhige Nervosität und Gedankenqual. Lese, daß auch Goethe in der Jugend glaubte, alles an einem

Tag bewältigen zu müssen. Abends in der Küche frieren und erbrechen.

Dienstag, 22.4 (Ruhetag)
G. nimmt mich zu der 81-jährigen Süditalienerin in die Altstadt mit, die noch alle Zähne und schwarze Haare hat. Die Tochter und die Alte erklären mir ihr Kochen. Viel Peperoncini, die auch in Öl angeröstet und trotz ihrer Schärfe, zu Brot mit Öl getränkt und mit Tomaten und Basilikum belegt, gegessen werden." Arno probiert das am nächsten Tag.
„Darf zeigen, was ich gelernt habe, und der Tochter den Arm massieren, während G. die Mutter behandelt. G., der gestern meine Unruhe bemerkt hat, spricht nachher bei einem Cafe am Meer mit mir. Er sagt, nur wenn man den Alltag bewältigt und gut einteilen kann ‚käme man zur Freiheit, seine Bildungsinteressen zu verfolgen. Unzufriedenheit und Streitereien unter Menschen, die zusammenleben, müsse man durch Psychologie auflösen, denn Unfriede hindere die Menschen daran, sich weiterzuentwickeln. Ohne Weiter-entwicklung aber würde das Leben sinnlos und auch langweilig. Man könne nicht endlos die Ver-gnügungen gewisser Lebensalter wiederholen. Er kommt auf meine Gedankenjagd und Eßangst, deren Absurdität schon oft genug erklärt worden sei. Meine monentane Leseungeduld sei subjektiv und kurzsichtig, denn ich könne unmöglich all das sofort verwirklichen, was in einem ganzen Leben zu erreichen sei. Auf alle Fälle müsse ich die Kochlehre beenden, auch wenn mich manches störe. Dann kommt er auf den „Simplicissimus" (eine einge-gangene Zeitschrift), erklärt einige Witze und die Wichtigkeit des Humors.

23. April 80

Nach unruhiger Nacht und unbewußter Pollution auf. In Küche allein mit Clelia und Spülfrau, die mokierten, mir Böses nachsagten und mir keine Schwermut-Stille erlaubten.

Daheim erschöpft ruhen, Kopfweh. Etwas erbrechen. Abends erzählt G. begeistert von Edith Templetons Buch. Er läßt mich daraus vorlesen. Daheim erklärt er mir auch Kreislauf und Blutdruck. Der obere Wert nennt den Druck während des Augenblicks der größten Kraftanspannung im Herzmuskel. Der untere Druck zeigt, wie gut sich die Blutgefäße entspannen können und wie elastisch sie sind. Ich mache wieder Bauchmassage und komme dann, als ich bei der Leistengegend bin, zum Orgasmus."

(206)

Am Montag, den 28. April lud ich Templetons zum Abendessen ins „Stella" ein. Arno notierte täglich seinen Ärger über die Spülfrau, seine Nervosität und Ungeduld. Alle meine Reden und Aufmunterungen, doch diese Lächerlichkeiten zu belachen, waren in den Wind geredet. Mit der Einladung wollte ich ihm erneut eine gewissen Wichtigkeit seines Arbeitsfeldes vermitteln. Als bis 22 Uhr kein neuer Gast mehr kam, durfte er sich an unseren Tisch setzen und fand das Zuhören himmlisch.

Er notierte: „Dr. Templeton erzählt von einer Reise von Neu-Delhi nach Amerika mit einem reichen ‚indischen Epileptiker. Vom Visaproblem, besonders für den Diener. Daß er während einer Demonstration gegen Engländer in Indien geschlagen wurde, trotz Anwesenheit der Polizei. Dann von Experimenten mit Fett, die man in KZs gemacht hat. Nach diesen Versuchen ist die Schädlichkeit der Margarine (karzinogen) bewiesen, weshalb Templetons nur

Butter verwenden. Er spricht von der Unzuverlässigkeit der Asiaten und daß Inder ihren Urin trinken. Frau Templeton berichtet von ihren Reisen, die sie stets allein unternahm und daß wir in Piacenza unbedingt das „Alberoni" College anschauen müssen."

Dienstag, 29.4. 80 (freier Tag)
„Erinnerungen von gestern abend gehen mir vor dem Aufstehen durch den Kopf. Bereite mich mit Lektüre u.a. auf Florenz vor. G. erklärt auch noch einiges vom Vorabend, was mir nicht geläufig war. Kommt auf Traumdeutung und Konstitutionsbedingtheit.
Zu meinen Problemen der letzten Zeit meint G. beim abendlichen Meeresspaziergang, sie würden ihm zeigen, daß ich „ferienreif" sei, denn die „Ausrutscher" kämen aus meiner Protesthaltung, die ein Grundzug meines Charakters sei. Er wünsche, daß ich mich in Florenz mit dem Essen anpasse, das würde mir die „Qual der Wahl" nehmen und unser Programm vereinfachen.
Im „Romano" essen wir Spinat, Seezunge und trinken zwei Bier. Dabei kommen wir auf die körperliche Arbeit, die G. für sehr wichtig hält und die bei den heutigen Seelentherapien übersehen wir, wie früher die Seele übersehen wurde.
Da ich abgesehen von meinen Protest-Reflexen jetzt eigentlich gut über den Tag komme, mir auch das Gefühlserlebnis des Orgasmus gefällt, meint G., daß Magersüchtige, die man nicht gleichzeitig über den Körper therapiert, kaum geheilt werden können. An mir sähe man ja, wie lange es brauche, bis ein Mensch, der seinen Körper ablehnt, eine echte Beziehung zu ihm herstellen kann. Daheim bei Wein und Käsebroten sagt er noch, Dr. Templeton suche

einen Mann, der seine Lebensgeschichte nieder-
schreibt. Seine Frau könne das nicht, die wäre zu
befangen.

Mittwoch, 30. 4.80
Essen gut bewältigt. Daheim gut gelaunt umräumen,
da während unseres Aufenthaltes in Florenz Besuch
in die Wohnung kommt, damit Aufseher da sind.
Gymnastik. Wenn G. mich bittet, ihm zu helfen,
werde ich widerspenstig-nervös! Warum?
Abends mit G. gutgelaunt ins Ristorante. Nach der
Arbeit läßt mich G. bei Wein und Käse Goethes
politische Meinung zu Liberalen vorlesen, die lautet:
„Jeder solle sein Freies tun und auch geduldig
warten, daß die Zeit die Möglichkeit bietet."
23 Uhr in Öl eingelegte Peperoni essen.

## 26. Behandlungsmonat
Donnerstag, 1. Mai 80
„Beim Haferbrei über Rassenprobleme gesprochen.
G. erwähnt einen *Hans Blüher*, der von der Psychoanalyse negiert würde, aber wichtige Erkenntnisse
gebracht hätte. Mit diesem hat er einst korres-
pondiert. Blühers Ansicht war, daß Kinder aus Ehen
von Juden und Deutschen oft depressiv würden. Er
weiß es nicht mehr genau, will es aber
heraussuchen.
Bei Arbeit wenig Trübsal, daheim frohgelaunt mit G.
Als er mich ins Zimmer zum Ausruhen schickt und
mir für später eine Vesper ankündigt, will ich das
nicht. Warum?[1]

---

[1] Gelingt es, Jugendliche in ihrer permanenten Protesthaltung
zu diesem WARUM zu motivieren (falls sie die dazu nötige
Intelligenz haben) könnten manche kränkende Mißverständnisse während der Entwicklungsjahre ausgeräumt werden.

Als ich abends G. mit einem Maler im „Romano"
treffe, entschuldige ich mich für meine Wider-
spenstigkeit.

Samstag, 3. Mai 80
Lese die Biographie „Michelangelo" von Romain
Rolland. Harte Arbeit. G. kommt mit dem Ehepaar,
das in der Wohnung bleibt, damit wir vor Einbrechern
sicher sind, zu uns zum Mittagessen. Ruhe nach-
mittags, aber brauche immer einige Zeit, bis ich zur
Ruhe komme, und weil ich anfangs nervös bin, mag
ich nicht. Wiederhole Gombrich.
Abends treffe ich bei G. Templetons mit dem neuen
Besuch. Sie reden vom I. Weltkrieg. Da gab es Brot
aus Maismehl und Sägemehl mit Senfgurken-
aufstrich. Dr. Templeton meint, der I. Weltkrieg ent-
stand auch wegen Schweinehandelstreit zwischen
Serbien und Ungarn. Noch wichtiger ist, daß
Panslavismus sich von der Österreichischen
Unterdrückung befreien wollte.
Als Arzt sagt Dr. Templeton: Erfahrungen am Körper
fallen einem später auf, als sie da sind.
Nachher bei Wein und Brot erklärt mit G. erneut
Psychologie meines Chefs, um mich wegen meiner
Klagerei zu befriedigen.

Sonntag, 4. Mai 1980
Beim Haferbrei erzähle ich von Michelangelo. Ein
fessendes, hinreißendes Buch. Anfangs müde,
Kreislauf kommt mit Arbeit in Schwung. Ich erkenne
jetzt zwar die Dummheit des Personals und ihr
„Kleben an schalem Zeuge"[1], da ihnen Besseres
fehlt, aber je mehr ich alles erkenne, desto mehr will

---

[1] „Faust", Goethe

ich dann fliehen. Nach Abendarbeit ins „Romano".
Dort ißt G. mit neuangekommenem Besuch. Herr
Szep erzählt vom unendlichen Weltall, Frau Szep rät
mir von früher Ehe ab.

Montag, 5. Mai (letzter Arbeitstag, da morgen
Abfahrt nach Florenz)
Szeps essen mit uns Haferbrei, da er eine Gallendiät
braucht. Nach Morgenarbeit gibt mir Chef Ferien bis
zum 5. Juni. Bin nach Reisevorbereitungen nervös
(Reisefieber?). Noch Abendspaziergang. Das Meer
silbern und schön."

(207)
Da Arnos Chef vor der Sommersaison selbst Ferien
machen wollte, ergab es sich, daß Arno vier Wochen
frei bekam.
Ich selbst hatte mich für eine Woche freigemacht,
um Arno in Florenz auf die wichtigsten
Sehenswürdigkeiten aufmerksam machen zu
können, danach sollte er die restlichen drei Wochen
allein Florenz erkunden. Ich wollte ihn auf eigene
Füße stellen, zeigte aber meine Bereitschaft, falls es
nötig würde nochmals nach Florenz zu fahren, denn
ein Desaster wie auf der Marokko-Reise hätte
meinem Therapieziel nicht genützt.


„In Florenz hat alles eine geradezu anomale
mythologische Dichte,
ist Phantasie, Bedeutung, Indiz, Anspielung,
Enthüllung und Rätsel;
und es ist vor allem geballte Kraft."

*Giorgio Manganelli*

(208)

Ich fasse jetzt Arnos Eintragungen so zusammen, daß der Leser sieht, wie die eingeschliffenen Eß-Wahn-Gedanken immer wieder hochkamen, obwohl der Körper bereits die Organlust entdeckt hatte. Doch von dieser Wahrnehmung der Sinnlichkeit in der Einsamkeit, die Lust erzeugte, war noch ein langer Weg zu jener Freude, jemand anderem Lust zu geben.

Da Arno das Reich des Eros nicht überblicken konnte, aber die Erwartungen der anderen ahnte, beschränkte er sich auf den beruhigenden Selbstbetrug, der andere habe irgendwelche Mängel, die man nicht akzeptieren könne (wobei eigene Mängel nicht bedacht wurden).

Arno las am 6. April morgens vor der Abfahrt nach Florenz noch in Romain Rollands Biographie des Michelangelo. Im Zug las er über „sexuelle Träume der Männer" und notierte: „Mit uns reiste schlecht, billig und verschlissen gekleideter Florentiner Pfarrer. Wir aßen stündlich Brote und tranken zwei Bier."

Von früheren Florenzbesuchen kannte ich eine einfache Wirtschaft am Markt: „La Fiascetta". Als wir dort abends bei Minestrone und Wein saßen, schrieb Arno: „...ich freue mich erstaunt, wie gut ich mit G. das ungewohnte, aber schmackhafte Essen erlebe...ich freue mich über frohes, interressantes, heiteres, menschlich nahes, aber nie gegenseitig verpflichtendes oder belastendes Verhältnis zwischen uns beiden, wohl auch weil ich bedingungslos ihm zu folgen versuche. (hier über-treibt Arno. Die Harmonie entstand, weil ich den Tag nach seinen Interessen und Kräften einteilte und lenkte.) Studenten an unserem Tisch redeten über Essen und Militärverweigerung, wie alle linken

Studenten heutzutage. Viel Wunderbares gesehen und beplaudert."

Mittwoch, 7.4.80
Arnos Körperbeobachtung wurde positiver.
Notiz: „Dusche, die erste warme seit Spanien, die mir durch alle Glieder spürbar die Muskeln durchfließt. G. erklärt mir Universitätswesen und Mensa-Eßkarten-System. Die Mensa ist dreckig und mit Parolen und Manifesten, viele in arabisch, vollgeschmiert. Später bekomme ich den Lesesaal im Palazzo Strozzi gezeigt, damit ich ruhigen Ort zum Lesen weiß."

Wir hören an der „Universitá dei Studi" einen Kunstvortrag über Raffael (platonisches Bild): Das Gute – Schöne – Wahre versinnbildlicht durch Justitia – Apoll umschwärmt von Musen – Weg der Treue und Weg des Vertrauens.
Um vom Herumlaufen auszuruhen, gingen wir abends in einen Faßbinder-Film (Maria Braun), den Arno so kommentierte: „Entwürdigung von Frau und Mensch. Nach himmlischer Kunst in Florenz empfand ich Kino als Verlust an Zeit und Schönem.

Donnerstag, 8.5.80
Schlechter, gedankengetriebener, unruhiger Schlaf. Den „Davide" gesehen. David hat Steinschleuder, jungenhaftes Gesicht, ist unbeschnitten (obwohl Jude). Seitenansicht zeigt mir Bauch weiter hervorstehend als Brust bei dieser vollendeten Figur. Nach Mensaessen Eßwürgen und Kopfschwindel.
Im Palazzo Strozzi Zeichnungen nach Michelangelos „Jüngstem Gericht" von Manieristen. Alle Figuren mit sichtbaren Geschlechtern. Nach himmlischer

Ausstellung zur Piazza Michelangelo. Störende Kinder und Schulklassen überall.

Auf dem Rückweg besuchen wir einen Patienten G.´s. Er ist Konsul und wohnt in der Via Michelangelo. Eine adelige Dame öffnet und bringt uns in den zweiten Stock. Dort öffnet ein 18-jähriger blonder schlanker Junge mit schönem Gesicht im Schlafanzug, der sich als Genardo vorstellt.

Es ist 18 Uhr und er bittet uns, auf den Konsul zu warten. Dann kredenzt er schottischen Whisky. Während des Wartens erzählt er, daß er aus Neapel komme. Der Konsul habe auch eine Wohnung dort, und diese hier in Florenz stand drei Jahre leer. Nun wurde sie vor kurzem ausgeraubt, deshalb seien sie hier. Er habe neun Geschwister, bisher nur die Grundschule besucht, die fünf Jahre dauere. Er kenne Bremen, Paris, Griechenland und Ägypten. Er sei mit Bekanntschaften gereist, die Reisen haben ihn nichts gekostet.

Während der Unterhaltung trifft ein Freund des Konsuls, ein Baron aus Salerno ein. Dieser erzählt von Mädchenliebschaften, die allabendlich wechseln. Da er genug Vermögen hat, hat er nie gearbeitet und interessiert sich nur für Essen und Liebe. Da er manchmal neun Flaschen Wein am Tage trank, hat er jetzt einen Leberschaden. Der Konsul dagegen habe 30 kg Übergewicht. Das ist für G. ein Anlaß auf meine Kochkunst hinzuweisen. Darauf schickt man mich mit Genaro zum Einkaufen, damit ich ein entsprechendes Abendessen koche.

In den Geschäften zeigt sich, daß Genaro wohl meine Wünsche erfüllen, aber nach seiner Nase kochen will. Genaro schimpft dabei auf den ewig nörgelnden Baron. Beim Kochen zeigt sich das typisch kleinlich-komplizierte Hauskochen Genaros im Vergleich zu meinem Können als gelernter Koch.

Nach dem Essen zeigt der Baron Photos von sich mit Mädchen, nackt in Porno-Akten.

Der Konsul, der zum Essen kam, lobt meine Kochkunst. Dann führt er etwa folgendes Gespräch: Zuerst frug er, ob wir den Dreifuß aus Pompeij mit den Ithyphallischen Panfiguren kennen würden. Was G. für sich bejahte. Von da kommt er auf griechische Vasen, und er erwähnt ein Vasenbild, das zeigt, wie ein Jüngling die Kynodesme anlegt. Wer das genau betrachtet hat, wundert sich nicht, daß der „Dreifuß", der im Nationalmuseum in Neapel ausgestellt ist, Pans Erektionen zeigt, bei denen die Vorhaut trotz Erektion über die Eichel ragt.

Nun fragt er nach der Michelangelo-Figur (der einzigen), die einen beschnittenen Penis zeigt und stellt diese Extreme mit Wieso und Warum zur Diskussion. Nach den für ihn üblichen Erwiderungen faßt er zusammen. Die Semiten wären vom Wunder der Erektion so fasziniert, daß sie durch die Beschneidung versuchen würden, eine ständige Erektion vorzutäuschen. (Den Einwand der Hygiene tut er als lächerlich ab, da mit dem Urin jederzeit eine Reinigung möglich wäre, außerdem müßte man das dann auch bei den beschnittenen Frauen annehmen.) Die Griechen wiederum hätten durch die nackte Körperschulung einen ästhetischen Reiz an dem leicht gespannten Aussehen des männlichen Geschlechtsteils gefunden. Dies erreichten sie durch das Anlegen des Kynodesme. Er vermute, daß dadurch gleichzeitig gewisse Muskeln oder Durchblutungen begünstigt würden, die der griechischen Art zu lieben entgegenkäme. Er nennt als vages Beispiel die künstliche Verkleinerung der Frauenfüße in China. Er erklärt mir, das Umbiegen der Zehen führte zu einer Atrophie der Wade und zu einer Hypertrophie der Schenkel und der Unterleibsmuskeln, die den Frauen die Fähigkeit zu einer kräftigen Kontraktion der Vaginamuskeln gäbe.

Über diesen interessanten Abend auf dem Heimweg sehr froh. Habe Genaro auch gestreichelt, da ich nach der Abreise von G. vielleicht bei ihm wohnen kann. Da ich im Hotel über Rückenschmerzen klagte, reibt und massiert mir G. noch die Wirbelsäule mit Jodosol ein. Sehr angenehm.

Freitag, 9.5.80

Frau Templeton hat in unserem Hotel ihre Adresse hinterlassen, doch erreichen wir sie an diesem Morgen nicht. Im Palazzo Medici-Riccardi sehe ich die Kapelle des Benozzo Gozzoli. Die himmlische Malerei füllt die Kapelle voll aus. Nachher bin ich erschöpft. Mein Körper fühlt sich ausgelaugt, so daß ich oft denke, mein Leben wird kurz sein. Essen ist immer noch Angst, auch Würgen.

Nach dem Mittagessen ruft Genaro an, der unsere (meine?) Gesellschaft sucht. Wir gehen in die Uffizien. Ich sehe überwältigende Räume. Dann zum Forte di Belvedere. Durch den Boboli-Garten zum Palazzo Pitti. Bin überwältigt.

Auf dem Rückweg ruht G. in S. Apostoli aus. Es ist seine Lieblingskirche, da er sich dort als Mensch fühlen kann. Wie vom Himmel gekommen, steht plötzlich Mrs. Templeton vor uns, erzählt von ihren Besuchen aller Abendmahl-Fresken, vom lästigen Kindergewimmel und der heutigen, unsinnigen Erziehung.

G. nimmt sie mit in die „Fiascetta" am Markt.

Mrs. Templeton ist davon begeistert und erzählt die Legende von Judith und Holofernes. Weiter deutet sie Michelangelos „Sieger" so, daß Michelangelo von der Schönheit besiegt werden will. Mit G. spricht sie über geänderte Standorte der Skulpturen. Im weiteren Verlauf spricht sie von Liebesbriefen und bloßstellenden Gefühlen und Erlebnissen, die man nicht aufschreiben solle, sie würden sowieso im Gedächtnis bleiben. Sie bedauert aber, daß Thomas Mann in seinen Tagebüchern keine Erlebnisse mit Knaben niedergeschrieben habe.

Dann kommt sie auf Limericks und „schwarzen Humor". Wir lachen viel.

Als wir gegen 24 Uhr ins Hotel kommen, erwartet uns Genaro. Wir fahren mit ihm, dem Konsul und dem Baron durch das nächtliche Florenz, sitzen mal hier, mal dort, trinken und plaudern über Leberdiät (G. empfiehlt Ricotta = Quark, das bei seiner Patientin, der Bundespräsidentengattin Lübke half) und des Barons Frauenmangel.

Schlecht verdautes Essen und Autofahrt erzeugt mir Übelkeit, dazu Erschöpfung. Um 1 Uhr erbreche ich heimlich in einem Cafe, trinke dann Rotwein und nehme einen Fernet. Darauf Besserung. Vor 3 Uhr morgens müde, aber frohgelaunt Schlaf.


Samstag, 10.5.80

Tief durchgeschlafen. Durch menschenüberfüllte Straße zur Mensa. G. ärgert sich etwas, da ich wenig Pasta esse. Er erinnert mich an mein Versprechen in Bordighera (alles essen!) und die gestörte Harmonie. Er hat Recht, ich will es tun, denn mich freut unsere Harmonie.

Nachmittags besucht uns Mrs. Templeton in unserer Pension. Wir sitzen auf der Terrasse mit Blick auf San Marco. Sie gibt mir Ratschläge, nicht zuviel auf einmal anzuschauen. Sie erwähnt einen Maler

Moroni aus Bergamo, dessen Portrait „Navigante"
das Penis-Futteral, das man damals trug, gannz
überdeutlich in Rot zeigt, so daß man den Eindruck
einer Erektion habe, was wahrscheinlich mit der
Kleidung beabsichtigt sei. Jeden Nadelstich des
Penisfutterals könne man erkennen. Morgen will sie
nach Udine fahren und hofft so, der Touristenqual zu
entkommen.
Sie kommt noch auf Schillers Gedichte. Findet diese
parodistisch, da Lyrik und Dramatik nicht
verschmelzbar sind. Schon die Avantgarde der
Künstler in Jena hätte beim ersten Vortrag der
„Glocke" gelacht. Nachher essen wir in der
„Fiascetta" das wunderbarste Gulasch meines
Lebens. Sogar jeder Speck schmeckt. Auch dort
wichtige Gespräche. Man lobt mein klares
Hochdeutsch, bei anderen Dingen bemerke ich mein
Unwissen.
Um 22 Uhr mahnt Mrs. Templeton zum Aufbruch.
Ein lieber Abschied. Als ich danach auf die
Bahnhofstoilette gehe, sehe ich zwei onanierende
Männer.


Sonntag, 11. Mai 1980
Nach ununterbrochenem guten Schlaf weckt mich G.
um 8.30 Uhr. Palazzo Pitti: Silbermuseum. Wunderbar erhebend. Platinea Galerie. Meisterhaft.
Als wir nach dem Mittagessen den Konsul
aufsuchen, war dieser dienstlich abgerufen worden.
Genaro empfängt uns aus der Dusche kommend. Er
berichtet, daß er als Wächter hierbleiben muß. Dann
mault er etwas über den Baron, der nicht mitfuhr und
langweilig und unzufrieden sei. So bleiben wir nur
kurz und fahren zu den Domschs, dem deutschen

Buchhändlerehepaar. Sie wohnen in einem schönen Landhaus, Blumen auf der Terrasse, von denen eine „Christine" heißt und der Sprechpartner von Frau Domsch ist. Herr Domsch trinkt täglich zwei Flaschen Wein, davon ist seine Leber zerstört (75 Jahre). Jetzt machen beide eine Wasserkur.

G. rät auch hier zu Quark. Frau Domsch ist von mir begeistert, sieht in mir einen Knaben von Benozzo Gozzoli, vergleicht mich mit einem der gelockten Jünglinge und schenkt mir dann das Kunstbuch mit einer Widmung.

Mit G. spricht sie über andere Bücher und erwähnt dabei einen deutschen Drucker (Handdrucke) namens Maderstein, der in Verona wohnt. Es stellt sich heraus, daß es ein Patient von G. ist, der ihn sogar zusammen mit dem Grafen Chiusano besuchte, als der Graf einen Druck aus dessen Werkstatt suchte, der im Handel vergriffen war. Die Veranstaltungsinformationen in Florenz sind sehr schlecht organisiert, man muß viel fragen und verpaßt dann doch manches. An diesem Abend hören wir ein Orgelkonzert von Palestrina. Aß heute viele kleine Mahlzeiten ohne zu würgen."

Arno notierte die Tage und schrieb am
Montag, den 12.5. 1980:

„Mit Taxi zum Casa Buonarotti, dort nackten Christus (schlank) bewundert. Wegen Essen, G.´s bevorstehender Abreise und Kunst-Überfülle ergreift mich Schwermut. Gammel-Jugend beobachtet.

G. schenkt mir ein Buch über die Medici-Geschichte und eine Tanga-Unterhose, die ich später ausprobiere (nackter Po! Oh oh?). Da ich erschöpft bin, trinke ich Bier, wovon mir schwindelig wird.

Frage G. später nach meinem erlittenen Schwindeln und Kopfweh, das er mit Klima, ungewohntem Gehen und Stehen und Hitzeumschwung erklärt. Als ich dann (welch eine schwere Geburt) mein Anliegen in Worte fassen kann, nämlich, daß die Eßgedanken und Eßangst mir ein freies Kunsterlebnis unmöglich machen und daß auch kein Eßplan nach Stunden hilft, weil ich keine Maschine bin, sagt er, daß dieser Aufenthalt wie geplant bis 4. Juni durchgezogen werden muß. Jede Veränderung brächte zunächst gewisse Probleme. Notfalls käme er nochmals gegen Ende dieser Ferien, um mir zu helfen. Dann schreibt er mir eine Hölderlin-Widmung ins Medici-Buch. Doppelt schön – schön und liebevoll. (Das Medici-Buch war das Florenz-Buch von Andreas Grote). Der *Hölderlin*-Vers heißt:

„Wird da, wo sich im Schönen,
das Göttliche verhüllt,
Noch oft das tiefe Sehenen,
der Liebe Dir gestillt?"

Abreisetag G.´s am Dienstag, 13.5.80

Begleite G. bis Pisa. Dort gehe ich trotz Angst auf die Spitze des schiefen Turmes, wo mir Suizid-gedanken unwillkürlich kommen. G. erklärt, bei Abgründen überkäme Menschen oft das Verlangen sich hinunterzustürzen. Beim Abschied am Zug langes Winken bis zum Verschwinden; gerührt, aber keine Tränen. Ich bin nun allein!

Fahre zurück nach Florenz und rufe Genaro an. Er ist allein, der Baron ausgegangen. Er macht uns

Uova al tegamino, von Bel Paese-Käse, Wersa cotto in olio und zwei Apfelsinen und Wein. Danach legt er sich auf Diwan und läßt mich 15 Ansichtskarten nach Neapel schreiben an N.D. (nobile donna), an Marches, Signori, hochgestellte Personen und seine Eltern. Banale Grüße mit schmeichlerischen Sehnsuchtsphrasen, auf die er stolz ist.

Dann zeigt er mir Bad und Bett im „blauen Zimmer" und läßt mich allein zum Schlaf. Zehn Minuten später kehrt er zurück, zeigt mir Pornohefte von Homosexuellen, fragt mich nach meinen Empfindungen. Er behauptet, nur weiblichen Verkehr gehabt zu haben, und daß er sich nicht wünsche, einen Mann zu küssen: er hatte mich aber zur Begrüßung geküßt. Nach einer Stunde läßt er mich allein, sehr förmlich, höflich wie stets. Müde Schlaf.

Mittwoch, 14.5.80

Genaro weckt mich, macht mir Milchkaffee, ist aber sehr förmlich. Vielleicht habe ich etwas falsch gemacht. Mache meine Besichtigungen. Als ich um 16 Uhr den Giotto-Turm besteige, fühle ich danach den Kraftverbrauch.

Abends im Pergola-Theater ein Beethovenkonzert. Noch nie gehörte Klangfülle und –stärke, virtuoser und gefühlvoller Pianist, zeitweilig affektiert, dann die Fingertechnik im Körper mitgezittert (wie auf der Wilhelm-Busch-Karikatur). Wunderbare Musik ließ mich verschiedene Harmonien erkennen. Gefühl heute erkannt: Geteilte Freude und Erleben (mit G.) ist erst ganze Freude."

Arno führte genau auf, was er besichtigte und machte dazu seine Kommentare, versuchte seine Wissen einzusetzen und sich ein Urteil zu bilden.

So schrieb er im archäologischen Museum:
„15.5.80
Grab mit griechischen Malereien: erstaunlich, wie vollkommen Malerei und Skulptur in Antike und was seit Romantik wiederholt wurde."
Später notierte er: „Bemerkt, daß ich G.´s Taschenmesser und Leuchtstift aus offener Seitentasche verloren habe (G. warnte mich!) sowie ich gestern abend Verlust von G.´s Universitätsausweis und Museumseintrittskarte bemerkte, die er mir in Pisa gab, damit ich die Museen gratis besuchen könne."

Er ging in eine Universitätslesung über Dantes „Göttliche Komödie" und schrieb: „Sehr flottes Italienisch, aber verstanden: Dante will Einheit mit Gott durch tugendhaftes Leben.
Da mich Genaro für heute nacht nicht eingeladen hat, gehe ich in eine Pension. Mitternacht, nach Lesen masturbiere ich bis zum Orgasmus."

Eine gewisse Verwirrtheit zeigten auch die nächsten Tage. Am Freitag, den 16. Mai schrieb er: „17 Uhr erstaunt bemerkt, daß Uhr eine Stunde zurück. Habe wohl eine Stunde mehr im Palazzo Vecchio verbracht!"

Am Samstag schrieb er in großer Schrift:
„UNSINN! Hin- und Herlaufen ohne Ziel. Kino. Essen gesucht. Spitzfindig Essen gekauft, erschöpfendes (benebelte Sinne) Laufen. Endlich erfolgreich sitzen und ein Bier für 2000 Lire getrunken, was heißt, daß all meine Sparversuche vergeblich waren. Nervös über meine dumme Tollheit."
Trotz alldem masturbierte er nun täglich vor dem Einschlafen.

„Ich bin gehirnlich heimgekehrt
aus Höhlen, Himmeln. Dreck und Vieh.
Auch was sich noch der Frau gewährt,
ist dunkle süße Onanie."

*Gottfried Benn: Synthese*

„Ein Patient, der nicht mit Befriedigung
masturbieren kann, hat seine analytische Therapie
nicht abgeschlossen."[1]

*Wilhelm Reich*

Sonntag, 18.5.80
„7 Uhr mit erotischem Traum von Frau auf. Ausflug
mit der Uni (27 Studenten und Führer) nach Arrezzo
und Sansepolcro. Bei Besichtigung und meinen
Fragen Professor unfreundlich auf mich eingehend,
obwohl vor Begeisterung mit Wortschwall sprechend.
Auf Fahrt erzählt mir italienische Medizinstudentin
von ihrer Unkenntnis der Homöopathie, und daß eine
Woche Krankenhaus für Medizinstudium vom Staate
vorgeschrieben ist, mehr nicht.
Als in Arrezzo alle essen gehen, spaziere ich allein
weiter, genieße weiten Landschaftsblick und esse
dabei zwei Brote. Kurz danach an alter Mauer hinter
zwei Bäumen masturbiere ich in kaum 5 Minuten bis
zum Orgasmus, da mir seit einer Weile die Lust kam.

---

[1] Der Volksinstinkt in Italien wußte das schon immer. Von
einem Menschen, der dumm handelt, neurotisch ist oder
schwierig, sagt man: „Lui noch capisce una sega", was
heißt: er versteht nicht zu wichsen.

Professor erklärt, daß Mensch aufgebaut ist wie eine Säule. Fuß = Konsole, Säulentorso ist Menschenkörper, Kapitell = Kopf. Dieser Gedanke scheint mir nicht allein maltechnisch interessant, sondern vor allem auf Philosophie übertragen (an G. denken!). Dann erklärt er unter anderem, daß man an Schule nichts einzeln, sondern eine Kulturgeschichte allumfassend lehren müßte. Gedanken waren alle schon mal da, aber man vergißt. Prof. erklärt nach Pestjahr 1348, als 2/3 der europäischen Bevölkerung starben, waren Bilder „Triumph des Todes" Realität.

Montag, 19.5.80
Müde auf. Besichtigungen. Meine Blicke irren unkontrolliert an Schönem oft vorbei zu Essen – wie dumm! Brief an G. schreiben, auf Büttenpapier mit Sorgfalt, mein Problem des Essens aussparend. Zum Forte Belvedere gehen. An Festungsmauer viele Glühwürmchen, himmlische Stille. Wie immer Masturbieren bis zum Orgasmus. 23.35 Uhr.

Mittwoch, 21.5.80
17 Uhr in San Marco ruft mich Mönch zu sich, spricht und hält Vortrag über religiöse Liebe und Familie, sentimental und konservativ, mir, der ich soeben Porno-Zeitschrift gekauft habe und bei mir trage.
Abends im Kino den Altmann-Film „Una coppia perfetta". Weibliche Darstellerin zu mager, totenähnlich knochiges Decolleté (Halsgegend, die die Gräfin bei mir schön und vollkommen nannte). Im Kino verfolgte mich Mann mit „geilen" sexuellen Augen zweimal bei Sitzwechsel. Ich bekomme Angst, dann endlich allein.

Donnerstag, 22.5.80
Durch Nebengassen, immer irren Blick nach Voll-
essen. Sehe in Kirche S.M. Novella ein Holzkreuz
von Maso di Martolomäo. (Christus mit „meinem"
Bauch!). Danach unentschlossen Essen suchen.
Nach dem Besuch der Uffiziengalerie nicht mehr
aufnahmefähig. Obst kaufen, nach Vollbrot blind
irren. Brief an G. schreiben, ohne meine Probleme
des Fehlens und Essens zu schreiben. Masturbieren
um Mitternacht.

Freitag, 23.5.80
Gallerie del Academia". Zwei Schülerinnen vor dem
David sagen: „Kunst müsse man objektiv sehen,
man dürfe nicht vor Kunstwerken in Gefühlen und
Entzücken vergeistigt stehenbleiben, gedanken-
vergessen, sondern müsse „objektiv" sein. Bin froh,
nicht in „Schule" lernen zu müssen, sondern allein.

Samstag, 24.5.80
Vermieterin kündigt mir herzzerreissend Zimmer für
morgen. Im Bargello: alle Skulpturen sind in eine
Zeitgeschichte gewebt, die ich neugierig erfahren
und erleben will. Nachher müde und erschöpft, auch
wegen Eßgedanken herumgehen zu S. Apostoli-
Kirche. Dabei Pension gefunden, nachdem ich mein
Unterbewußtsein heute morgen darum bat (Pension
hatte klass. Musik). Heute sehr allein gefühlt, mir
fehlt menschliche Nähe. Aber sooft ich Touristen
anspreche, so oft schlägt mich deren Dummheit
zurück. Oft reicht Zuhören schon, um wegzugehen.
Ich erkenne die Fehler der Menschen nun besser
und während auch ich sie aus Gewohnheit begehe,
bemerke ich sie und sage mir: Halt! Aber der
folgende Schritt zum richtigen Verhalten und Achten

auf wahre Dinge ist schwer. Beispiel: Gespräch über Art und Ort der Mahlzeit, das Umdrehen nach Menschen usw.

## Sonntag, 25.5.80
Gedanke: Ich erkenne mehr, was die Welt und Menschen zusammenhält (Faust). Aber je mehr ich sehe, desto mehr stößt es mich ab, und ich weiß nicht wohin! Selbst Kirchenruhe nicht, da Liturgie dumm! Gehe herum. Viel Verkehr und Lärm, am Arno zu viel Sonne. Sehr nervös, was sich nach Essen (Hunger) legt – schön. Heute kein Würgen. Bis 24 Uhr masturbieren.

## Montag, 26.5.80
14 Uhr vor Orsan Michele hinsetzen, da Schwindel. Esse Brote, lesend gelernt, alberne Kinder stören. 21 Uhr Ristorante suchen, Gemüse nicht gegessen, nur Bier und Apfel. Nervös gehen, dumme Touristen hören, Brot essen. Setze mich in die Loggia della Signoria und versuche eine halbe Stunde die Löwen der Säulenkonsole zu malen, was meine Nerven sehr entspannt, da ich mich allein aufs Zeichnen konzentriere. Daheim masturbieren bis zum Orgasmus.

## Dienstag, 27.5.80
Besser geschlafen als gestern und gleich morgens vor dem Aufstehen erneut masturbieren. In Pension von nettem Jungen erfahren, daß ich bleiben kann.
In Chiesa S. Trinita ist eine dumme deutsche Schülergruppe. Ein alter Mann spricht mich an, ob er mir seine Nachforschungen zur Kapelle erzählen dürfe. Froh stimme ich zu. Danach tauschen wir Adressen, um uns wiederzutreffen, da er begeistert

über Florenz erzählt und ich gerne höre.

Höre u.a. Reichsapfel stellt nicht Welt dar, die ja vor der Neuzeit als Scheibe geglaubt wurde. Die Metallkugeln mit heißem Wasser gefüllt dienten als Händewärmer, und so auch Reichsapfel, da man bei langen Zeremonien in kalten Räumen stillsitzen mußte.

Esse jetzt immer eine Dose Ölsardinen mit Brot. (Später erkläre ich Arno, daß er damit eine Kur nach Dr. Frank gemacht habe, der in New York praktiziert). Mit Agriturist ein Ausflug nach Castello Parchi. Sehe im Garten Gott des Apennin mit gekreuzten Armen, wie ich es oft habe. Abends lädt mich junger Pensionsbesitzer ins Ristorante ein. Sehr froh und herzlich, doch ich lehne ab. Auf der Straße zögere ich, kehre um und nehme an. (Erstmals nimmt hier Arno von sich aus eine Einladung an, macht also mit den Vorsätzen Ernst. Dies zeigt die Öffnung zur Welt, trotz aller noch vorhandener Neigung zu Kritik und zum Defätismus.) Im Ristorante sind wir ca. 14 Personen. Ich esse Käse, Salat mit Öl angemacht und trinke Wein. Dumme Gespräche über Anwesende, die alle deprimiert sein sollen. Neben mir ein Mädchen Elena. Nach einiger Zeit lege ich dreimal den Arm um ihre Schulter. Elena wehrt ab, lächelt mir dann aber wieder zu. Auch nachher in einem Cafe verklemmtes, dummes Gespräch, dabei ein übernervöser Deutscher, der mit 35 Jahren sterben will.

Um Mitternacht in der Pension plaudern wir von Pornofilmen und dem mißlungenen Abend und den schlechten Mädchen.

Mittwoch, 28.5.80

In der Universitá degli Stranieri. Mädchen trinken Kaffee im Lehrsaal, auf Stühlen schlechte Körperhaltung. Nachher zu Fuß zu Badia Florentina, wo nach Capucchino (Kopfschwindel) und Brotkauf (sorgenvoll) Kunst betrachtet.

Später in den Uffizien sitzend Statue des Syrinxflöters zeichnen, wobei ich mich nur auf Zeichnung voll konzentriere und mich so entspanne.

Abends nach Risotto, Bier und Brot nervös zum Forte Belvedere hinauf, wo Ruhe; nur lärmende Kinder stören. 23 Uhr masturbieren.

Donnerstag, 29.5.80

Vor dem Aufstehen masturbieren. Gedanke: Nackt-heit gehört zu wild-heftigen Personen (Satyren) und heroischen, kämpfenden Männern. Bekleidete Personen repräsentieren Würde und Eleganz. Erst rein-attische Vasen zeigen Sexualakte und –riten nackt. Skizziere ein Bild, auf dem Mann vor Sexverkehr den Penis steif masturbiert.

Treffe nachmittags den alten Mann vom Dienstag.

Er erklärt: Balustrade um Domkuppel ist von Gugliano di Sangallo. Dieser fragte Michelangelo nach seiner Meinung. Michelangelo antwortete, es wirke wie ein Grillen-Käfig. Darauf ließ Sangallo die Arbeit einstellen. Er sagt auch: Miniaturporträts wurden gemalt, um sie an Verlobte zu schicken als erste Vorstellung des Zukünftigen., dem sie verheiratet wurden. Esse abends zweimal Spinat und Käse. Masturbieren.

Freitag, 30.5.80

Vor dem Aufstehen erneut masturbieren. Kaufe jüdisches Käppi. Sie dienen dem Brauch, den Kopf

aus Respekt vor hohen Menschen und Gott zu bedecken. Aber es kann jeder beliebige Hut verwendet werden. Zeichne im Palazzo Vecchio den David-Apollo von Michelangelo. Bei Wiedersehen viel besser gesehen.
Kaufe zwei Bücher als Geschenk für Bordighera, wobei ich wegen des ausgegebenen Betrages schwitzend zahle. In der Pension fängt mich der junge Pensioninhaber ab. Er erzählt von seinen Problemen der sexuellen Annäherung. Er habe noch keinen sexuellen Kontrakt gehabt, weder Mann noch Frau. Ich erkläre darauf, nur im Kontakt der Umwelt könne er sich erkennen lernen, deshalb müsse er alle Umwelterfahrungen ausprobieren. Als ich wiederhole: „Erkenne dich selbst!" ist er beeindruckt, da er sich selber kennen will. Ich sage, er müsse Liebe mit Mann und Frau probieren, um zu erkennen ,wie er empfinde und was er sei. Er gibt mir darauf zwei herzliche Backenküsse, aber ich halte Zärtlichkeit zurück, da das Hinhalten mehr anzieht und eine solches Gespräch über die Liebe mehr wirkt, wenn man nachher allein nachdenken kann im Wunsch nach Zärtlichkeit. Allein masturbiere ich.

Samstag, 31.5. 80
Busfahrt mit Uni nach Rimini. Zwei Mädchen aus der Schweiz sitzen bei mir und erzählen von ihrer Vorliebe für Italien. Ich gebe mich als Italiener aus. Daß ich sie nicht bewundere, scheint mich an- ziehend zu machen. Je mehr wir sprechen, umso mehr zeigt sich Mädchendummheit! Eine legt zweimal den Arm auf meinen. Mittags wollen sie mit mir irgendwo am Strand essen, ich aber lehne höflich ab. Esse Sardinenbüchse mit Brot und Obst. Abends kommt der Pensionsinhaber Luciano und

zeigt mir Bücher des Eros in der Antike. Ich mache ihn auf seine schlechte Körperhaltung aufmerksam und zeige ihm Übungen, die er machen soll. Dann mache ich ihm auf dem Bett eine Sensitivmassage, wobei er Gänsehaut bekommt. Er genießt das wunderbare Gefühl, das er nicht kannte. Beim Abschied drückt und küßt er fest und liebevoll. Allein, masturbiere ich mich bis zum Orgasmus.

Sonntag, 1. Juni 1980
Das Buchhändlerehepaar Domsch hat mich zu einer Autofahrt nach San Gimignano eingeladen. Herr Domsch fährt nervös, unsicher mit kleinem altem Fiat, mich ängstigt das. Frau Domsch begrüßte mich heftig und lobte meine Schönheit. Sie redet, springend von einem Fetzen zum anderen, ohne Zusammenhang, stets liebevoll, nicht beleidigende Neckereien an ihren Mann, der sich dazu menschlich ergeben zeigt.
Die Wandmalereien in Sant Agostino zeigen Bibelgeschichten.Die Männer sind öfters mit großem Glied dargestellt, wobei das Gewand wie selbstverständlich offen steht. Frau Domsch weiß nichts! Ich lese auf dem Führer vor und Frau Domsch ist beeindruckt von meiner Führung und von meinem höflichen, Komplimente machenden, frohen Benehmen. Abends noch unruhig durch die Stadt Florenz gehen und vorm Schlafen masturbieren.

Montag, 2.6.80
Müde auf, fühle mich melancholisch und schwach. Kaufe Buch mit Pornozeichnungen, das ich Ute schenken will. Esse Fagioli und Schinken. Fühle Unruhe. Gehe mit Luciano aus. Erkenne, daß er bigott erzogen wurde, was seine Entwicklung zum

Liebeserlebnis erschwert. Rate ihm, in den Ferien sein Leben und die Liebe zu leben. Zurück, drückt und küßt er mich heftig, obwohl ich ihn nicht als schön empfinde. Als er gegangen ist, masturbiere ich.

Dienstag, 3.6.80
Masturbiere vor dem Aufstehen. Treffe den alten Mann, Signore Gaggio. Im Palazzo Pitti erzählt er mir, daß im Thronsaal außer den Medici auch Emanuel II. und Hitler saßen. Als wir uns trennen, bedankt er sich froh und liebevoll für mein Zuhören mit herzlichem, festem, langem Händedruck. Kaufe mir eine Reisebeuteltasche und komme deswegen wieder ins Schwitzen, da Geldausgabe.
Abends ruft mich Frau Domsch in der Pension Cestelli an, schwärmt plaudernd vom schönen Sonntag, meiner Intelligenz, Höflichkeit und Außergewöhnlichkeit. Verabschiede mich auch von Luciano, da ich morgen zurückfahren will. Er drückt mich wieder an sich. Nachher masturbiere ich und rauche eine von den Belladonna-Zigaretten G.´s, um mich zu beruhigen.

Mittwoch, 4.6.80
Nochmals drückt mich Luciano zum Abschied herzlich, ist dann aber kurz angebunden. Halte nochmals in Pisa und werde abends um 21 Uhr 20 in Bordighera von G. abgeholt. Auch Frau Templeton wartete und sagte: „an mir sei Florenz nicht verloren!"

ENDE

## Nachwort

Die Krankheit Arnos kam im Sommer nach dem Florenzbesuch zum Stillstand.

Am 7. Juli notiert er:
„...nicht mehr erbrochen und auch gar nicht mehr daran gedacht."

Und am 29. August:
„Vielleicht ist meine Anorexia zu Ende, da ich nun Angst und Heißhunger vor Essen nicht mehr habe!?"

Damit war aber für mich die Behandlung nicht abgeschlossen, sondern die Persönlichkeitsentwicklung ging weiter, ja, wurde intensiviert.
Es folgten gemeinsame Bildungsreisen und ständige Übungen zum Körpertraining. Dazu gehörte ein dreimonatiger Kurs an der Kneipp-Schule in Bad Wörishöfen mit Abschlußdiplom als medizinischer Bademeister.

Arno ist heute, über dreißig Jahre nach Beginn der Behandlung, nicht mehr rückfällig geworden und ein lebenstüchtiger Mensch, der das Dasein froh und dankbar genießt.

*Der Verfasser*

www.ingramcontent.com/pod-product-compliance
Lightning Source LLC
Chambersburg PA
CBHW060127280326
41932CB00012B/1451